나, 펑더화이에 대하여 쓰다

| 일러두기 |

1 이 책은《彭德懷 自傳》(解放軍文藝出版社, 2002)를 번역한 것이다.
2 중국의 인명과 지명은 국립국어원 외래어표기법에 따라 표기하되, 관례로 굳어진 것은 예외로 두었다. 단, 산시성山西省은 '산시성'으로, 산시성陝西省성은 '섬서성'으로 표기하였다.
3 본문 주석은 원서의 내용을 바탕으로 옮긴이가 수정, 보완, 추가한 것이다. 본문의 ( )는 원서의 설명, 〔 〕는 옮긴이 설명이다.
4 사진은 원서에 수록된 것이며, 지도와 도표 등은 옮긴이가 추가한 것이다.
5 펑더화이 연표와 주요 인물은 옮긴이가 정리한 것이다.

펑더화이彭德懷 지음 ― 이영민 옮김

나, 펑더화이에 대하여 쓰다

앨피

심문받으며 쓴 자술서,
펑더화이의 분투와 비운의 죽음

1974년 펑더화이彭德懷가 사망하고 4년 뒤인 1978년 중국공산당은 펑더화이에게 덧씌워진 누명을 회복시키고 정중하게 추도회를 거행했다. 덩샤오핑鄧小平은 추도사에서 이렇게 말했다.

> "당원과 민중들이 모두 펑더화이 동지를 그리워하고 있다. 그는 당을 사랑하고 인민을 사랑했으며 혁명사업에 일관되게 충성하였다. 작전에는 용감했으며 어떤 곤란도 두려워하지 않았다. 성품이 강직하고 청렴했으며 스스로 엄격하게 기율을 지켰다. 개인의 득실에는 전혀 관심이 없었으며 무거운 책임을 거리낌없이 맡았다."

덩샤오핑의 말처럼 펑더화이는 군사 업적 면에서 다른 누구와도 견줄 수 없는 탁월한 경력을 가진 군사지도자이자 참군인으로 지금까지도 중국 인민들의 사랑과 존경을 받고 있는 인물이다. 그러나 이러한 명성과 중국 현대사에서 차지하는 비중에 비해 한국에서는 그리 널리 알려진 인물이 아니다. '한국전쟁 당시 중국군을 이끌고 내려온 인물, 북진통일을 방해하고 1·4후퇴로 수많은 이산가족을 만든 장본인' 정도가 펑더화이에 대한 대략의 평가일 것이다. 실제로 펑더화이는 한국전쟁 당시 중국인민지원군 총사령으로서 북한의 남일, 미국의 클라크와 함께 휴전협정에 조인한 당사자이기도 하다. 한국전쟁이라는 아픈 기억과 함께 각인된 인물이기에, 한국에서 펑더화이의 이름을 거론하는 것은 아무래도 껄끄러울 수밖에 없다. 중국에서도 한국전쟁 참전은 그의 화려한 군사 업적 중 가장 빛나는 경력으로 꼽히지만, 그의 삶 전체로 보면 일부에 지나지 않는다. 그만큼 그의 이름은 중국공산당사는 물론 중국 현대사에 넓고 깊게 새겨져 있다.

· · ·

펑더화이는 평생 동안 마오쩌둥과 함께 군벌 군대, 일본 군대, 장제스의 국민당 군대에 맞서 싸웠다. 가장 위험한 임무, 남들이 가장 꺼리는 임무를 맡았으며, 비록 혼자만의 신념일지라도 자신이 옳다고 생각하는 방향대로 말하고 행동했다.

1928년 국민당 후난성 주둔 부대의 연대장을 맡고 있던 펑더화이는 후난성 핑장에서 일어난 봉기, 이른바 '핑장기의平江起義'를 주도하며 중국 홍군 창설자 중의 한 사람으로 이름을 올렸다. 마오쩌둥과 함께 초기 혁명 근거지인 징강산에 합류했으며, 국민당군이 토벌대를 보내자 마오를 탈출시키고 자신은 징강산을 사수하기 위해 남았다. 마오쩌둥의 주요한 군사 책임자로서 다섯 차례에 걸친 장제스의 포위토벌에 맞서 싸웠고, 장정에서도 수많은 전투를 직접 지휘하며 국민당군과 전투를 벌였으며, 마오쩌둥이 중국혁명에서 주도권을 잡기까지 일관되게 마오의 노선을 지지하여 든든한 버팀목이 되었다.

국공내전 때에는 혁명 근거지인 옌안을 사수하는 임무를 맡아 병력이 열 배가 넘는 국민당 후쭝난胡宗南 부대의 공격을 받으면서도 부족한 탄약과 초근목피로 버티며 지도부가 탈출할 시간을 벌었다. 전략적으로 옌안을 포기한 뒤 매복전과 기동전으로 국민당군과 싸우며 서북 지역을 전전하다 끝내 옌안을 탈환하고 광대한 서북 지역을 평정했다.

1950년 한국전쟁이 발발했을 때 중국의 주요 지도부는 대체로 개입에 반대하였다. 오랜 내전 끝에 신중국을 세운 지 1년도 채 지나지 않았고 최강국 미국과 맞서는 것이 두려웠던 것이다. 그러나 펑더화이는 "압록강을 경계로 미군과 대치할 수 없다"는 마오쩌둥의 개입 방침을 적극 지지했다. 병을 핑계로 사양하는 린뱌오 대신 사령원으로 부임하라는 요청을 두말 없이 수락하여 한국전쟁에 참전했고, 그 결과 압록강까지 밀고 올라간 UN군을 밀어내고 휴전을 성사시켜 그의 일생 중 가장 빛나는 순간을 맞이하였다.

이후 그는 중국의 부총리 겸 국방부장을 맡아 중국군의 현대화를 이끌었으나, 마오쩌둥에게 직언을 했다가 하루아침에 실각하였다. 1950년대 후반 대약진운동의 실패로 경제가 파탄나고 수천만 명이 아사하는 참사를 겪는 상황에서 모두 생산 실적을 부풀리며 실정에 눈감고 있을 때, 펑더화이는 마오쩌둥에게 경제정책, 관료주의, 거짓으로 보고하는 사업작풍을 바꿔야 한다는 직언을 담은 편지를 건넸다(454쪽 〈부록 1〉 참조). 이 편지로 인해 그의 삶은 급전직하했다.

펑더화이의 회고에 의하면 마오를 직접 만나 자신의 의견을 전달하려고 했는데, 그가 찾아갔을 때 마오쩌둥이 평소 습관대로 밤새 일하고 낮에 잠을 자고 있는 바람에 대면하지 못하고 편지로 대신하게 되었다고 한다. 직접 대면하지 못한 때문이었을까? 대약진운동의 실패로 권력 유지에 어려움을 겪던 마오쩌둥은 편지를 보고 펑더화이가 자신의 권위에 도전한다고 생각했다. 마오는 펑더화이를 반당집단으로 규정하여 집중 비판하고 국방부장직에서 해임했다. 한직으로 좌천되었지만 충직한 펑더화이는 광업, 건설업 등 맡은 사업에서 최선을 다하며 마오쩌둥과 당의 오해를 풀고자 노력했다. 그러나 1966년 문화대혁명이 일어나면서 홍위병에게 잡혀 베이징으로 압송되어 고초를 겪게 된다. 1959년 실각한 뒤 1978년 76세의 나이로 생을 마감할 때까지 15년간 그는 회한과 고통 속에 말년을 보낸다. 온갖 수모와 폭행, 그리고 끝도 없는 특별심문을 받다가 직장암을 얻어 유명을 달리하게 된다. 그는 문화대혁명이 끝난 뒤 복권되었다.

●　●　●

이 책이 특별한 것은, 그가 특별심문조에게 심문받을 때 기록한 내용을 바탕으로 했다는 점이다. 그 시기 펑더화이는 장문의 생애 이력을 거듭해서 써야 했다. "공로를 써서는 안 되며 잘못을 반성하는 취지로 써야 했기" 때문에 그의 빛나는 이력이 감춰져 있다. 그가 지휘했던 수많은 전투는 간략하게 경과를 소개하는 데 그치고 있으며, 서북에서의 전투나 한국전쟁의 지휘도 모두 마오쩌둥의 공으로 돌리

고 있다. 자신의 경력이나 생애에 대해 조금도 과장함이 없이 담담
하게 사실만을 기술하였다. 그러면서도 특별심문조의 부당한 강요
나 모욕에 대하여는 조금도 굽히지 않고 당당하게 반박하며 사실을
옹호하였다.

  펑더화이는 비운의 혁명가이다. 혁명 사업에 평생을 바쳤지만 억
울한 누명을 쓴 채로 죽었다. 복권이 되었다고는 하지만, 그가 세운
업적과 다른 인물들의 영웅화 작업에 비하면 홀대받는 편이었다. 그
러나 최근 분위기가 눈에 띄게 달라지고 있다. 지금 중국에서는 펑
더화이를 새롭게 조명하는 작업이 여러 방면에서 활발히 진행되고
있다. 최근 몇 년간 펑더화이의 전기, 자서전, 일화집 등이 우후죽
순 쏟아져 나오고 있으며 그의 일생이 연속극으로 방영되기도 했다.
이는 중국 국가주석인 시진핑의 영향 때문일 것이다. 시진핑의 부친
인 시중쉰習仲勛은 펑더화이가 서북야전군 사령원일 때 정치위원으로
활동했으며, 서북군정위원회 주석일 때 부주석을 맡아 펑더화이를
보좌했다. 또한 펑더화이가 한국전쟁에 출전하자 주석 대리를 맡아
활동하기도 했다. 굳이 거슬러 올라가자면, 시진핑 주석의 정치 경
력의 근저에 펑더화이가 자리잡고 있는 것이다.

  이 자서전을 번역한 뒤 펑더화이가 태어난 고장과 그곳의 분위기
를 느껴 보고 싶어서 2018년 4월 후난성 상탄현 우스마을鳥石寨을 직
접 방문했다. 과연 성역화 작업이 한창이었다. 펑더화이의 고향 마
을은 자서전에 기록된 대로 산과 농지가 어우러진 전형적인 시골 마
을이었다. 그곳에 널따란 부지를 확보하고 기념관과 기념공원을 조
성해 놓았는데 너무 외진 곳이라 찾아오는 사람이 드물었다. 그곳에
서 펑더화이의 동생 둘이 형 때문에 국민당군에 잡혀 처형당한 사실

도 새롭게 알게 되었다. 복잡한 심정으로 묘소에 가서 관리인이 시키는 대로 지전을 태우고 폭죽에 불을 붙였다. 중국 사람들은 왜 명복을 빈다면서 요란한 폭죽을 터뜨리는 것일까? 평생을 특권의식 없이 살았던 펑더화이가 지금 자신의 고향 집을 성역화하고 기념관과 커다란 동상까지 세운 것을 보면 뭐라고 할까?

중국뿐만 아니라 한국의 분위기도 많이 바뀌었다. 휴전협정을 종전선언으로 바꾸어야 한다는 논의가 이루어지면서, 펑더화이의 이름이 다시 오르내리고 있다. 세상이 바뀐 만큼 이제 펑더화이를 바라보는 우리의 눈도 조금 바뀌었으면 하는 바람이다.

끝으로 알려지지 않은 이 책을 맡아 출판해 준 도서출판 앨피에 감사하다는 인사를 드린다. 책을 만드는 것이 그렇게 어렵고 힘겨운 과정인 줄 처음 알았다. 앞으로 좀 더 많은 사람들이 흥미롭게 읽고 중국 현대사를 풍부하게 이해할 수 있는 책을 소개하는 작업을 하고 싶다.

2018년 9월
이영민

펑더화이 동지는 중국 인민들이 깊이 사랑하고 우러르는 앞 세대 무산계급 혁명가이다. 또한 우리 당, 국가와 군대의 걸출한 지도자이며 국내외에 유명한 군사가이자 정치가이다. 반세기 가까이 걸친 혁명 투쟁 중 그는 용감하게 분투했으며 남쪽을 정벌하고 북쪽에서 싸웠다. 중국 인민의 해방 사업에 혁혁한 전공을 세웠으며 인민군대의 발전과 장대함을 위해 심혈을 기울였다. 신중국 창립과 건설에 탁월한 공헌을 하였다. 그의 혁명 정신과 숭고한 인품은 우리 민족의 영광과 자랑이다.

1959년 당 중앙이 소집한 루산회의에서 펑더화이 동지는 억울하게 누명을 썼다. 거기에 우경 기회주의, 반당·반사회주의 죄명이 더해졌다. 이 문제를 분명히 밝히고자 펑더화이 동지는 1962년 6월 16일

---

* 이 설명은 1981년 3월 '펑더화이 자술自述' 편집조가 쓴 것이다. 이 책의 출판은 관련 방면의 동의를 거쳐 책 이름을 '펑더화이 자서전自傳'으로 바꿨다. 책 내용은 역사의 원형을 유지하고 어떤 수정도 하지 않았다.

당 중앙과 마오 주석에게 8만 자의 긴 편지를 보냈다. 이 편지에서 자신의 역사를 개략적으로 회고하고, 자신에게 강요된 죄명에 대하여 해명했다. 문화대혁명의 '10년 동란' 기간에 펑더화이 동지는 잔혹한 박해를 당했다. 신체의 자유를 잃고 장기간 특별심사(專案審査)를 받은 뒤 한을 품은 채 세상을 떠났다. 특별심사조는 그의 대답을 듣기 위해 수많은 황당무계한 질문을 제기했다. 펑더화이 동지는 직접 쓴 몇 부의 약력 자료에서 경력을 비롯하여 자신에 대한 깊은 분석을 서술하였다. 동시에 모함하는 말에 대하여 정당하고 충분한 이유를 들어 날카롭게 반박했으며 또한 공산당의 굳센 신념을 드러냈다.

이 자료들은 그가 우리에게 남긴 빛나는 일생의 생동적인 기록이자, 후세를 위해 남긴 중국 혁명에 관한 진귀한 사료다. 그러나 내용이 상당히 많고 중복된 것도 있으며, 어떤 사건이나 문제에 대한 기술은 상세함과 간략함이 같지 않았다. 1960년에 쓴 자서전 형식의 자료가 비교적 체계적이고 상세했다. 많은 독자들이 읽을 수 있도록 우리는 여러 자료를 합하고 정리하여 이 책을 만들었다. 펑더화이 동지가 특별심사조에 제출한 요점 또는 문제에 따라 쓴 〈자술自述〉은 전기 역사 서술이 후기에 비해 상세하며, 전우의 상황을 이야기한 것도 후기에 비해 많았다.

정리할 때 우리는 1970년 자서전 형식의 자료를 기초로 하고, 다른 몇 부 자료를 보충하였다. 그것을 서로 참조하여 통일되게 장과 절로 나누었다. 문장의 연결과 구두점은 기술적으로 정리하여 부분과 내용을 삭제, 요약했다. 그 외에는 모두 원래 기록을 유지했다.

이 책의 대부분 장과 절은 펑더화이 동지가 '심사'를 당할 때 쓴 것이어서, 참고할 만한 자료가 없었던 까닭에 역사적 사실과 차이가 있는 서술도 있다. 이에 대해서는 각주에서 설명하였다. 개별 사건 경과에 대해 진일보한 연구가 있기를 기대한다. 역사 사건의 날짜, 관련 인명, 지명, 숫자, 부대번호 등도 기억에 의존하다 보니 착오가 좀 있다. 특히 상대적으로 이른 시기의 역사 서술은 날짜가 양력과 음력이 뒤섞이기 쉬웠다. 이런 문제는 정리하면서 교정하였다.

　이 책을 정리 출판하는 과정 중에서 펑더화이 동지 생전 전우들의 친절한 도움을 얻었다. 많은 동지들이 고귀한 정정 의견과 보충자료를 제공했다. 정정 의견은 받아들여 주석 안에 담았고, 보충자료는 장차 저술할 펑더화이 동지의 연보나 전기에 참고하도록 제공할 것이다. 관련된 동지들은 계속 자료를 제공해 주시고 우리가 '자서전'을 쓰는 데 진일보한 주석을 달 수 있도록 도와주시길 바란다.

1981년 3월

'펑더화이 자술自述' 편집조

홍군 시기의 펑더화이(왼쪽). 1935년 11월 3일, 펑더화이는 중화소비에트 중앙정부 명령에 따라 서북 혁명군사위원회 부주석 겸 중국 공농홍군 제1방면군 사령원에 취임했다. 사진은 산베이|陜北에 있을 때의 펑더화이 모습.

1939년 10월, 산시성山西省 우샹현武鄕縣에서 열린 제18집단군 간부회의에서 '새로운 국제 정세와 중국의 항전'에 대하여 보고하는 펑더화이 부총사령.

1947년 5월 29일에서 7월 7일까지 펑더화이는 룽둥隴東, 3볜三邊(안볜安邊 · 딩볜定邊 · 징볜靖邊) 전역을 지휘했다. 이 전역에서 마부팡, 마훙쿠이 부대 2,400명을 섬멸했다. 사진은 펑더화이가 동원대회에서 연설하고 있는 모습이다.

옌안延安 비행장에서 펑더화이와 부인 푸안슈浦安修.

칭젠전역淸澗戰役 승리 후 펑더화이는 전투영웅 및 헌화한 어린이들과 함께 사진을 찍었다.

펑더화이가 고사포 진지에서 지휘관 및 전투원들과 환담하고 있다.

지원군 부대가 격추한 적기로 만든 젓가락을 받고 기뻐하는 펑더화이.

훈장 수여식장에 나란히 선 펑더화이(왼쪽)와 주더朱德.

1959년 4월 24일 펑더화이는 국무원 부총리 겸 국방부장 자격으로 중국 군사우호 대표단을 이끌고 폴란드, 동독, 체코슬로바키아, 헝가리, 알바니아, 불가리아, 몽골 공화국 등을 한 달 넘게 방문했다.

펑더화이는 1959년 9월 30일 중난하이에서 베이징 서쪽 교외인 구이자툰桂甲屯 우자화원吳家花園으로 이사했다. 이 사진은 그곳에 살던 1964년 제수인 룽궈잉羅國英과 그녀의 손자인 펑둥彭東과 함께 찍은 것이다.

1958년 12월 후난의 고향에 돌아와 친척들과 함께 찍은 사진.

1954년 베이징 중난하이中南海 화이런탕懷仁堂에서 펑더화이(왼쪽)와 마오쩌둥.

핑장平江의 농촌을 시찰하는 펑더화이.

10년 동란의 문화혁명 기간에 이른
바 대적발, 대비판, 대투쟁이 고조되
는 가운데 펑더화이는 조직을 배반
했다는 누명을 썼다. 펑더화이는 장
원톈, 황커청과 함께 해방군의 타도
대상이 되어 잇따라 끌려가 비판을
받았다. 펑더화이는 굴욕을 참지 못
하고 힘껏 항거했다.

1970년 펑더화이가 쓴 자전적 자료를 기
초로 몇 부의 자료를 더하고 참조하여 정
리한 뒤 1981년에 출판한 《펑더화이 자서
전》. 펑더화이는 장기간 특별심문조의 심
문을 받으며 수많은 황당무계한 질문에
대답해야 했다. 그가 쓴 몇 부의 역사 자
료 중 자신의 이력에 대해 쓴 것이 있다.
그는 종종 모욕적인 말을 들을 때 엄숙하
고 날카롭게 반박했다.

차례

중국의 성省과 성도省都

1898~1916 펑더화이는 중국이 서구 열강에 침탈당하던 청나라 말기와 신해혁명(1911)이 교차하던 때 중국의 전형적인 빈농 가정에서 태어났다. 어려서 어머니가 죽고 아버지는 중병에 걸려 노동을 할 수 없는 상황에서 펑더화이는 소학교도 마치지 못한 채 소년 가장이 되어 나무하기, 석탄 광산의 소년 광부, 둥팅호의 제방 인부를 하며 차츰 사회의 모순을 깨닫는다.

나는 무술년戊戌年(1898) 음력 9월 10일〔후난성湖南省 샹탄현湘潭縣의〕 하
농下農 혹은 기껏해야 중농中農 정도의 가정에서 태어났다. 가산이라
고는 좁은 방 몇 칸이 딸린 집, 척박한 땅과 산 몇 묘畝〔1묘=666.7제곱미
터〕가 전부였다. 산에는 종려나무, 차, 삼나무와 죽순을 심고 황폐한
땅에는 고구마와 면화를 심었다. 우리 가족은 큰할아버지, 할머니,
부모님과 나, 형제 네 명 등 여덟 명이 한집에 살면서 근검절약하여
겨우 최저생활을 이어 갔다.

　나는 여섯 살부터 글방에 다녔다.《삼자경三字經》,《논어》,《대학》,
《유학경림幼學瓊林》,《맹자》등과 잡자雜字〔상용한자로 된 사물의 이름으로
운문을 지어 암송하기 편하게 한 것〕인《백가성百家姓》,《증광增廣》을 공부했
다. 그러나 여덟 살 때 어머니가 돌아가시고 아버지가 병에 걸려 집
이 씻은 듯이 가난해지면서 공부를 그만두었다. 큰할아버지가 여든
이 넘고 할머니가 일흔이 넘어 아우 셋을 돌볼 사람이 없었다. 넷째
아우는 어머니가 돌아가시고 한 달도 되지 않아 생후 6개월에 굶어
죽었다.

　우리 가족은 살아갈 방법이 없어 먼저 산에서 나무를 해다 팔고 박
토를 저당잡혔으나 끝내 그 작은 땅마저 유지할 수 없었다. 집 안의
모든 도구, 침대 널판자, 문짝까지 전부 팔아 치웠다. 몇 칸의 초가집
도 압류당하여 남은 두 칸 방에서 살았다. 맑은 날에는 해를 가릴 수

없고 비가 올 때는 안팎이 따로 없었다. 가마솥은 물이 새 면화로 단단히 매어야 겨우 물을 끓일 수 있었다. 옷은 해져 너덜너덜하여 엄동에도 무명으로 옷을 해 입었다. 우리 형제는 맨발에 짚신을 신고 도롱이를 걸쳤다. 원시인과 다를 바 없었다. 나는 열 살이 되면서 생계를 모두 책임져야 했다. 정월 초하루, 근처 부잣집에서 불꽃을 연달아 하늘로 쏘아 올릴 때, 우리 집에는 솥에 안칠 쌀이 없었다. 나는 둘째 아우〔평진화彭金華〕를 데리고 처음 구걸을 했다.

유마탄油麻灘에 사는 천陳씨 성을 가진 글방 선생 집에 구걸하러 갔더니, 그가 우리보고 초재동자招財童子〔재물을 불러오는 신〕가 아니냐고 물었다. 나는 거지라고 대답했다. 둘째 동생도 그렇다고 대답했더니, 그 선생은 밥 반 그릇과 작은 고기 한 점을 내어 주었다. 우리 형제는 저녁이 되어서야 집으로 돌아왔다. 구걸한 게 쌀 두 되도 되지 않았다. 나는 배고파 기절할 지경이어서 문을 열고 들어서자마자 땅바닥에 쓰러졌다. 동생이 "형은 하루 종일 음식 한 점도 먹지 못했어요" 하니, 할머니가 채소를 약간 끓여 나에게 마시게 했다.

정월 초하루는 지나간 걸로 치고 초이틀은 또 어떻게 해야 하나? 할머니가 "우리 네 식구가 모두 나가 쌀을 빌어 오자"고 하셨다. 나는 가고 싶지 않아 문지방에 서 있었다. 쌀을 구걸하려면 모욕을 당하고 업신여김을 받아야 한다. 할머니는 "안 가면 어쩌라는 거냐"고 소리치며 말했다.

"어제도 내가 가려고 할 때 너는 말렸다. 오늘 네가 안 가겠다 하면 식구들 모두 생으로 굶어 죽으라는 거냐?"

마치 찬바람이 몰아치고 눈꽃이 날리는 것 같았다. 할머니는 일흔이 넘은 노인이었다. 백발이 창창하고 다리는 얇았다. 할머니는 손자 둘을 데리고(셋째 동생은 아직 네 살이 되지 않았다) 지팡이를 짚고는 한 걸음 한 걸음 비틀거리며 걸어 나갔다. 나는 보고만 있었다. 심장이 칼에 찔린 듯 고통스러웠다.

그들이 멀어지자 나는 땔나무 베는 칼을 들고 산에 가 나무를 잘랐다. 10문☆을 받고 나무를 팔아 소금 한 포와 바꿨다. 나무할 때 산뽕나무 그루터기에서 뽑아 온 커다란 버섯 무더기를 한 솥 끓여 나와 아버지, 큰할아버지가 먼저 조금 먹었다. 할머니와 동생들은 밥 한 자루와 쌀 세 되를 구걸하여 해질 무렵 돌아왔다. 할머니는 버섯탕에 밥을 말아 큰할아버지와 아버지 그리고 나를 불러 먹게 했다. 내가 밥을 먹으려 하지 않자 할머니는 울었다.

"빌어 온 밥이라고 먹지 않는구나. 먹어야 살지. 먹지 않으면 다 같이 죽자는 말이냐?"

언제나 이 생각만 하면 눈물이 나고 마음이 아파 온다. 오늘 또 그렇다. 그러나 이 말은 쓰지 마라. 살아오는 동안 이런 마음 아픈 일을 겪은 것이 어찌 몇 백 번뿐이겠는가! 그 뒤 나는 나무를 하고, 고기를 잡고, 석탄을 캐어 다시는 쌀을 구걸하지 않았다. 한겨울 찬바람이 뼈에 사무쳐도 옷, 신발, 양말도 없이 짚신을 신었다. 몸에는 낡고 다 해진 옷을 걸치고 매일 배를 반도 채우지 못해 추위와 배고픔에 시달렸다.

유년 시절 나에게 사상적으로 큰 영향을 미친 사람은 큰할아버지였다. 오십줄에 태평군太平軍☆에서 집으로 도망쳐 돌아온 큰할아버지

☆ 홍수전洪秀全 등이 태평천국운동을 펼치기 위해 1850년 7월 설립한 농민무장혁명 조직. 1864년 태평천국혁명 실패 후에도 태평군의 남은 부대는 2년 넘게 분전했다.

는 나에게 늘 태평군 이야기를 해 주었다. 밥이 있으면 모두 함께 먹고, 여자들의 전족을 풀게 했으며, 토지를 고르게 나누었다고 했다. 나는 부자를 치고 가난을 구제하며, 지주를 없애고 가난한 이를 위하는 길을 찾아 나서야 한다는 사상을 갖게 되었다.

열두 살이 되어 나는 어느 부농富農 집의 소를 돌보는 일을 했다. 첫해에는 하루에 5문을, 다음 해에는 하루에 10문을 받았다. 크고 작은 두 마리 물소를 먹이느라 매일 풀을 30근 가까이 베었고, 그 밖에도 다른 일들을 했다. 밤이 깊어야 겨우 잠자리에 들고 동이 트기 전에 일어났으므로 늘 수면 부족에 시달렸다.

열세 살, 열네 살 때에는 집에서 멀지 않은 석탄 광산의 어린 광부가 되었다. 대나무로 만든 공명차孔明車〔양수기의 일종〕를 끌고 석탄갱 안에 들어가 물을 뽑아내는 일을 매일 열두세 시간씩 했다. 노임은 하루에 30문이었다. 나는 몇 문을 더 벌려고 석탄갱 안에서 한 차 분량의 석탄을 캤다. 모두 힘겨운 중노동이었다. 석탄을 질 때는 머리에 유등油燈을 달았다. 갱도는 통풍이 불량하고 위생 상태도 극히 나빴다. 붕괴되거나 물이 터지는 사고가 빈번했고, 그때마다 열 댓 명혹은 몇 십 명이 죽었다.

2년째 겨울, 설 대목이 되었을 때 석탄 광산은 손해를 보고 도산했고 광산주는 도망갔다. 나는 2년 동안 일했으나 겨우 1년치 노임만 받았다. 나머지는 헛일을 한 꼴이었다. 이때 등이 짓눌려 굽어 지금까지도 그대로이다. 열 살부터 열네 살까지 4년 동안 나는 부농과 자본가가 노동자를 얼마나 잔혹하게 착취하는지 깨달았다.

석탄 광산에서 집으로 돌아오니 이미 세밑이었다. 할머니, 아버지, 형제들을 보니 기쁘기 짝이 없었다. 동생이 "형, 여전히 신발을 신지 않았네. 발이 전부 얼어서 터졌어" 하기에 신발 살 돈이 없었다고 답했다. 탄광 사장이 도망치는 바람에 노동자들은 해산할 때 단지 쌀 네 되씩 나눠 가졌을 뿐이었다. 아버지는 내 말을 듣더니 울면서 말했다.

"아주 새카맣고 누렇게 떴구나. 사람 꼴이 말이 아니야. 이 개새끼들 대신 2년 동안 헛되이 일을 했어."

아버지는 양 주먹을 꽉 쥐고 부르르 떨더니 또 울었다.

열다섯 살 때는 집에서 품팔이를 하거나, 추각차推脚車[중국 농촌에서 손님이 올 때 태우고 다녔던 바퀴 하나짜리 수레]를 밀거나, 나무를 하고 고기를 잡아 팔았다. 기근이 극심한데도 지주와 부유한 상인들은 매점매석을 일삼았다. 굶주린 사람들은 자발적으로 양곡을 팔고, 부잣집을 털어(이것을 북방에서는 '츠다후吃大戶'라고 부른다) 음식을 차렸다. 나도 이 일에 참여했다가 [지주 무장단의 두목인] 단총團總에게 여섯 비적으로 지목되어 고발을 당했다. 죄명은 '무리를 모아 양곡을 털고 고을을 어지럽힌다'는 것이었다. 단방국團防局(지주계급이 농민을 진압하고 통치하기 위해 만든 무장기관)에서 사람을 보내 나를 잡으러 왔다. 가난한 5촌 당숙 아저씨가 내게 빨리 달아나라고 했다. 내가 "한 푼도 없는데 어디로 달아나라는 겁니까?" 묻자, 아저씨는 "오늘 새끼 돼지를 팔았다. 돈 한 꾸러미(1천 문)가 있으니 이걸 노자로 써라" 하시면서 호수로 달아나 제방 인부라도 하라고 말씀하셨다. 나는 아저씨 말대로 [둥팅호洞庭湖 남쪽의] 샹인현湘陰縣에 속한 시린웨이西林圍로 도망가 2년 동안 제방 인부로 일했다. 이때 제방국이 제방 인부를 착취한다는 것을 알게 되었다.

2년 동안 일하면서 비나 눈이 내려 공사일을 나가지 못할 때면 가설 숙소 부근 민가에 가서 농민들과 한담을 나누곤 했다. 처음에는 딱히 목적이랄 게 없었다. 대략 두 달에서 세 달쯤 되었을 때 공정 하나가 끝나 공사장 숙소를 다른 곳으로 이전하게 되었는데, 이렇게 여러 번 옮겨 농민들과의 접촉 범위가 커지면서 한 가지 사실을 알게 되었다. 후난湖南에서 가장 부유한 곳이 빈부격차가 특별히 크며 하루치 양식이 없는 사람이 도처에 흔했다. 우리 집의 가난은 특별한 게 아니었다. 고리대로 착취하는 방식만 수십 가지이며 연이자가 100퍼센트에 이르렀다.

둥팅호 주변의 논은 주로 제방으로 둘러싸 만들었는데, 제방 공사 노임은 도급都給에 작업량을 더하는 방식이었다. 가로세로 각 1장丈〔3.03미터〕, 1자尺〔30.3센티미터〕 두께를 1적방橫方이라 하고, 각 방의 흙을 쌓는데 거리와 난이도에 따라 노임이 달랐다. 또한 가로세로 각 1장, 1자 깊이를 1정방井方이라 하고 공정 가격은 적방보다 높았다. 토목공사 노임은 1각角〔10각=1원〕에서 5각까지 각기 달랐다. 공구, 임시 숙소, 식사는 공평했으며 비용은 모두 본인이 냈다. 토목공사 때 공사한 양을 자로 재어 임금을 받았는데 이를 궁척弓尺이라 불렀다. 당시 척도는 대략 지금 자市尺의 3분의 1이었다.

노동조직은 제공국堤工局 아래 몇 명의 포두包頭, 포두 아래 몇 명의 붕두棚頭를 두는 형식이었다. 노동자 조직 편성의 최소 단위가 붕棚이다. 각 붕은 15인에서 25인 정도로 구성 인원이 달랐다. 붕 10개를 합쳐 포두를 두었다. 포두와 붕두는 각각 노동자 노임의 5퍼센트를 떼었다. 제공국의 공사감독, 검수원驗收員들에게 설을 쇨 때나 혼사·상사 때 반드시 선물을 주었는데, 이런 착취가 극심했다.

붕에는 기록원이 있었는데 그 노임을 따로 책정하지는 않았다. 매월 혹은 한 가지 공정이 끝난 뒤 결산하고 남은 잔액, 또는 100원당 1원 식으로 책정한 돈이 기록원의 노임이었다. 또한 각 붕에는 취사원을 1명 두었다. 15명 이하 붕의 취사원은 '3분공', 즉 3할의 시간은 밥을 짓고 7할의 시간은 흙을 져 나르는 데 참가했다. 16명 이상 붕의 취사원은 4분공 혹은 5분공으로 계산했다. 비가 오거나 눈이 와 일할 수 없을 때에는 취사원 역시 인부였다. 나는 흙을 지고 취사도 하여 소득이 노동자 중 가장 많았는데, 2년 반 일하고 1916년 봄이 되어 떠날 때 겨우 3석 반(1석은 100근의 노임)을 받았다.

취사원을 겸하지 않거나 병 때문에 일을 하지 못한 사람은 왕왕 빚이 쌓여 호수 주변의 노동자로 눌러앉아 평생 집에 돌아오지 못했다. 둥팅호 지역을 일컬어 '후난의 미창*을'이라 불렸는데, 이는 제방 인부의 피땀과 골육이 쌓여 비롯한 것이었다.

제방 인부들이 일을 멈출 때도 있었다. 파업을 한 것이다. 착취 반대와 토목공사 노임 인상을 요구했는데, 나도 참가한 적이 있다. 그러나 좋은 지도자가 없어 성공하는 일은 아주 적었다. 제공국 간부들이 번 돈 중 어느 것 하나 제방 인부에게서 나오지 않은 것이 없다.

어린 시절, 소년 시절의 가난한 생활은 나에게 단련의 시간이었다. 그 뒤에도 나는 가끔 유년의 불우함을 회상하며 스스로 썩지 않도록, 가난한 인민의 생활을 잊지 않도록 채찍질했다. 그래서 유년 생활 경력을 지금까지 또렷하게 기억하고 있다.

제2장

상군湘軍의 병사가 되다

1916년 3월~1921년 가을

1916년 3월~1921년 가을   펑더화이는 먹고살기 위해 후난 봉건지주의 군대인 호남군에 입대한다. 그가 사병으로 입대하여 복무하던 시기 중국은 군벌의 시대였다. 위안스카이가 군권을 장악하고 있던 북양군이, 그의 사후 분화하여 각 지방 근거지를 중심으로 할거하며 중앙 베이징정부의 통제권을 쟁탈하기 위해 끊임없이 분쟁을 일으켰다. 북양군벌과 대립했던 호남군벌 군대의 사병이었던 펑더화이는 군벌전쟁의 와중에 황궁뤠, 리찬 등 생사를 같이하는 동지들을 사귀고, 비밀조직인 구빈회를 설립하여 부대 안에 혁명조직의 씨앗을 심는다. 1921년 중국공산당이 창당하였지만, 이 시기 펑더화이는 아직 쑨원의 삼민주의에 공명하는 정도의 의식을 가지고 있었다.

상군에 들어가 병사가 되다

1916년 후난 지역을 지배한 독군督軍(군사·정치권력을 장악한 성 범위 내의 독재자)은 북양군벌北洋軍閥*의 탕샹밍湯薌銘이었다. 탕샹밍은 혁명을 진압하고 인민을 도살했다. 인민들은 북군北軍〔북양군벌의 군대〕을 미워했으며 이들을 몰아내기를 절박하게 원했다. 후난에서 북군과 탕샹밍에 맞서는 비밀 활동은 보통의 일이었으며, 북군에 반대하는 공기가 민간에 비밀리에 매우 넓게 퍼져 있었다. 쑨중산〔쑨원孫文〕과 광서군벌은 후난 사람들의 북군 타도를 도와야 한다고 말했다.

당시 세계는 제1차 세계대전 중이어서 중국에 대한 구미 제국주의의 침략이 조금 느슨해져 있었다. 중국의 공업은 비교적 빠르게 발전하고 있었고, 어떻게 부국강병하고 구국을 이루느냐 하는 식의 기만적인 자산계급적 애국사상도 유입되었다. 나 또한 이러한 사상에 영향을 받았다. 그러나 병사가 된 주요 동기는 역시 집안이 가난하기 때문이었다. 제방 인부로는 집안을 먹여 살릴 수 없었다.

---

* 위안스카이가 건립한 봉건군벌 집단. '북양北洋'은 청말에 선양瀋陽·즈리直隷·산둥山東 3성省을 총칭하는 용어다. 1895년 위안스카이가 "육군을 새로 건설한다(新建陸軍)"는 기치 아래 군대를 편성, 훈련하였다. 북양군벌은 북양대신의 통제에 따랐는데, 1901년 북양대신에 임명된 위안스카이가 군대를 세우고 '북양군'이라 칭했다.

나는 1916년 3월 중순 〔후난의 지방 군대인〕 상군湘軍*에 들어가 병사가 되었다. 그때 나는 만 18세가 채 되지 않았다. 생일이 9월 10일이니 17세가 넘어 간신히 들어간 것이다. 내가 입대할 때 후난에서 탕샹밍이 쫓겨났다. 나는 육군 제2사단 3여단 6연대 1대대 1중대 소속이었다. 사단장은 천후추陳復初, 여단장은 천지아요陳嘉佑, 연대장은 루디핑魯滌平, 대대장은 류싱劉鉶, 중대장은 후쯔마오黥子茂였다.

나는 이등병으로 시작하여 월급 5원 5각을 받았고, 오래지 않아 일등병이 되어 월급 6원을 받았다. 급식비로 매월 1원 8각~2원을 내고 매주 여섯 번 돼지고기를 먹었다. 급식비와 용돈을 쓰고 3원 8각을 남길 수 있어 매월 3원~3원 5각을 집에 보냈다. 큰할아버지는 이미 돌아가셨고 둘째 동생은 학생이 되어 집에는 할머니, 아버지, 셋째 동생 등 세 명뿐이었다. 우리 가족은 매월 내가 보내는 3원으로 근근이 생활을 이어 갔다.

탕샹밍이 쫓겨난 뒤 탄옌카이譚延闓가 성장省長 겸 독군으로서 '후난의 주인'이 되었다. 당시 2사단장 천후추는 반反쑨중산파였으며, 여단장〔천지아요〕과 연대장〔루디핑〕은 쑨중산파를 포용하였다. 2사단이 후난 서쪽으로 이동하게 되면서, 3여단 6연대는 7~8월 사이 창더常德로 출발하였고 내가 속한 1대대는 창더의 더산德山서원에 주둔하여 병사를 훈련시켰다. 매일 8시간 이상 두 개의 체조, 두 개의 과목을 학습했으며 대대의 규율은 강했다. 위관급 군관과 병사 대부분이 신

---

* 상군은 청말 중국번曾國藩이 태평천국혁명을 진압하기 위해 후난에 세운 봉건지주의 군대이다. 그 뒤 북벌전쟁(1926~1928)까지 후난의 지방군대는 계속 상군이라 불렸다.

해혁명에 참가한 이들이었다. 그 외 바오딩保定군관학교** 2, 3기 학생이 있었는데, 소대장과 견습관이 되기 위한 과정이었다. 그들은 교양이 있었고 대체로 학과의 담임을 맡았다. 군사문화 관련 내용 외에 때로 애국주의 같은 것을 말하기도 했는데 주로 부국강병 사상이었다. 그들은 병사 출신 군관들의 배척을 받았다. 1917년 가을, 2사단 사병과 하급 군관들이 사단장 천후추가 북양군벌 푸량줘傅良佐(북양정부의 육군차장)와 결탁하는 것에 반대할 때, 이 학생 군관들은 반대의 길을 간다.

1917년 여름, 북양군벌 푸량줘가 남으로 와 후난의 독군이 되고 탄옌카이가 실각했는데, 푸량줘의 부대가 형산衡山으로 나아갈 때 상군의 1사단 등에서 격전이 발생했다. 당시 2사단 3여단 6연대는 창더에, 5연대는 타오위안桃源에 주둔하고 있었으며 나머지 부대의 위치는 알 수 없다. 그해 연말 하급 군관과 사병이 북양군벌에 반대하여 일어났다. 조직적인 군 내 반란에 나는 대대 대표로 참가했다. 당시 여단장은 천지아요였다. 연대장 루디핑은 마음속으로 군 내 반란을 지지했고, 사단장 천후추는 압박을 받아 사임했다. 더산서원에 주둔하고 있던 1대대는 창더 현성의 시관西關으로 옮겼다. 이후 바오딩군관학교 출신 군관 일부와 추천 선발된 신해혁명 시기 병사 출신 중·하급 군관 등이 쑨원을 지지하고 북양군벌에 반대하는 세력에 가세했다. 대략 가을 무렵 '독립 제3여단 6연대'(지금부터는 독립이라는 두 글

** 청나라 말 바오딩(보정)에 설립한 육군군관학교. 보병·기병·공병·포병·보급 등의 병과를 설치했다.

자를 덧붙인다)는 샹인 일대로 출동하여 1사단 등의 부대와 만나 푸량쥐에 반대하는 전쟁에 참가했다. 당시 광서군(계군桂軍)의 루룽팅陸榮廷● 도 휘하 부대에 명령하여 물을 건넜다. 그는 부대 이름을 '상계연군湘桂聯軍'(호남·광서연합군)이라 하였다.

연말에 웨저우岳洲〔웨양岳陽의 옛이름〕 전역戰役〔전투〕에서 양러우쓰羊樓司로 나아가 퉁청通城 선에서 한 달가량 싸웠는데, 북군 일부가 얕은 물에 뜨는 군함을 타고 창장강長江〔장강〕에서 기습하여 웨저우를 점령하면서 대략 1918년 1월 상계연군은 전선에서 철수하여 후퇴했다. 북군의 장징야오張敬堯, 우페이푸吳佩孚, 펑위샹馮玉祥●● 등의 부대가 대거 후난으로 들어왔다. 장징야오의 부대는 창사長沙·바오칭寶慶(사오양邵陽)·리링醴陵·차링茶陵을 점령하고 우페이푸의 부대는 헝양衡陽·안런安仁을 점령했으며, 펑위샹 부대는 창더를 점령했다.

계군(광서군)은 사오양에서 물러났고 상군의 주력은 천저우郴州와 융싱永興에서 후퇴했다. 독립 제3여단은 헝양 남쪽에서 레이양耒陽 서쪽 지역까지 여러 번 전투를 치르며 퇴각하여 차링의 호수 입구 유허지인 링현酃縣〔현재의 란링현蘭陵縣〕에 이르렀다(그 과정에서 중대장 리타이창李泰昌이 사망하여 리페이스李陪世로 교체되었다). 6연대는 퇴각하여 후안시웨이浣溪圩와 인라오因繞를 경유하여 바오칭·헝양·레이양을 지키다가 4~5월이 되어서야 링현에 도착했다.

───────────

● 광서군벌의 계파인 구舊광서와 신新광서 중 구광서계의 군벌 수령. 1917년 양광兩廣(광둥성과 광시성) 순열사로 임명되었으며 그해 10월 파병되어 후난성을 지원했다. 1924년 9월 사임했다.

●● 북양군벌인 장징야오는 당시 후난의 독군으로서 제7사단장에 임명되었다. 우페이푸는 북양 직계 군벌로 제3사단장에 임명되었으며, 펑위샹은 제16혼성여단장에 임명되었다.

지도 속 지명: 후베이성, 리현, 화용, 웨양, 츠리, 난현, 두티호, 장자제, 창더, 핑장, 쓰촨성, 이양, 창사, 유양, 위안장강, 사오산, 샹탄, 장시성, 주저우, 구이저우성, 화이화, 러우디, 헝산, 사오양, 헝양, 융저우, 상장강, 치링, 바옌산, 광시성, 천저우, 광둥성

후난성 주요 지명

　3여단장은 진즉에 〔6연대장인〕 루디핑이 임명되었다가 다시 린슈메이林修梅로 바뀌었다. 린슈메이는 링현의 천자묘天子墓에 주둔했다. 여단 경리처장이었던 (린슈메이의 동생) 린보쿠林伯渠가 나중에 말하기를 린슈메이는 공상적 사회주의 사상을 가지고 있다고 했다. 이후 계속 호남·광동·광서연합군을 조직하고 북군의 남침에 방어했으나 구체적인 행동으로 드러나지는 않았다. 장징야오와 우페이푸가 바오

칭·헝양·차링·리링을 점령한 뒤 남진을 계속하지 않아 서로 지키는 형세가 되었다.

호남·광서연합군이 어지럽고 급하게 퇴각하며 샹탄湘潭에 도착할 때 나는 탕산차오唐山橋에 주둔하고 있었다. 목기 장수를 하는 고모 집에 들렀다가 두세 시간 뒤 부대로 돌아왔는데, 6연대 소속 부대가 붙여 놓은 쪽지에 바오칭으로 집합하라고 씌어 있는 것을 보고 즉시 부대를 좇아 샹샹湘鄉으로 향했다. 도중에 부대에서 떨어진 허더촨何德全을 만나 함께 동행하였다. 우리는 후안시웨이에 도달해서야 겨우 부대를 따라잡았다.

장거리 행군 작전으로 병사들은 피로하고 쇠약한 상태였으며, 질병이 유행하여 특히 학질(말라리아)에 걸린 사람이 많았다. 경비가 부족했지만 그래도 공무·의약품비는 챙겨 주었다. 당시 의약품비가 충분하지 못해 내가 중대장 리페이스에게 판공비로 의약품비를 보충하자고 건의했으나 그는 동의하지 않았다. "돈은 두었다 어디에 쓸 겁니까? 법을 지키는 게 중요합니까? 사람이 중요하지 않습니까?" 물어도 그는 입을 닫고 잠자코 있었다.

이틀 뒤 동료 황궁뤠黃公略와 함께 있는데 공교롭게도 대대장 위안즈袁植와 마주쳤다. 그가 중대 중병 환자들의 정황을 묻기에, 상태가 엄중해 어떤 때는 경계에도 문제가 생긴다고 답했다. 위안즈가 "듣자니 너는 이 일을 모두 보고한 뒤 사직하려고 한다던데" 하고 물었다(그때 관에서 사직한 사병을 가리켜 샤오차消差라고 불렀다). 내가 그렇다고 답하자, 위안즈는 가르치듯 한바탕 연설을 늘어놓았다.

다음 날 애국 열정이 가득한 황궁뤠가 찾아와 "대대장은 네가 사직하는 걸 허락하지 않겠대, 다른 사람에게 영향을 줄 수 있다는 거지.

좀 참아라" 하였다. 나는 "지난주 병사가 되려고 온 중학생 리찬李燦이 지금 2반에 있다"며 황궁뭬에게 소개하고 "지금부터 우리 세 사람은 친한 친구가 되었다"고 말했다. 오래지 않아 중대장 리페이스가 병으로 사직하여 저우판周馨이 대신했다.

당시 적군 장징야오의 부대 하나가 차링성에 주둔했다. 6연대는 적군이 출몰하는 흙다리 초소를 경계했는데 서로 침입하지는 않았다. 6연대는 후안시웨이 일대에서 근 2년간 이동하지 않았다. 〔6연대에서는〕 법을 지지한다고, 즉 쑨원의 임시약법臨時約法*을 옹호하면서 '중국을 통일하자'는 구호를 외치고 군중을 기만하였다. 양식은 땅에 대한 도지를 담보로 현지에서 조달했다. 사병들에게는 용돈으로 5각에서 1원까지 지급했으며 매일 기름과 소금을 각 4전어치씩 주었다. 이것은 하찮은 경비였고 역시 광둥廣東의 보급에 기대야 했다. 부대는 직접 채소를 심고, 돼지를 키우고 땔감을 마련했다. 매일 네다섯 시간씩 훈련했으며 관리도 과거보다 엄격했다.

6연대는 후안시웨이에서 임시 훈련대를 창설했다. 과정은 소학교 과정, 명령어 표본 등이었다. 문화 방면으로는 뜻을 세우는 것, 시간을 아끼는 것, 그리고 때로는 열강의 침략과 중국의 분할, 부국강병을 이루는 길 등도 강의했다. 이런 것을 정신교육이라 하였다. 교원은 교양이 있는 군관이 맡고 학생은 중대 안에서 선발하였다. 인원은 매 중대마다 10명에서 15명으로 각각 달랐다. 직무에서 벗어나지

---

* 1912년 3월 11일에 공포된 중화민국의 임시헌법. 7장 56조로 되어 있다. 총통 중심제의 '중화민국 임시정부 조직 대강'을 내각책임제로 바꾸어 위안스카이의 전횡을 억제하려 했고, 주권재민主權在民, 인민의 권리와 의무 등을 규정했다.

않도록 오전, 오후 두 반으로 나누고 각자 소속 중대에서 먹고 자도록 했다. 매일 수업은 세 시간을 넘지 않았다. 한 달에 한두 번씩 작문을 하고, 매월 군사학 시험 외에 작문 시험을 보았다. 중대 군사훈련에는 평소대로 참가했다.

나는 수업에 참가했는데, 2년도 되지 않는 시간 동안(대략 15~16개월) 어문 과목(문어문文語文)에서 상당한 수확이 있었다. 군벌들이 개설한 이런 훈련대는 그들의 주구를 기르고 인심을 농락하여 부대를 공고하게 하기 위한 것이었다. 여기에서 나는 20여 명의 지식인과 가난한 농민 출신 사병들을 사귀어 친구가 되었다. 우리는 구국애민의 뜻을 세우고 이를 위해 나쁜 일을 하지 말자고 서로 격려했다. 또한 부패하지 않을 것, 주민을 착취하지 않으며 첩을 두지 않고 백성들에게 폐를 끼치지 않을 것을 다짐했다.

북양군벌의 부대 정황을 정찰하다

1918년 7월경 대대장 위안즈가 나에게 말하기를 "여단에서 한 사람을 선발해 창사로 보내야 해. 적군 후방의 상황을 정찰해야 하는데 너를 파견하고 싶어" 했다. 내가 내정을 정찰하는 게 쉽지 않으며 또한 나는 그곳에 익숙한 사람이 아니라고 답했으나, 그는 계속 이어 말했다.

"창사부長沙俯 앞 거리 어느 차 가게로 가면 중대장 후쯔마오가 너를 찾아 말을 걸 거야. 그때 이번에 좀 도와 달라 해. 그가 군수 담당을 맡아야 돼. 갈 때는 우페이푸가 지키는 안런 · 헝양 등을 지나고, 돌아올 때는 장징야오 부대가 지키는 리링·차링 등으로 와. 후쯔마오에게 은근하게 군정軍政을 물어보되 그가 정찰당하는 걸 느끼지 않도록 해야 돼."

나는 임무를 수락했다. 나는 창사로 가는 길에 형산을 거쳐 집에 들러 이틀을 묵고, 샹탄에서 분대장 궈더윈郭得雲의 집과 고모 집에서 3~4일을 머물렀다. 궈더윈은 나에게 북군의 일반적인 동향을 말해주었다. 서로 싸우고 죽인다고 했으며, 들리는 말로는 장징야오와 우페이푸가 불화한다는데 왜 그런지 모르겠으며 인민들은 북군을 미워하고 남군〔상군〕을 기다리고 있다고 하였다.

창사에 도착해서는 이틀을 머물렀다. 창사부 거리 어느 찻집(이름을 기억하지 못하겠다)에서 후쯔마오를 만났다. 몇 마디 한담을 나눈 뒤 나는 바로 대대장 위안즈가 그에게 군수 담당이 되기를 부탁한다고 말했다. 후쯔마오는 한참 동안 망설인 뒤 "이것은 내 일이니 마땅히 가서 도와야지. 지금 인민들은 북군 놈들을 미워하고 남군을 절실히 기다리고 있어"라며 응낙했다. 내가 "북군 내부에 불화가 있다던데 진짜인가?" 묻자, 그는 북군은 위아래가 서로 불화하며, 어떤 변화가 있을 텐데 지금은 분명하지 않다고 답했다. 그 밖에 이야기한 것들은 기억하지 못하겠다. 후쯔마오가 담이 작고 소심한 사람임을 알고 나는 그의 집에 묵지 않았고, 그도 있다 가라고 잡지 않았다. 출발할 때 언제 위안즈에게 갈 것인지 묻자, 후쯔마오는 좀 지난 뒤 적당할 때 갈 테니 먼저 가 보라고 했다.

후쯔마오와 헤어진 뒤 바로 랑리시로 갔다. 우리 중대 분대장에서 소대장으로 승진한 양揚의 아버지 집에 편지를 전하기 위해서였다. 집이 가난해서 양이 매월 10원 정도를 보낸다고 했다. 양의 집에서 이틀 밤을 묵고, 그의 형에게 허더촨의 집이 여기서 얼마나 먼 지 물었다. 10리가 채 안 된다고 하기에 허더촨의 집에 가서 하룻밤 묵었다. 이것은 친구를 방문한 것이었다. 그리고 바로 창사로 출발했다.

차를 타고 리링, 차링을 거쳐 후안시웨이로 돌아오려 했는데, 샤오우먼小吳門 정류장의 북군 군경 합동검문소軍警査處에서 체포되었다. 나는 보름 동안 갇혀 여러 차례 심문을 받았다. 그중 한 번은 참아 내기 어려워 정찰을 인정하고 죽고 싶다는 생각이 들었다. 그러나 곧 마음을 바꿔 먹었다.

'정찰하러 와서 임무를 완성하지도 못하고 적을 이롭게 할 수는 없다. 인정하지 말고 죽자, 적이 나를 어찌할 것인가.'

나는 일자리를 알아보러 창사에 간 것이라고 말했다. 자백도 하지 않았고 다른 증거도 없어 마침내 상점의 보증을 얻어 풀려났다. 상점의 보증이란 고향의 육십 먹은 과부 양씨 아주머니가 양말공장에서 모은 것이었다. 추蕘 뭐라고 하는 양말공장인데 기억이 분명하지 않다. 풀려난 뒤 리링, 차링을 지나 후안시웨이로 돌아왔다. 그때가 대략 8월 말이었다.

장징야오를 몰아내는 전역戰役

1919년 봄에서 여름으로 넘어갈 즈음, 후난에서 북양군벌 장징야오를 몰아내는 전역戰役이 비밀리에 시작되었다. 당시 펑위샹, 우페이푸, 장징야오는 분열하였다. 우페이푸와 펑위샹의 두 부대가 북쪽으로 철수하여 장징야오의 부대가 고립되어 있었다. 호남군〔상군〕

은 여세를 몰아 진격했다. 독립 제3여단 6연대는 3월 하순경 후안시웨이에서 레이양(후난성), 치양祁陽(안후이성), 원밍쓰文明司를 지나 4월 중순 바오칭의 장징야오 부대를 공격했다. 첫 번째 전투 때 융펑永豐과 바오칭 사이까지 추격하고, 두 번째 전투 때 융펑과 샹샹 현성 사이까지 몰아붙였다가 다시 샹인 동쪽 바이수이白水 정류장 부근까지 추격했다. 이어 세 번째 전투 때에는 린샹臨湘 동쪽까지 밀어냈고, 네 번째 전투에서 장징야오 부대 대부분을 소멸시켜 후베이성湖北省 경계까지 물러난 자는 극소수였다. 그러나 전장 정리를 하지 않아 샹인 동쪽 전투에서 남은 소수의 적병이 흩어져 비적이 되었다. 6연대는 다시 차를 타고 구이이歸義로 돌아와 적의 뒤편인 신시가에 주둔했다. 장징야오를 몰아내는 전역은 넉 달 동안 계속 이어졌다.

그 즈음 집에서 편지를 받았는데 할머니의 병이 무겁다고 했다. 중대장 저우판이 열흘 휴가를 주어 왕복 노정에 4일, 집에서 6일을 보냈다. 바야흐로 늦벼를 거둘 때가 되어 이틀은 어느 빈농 집의 늦벼 수확을 돕고, 이틀은 부유한 중농의 집에서 벼 수확을 했다. 나중에 들으니 그 중농은 전국 해방 때 소지주로 발전했다고 하였다. 그리고 남은 이틀은 집에서 나무를 하고 제날짜에 부대로 돌아왔다.

장징야오를 몰아내는 전역 중 바오칭을 공격할 때 소대장 리룬성李潤生이 중상을 입어 행방을 알 수 없게 되어(아마 죽었을 것이다) 중대장 저우판이 나에게 대리하라고 명령했다. 그리고 장징야오의 잔존 부대를 추격해 샹샹 경내에 이르렀을 때 정식으로 나를 소대장에 임명했다. 나는 입대 3년 만에 이등병에서 일등병, 오래지 않아 부분대장·분대장이 되었고 장징야오를 토벌하는 전역이 끝날 무렵 소대장이 되었다. 그러나 장징야오를 몰아내는 전역이 1919년인지 1920

년인지 기억이 분명하지 않다.

이 3년 중 '10월혁명'〔러시아혁명〕이 나에게 자극이 되었으며 다른
사병들에게도 마찬가지였다. 군대 내에 소식이 엄격하게 봉쇄되어
진실한 정황을 바로 알기는 어려웠으나, 창사와 웨저우를 점령한 뒤
에는 교통이 편리하여 후난에서처럼 소식이 어둡지는 않았다.

급료소요의 바람

1919년 말 또는 1920년 말, 다른 성의 군대를 모두 성 밖으로 쫓아
내는 데 성공했다. 장징야오 부대는 대부분 후난에서 소멸되었다.
호남군벌은 노획한 게 많아 장차 호남군을 4개 사단, 3개 여단의 대
군으로 재편성하게 되었다. 후난성은 표면상 통일을 이뤘다.

과거 1917년 북양군벌 푸량쭤와 결탁하는 데 반발하여 일어난 부
대 내 반란이 실패로 돌아간 뒤 후난의 구석으로 물러나 지키고 있
을 때였다. 2, 3개월 분의 급료가 밀렸는데, 그때 호헌호법의 애국정
신을 명분으로 훈련반을 열고 '인재를 기르자, 북양군벌에 반대하자,
장징야오를 타도하여 밀린 급료를 청산하자, 중국을 통일하자'는 구
호를 내걸고 사병을 기만하여 군대 통치를 유지하였다. 그런데 장징
야오 부대를 소멸시키고 후난성을 통일한 뒤에도 묵은 급료를 지급
하지 않았으며 새 빚이 계속 늘었다. 사병들은 '묵은 급료를 청산할
것, 제달에 급료를 지급할 것, 가로채는 것을 용납하지 않을 것' 등을
요구했다.

10만 명 가까이 되는 군대가 약속이나 한 듯 동시에 급료 문제로

소요를 일으켰다. 한 번 외치니 모두 호응하였으며 창사로 이동하기 시작했다. 각 사단, 연대, 대대, 중대가 모두 잇따라 군 대회를 열었다. 사병이 추천한 대표들이 창사에 군대 총대회를 설치했다. 군대의 모든 행동은 오로지 이 대표들의 명령에 따랐다. 어떤 지휘관의 명령도 효과가 없었으나 질서가 정연했다. 사병들이 고도의 자치 능력이 있음을 보여 준 것이다. 펑장平江, 리링에서 2개 지구(현재의 군 분구에 해당)의 사령관이 죽임을 당했는데, 전하는 말로는 그들이 급료로 인한 소란을 막으려 했다고 하였다. 당시 사병대표의 권력은 누구보다 컸다. 각급 장교는 부대 병사를 통제할 능력을 모두 잃었다. 후난성의 모든 군대가 사병대표의 지휘 아래 창사로 집결했다.

6연대는 신시가지의 구이이(미뤄汨羅강변) 정류장에 집결하여 창사로 출발할 준비를 했는데, 급료 횡령에 관한 타협책이 나와 그곳에 정지했다. 연대장 류싱은 앉아서 눈물을 흘리며 한마디도 하지 않았다. 대대장 위안즈와 중대장 저우판은 인민에게 폐를 끼치지 않는다면 사병대표의 행동에 찬성한다는 태도였다. 이 '급료소요*'는 정치적 지도자가 없었기 때문에 〔후난 독군〕 자오헝티趙恒惕에게 이용당했으며 결국 파괴되었다. 밀린 급료에 대한 증서를 교부하고, 도지를 담보로 하여 3년 분작으로 완전히 청산하되 기한이 되면 각자 현 정부에서 받는 방식이었는데, 이것이 독이 되어 군대 사병대표회가 와해되었다. 대표들을 이익으로 유혹하거나 위협하고 상당수를 추천

---

* 구군대 지휘관들이 왕왕 각종 명의와 구실로 사병들의 급료를 가로채거나 장기간 급료를 주지 않았다. 사병들이 일어나 이 급료를 달라고 지휘관과 싸우는 것을 급료소요(료향鬧餉)라고 부른다.

하여 진학하게 했다. 실제로 나중에 모두 흐지부지되었다.

나는 위협과 속임을 당하지는 않았고, 다시금 이 군 내 반란운동에서 큰 교훈을 얻었다. 사병이 일단 각성하여 조직적으로 일어서면 그 역량은 매우 크다는 사실이었다. 이 경험은 이후 내가 사병회를 조직하고 사병 자치를 적극적으로 실행하고 지도하는 데 많은 도움이 되었다.

후베이성 자치를 지원하다

1920년 장징야오 부대를 소멸시킨 뒤 호남군을 크게 확대 재편하면서 필연적으로 근거지 확대가 필요하게 되었다. 자오헝티 호남 군사장관은 '성 연합자치聯省自治'를 구실로 봉건 할거를 실행했다. 후베이성 자치를 돕는다는 명분 아래 후베이의 근거지를 빼앗아 세력을 확대하려는 계획이었다. 1921년 여름, 호남군이 후베이성 남쪽에 깊이 들어가 우창武昌〔후베이성의 성도〕에서 멀지 않은 곳의 허성차오賀勝橋를 쳤지만, 우페이푸와 샤오야오난肖耀南의 부대에 패배하였다.

우페이푸와 샤오야오난 부대의 해군 육전대는 웨저우를 점령하여 호남군의 퇴로를 차단했다. 호남군은 무너져 창사, 샹인 일대까지 1천 리를 후퇴했다. 병력 손실이 과반에 이르렀으며 도처에서 강간과

---

* 연성자치聯省自治는 북양군벌 통치 시기 군벌이 지키던 지방을 할거하기 위해 제출하고 실행한 지방분권제도이다. 성을 자치단위로 하고 연합하여 구성한 정부가 '연성자치정부'이다.

약탈을 저질렀다. 백성들은 도탄에 빠지고 민심은 분노로 들끓었다. 후난인이 후난을 다스리자는 기만 술책은 신속하게 파산했다.

후베이성 지원 전쟁에서 2사단은 정면공격을 맡아 철도를 따라 북진했다. 6연대는 웨저우 남쪽 어느 정류장에서 차를 타고 북진했다. 나는 3대대 11중대로 전출되었는데, 해당 중대 중대장이 병이 나 휴가를 내고 직을 떠났기 때문이었다. 부대는 패퇴하여 7월 말경 후난으로 돌아왔다. 6연대는 창사에 집결하여 잠깐 쉬며 정돈한 뒤 전부 난현南縣으로 출동했다. 연대장 위안즈가 나에게 중대장을 대리하라고 명했다. 4개 분대를 더해 소대를 증강하여 난현의 주츠커우注磁口에 나누어 주둔했다. 대략 8월 중하순 무렵이었다. 그 지역에 주둔한 지 1개월쯤 되었을 때 소수의 산병散兵이 호수의 비적이 되어 소요를 일으켰다. 후베이를 지원하는 전역이 실패한 뒤 바깥으로의 기반 확장이 무망하게 되자 호남군 내부의 모순이 다시 첨예화한 것이다. 표면상 바오딩계와 사관계 군벌 연맹이 병사 출신을 배제한 것**이지만, 실제로는 후난성 내 기반을 새로 분할한 것이었다.

훗날 1924년 가을에 전자가 후자를 배제하여 무장충돌이 폭발한다. 사병계인 루디핑·셰궈광謝國光·우젠쉐吳劍學 등이 부대 내 수만 명을 압박하여 광둥으로 달아나면서 호남군은 분열되고 후난의 반동 세력은 약화된다. 당시 광둥의 북벌北伐 세력***이 증강되면서 호

** 바오딩계, 사관계, 사병行伍계는 호남군 내 계파이다. 바오딩계는 바오딩군관학교 출신, 사관계는 일본사관학교 출신 군관, 사병계는 사병 출신을 가리킨다.

*** 북벌은 신해혁명 이후 광둥에 물러나 혁명정부를 수립한 쑨원 등이 북방의 군벌정권을 타도하기 위해 벌인 전쟁이다.

남군의 내부 분열을 한 발자국 더 촉진시키는데 〔호남군 4사단장〕 탕성즈唐生智가 광둥과 연합하여 북벌한 것이 그 예이다. 그때 많은 사병과 소수의 사병 출신 하급 군관들이 다급한 나머지 공산당을 출로로 삼게 되고 나도 다른 길이 없어 같은 길을 선택한다.

후베이성 지원 전쟁 때 나는 여전히 6연대 1중대에 있었는데, 우리 중대는 병력 손실이 없었으며 병력과 무기도 증가했다. 그러나 6연대의 다른 대대와 중대는 병력 손실이 과반을 넘어 3분의 2에 달했다. 절대다수는 도망친 것이었고 부상자나 사망자가 아니었다. 왜 1중대 사병은 도망치지 않았을까? 이유는 두 가지다.

하나는 회계 공개, 즉 중대 안에 사병들의 공익 사업에 쓰기 위해 적립한 공금 내역을 공개한 것이다. 이는 사무, 잡비, 의약, 결원에 대한 급료 등의 비용 중 절약해서 남은 부분을 적립한 것이었다. 둘째는 가혹한 형벌肉刑을 폐지한 것이다. 즉, 때리지 않고 무릎을 꿇리지 않게 하였다. 군대 풍기를 범한 사병에게는 권고로 대신하고, 잘못을 기록하고 벌로 서 있게 하였다. 이 두 가지를 견결히 관철하자 구식 군대 사병들이 적극 지지했던 것이다. 이 밖에 '구빈회救貧會'가 중대 내에서 비밀활동을 펼쳐 부대를 공고히 하는 데 일정한 역할을 했다.

• 탕성즈는 당시 호남군 제4사단장이었다. 북벌 시 제8군 군단장에 임명되었으며 제4집단군 총사령이었다.

1921년 가을~1925년 군벌이 각축을 벌이는 와중에 일본과 서양 제국주의자들의 이권 개입, 불평등조약 등으로 중국은 혼란의 소용돌이에 휩싸인다. 각 군벌들은 외세를 등에 업고 힘을 키우는 데 혈안이 되어 있었다. 이에 쑨원이 1924년 전제군벌을 몰아내기 위해 광저우에서 제1차 국공합작을 주창하여, 소비에트연방의 도움으로 황푸군관학교를 설립하고 국민혁명군을 조직한다. 당시 펑더화이는 북양군벌과 거듭 전투를 치르며 소대장으로 승진하고, 병사들에게 급료를 주지 않아 발생한 소요에서 대표로 나서면서 신망을 쌓는다. 또한 구빈회 활동을 강화하고 부대 내 세력 기반을 확대해 나가면서, 호남군의 사관학교인 강무당을 졸업하여 군사지도자로서의 소양을 쌓는다.

악질 지주 어우성친을 죽이다

〔6연대가 주둔하고 있던〕 난현의 주츠커우는 3백 호 정도 되는 작은 진鎭〔현에 속하는 행정 단위〕인데 물산이 아주 풍부했다. 쌀이 가장 많고 수산물도 풍성했다. 가금류나 가축 생산량 역시 많았으며, 갈대가 흔하고 야생 조류 같은 천연 부산물도 있었다. 그에 따라 각종 잡다한 명목의 세금이 많았고 지세와 고리대금업 등 착취가 극심했으며 빈부격차도 아주 뚜렷했다.

그곳에 있을 때 나는 저녁을 먹고 나면 늘 근교 농민의 집에 가서 한담을 나누곤 했는데, 처자가 있는 가난한 농민 장쯔칭姜子淸이 악질 지주 어우성친歐盛欽 이야기를 꺼냈다. 어우성친의 형은 후난성 독군 서督軍뽉〔군사장관처〕에서 자오헝티 군사장관의 고급 참모로 일하고 있었다. 어우성친은 형의 세력을 뒷배 삼아 사람들을 깔보고, 오랜 세월 토사가 쌓여 생긴 논과 갈대밭을 강점했다. 장쯔칭이 여러 차례 진펄을 되찾게 해 달라고 요구했다는데, 조사해 보니 그의 말이 모두 사실이었다. 뿐만 아니라 어우성친은 그 땅에서 하천 출입을 막고 고기 잡는 그물도 치지 못하게 했으며, 벌목과 야생 오리를 비롯한 야생 조류 사냥도 금지했다. 또한 교묘하게 명목을 붙여 세금을 거두고 좋은 땅과 집을 빼앗았다. 고리로 돈을 놓아 여물지 않은 곡식을 팔도록 강박하고, 오래전 이주하여 비교적 부유한 농민들로 하여금 일부를 수매하도록 했으며 새로 이사 온 농민을 압박했다. 어우성친은 세무국장과 제방국장을 겸하면서 마구잡이로 여러 가지 세금을 늘려 거둬들였다. 심지어 어魚세도 있었다. 포악무도하고 갖은 못된 짓을 다하여 민중에게 해롭기가 토비土匪〔도적떼〕보다 더 심했다.

내가 장쯔칭에게 "마땅히 구빈회를 조직해야 하오. 사람이 많고 세력이 커지면 비로소 어우성친을 타도할 수 있소"라고 하자, 그는 입으로는 되지만 마음대로 되지는 않을 것이라며 어우성친에 대하여 이야기하면 다들 미워하면서도 막상 해 보자고 하면 무서워한다고 했다. "당신도 무서운가?" 묻자 그는 "무섭지 않소. 하지만 나 혼자서는 어찌할 수 없소"라고 했다. 내가 "오늘 저녁 무장병을 몇 명 보낼 테니 당신이 길 안내를 해서 어우성친을 죽이시오" 했더니 그는 아주 기뻐했다. 나는 그에게 조심할 것을 일렀다.

"갈 때 모두 변장해야 하고 사후에 어떤 사람에게도 새어 나가면 안 됩니다."

그날 저녁 1분대장 왕사오난王紹南과 웨이번룽魏本榮 등 구빈회원 세 명을 보냈다. 장쯔칭의 안내에 따라 어우성친을 처단할 것이었다. 나는 그들에게 분명히 말했다.

"죽이는 것은 어우성친 한 사람이고 다른 사람을 다치게 해서는 안 된다. 익명으로 포고문 한 장을 내어 어우성친의 죄상을 선포하라."

이튿날 세금 징수가 정지되었고, 빈민들은 통쾌해 하며 몰래 수군거렸다. 그러나 3일째부터 다시 세금을 거둬들였다. 나는 이 일로 한두 사람을 죽이는 것은 아무 도움이 안 되며 문제를 해결할 수 없음을 알게 되었다. 나중에 들으니, 장쯔칭이 화근을 없애기 위해 어우성친은 물론이고 그 처를 죽이자고 했다는데, 정말 그랬는지는 알 수 없다.

며칠 뒤 우리 중대는 곧 그곳을 떠나게 되었다. 작은 화륜선을 타고 싼셴호三仙湖를 건너 샹인에 상륙하여 핑장으로 가서 선훙잉潘鴻英 부대를 공격할 예정이었다. 우리 중대가 주츠커우를 떠날 때 주민들은 부대에 대하여 어떠한 반응도 하지 않았다. 1921년 가을의 일이다.

6연대가 창사와 핑장 사이의 진징金井 신시가지에서 출발하여 핑장에 접근할 때 선훙잉 부대는 류양劉陽, 리링을 지나 광시로 달아났다. 평정을 되찾은 뒤 11월 말쯤 6연대는 창사에서 70리 떨어진 루강 입구灄口 개간 농지 일대로 돌아와 주둔했다. 그런데 주둔한 지 며칠 안 되어 주츠커우에서 어우성친을 처단한 일로 3,4개월 만에 고발을 당했다.

연대장 위안즈가 보낸 특무소대장 쉬徐 모가 찾아와 "위안 연대장이 창사의 연대본부로 오라 한다"고 하여 나는 "좋다"고 응낙했다. 걸어서 5리쯤 가니 한 무리의 사람들이 나를 체포하기 위해 잠복하고 있었다. 쉬 소대장이 "이것은 위안 연대장이 자오헝티 군사장관督軍의 명령을 받은 것이다. 부득이하게 너를 체포한다. 듣자니 당신이 어우歐 고급 참모의 동생과 전 가족을 죽였다던데" 하고 말했다. 나는 "어우성친을 죽인 사실이 있다. 하지만 전 가족을 죽이지는 않았다"고 대답했다. 그가 말하기를 "이것은 어우 고급 참모가 고발한 것이다"라고 했다. 나는 어우성친이 재물을 탐한 최고 악질 지주라는 것과, 그가 세력을 믿고 사람들을 괴롭혔던 죄상을 일일이 열거했다. 병사들이 듣고 나에게 동정을 표했다. 쉬 소대장이 말했다.

"연대장도 부득이한 일이오. 독군서督軍署(군사장관처)에 도착하여 살아날 방법을 강구해 봅시다. 병사들 중에 방법을 이야기해 주는 사람들이 있는데, 독군서에 도착하면 죄를 인정하지 말라고 합디다. 당신에게 불리한 증거가 없소. 아마 토비가 죽였을 것이오. 어우성 친이 평소 못된 짓을 하도 많이 해서 다른 사람이 복수하여 죽인 것이오."

60리쯤 더 가서 내가 조금 쉬었다 가자고 했다. 창사까지 아직 20여 리가 남았다. 휴식할 때 나를 끌고 오던 청년 병사 한 사람이 나에게 바짝 다가 앉더니 내 양손을 묶은 밧줄을 몰래 느슨하게 풀어 주고 손으로 내 등의 양쪽을 세게 밀었다. 도망치라는 뜻이었다.

몇 리를 더 갔다. 라오다오허捞刀河를 건너야 했다. 이제 창사에서 15리가 남았을 뿐이었다. 생각해 보니 내 목숨으로 겨우 악질 지주 한 사람의 목숨을 배상해야 한다니 수지가 맞지 않았다. '저 개 같은 지주의 손에 죽다니' 정말 달갑지 않았다. 강을 건널 때 도망치기로 결심하고 나룻배 위에서 쉬 소대장을 불러 말했다.

"외투 주머니에 몇 십 원이 있으니 당신들이 가져가시오. 감옥을 감시하는 승냥이들을 이롭게 하고 싶지는 않소."

"다행히 당신이 살아남게 되면 돌려주고, 만일 불행하게 되면 당신 뒷일을 처리하는 데 쓰겠소."

"필요 없소. 당신들이 가져가 한 끼 잘 먹고 남은 게 있다면 나눠 가지시오."

배가 뭍에 거의 다다랐을 즈음, 쉬 소대장이 와서 돈을 집을 때 세게 그를 밀었다. 그는 물로 떨어졌다. 나는 언덕 위로 뛰어올랐다. 손을 묶고 있던 밧줄도 벗겨졌다. 바로 동쪽 랑리시䢴梨市를 향해 쏜살같이 달아났다. 병사들이 하늘을 향해 총을 몇 발 쏘았으나 쫓아오는 사람은 없었다. 20여 원이 나의 목숨값이 된 것이다. 그들에게 감사

한다. 특히 위안장沅江 사투리를 쓰던 청년 병사, 그를 영원히 잊지 못할 것이다.

단숨에 20~30리를 달렸다. 하늘도 어두웠다. 랑리시와 창사 사이 7리쯤 되는 골목길까지 뛰어 겨우 위험에서 벗어났다. 풀밭에 앉아 땀에 젖은 셔츠를 벗었다. 배가 고프고 피곤했다. 수중에는 한 푼도 없었다. 누워서 잠깐 쉰 뒤 하늘의 별들을 바라보며 입안에서 뜻대로 읽어 보았다.

"천지는 돌고, 일월은 빛난다. 당신에게 묻노니 어디로 가야 하는가? 천하는 큰데 어찌 몸을 둘 곳이 없겠는가?"

생각을 한번 바꾸니 기운이 솟았다. 걷고 또 걸었다. 한밤중에 샹장강湘江 기슭 이자완易家灣에 도착하니 엷은 안개 속에 작은 배가 멀리 바라다보였다. 나는 지금도 생각이 난다. 망망한 샹장강가, 고기 잡는 늙은이의 조각배 등불이. 어린 아가씨는 그물을 고치고 고기잡이 늙은이는 행장을 거두고 있었다.

"어르신, 편의 좀 봐 주세요. 강을 건너려고 하는데 한 푼도 가진 게 없어요."

"배에 오르시오. 강을 건너게 해 주겠소. 당신 돈은 필요 없소."

노인의 이름을 물으니 뤄류스羅六十라고 했다. 아들은 없고 딸이 하나 있다며 반백(오십)이 넘었다고 했다. 노인이 물었다.

"선생은 어디에서 왔고 어디로 가려 하오?"

"나는 선생이 아닙니다. 가난뱅이에요."

노인은 내 몸을 물끄러미 바라보더니 또 고개를 흔들었다. 내가 진짜 가난뱅이인지 의심하는 것 같았다. 나는 사정을 자세하게 말했다. 배가 서쪽 강변에 다다랐을 때 장교복을 주려 했으나 노인은 어떻게 해도 받으려 하지 않았다. 나는 땅 위로 뛰어내렸다. 장교복은 배 위에 남겨 둔 채였다. 나는 "나중에 만날 것입니다. 기념으로 간직해 두세요"라고 말했다. 배에서 내린 뒤 나는 궈더윈의 집으로 뛰어갔다.

훗날 1930년 홍군紅軍이 창사를 점령했을 때 나는 이자완에서 일흔이 다 된 뤄류스 뱃사공을 찾아 토호에게 몰수한 식량과 물건을 조금 주었다. 그는 나의 이름과 성을 모르고 있었다. 나는 그를 은인으로 생각하고 있다.

구빈회 회칙을 몰래 의논하다

궈더윈은 내가 병사가 되었을 때 고참 분대장이었다. 그는 일찍이 49표標〔청조 말년 육군 편제 가운데 하나로 지금의 연대에 해당됨. 당시 후난에는 49표와 50표가 있었다〕의 병사였으며, 신해혁명에 참가하였고 그 뒤에 소대장이 되었다. 그는 정의감이 매우 강했고 군벌전쟁에 깊이 분노하고 증오했다. 또한 탐관오리와 군벌, 그리고 모질게 재물을 탐하는 악질 지주들을 미워했다. 뒤에 그는 사직하고 집으로 돌아가 여전히 구두장이를 하고 있었다. 궈더윈은 가난하지만 글재주가 좀 있었고, 조직을 만들어 부자들을 없애고 평등하게 하는 데 찬성했다. 장점이 많은 사람이라는 생각에 다리에 점점 힘이 붙고 걸음도 빨라졌다.

동쪽이 밝아 왔다. 샹탄성 팔총八總〔총總은 원나라 이후 설치한 지명이다〕 다셴차오大先橋 강기슭에 이르러 그의 집 문을 열고 불렀다. 궈더윈이 놀라서 물었다.

"무슨 일 났나? 밤중에 뛰어왔으니 분명 무슨 일이 난 게야."

그는 바로 빗장을 걸었다. 우리 둘은 다락 위 작고 캄캄한 방으로 올랐다. 나는 그동안의 경과를 궈더윈과 그 부친 궈싼邦三 노인에게 말해 주었다. 그는 부친에게 다른 사람이 알지 못하도록 하라고 이르고, 나에게 밥은 먹었는지 물었다. "어제 아침 루강 입구瀘口의 개간지 중대에서 아침밥을 먹었어요" 하자 궈더윈이 혀를 내두르며 말했다. "200리나 되는데…." 궈 노인은 나에게 찬밥이 조금 있으니 우선 먹고 자고 일어나 아침밥을 먹으라고 하였다. 궈더윈이 고기 그물을 들고 말했다.

"좀 자 두게. 나는 샹장강에 가서 고기를 잡겠네. 운 좋게 고기를 좀 잡으면 아침 반찬으로 삼지."

나는 다락 위 작은 방 안 볏짚 위에서 잠이 들었다. 눈을 떠 보니 붉은 해가 하늘에서 비추고 이미 9시가 다 되어 있었다. 궈 노인이 밥과 세숫물을 받쳐 들고 궈더윈은 커다란 접시에 고기를 담아 들고 다락으로 올라왔다. 밥을 먹고 난 뒤 궈더윈이 물었다.

"누가 여기로 너를 찾아와 부대로 데리고 갈까?"

"그들은 내가 탈출한 것을 알고 있어요, 장룽성張榮生과 리찬이 이틀 있다가 올 것 같아요. 다른 사람들은 여길 몰라요."

궈더윈이 부친에게 말했다.

"장룽성은 키가 작고 재봉사 일하던 사람이에요. 리찬은 키가 크고 학생 출신이에요. 그 둘이 오면 펑더화이가 여기 있다고 말해도 돼요. 그 외 다른 사람 누구에게도 말하면 안 돼요."

궈 노인이 고개를 끄덕였다.

"나도 두 사람은 알지. 한 번 온 적이 있어."

궈더원이 다시 내게 물었다.

"도대체 어디로 갈 생각이야?"

"광둥으로 갈 거예요."

"거긴 사람도 땅도 낯선데. 후난에 있는 게 낫잖아? 시국은 변하고 있어."

"가진 게 한 푼도 없어요. 밥 먹는 것도 문제가 될 거예요."

"내가 군정기관에 가서 좀 알아볼게. 무슨 소식이 있는지도 보고. 아마 오후에 돌아올 수 있을 거야. 아버지하고 기다리지 말고 먼저 점심 먹어."

내가 가을 외투를 주며 전당포에 가지고 가 잡히고 쌀 몇 되를 사 오라고 하자 궈더원이 말했다.

"급할 것 없네. 잠깐 동안은 지낼 만해. 올해는 일거리가 좀 있어. 하루에 쌀 서너 되 살 돈은 돼. 금년엔 강에 고기도 많이 올라와. 아침저녁으로 한두 근은 잡을 수 있어. 쌀 두세 되는 살 수 있지. 하지만 네가 광둥에 가면 노자를 만들 방법이 없어. 지금 너는 중대장이 되었잖아. 돈을 좀 부치게 해서 집으로 돌아가는 게 어때."

"아직 중대장 대리예요. 그리고 할머니와 아버지에게 매월 2원씩 보냈어요. 동생도 커서 자립하라 했어요. 가족들이 하도 고생을 해서 장차 부자들을 죽이려 했지요."

궈더원이 웃으며 말했다.

"나도 한평생 고달프게 살았지. 그런데 아직 부자 한 명도 죽이지 않았어. 그런데 구빈회는 상황이 어때?"

"몇 명 진척이 있어요. 당신은 어때요?"

"한 사람 있는데 아직 정식으로 말하지는 않았어. 그도 가난한 사람을 구하려 하는데 단체가 없이는 할 수 없지. 한 며칠 네가 그 사람 집에 가서 지낼 수 있을 거야. 시골이라 비교적 조용해. 그 사람하고 같이 이야기해 볼 수도 있고."

그는 다시 나에게 물었다.

"구빈회원에게 연락을 해 보지 그래? 그 사람을 나 대신 보낼 수도 있는데."

궈가 오후 4시쯤 돌아와 말하기를, 주둔한 군대나 현의 기관 어디서도 나의 소식을 들을 수 없었다고 했다. 3일 동안 계속 상황이 이와 같았다. 궈가 시골로 거처를 옮기자고 해서 밤 10시쯤 그를 따라 성 밖 채소밭으로 갔더니 두 칸짜리 초가집이 있었다. 그의 외조카 리구이성李桂生의 집이었다. 리는 열여섯에서 열일곱쯤 되었고, 그 어머니는 눈이 멀었지만 온화하고 깔끔했다. 한눈에 봐도 궈더원의 누이였다. 거처를 옮기고 둘쩻날 궈가 《수호전》, 《삼국지연의》, 《자치통감》과 신문 등을 보내왔다. 그리고 말하기를 매일 신문을 보내겠다며, 아니면 조카 리구이성이 거리에 가 채소를 살 때 구해서 오게 하겠다고 했다.

4일째 되는 날 리찬이 창사에서 오전 배를 타고 왔다. 리찬은 문으로 들어오면서 "네가 여기 있을 줄 알았어" 했다. 어떻게 알았냐고 묻자, 다른 곳에 갈 만한 데가 없지 않느냐는 것이었다. 그가 말하기를, 내가 악질 지주를 죽인 일로 독군서에서 지명수배령을 내리고 문관 아문文官衙門〔청말 민국 초기 편지 등을 베껴 쓰는 기관〕에서 베껴 돌렸는데, 2사단 사령부에서는 결재만 하고 전혀 돌리지 않았다고 했다. 리찬이 바로 사령부 문서 담당이었다. 리찬이 나의 거취를 의논해 보자고 하여, 집에 농사지으러 가겠다고 했더니 그가 말렸다.

"집에 가는 것은 좋지 않아. 역시 근신하고 있는 게 좋아."

"그럼 광둥에나 갈까?"

"누굴 찾아가려고?"

"루광허우魯廣厚를 찾아가야지."

"사령부로 돌아가면 내가 즉시 편지를 쓰지. 네 정황을 루광허우에게 알리고 일거리를 찾아 회신하라 할게."

리찬은 나에게 이장宜章〔후난성〕에 있는 자기 집에 와서 묵으라고 했다. 사오관韶關〔광둥성 북부의 도시. 지금의 사오저우韶州〕과도 가까워서 루광허우와 연락하기도 쉽다는 것이었다. 또 그는 저우판이 20원을 부쳐 왔고, 자기도 10여 원을 가지고 왔다며 나에게 주었다. 이렇게 해서 간신히 넉넉한 여비가 마련되었다. 리찬은 오전에 배를 타고 창사로 돌아가면서 말했다.

"며칠 지나 장룽성, 황궁뤠와 함께 와서 다시 상의하자. 하지만 루광허우와 먼저 연락하지."

또 10여 일쯤 지났다. 궈더원이 리찬, 장룽성, 황궁뤠를 데리고 내가 있는 곳으로 왔다. 리구이성이 거리에서 돼지고기, 물고기와 쌀로 담근 술 한 병을 사 가지고 와 점심을 준비했다. 우리 다섯 명이 구빈회 회칙에 대하여 의논했다. 평소 의논이 되었던 의견을 다음의 4조로 종합했다.

① 지주를 없애고 경자유전(耕者有其田)을 실행한다.

② 서양인을 몰아내고 불평등조약을 폐지한다. 해관海關〔세관〕과 조계租界를 회수한다. 영사재판권을 취소한다.

③ 실업을 발전시키고 빈민을 구제한다.

④ 사병 자치를 실행하고 태형, 체벌, 급료 횡령을 반대한다. 재정 공개를 실행한다.

이 조항의 기본 내용을 토론할 때 분위기가 아주 뜨거웠다. 특별히 리찬이 세관 및 조계 회수, 영사재판권과 불평등조약 취소 등을 제출했을 때 애국심 높은 황궁뢰는 기뻐서 펄쩍 뛸 지경이었다. 황궁뢰는 "이것은 나라를 구하고 인민을 구하는 강령"이라고 말했다. 궈더원을 추천하여 4조 원칙을 연구하여 조문을 완성하도록 했다. 모두 함께 결정했으니 이것이 바로 구빈회 회칙이다. 따로 구빈회 전체회의를 열어 정식으로 통과시키고 정식 회칙으로 삼기로 했다. 그리고 이번 회의에서 논의한 4조 원칙의 결정 근거를 회원들이 비밀리에 해설하여 작성하고 토론과 의견을 구하기로 했다. 장룽성이 부대로 돌아가 전달하기로 했다.

지금 보니 이 조항은 자산계급 민주혁명적이며 반제반봉건적 내용을 담고 있으나 불완전한 것이었다. 구빈회는 군대 사병들이 자발적으로 조직한 단체로 공산당의 영향 아래 있었다. 시작할 때는 리찬, 장룽성, 왕사오난, 두훙촨度洪全, 추창쑹祝昌松, 웨이번룽과 나, 7인이었다. 황궁뢰는 이번 회의에서 가입했다. 이 회의에 참석한 성원 중 2명은 지주 가정 출신의 지식분자였고, 2명은 수공업 노동자, 1명은 빈농이었다. 모두 마르크스-레닌의 책은 본 일이 없었다.

우리는 토론을 마치고 리구이성이 사 온 물고기와 고기, 술을 먹었다. 그의 어머니와 우리들 7명은 이별 성찬을 실컷 먹었다. 점심을 먹고 황, 리, 장은 배를 타고 창사로 갔다. 이때가 대략 12월 하순이었다. 이때 나는 이미 만 스물세 살이었다. 청년을 지나 성년으로 들어갈 무렵이었다.

광둥으로 가 친구를 찾다

루광허우는 내가 민국民國〔중화민국〕 7~8년에 사귄 지식분자 친구들 가운데 한 명이다. 그는 민국 7년(1918) 겨울 루디핑〔연대장〕의 본가인 사오관의 강무당講武堂〔사관학교〕에 들어가, 민국 9년(1920) 봄에 졸업하고 후난으로 돌아와 소대장이 되었다. 웨양岳陽에서 병사를 훈련할 때 나와 같은 중대였다. 그는 뜻을 얻지 못하였다고 자처하였고 아직 총각인지라 월급이 항상 부족했다. 루광허우는 항상 루디핑에게 믿음을 갖고 있었으며, 리찬과도 함께 교제했다. 리찬의 처남인 샤오원펑蕭文鋒이 루디핑의 참모장이었다.

리찬은 이장현 사람으로 밭이 40~50묘쯤 되는 소지주 가정 출신이었다. 리찬은 나에게 자기 집에 가서 있으라고 했다. 그의 집은 사오관에서 가까웠다. 리찬은 루광허우에게 이장의 동문 밖 타이창곡물가게泰昌合穀行로 답장을 보내라 했다. 하지만 우리는 이 사실을 궈더윈에게는 말하지 않았다. 궈는 집이 가난한데도 호의가 있었기 때문이다. 나는 정말 그에게 폐를 끼치고 싶지 않았다. 나는 루광허우에게 편지를 써서 내 처지와 광둥에 가려는 생각을 말했다.

리찬, 황궁뤠, 장룽성이 가고 난 뒤, 나는 리구이성의 집에서 다시 일주일간 머물렀다. 그곳에서 한 벌뿐인 옷도 꿰매었다. 그리고 며칠 후 고모 집으로 옮겨 갔다. 작은 화륜선을 타고 헝양까지 가고 도보로 천저우를 거쳐 이장에 이르렀다. 나는 이장의 동문 밖 리찬의 집안 아저씨가 운영하는 타이창곡물가게에 머물렀다. 때마침 음력 12월 30일이었다. 리찬이 나를 위해 이미 곡물가게에 편지를 보내는 등 준비를 해 두었다. 정월 초하루를 곡물가게에서 보내고, 초이틀에 소금 짐을 실은 마차를 따라 사오관으로 갔다. 그날로 러창樂昌[광둥성 북부 러창현 소재지]에 이르고 이튿날 사오관에 도착했다. 3일째에는 화현花縣에 도착했다.

루광허우는 동문 밖에 살고 있었다. 그는 나에게 자신의 근황과 소속 군대에 대해 이야기했다. 그는 쉬許 사령이(아마 쉬충즈許崇智일 것이다) 독립 대대를 설립한 뒤 자신에게 잠시 관리를 맡겼다고 했다. 아마 장래에 확대하려 할 것이었다. 이는 쉬 사령이 쑨 총재를 위해 준비한 것으로, 루광허우에게 잠시 대대장을 겸하라고 명령했다. 1·2·3중대는 완전히 준비되어 있었고, 4중대는 골격을 세우는 중이었다. 사람과 총이 아직 절반에 불과했는데, 루가 나에게 4중대장을 맡으라고 요청했다. 루는 교제가 매우 넓고 언변이 능란했다. 매일 손님과 약속이 있었으며 아침저녁으로 만남이 끊이지 않았다. 씀씀이도 커서 120~130원에 불과한 대대장 월급으로 접대하기가 결코 쉽지 않아 보였다.

화현에 머무를 때 원소절元宵節[정월 대보름]이 다가왔다. 화현의 원소절은 시끌벅적했다. 그곳의 부녀들은 전족을 하지 않았으며 농사를 짓고, 나무를 하며, 거름을 내었다. 수레를 미는가 하면 가마도 메었다. 대부분이 여자이고 남자는 적어 이렇게 중노동을 해야 했다. 근무병이 말하기를 후난에서는 이런 일을 남자가 하지만 광둥에서는 반대라고 했다. 여기서는 여자의 발을 해방시키는 것이 부녀를 해방시키는 것이고 노동에 참여시키는 길이라는 인식이 증가하고 있었다.

음력 정월 20일쯤 쩡청增城[광둥성] 동남쪽으로 20여 리 떨어진 시골 마을로 갔다. 그곳이 독립 대대 주둔지였다. 4중대는 잡다한 사람들로 재편성되었다. 중대원은 약 40명이었고 구식 총 30자루가 있었다. 새로운 총을 사서 무장을 바꿀 준비를 했다. 부중대장 뤄羅 아무개가 말하기를 이곳 후이저우惠州〔광둥성〕에서 이틀 정도 거리에 천중밍陳炯明*부대가 있는데 태도가 좋다 하였다. 앞쪽으로 10여 리에 바로 천의 부대가 있어 일상적으로 내왕하는 데 격의가 없다는 것이었다. 대대, 중대 군관 중 적지 않은 수가 루 대대장의 동창, 동료, 동향이었다.

내가 4중대장으로 부임한 지 약 보름쯤 되는 어느 날 새벽녘, 천중밍 소속 부대와 만났는데 그들이 갑자기 습격해 왔다. 한 부대는 무장해제를 당했고 한 부대는 흩어져 달아났다. 손실이 반을 넘었다. 쩡청에 남아 있는 부대를 집합시킨 뒤 루광허우가 급히 왔다.

"이번 손실은 나의 부주의야. 친구와 동창 관계를 너무 믿었는데, 큰 고기가 작은 고기를 먹은 것이네. 신의라고는 털끝만큼도 없는 놈들."

"나도 친구지만 제대로 돕지 못했는걸 뭐."

"이건 전혀 자네를 책망할 수 없는 일이야. 4중대는 막 설립했고 신병에다 총은 부서진 구식인데."

부대대장이 끼어들었다.

"아직 20여 명과 총이 남아 있소. 다른 중대는 갈아 입을 옷도 없고, 다른 짐은 모두 잃어버렸소."

루광허우는 이틀간 기다려 상황이 분명해질 때 다시 이야기하자

---

* 천중밍은 당시 쑨중산이 임명한 광둥성 성장 겸 총사령으로, 뒤에 반혁명으로 변했다.

고 했다. 2~3일 뒤 루광허우는 나에게 함께 후이저우에 가자고 하면서, 1·2중대 무기가 새로 산 총이라며 그들을 불러 총을 받아 나에게 주었다. 후이저우에 도착하여 루광허우의 처자를 만났는데, 입고 걸친 것이 매우 화려해서 귀부인처럼 보였다. 그의 집에 묵으면서 보니 부리는 사람이 적지 않고 마치 연대장이나 여단장 공관 같았다. 방문자는 중급 장교가 많았는데 서로 호형호제하며 거리낌없이 강호의 말을 하였다. 보아 하니 루광허우와 이 사람들은 가로회哥老會〔후난과 후베이에서 조직되어 창장강 유역에서 활동한 비밀결사. 호남군과 사천군 사이에서 영향력이 매우 컸다〕인 것 같았다. 그는 씀씀이가 매우 컸다. 그 돈들이 어디에서 오는지, 상단商團(상회가 도시에서 조직한 무장집단)과 같은 것은 아닌지, 또는 외부인과 결탁한 것은 아닌지 속내를 알 수가 없었다. 나는 경이원지敬而遠之〔겉으로는 공경하면서 실제로는 꺼려 멀리하다〕하는 게 좋다고 생각했다.

며칠 뒤 루광허우와 광저우廣州로 돌아왔다. 그는 대대를 중대로 줄여서 재편성하고 부대대장을 중대장으로 바꿔 임명했다. 나는 떠나기로 결심했는데, 몸을 둘 만한 데가 없어 집에 돌아가 농사를 짓기로 했다. 고향에 가서 농민공작을 할 생각이었다. 내가 루에게 정식으로 사직의 뜻을 밝히자 그가 만류하였다.

"급할 것 없네. 때를 기다려야지. 천천히 방법을 생각할 수 있지 않나?"

"후난으로 돌아가겠네. 더 이상 자네를 귀찮게 하면 안 되지."

"만약 꼭 가야 한다면 어떻게 가려는 건가? 사오관을 지나 후난에 들어가면 검문이 엄할 걸세."

"검문은 오히려 문제가 아닐세. 나는 기선을 타고 상하이上海와 한커우漢口를 지나 후난으로 갈까 하네. 세상물정을 볼 수 있지 않겠나."

후난으로 돌아갈 뜻을 굳게 나타내자 루광허우도 더는 만류하지 않았다. 그는 부관에게 "상하이로 직통해서 한커우로 돌아가는 영국 기선표를 사게. 검문을 받지 않으면 귀찮은 일을 피할 수 있지" 하며 지시하고, 나에게 말하기를 "여기 따로 여비 20원이 있네" 하였다. 내가 고맙다고 사례하자, 루광허우는 "고마워할 것 없어. 이번 달 자네 월급을 계산한 거야" 하고 말했다.

대략 음력 2월 하순(양력 날짜는 기억나지 않는다) 광저우에서 길을 나섰다. 도중에 큰 바람을 만나 샤먼厦門〔푸젠성〕에서 3일을 정박했다. 상하이에서는 돈이 없어 묵을 수 없었다. 어쩔 수 없이 부둣가를 좀 걸어다니다가 표를 사서 배를 바꿔 탄 다음 한커우에 도착했다. 창장강을 건너자마자 느리게 가는 석탄 열차를 우연히 만났다. 석탄 열차는 지붕이 씌워져 있었는데 평일에는 손님을 태우지 않았고, 나도 표를 살 돈이 없었다. 그런데 듣자니 열차원의 사투리가 동향이었다. 즉시 그에게 나의 곤란한 정황을 설명하고 도와 달라고 청했다. 그리고 있는 돈을 다 털어 찻값이나 하라고 건넸다. 그는 정거장에 있는 사람에게 아는 체를 하더니 친구가 창사에 간다고 말해 주었다. 이렇게 해서 나는 석탄 열차에 타게 되었다. 그가 나에게 중간 널찍한 쪽으로 올라가라고 했는데 도중에 묻는 사람도 없었다.

창사에 도착하여 샹아의원湘雅醫院으로 가 고모를 찾았다. 고모는 거기서 여공으로 일했다. 나는 고모에게 5원을 빌려 1원 넘게 주고 옷을 한 벌 사고 몸에 묻은 먼지와 때를 씻은 뒤, 다음 날 기선을 타고 샹탄의 궈더원 집에 도착했다. 그때 비로소 궈가 이미 보름 전에 병에 걸려 세상을 떠난 사실을 알게 되다니!

귀의 부친 귀싼 노인과 조카 리구이성에게서 앞뒤로 그의 병세를 들었다. 장티푸스였는데 고열이 나고 정신이 혼미했다고 하였다. 귀 싼 노인은 여든 가까운 나이에도 사람을 대하는 데 충직하고 따뜻했다. 그 귀 노인의 만면에 수심이 가득했다. 건강은 전보다 크게 나빠졌고 숨쉬는 것도 미약했다. 열한두어 살 먹은 손자는 이미 공부를 포기한 채 구두장이의 길을 가고 있었다. 그 아이가 바로 나중에 반혁명분자가 된 귀빙성郭炳生이다. 외로움과 가난, 굶주림의 압박으로 살아가기가 어렵게 되었다. 위로하며 귀더윈이 남긴 유언이 없는지 묻자, 귀싼 노인이 말했다.

"구빈회 회칙 끝을 쓰다가 바로 병이 났어. 그 애는 자기가 죽을 걸 알고 어린애를 펑에게 돌봐 달라고 말했네. 그 밖에 다른 말은 없었어."

이 무렵 위안즈와 저우판이 지휘하는 6연대본부와 1대대가 샹탄성에 주둔한다는 사실을 알게 되었다. 귀더윈의 집에서 멀지 않았다. 편지를 써서 왕사오난과 장룽성에게 보냈더니 오래지 않아 바로 찾아왔다. 나는 광둥에 갔던 정황을 말해 주었다. 그리고 집에 돌아가 농사를 지으며 고향에서 농민공작을 할 결심이라고 했더니, 장룽성이 "그래도 가까이서 구빈회 공작을 돌봐야 하지 않나요?" 했다.

그들은 어우가오싼歐高三이 횡령으로 면직되어 조사받은 일을 이야기해 주었다. 황궁뤠는 여전히 2대대 8중대에서 소대장이 되어 샹샹에 주둔하고 있었다. 우리 고향집에서 겨우 30리 거리였다. 3대대는 헝산에 주둔했으며, 1대대는 직할대와 샹탄성에 주둔했다. 리찬은 여전히 2사단 사령부에 있었다. 장룽성이 말했다.

"형이 작년 10월, 11월 봉급에서 가불한 것을 빼고 아직 30원이 남아 있어요. 이미 중대로 보냈는데, 사무장 리스슝李世雄이 어떻게 처리했는지 확인하고 있는 중입니다. 내가 가서 가져다줄게요."

내가 "좋아, 귀 노인에게 쌀 한 담擔〔1담=100근, 중국의 1근은 500그램이므로 1담은 50킬로그램〕을 사 주고 한 달치 기름하고 소금, 석탄도 보태 주자. 5원은 창사 샹아의원 고모에게 주고, 또 어제 빌린 돈도 갚아야겠다" 하니, 왕사오난이 "고기도 두 근 사 올게, 우리 세 사람과 귀 노인, 그리고 손자까지 함께 저녁으로 먹자"고 했다. 그래도 십 몇 원이 남아서 내가 가지고 집으로 돌아왔다.

구빈회 상황을 말하자면, 회원들 모두 1차회의의 4조 원칙에 동의 했으며, 정식 회칙을 더 구체적으로 쓰기를 희망했다. 그들은 내가 부대로 돌아오기를 원했다. 장은 "위안즈, 저우판이 당신에게 하는 태도를 보세요. 어떻게 다시 당신의 죄를 물을 수 있겠어요?"라고 했다. 이후 그들은 모두 샹탄에 주둔하면서 귀 노인의 생활을 돌보는 성의를 보였다. 내가 관여하지 않아도 되었으니 정말 잘된 일이 아닌가. 이튿날 나는 농사를 지으러 집으로 돌아갔다.

병사 생활 6년의 감상

이 시기는 인류 역사상 가장 동요가 컸으며 새로움과 옛것이 바뀐 위대한 시대였다. 1898년에서 1921년까지 23년 사이 중국에서는 무술변법戊戌變法〔변법자강운동. 청나라 덕종 때 일어난 개혁운동으로 캉유웨이康有爲 · 량치차오梁啓超 · 탄쓰퉁譚嗣同이 주도하였으나 서태후의 쿠데타로 실패했다〕이 있었으며 개량주의는 실패했다. 8국 연합군이 베이징北京을 침략해 점령하고 청 정부는 시안西安으로 도피했다. 인민들은 의화단을 조직하여 저항했다. 신해혁명으로 청조를 전복했으나 쑨원은 실패했다. 위안스카이가 황제를 칭했지만 열강이 중국을 분할하고, 뒤이어 제국주의를 배경으로 각파 군벌들이 할거하여 영웅을 칭하였다. 해마다 군벌전쟁이 그치지 않았다. 하룻밤에도 여러 번 놀라고 종일 불안하기 짝이 없었다. 잡다한 세금은 혹독했으며 많기가 쇠털 같았다. 사회는 신속하게 파산했고, 적지 않은 자경 농민들이 토지와 생활 기반을 잃었다. 그들은 군벌 부대에 들어가 총알받이가 되었는데 나도 그중 하나였다.

위대한 '5·4운동'과 공산당의 탄생은 인민들에게 희망을 가져다주었다. 제국주의 대전[제1차 세계대전]은 10월 사회주의 혁명 승리를 불러왔다. 이것은 모든 피압박 인민들을 고무하였다. 이 모든 것이 압박에 대한 저항이자 진보와 후퇴를 거듭한 계급투쟁이라 할 수 있다. 진보는 언제나 후퇴와 싸워 이겼고 반동에 맞서 승리했다.

1921년, 나는 스물세 살이 되었다. 극도로 빈곤한 생활을 경험하였고 목동, 소년공, 제방 인부에서 병사가 되기까지 노동자, 농민, 병사의 실제 생활을 체험했다. 그리하여 소박한 계급 감정을 품게 되었다. 입대하여 병사가 된 뒤 신해혁명 선배 군인들의 전설을 듣게 되었다.

바오딩군관학교 출신 청년 장교들이 부대에 와 견습관, 소대장, 중대장에 충당되었는데, 그들은 처음 왔을 때 생기발랄하기 짝이 없었다. 그들은 아편전쟁 뒤의 국치를 설명하고, 적지 않은 군가를 창작하고 애국주의 교육을 진행했다. 때때로 그들은 이야기할 때 통곡하며 눈물을 흘리기도 했다. 그러나 그들은 지위가 올라감에 따라 점차 횡령을 일삼고 부패에 물들어 갔다. 애국이나 애민사상 따위는 뒷전에 두고 어떻게 승진하고 돈을 벌 것인지가 화제의 전부가 되어 갔다. 그들 진부한 반동 세력은 역사의 전진 발전을 막지 못하였다. 역사는 늘 뒷 물결이 앞 물결을 밀어내고, 뒷 사람은 앞 사람을 넘어서며 계속 멈추지 않고 전진하는 것이다.

나는 이 시기에 대대의 병사가 된 지식청년들과도 사귀었다. 주로 중학생들이었는데 그들은 올 때부터 스스럼없이 애국주의를 말하였다. 어떻게 분발하여 부강을 꾀할 것인지, 청렴하게 봉사할 것인지를 토로했다. 그러나 그들 다수가 출세할 의도로 병사가 되었음이 점차 드러났다. 나는 20여 명의 지식청년을 친구로 사귀었는데 마지막에는 황궁뤠와 리찬이 남았다. 두 사람은 공산당에 가입하여 훗날 홍군 3군 군단장과 8군 군단장이 되었다. 중국 인민을 위한 사업에 자신의 생명을 바친 것이다.

나는 사병 친구들과도 사귀었다. 그들은 가난한 농민과 실업한 수공업 노동자들이었다. 성실하고 순진하여 부자를 타도하고 빈민을 구제하며 자본가와 서양 침략자를 쫓아내는 사상을 쉽게 받아들였다. 1921년에 10여 명이 구빈회에 가입했다. 그중 어떤 이는 북벌전쟁 중에 희생되었고, 어떤 이는 이후 공산당에 가입하여 홍군으로 희생되었다. 이 사람들은 한 명도 반역한 사람이 없다.

나는 인류 역사가 비약하던 시대에 태어났지만, 이 위대한 시대에 뒤떨어졌다. 1921년에 중국공산당이 탄생했으나 나는 아직 마르크스주의와 접촉하지 못했다. 사회 발전의 과학적 규칙에 대해 이해하지 못했고, 계급적 관점으로 문제를 분석하는 것도, 혁명이 조직된 인민대중의 자각적 행동이라는 것도 몰랐다. 병사가 될 당시 나는 불의에 분개하여 피해자를 돕는 일종의 영웅주의 사상을 가지고 있었다. 악질 지주 어우성친을 죽인 것은 이러한 사상의 돌출적 표현이었다. 구빈회 회칙의 4조 원칙은 병사가 된 후 6년의 사상을 총괄한 것인데, 아주 유치하고 우스운 것이었으며 부끄럽기도 하다. 자본가를 없애고 봉건 착취관계를 소멸한다는 것도 모호한 것이었다. 나는 당시 소작료에 대해서도, 고리대와 자본 착취 성질의 같은 점과 다른 점에 대해서도 잘 알지 못했다.

'농사짓는 자가 그 땅을 소유한다(耕者有其田)'는 것도 빌려 온 사상이었다. 쑨원이 1905년 호놀룰루 동맹회에서 '만주족을 쫓아내고, 중화를 회복하며, 공화국을 건립하고, 토지소유권을 균등하게 한다'고 제출한 뒤 실행하고자 한 '경자유전'이 그것이다. 4조 원칙에서 서양인을 멸하는 것과 제국주의를 타도하는 것의 관계도 상당히 혼란스러운 것이었다. 서양인을 멸하자는 것에 포함된 배외사상은 1900년 의화단이 내걸었던 '청나라를 떠받치고 서양 세력을 없앤다(扶淸滅洋)'는 구호와 비슷했다. '실업을 발전시키고 빈민을 구제한다'는 구호도 5·4운동 이전에 있었던 것으로 민족자산계급의 대표 인물이 제출한 적이 있었다. 1919년 당시 대대장 위안즈가 갖고 있던 '노동자를 병사로 만든다'와 같은 사상이었다.

4조 원칙에서는 쑨원 총통의 임시약법을 옹호한다는 내용을 언급하지 않았으며, 군벌 할거에 반대한다는 것도, 민권주의를 실행하고 중국을 통일한다는 것도 제기하지 않았다. 이것들은 당시의 중심 문제들이었다. 오직 민주를 실행하고, 중국을 통일해야 비로소 외국의 침략에 저항할 수 있고 실업을 발전시킬 수 있는 것이다. 그렇지 않으면 쓸데없는 소리에 지나지 않았다.

집에 돌아와 농사를 짓다

집에 돌아오니 농작물 파종의 계절이었다. 이웃들은 볍씨를 물에 담그고 고구마 씨를 심는 등 분주했다. 3월 중순 청명절쯤이었는데 양력으로 몇 월인지는 기억나지 않는다. 어릴 때 어머니가 돌아가신 뒤 집에는 빚이 주렁주렁 쌓였다. 2~3분分〔1묘畝의 10분의 1〕의 땅에 채소를 심은 것 말고 나머지는 모두 저당 잡혀 있었다. 나는 집에 돌아올 때 저당 잡힌 땅 절반을 찾았다. 전부 되찾으려면 다시 2백 원의 빚을 져야 했다.

둘째 아우 진화金華는 종려나무 밧줄을 꼬는 견습공이 되었는데 이미 다 배웠다. 셋째 아우 룽화榮華는 나이가 열여섯이 되었으니 성인 반의 노동력은 되는 셈이었다. 집에는 아직 병치레하는 아버지와 팔순의 할머니가 있었다. 나는 악질 지주를 죽여 수배된 사실을 아버지와 5촌 아저씨께 이야기했다. 마을에서는 이 일을 전혀 모르고 있었다. 아저씨는 "그런 일은 말하지 마라. 악질 지주들이 알면 괜히 평지풍파를 일으킨다"며 걱정했고, 아버지도 "네 동생들에게도 말하지 마라. 아직 어려서 입이 무겁지 못하다"고 일렀다. 나는 선선히 "밖에 나가지 않고 집에서 농사지을 준비를 하지요"라고 대답했다. 5촌 아저씨와 아버지는 기뻐하였다. 아저씨는 자꾸 웃으며 신이 나 "이번에는 정말 고생 많이 했다"고 위로했다. 나는 곧바로 동생들과 의논하여 황무지를 개간하여 고구마를 심기로 했다. 가을 뒤 먹는 문제를 해결할 생각이었다. 내가 아버지에게 지주를 죽여 버려야 가난한 사람이 살 수 있다고 말하자, 아버지는 걱정하며 말했다.

"네 외사촌 형 저우윈허周雲和는 독군 탕샹밍을 쫓아내려다 총에 맞아 죽었다. 처는 유산하고 모친은 다 죽게 생겼고 네 외삼촌은 외롭게 주탄九攤 충다산沖大山에 살고 있어. 너도 이번에 붙잡히면 원허처럼 될 게다."

"내일 외삼촌을 보러 가겠어요."

"그래라. 가는 김에 고구마 씨를 좀 지고 오거라."

이튿날 큰 산 몇 개를 넘어 외삼촌 집에 도착하니 이미 점심때였다. 외삼촌과 이야기를 하면서 밥 대신 고구마를 먹었다. 아들이 어떻게 붙잡혀 총에 맞아 죽었는지 물었다.

"왜 총살을 당했지요?"

"창사와 샹탄에서 탕샹밍에 반대하는 조직을 만들다 깨졌어. 그 애와 친구 둘이 도망쳐 집에 돌아왔지."

"집에서 어떤 일을 했는데요?"

"그 애가 사람들에게 말했어. 탕샹밍이 후난에서 혁명당 몇 십만 명을 죽였다고. 탕은 위안스카이와 한패고 매국하는 도적이라고. 탕샹밍을 타도하자고 했어. 곡식도 내지 말고, 세금도 내지 말고, 조세도 보내지 말자고. 민중들이 좋아했지. 하지만 유지들은 좋아하지 않았어. 누군가 고발해서 붙잡혀 총살 당했지."

그날 밤 외삼촌 집에서 밤늦게까지 이야기했다. 내가 우리 집에 가서 살자고 했으나 외삼촌은 사양했다.

"아직 몸이 성하고, 산속이 나무하고 물 긷는 게 편해. 황무지를 몇 묘 개간도 했고 세금 내는 것 말고 한 사람은 충분히 먹고살 만해. 몇 년 더 지나 노동하기 어려울 때나 네 집에 가서 살겠다. 너희 집도 아직 어려운데 천천히 넘어가도 돼."

"지주들을 죽이고 농사지어 세금을 안 내게 되면 그때 돌아오세요."

외삼촌은 고개를 끄덕이면서 "윈허도 그렇게 말하더니…" 하였다. 아침을 먹고 광주리 두 개에 고구마를 가득 채우니 100근은 되었다. 외삼촌에게 1원을 주었더니 한사코 거절하였다.

"이렇게 많은 돈 안 받는다. 고구마 5담에 벼 1담을 바꿀 수 있어. 벼 1담에 2원 5각이니 고구마 1담이면 5각짜리 은화면 족해."

그는 거슬러 줄 돈도 없었다. 나는 "돈 필요 없어요. 가지고 있다 쓰세요" 하고 사양했다. 외삼촌은 눈물을 흘리며 내가 가는 것을 바라보았다. 나도 고개를 돌려 여러 차례 쳐다보았다. 그는 여전히 언덕 위에 서 있었다. 외삼촌은 다른 사람의 돈은 푼돈이라도 받지 않고 싸게 주는 매우 충직한 사람이었다.

집에 돌아오니 이미 정오가 지났다. 셋째 동생이 황무지를 개간할 곡괭이를 준비해 놓고 있었다. 형제가 황무지를 개간하면서 집안 형편에 대해 이야기를 나누었다. 동생이 말하기를 "형이 호숫가 제방에서 짐을 질 때 몇 년 동안 집안이 정말 힘들었어. 모두 할머니가 구걸하는 것에 의지했어" 했다.

집에서 일하며 생산하는 4개월 동안 나는 동생과 이웃 친구들에게 부자를 치고 가난한 이를 구해야 하며, 농사짓는 사람이 땅을 가져야 한다고 이야기했다. 또 러시아의 공동생산 방식, 중국에 공산당이 있으며 창사에 노동조합이 세워진 것, 여자들도 전족을 풀어야 한다는 것을 말해 주었다.

단오절 전, 샹탄에 주둔하고 있던 6연대 군수 담당 후쯔마오가 편지를 보내왔다. 민국 5년 내가 입대했을 때 고참 중대장이었던 그 사람이다.

"연대장 위안즈는 네가 집에 돌아간 것을 알고 있다. 그가 공장을 운영하려 하는데, 네가 그를 대신해 수건과 이불을 짤 사람, 천을 짜고 옷을 짓는 기술자 등 공장에서 기사로 일할 사람들을 몇 명 고용해 주었으면 한다."

나도 창사에 가서 노동조합의 상황을 알아보고 싶었다. 그러나 창사에 도착하여 노동조합을 찾지 못하고 샹탄으로 갔다. 그곳에서 후쯔마오를 대신하여 기술자 몇 명을 구해 후쯔마오에게 분명하게 인계했다. 그가 "연대장은 네가 자기를 도와서 공장 일을 했으면 하던데" 하였다. 나는 "공장 일은 잘 몰라. 역시 돌아가 농사를 지어야겠네" 하고 그날 저녁 바로 집에 돌아왔다.

호남군관 강무당에 입학하다

1922년 6월 하순인가 7월 초에 황궁뭬와 리찬이 앞뒤로 편지를 보내왔다. 호남군관 강무당*에 시험을 쳐 입학할 것을 약속하자는 내용이었다. 6연대장 위안즈도 권하고, 부관 저우판 역시 황궁뭬를 시켜 이런 뜻을 전해 왔다. 황궁뭬와 리찬이 나를 대신하여 모든 입교 수속을 처리했다. 그리고 궈 씨 집에 나를 보러 와 말하기를 이름을 '펑더화이彭德懷'로 바꿨다고 했다. 내 이름은 본래 펑더화彭得華였다. 연대본부에 소위 계급의 소대장 후보로 배치하고 파견하는 방식으

---

* 호남군벌 자오헝티가 1917년 본래의 육군에 소학교 기초로 설립한 군관학교. 1926년 자오헝티가 실각하면서 운영이 중단되었다.

로 일상 경비를 해결하기로 했다. 그러다 나중에 원래의 중위 계급으로 바꿨다. 내 월급의 3분의 1은 중대의 다른 두 소대장에게 주도록 했다.

강무당 입학시험은 8월로 예정되어 있었는데, 처음에는 결정을 내리지 못하고 미루었다. 내 지식 수준이 낮고 합격한다는 보장도 없었기 때문이다. 집에서 농사짓는 것도 좋다고 생각하여 1주일 정도 황궁뤄와 리찬에게 답장을 쓰지 않았다. 장룽성이 집에 간다고 휴가를 내고 나를 찾아와 말했다.

"구빈회원과 중대 형제들이 모두 형이 강무당에 가서 공부한 뒤에 중대로 돌아오기를 바라고 있어요. 자본가와 서양인을 쫓아내려면 역시 군대에 복무해야지요. 리찬과 다른 구빈회원들도 모두 그렇게 생각하고 있어요. 그들이 나를 여기로 보내 형을 가게 하라고 합니다."

"좋아, 가서 시험쳐 보자. 떨어지면 돌아와 농사지으면 되지."

장룽성은 크게 기뻐했다. 날이 밝자 그는 바로 집으로 돌아갔다. 그의 집은 우리 집에서 10리 거리였다.

8월에 창사에 가서 시험을 봤는데 아주 순조로웠다. 시험에 합격한 뒤 바로 입교하여 묵을 수 있었다. 매월 식비는 5원이었다. 8명이 한자리에 앉아 오채일탕五菜一湯〔다섯가지 요리와 국 한그릇〕으로 잘 먹었다. 그 외에는 어떤 지출도 없었다. 8~9월 즈음에 학교에 짐을 들여놓았다. 다른 강습생에 비해 빠른 편이었다.

당시의 일에 관하여 특별심사위원회에서 나에게 몇 가지 캐물어 다음과 같이 답했다.

— 강무당 개학은 11월이다. 당신은 8월에서 11월까지 4개월 동안

무엇을 했는가?

나는 지식 수준이 낮다. 군사 과정 중 지형, 축성, 병기 등을 듣고 이해하려면 중학교 정도의 자연과학 지식이 필요하다. 나는 8월 초 학교에 들어와 살면서 자습하고 준비했다. 입교한 뒤에는 외출하지 않고 먹고 잤다. 1923년 8월 초 졸업하여 학교를 나갈 때까지 그렇게 했다."

― 입교 전 샹탄 6연대본부에 가서 연대장 위안즈를 만난 일이 있는가?

연대본부 군수 담당 후쯔마오가 있는 곳에 준비하려고 갔다가 위안 연대장을 보았는데, 후가 '갈 필요 없어. 연대장은 일이 있으니 다음에 다시 가서 봐라' 하였다. 듣자 하니 위안이 첩을 두었다고 했다. 내가 제일 싫어하는 것이 첩을 두는 것과 아편을 피우는 것이다. 나는 결코 가지 않았다. 창사에 도착해서 강무당에 들어갈 때, 언젠가 위안이 전화를 걸어 와서 그가 있는 창사 공관에 한 번 간 일이 있다."

― 위안 연대장이 왜 그렇게 당신에게 관심이 보였나?

모른다. 그렇게 된 상황을 추측할 뿐이다. 1918년 봄 2~3월, 헝양에서 샹장강을 건너갈 때 후위를 맡으라는 명령을 받았다. 전군이 우측 물가로 후퇴할 때 대대장 위안즈가 아직 그곳에 있었다. 그가 나에게 모두 강을 건넜는지 물어서 내가 가장 뒤라고 답했는데, 그때 적의 일부가 이미 우회하여 나와 위안이 서 있는 곳 측후방 1천 미터쯤 떨어진 곳에 있는 것을 발견했다. 내가 그에게 '빨리 물가로 가시오. 나는 여기에서 엄호하겠소' 했다. 그때 우리에게는 분대 규모가 조금 넘는 병력이 있었다. 그가 위험에서 벗어난 후에 나도 비로소 후퇴했다. 적도 맹렬하게 추격하지는 않았다. 다시 합류했을 때 그가 '오늘은 아주 위험했다. 거의 포로가 될 뻔했다. 측후방에 주의를 기울이지 못했다'고 말했다.

또 장징야오 부대를 공격할 때, 바오칭전투 중 공격점을 부적절하게 선택하여 침투한 우리 병력에 적의 화력이 집중되었다. 내가 인솔한 1개 소대(중대장 저우판)가 남은 한 점에 양동작전을 해서 적의 화력을 돌렸다. 그때 경상을 입은 위안즈를 구했다. 이 두 차례 일로 그가 감격했는지도 모른다. 그 밖에 후안시웨이에 주둔할 때 위안즈가 국어 교관을 겸했는데 그때 내가 두 번 작문을 한 적이 있다. 궁웨에게 듣고 위안즈가 만족해서 100점을 주고 연대장 류싱에게 나를 보내 만나게 한 일이 있다.

한 편은 제목이 '시간을 소중히 여기다'이다. 내용은 지금도 기억할 수 있다. '성인 우 임금은 촌분의 시간도 아꼈다. 도간陶侃〔259~334, 중국 동진시대 인물〕현인은 한층 더 아꼈다. 하물며 우리 군인들, 나라를 위하고자 무거운 책임을 진 사람들이 어찌 힘써 노력하지 않을 수 있겠는가!' 등 3백 자가 넘지 않는다.

또 다른 한 편의 제목은 '입지를 논한다'이다. 내용은 '뜻을 세우지 않으면 우리가 이룰 수 있는 일이 없다. 나라가 망하고 집안이 망한다. 민족이 멸망하는 길로 간다. 새의 둥지가 엎어지는데 어찌 알이 온전하겠는가? 약육강식이 이보다 더한 것은 없다. 우리 인생이 이런 일을 보고도 못 본 체하면 어찌 금수와 다르다고 할 수 있겠는가. 뜻을 세우지 않으면 키 없는 배와 같고, 재갈 없는 말이며 정처 없이 바쁘기만 할 테니 바닥은 도대체 어느 곳인가?' 역시 3백 자가 넘지 않는다.

그때는 구두점이나 문장부호도 몰랐다. 작문의 양식도 몰랐다. 무엇을 논해야 하는지, 무엇을 말해야 하는지 지금까지도 잘 모른다. 당시 위안은 애국심이 조금 있었다. 나도 무의식 중에 그것을 조금 드러냈으니 의기투합이라고 부를 수 있겠다. 그 밖에 나를 개인적 도구로 키우기 위한 것이었는지도 모르겠다. 이상이 나의 추측이다.

강무당에 들어간 뒤 나는 제1교수반에 편성되었다. 황궁뭬가 나보다 조금 늦게 학교에 들어와 제4교수반에 편성되었다. 서로 멀지 않아 매일 얼굴을 볼 수 있었다. 강무당 강습생들은 소위에서 소교小校〔소령〕까지 현역 군관이었다. 즉 대대, 중대, 소대장들이었다. 어떤 사람들은 시험에 합격한 뒤 돈이 있다고 여관에서 살면서 놀다가 10월이 되어서야 학교로 들어왔다.

개학은 거듭 늦어졌다. 나중에는 먼저 개강을 한 뒤 개학하는 것으로 바뀌어 대략 11월이 되어서야 정식으로 개학했다. 과정은 4대 교과 과정으로 전술·지형·축성·병기 등이 있었고, 소 교과과정으로 군사훈련 교범·야외 전투 수칙·사격 교범·내무 수칙, 그리고 군사제도학·승마술·산야포 전술과 실습을 더했다. 이것들은 정말 재미 없었다. 그러나 시험이 엄격해서 열심히 공부하지 않으면 안되었다.

그 외 '어떤 정신교육을 할 것인가' 같은 주제나 시사, 국치에 대한 강의도 있었다. 이것들의 이면에는 유심주의唯心主義적인 것들〔유물론에 대응하는 개념으로 사용한 것임〕이 많이 있었다. 본래 반년을 배우기로 정했는데 나중에 교과량이 너무 많아 거듭 연장하여 1년 가까이 되었다. 대개 바오딩군관학교 3년제 교재 편수에 준하였다. 나는 이듬해 8월경 졸업하였다.

호남군의 모순과 구빈회 활동

강무당 졸업 후 나는 바로 6연대로 돌아와 1중대장에 임명되었다. 10월쯤 2사단장 루디핑이 〔샹탄과 샹샹 사이에 있는〕 장서蘺舍에서 연대장 이상의 군사회의를 소집했다. 자오헝티에 반대하고 광둥으로 가 쑨원에게 의탁할 준비를 하려는 것이었다. 연대장 위안즈는 이에 모호한 태도를 취했다. 회의를 마치고 연대본부로 돌아오는 도중 위안즈는 장서에서 5리 떨어진 곳에서 루디핑의 복병에게 살해되었다. 호위병 하나가 겨우 달아나 샹탄으로 돌아와 소식을 보고했다. 저우판은 즉시 나에게 전보를 쳐 정황을 알리고 대책을 의논했다. 내가 대답했다.

"지금 샹탄에 1개 대대 병력뿐이고 연대 직속대도 1천여 명에 불과합니다. 즉시 출발하여 시 서쪽 교외 10리 밖으로 나가 그곳 산에 의지해 진을 쳐야 합니다. 만일의 사태에 방어해야 해요."

내 의견에 저우판도 동의했다. 두 시간이 되지 않아 집합이 완료되었다. 잠깐 의논하였으나 별다른 방법이 없었다. 나에게 장서의 사단본부로 가서 상황을 알아보라고 하기에, 나는 연대 부관이 전체 장교와 사병에게 상황을 자세히 설명해야 하며 또한 내가 대표로 가는 게 적당한지도 물어야 한다고 주장했다. 저우판은 그대로 처리했다. 나는 즉시 왕사오난, 장룽성, 두훙촨 등을 모아 놓고 말했다.

"내가 내일 정오까지 돌아오지 않으면 아마 붙잡혀 있을 거야. 또 다른 군대가 공격해 오면 무기를 버리고 투항하면 절대 안 돼. 자유 행동을 취해도 좋아. 부자를 타도하고 빈민을 구제하자는 주장을 실행하는 거야. 재물을 나눠 주고 가난한 사람을 구제하자. 따르는 사람이 많으면 많을수록 좋지만 절대로 원하지 않는 자를 강권해서는 안 돼. 계획을 비밀리에 회원들에게 전달하고 사병들에게 퍼뜨려도 좋지만 장교에게는 한마디도 하지 마."

그들은 매우 기뻐했다. 장룽성이 말했다.

"당신이 가면 그렇게 위험하지는 않을 거요. 될 수 있는 대로 빨리 돌아오세요."

저우판이 시간을 벌기 위해 연대본부에서 말을 타고 가라고 권하여 좋다고 대답했다. 두 시간이 되지 않아 장서에 도착해 보니, 위안즈의 추도회가 열리고 있었다. 루디펑이 친필로 쓴 비꼬는 내용의 만련挽聯[죽은 사람을 애도하는 대련, 만장]이 보였다.

'살아서는 나의 장교가 되고 죽어서는 내가 염을 하네. 동료된 지 10년, 영웅은 뜨거운 피를 흘리네…'

다음 글귀는 생각나지 않는다. 진실은 감출수록 더욱 드러나는 법, 위안즈가 그가 보낸 사람 손에 죽은 것을 누가 모를 것인가. 루디펑은 나를 보고 위안 군이 불행하다는 둥, 전군의 손실이라는 둥 말했다. 나는 내가 오게 된 뜻을 전했다.

"정황이 분명하지 않아 이미 샹탄을 떠났습니다. 지시를 내려 주십시오."

"즉시 출발하여 헝산, 융저우永州를 지나 광시로 들어간 뒤 광둥으로 가라."

루디펑의 지시를 받고 새벽녘 연대본부 집합지로 돌아왔다. 모두 단체야영을 하고 있었다. 내가 상황을 설명했다.

"사단 직속대는 매우 당황하고 있습니다. 즉시 남쪽으로 출발합시다. 이곳은 위험이 크지 않으나 오래 머물러 있기에는 적당하지 않습니다. 마땅히 샹샹, 융펑으로 출발하여 2대대와 3대대에 의지해야 합니다."

연대 군수 담당 후쯔마오가 걱정하며 말했다.

"현재 관계가 이미 끊어져 돈을 받을 곳이 없는데 어떻게 해야 하지요?"

상황이 그만큼 어려웠던 것이다. 내가 제안했다.

"샹탄상회에서 3만 원을 빌립시다. 각운推運(관염국官鹽局. 민국 초기 정부에서 설치한 소금을 전매·운송하던 기구)을 담보로 하고, 나중에 성 재정청으로 대체하면 됩니다."

후쯔마오가 이어서 "위안 연대장이 운영하던 공장이 1천 원 가치는 될 겁니다. 일부는 그가 투자했고 일부는 공금인데 어떻게 해야 할까요?" 물어, 저우판이 그에게 가서 처리하라고 했다.

위안즈는 '노동자를 훈련시켜 병사로 만든다'는 사상을 갖고 있었다. 과거에 그런 말을 해서 나도 찬성한 적이 있다. 작은 공장을 운영한 것은 그런 실험이었다. 위안은 집안이 넉넉하지 않았다. 어머니가 베를 짜서 생활하며 책을 읽고 바오딩군관학교에서 공부했다. 당시에는 애국사상이 있었고 재능도 꽤 있었다.

위안즈가 죽고 오래지 않아 군수 담당 후쯔마오는 사직하고 차를 만드는 일을 하러 집으로 돌아갔고, 연대장은 저우판이 대리했다. 저우판은 얼마 되지 않아 정식 연대장에 임명되었다. 저우판의 집도 부유하지 않았다. 그의 부친은 죽세공 일을 하였다. 당시에도 애국사상이 좀 있었는데 강렬함이 위안즈에 미치지 못하였고 긴급할 때 결단하지 못했다. 위안즈와 저우판은 나를 꽤 신임했는데 한편으로 이용하기도 했을 것이다.

그 후 11월경 부대는 샹샹, 용펑과 양자탄楊家灘〔탄灘은 강가 모래밭을 가리킨다〕으로 출동하여 주둔했다. 나는 1중대를 인솔하여 샹샹의 구수이殼水에 주둔했다. 이때 1대대를 확대하여 1대대와 2대대로 편성했는데 나는 1중대장에 임명되었다. 그리고 세궈광 산하의 양차오판楊超凡 부대를 거두어 이를 6연대 3대대로 개편하였다. 당시 1대대장은 북방인으로 바오딩군관학교 2기생인 류다오징劉道經, 여단장은 탕시볜唐希忭이었다.

루디핑은 2사단 주력과 세궈광·우젠쉐吴劍學가 이끄는 독립여단 2개를 지휘하여 광둥으로 들어간 뒤, 후난 서쪽의 류시이劉西彝 부대 1만 명을 남겼다. 기회를 틈타 기반을 확대하려는 것이었다. 루디핑은 〔후난의〕 천시辰溪·홍장洪江·신화新化·쉬푸溆浦 일대를 점령하고 구이저우성 아편 수출 통과세를 독차지하여 허야오주賀耀祖와 쑹허칭宋鶴慶 등의 불만을 샀다. 그래서 '취류전쟁驅劉戰争'이 발생하게 되었는데 실제로는 아편 통과세를 쟁탈하려는 것이었다. 이 전쟁은 1924년 2월경 시작하여 3월 말, 4월 초에 끝이 났다.

1924년 4월 초 대대장 류다오징이 휴가를 내어 부모를 문안하러 집으로 돌아가면서 내가 대대장을 대리했다. 6연대는 홍장에서 바오칭〔사오양〕과 샹샹을 거쳐 샹탄으로 돌아가 주둔했다.

1924년 4월 하순 창사를 떠나 징상靖巷에서 명령을 기다렸다. 그 뒤 형양, 융저우永州, 취안저우全洲를 지나 구이린桂林으로 접근하여 루룽팅〔광서군벌〕과 그 인솔 부대의 포위를 풀었다. 루룽팅의 부하 선훙잉은 배반했다. 루룽팅은 당시에 쑨원을 지지했고, 후난 지역이 북양군벌의 압박을 여러 번 받을 때 후난을 지원하였다.

대략 7월경 마침 한여름이었다. 류다오징 대대장이 부대로 돌아왔다가 오래지 않아 또다시 일이 있어 휴가를 내고 집으로 돌아가면서 내가 다시 대대장을 대리했다. 8월 하순 혹은 9월 초에 샹양湘陽, 창사선線으로 돌아가 주둔하여 휴식하며 정돈했다.

1925년 1~2월 사이 6연대는 후난 서북쪽 츠리현慈利縣 일대로 출발했다. 연대는 허야오주 사단 등과 협조하여 리현澧縣·스먼石門·츠리를 되찾고, 4월에는 타오위안의 치자허漆家河 일대로 출동하여 귀주군貴州軍의 위안쭈밍袁祖銘 부대가 후난 서북쪽을 침범하려는 것을 방어했으며, 대략 6~7월 사이에 안샹安鄕에 출동하여 1개 대대가 현성에 주둔하였다. 그 뒤 우성궁武聖宮, 마하오커우麻壕口 일대에 주둔하여 휴식하며 정돈했다.

1925년에는 후난성 통치계급의 내부 모순이 격렬해졌다. 그러나 반소·반공, 적화를 막아 내는 데 그들은 입장이 같았다. 나는 이 1년 동안 공작의 중점을 대대 단결에 두었다. 1중대를 한층 더 공고하게 하고 조심스럽게 2·3·4중대로 공작을 전개해 나갔다. 1925년에 매 중대마다 셋에서 다섯 명의 구빈회원을 만들 수 있기를 희망했다. 그리고 사병들과 시사 문제를 토론할 생각이었다. 회원들은 나에게 장교들을 상대로 더 많은 공작을 펼치고 연대와도 더 많은 관계를 가지라고 제의했다. 공작이 노출되면 오히려 불필요하게 고립될 수 있으므로, 각 중대 사병공작은 자기들이 열심히 하면 상하가 협동하여 효과를 크게 할 수 있다는 것이었다. 나는 그들의 의견에 동의했다. 시사토론 자료 중에서 소개하고 설명했던 내용들은 다음과 같다.

소련이 중국에 대해 불평등조약을 폐지한 것, 일본이 중국의 이익에 대하여 독일을 대체한 것, 파리평화회담은 중국 입장에서 이익은 커녕 유해하다는 것, 유럽 상품과 일본 상품이 시장에 가득한데 이것이 바로 경제침략이며 정치문화 상에도 침략이 가속화되고 중국을 분할할 의도가 있다는 것 등이었다.

어떤 사람들은 제국주의가 나쁘다는 것을 말하지 않고 오히려 소비에트 러시아가 나쁘다고 하는데, 이는 시비가 뒤집힌 것이다. 또 어떤 사람들은 공산당은 이것도 나쁘고 저것도 나쁘다고 말하는데, 공산당은 생긴 지 겨우 3, 4년밖에 되지 않는다. 아직 땅을 나누고 배상하게 한 일도 없다. 또 외국과 불평등조약을 체결하지도 않았다. 중국 민중의 이익을 팔아먹은 일은 더더욱 없다. 견결하게 제국주의에 반대해 왔다. 모두 좋은 일만 해 왔다. 공산당이 좋지 않다고 하는 것은 도대체 어떤 근거인가?

아편전쟁 뒤 땅이 분할되고 손해배상을 물었으며 주권을 잃고 치욕을 당했다. 위안스카이는 일본제국주의와 함께 21조 조약을 체결했다. 나라를 팔아먹은 국적과 매국정부를 욕하지 않고 오히려 공산당을 욕하니 도대체 무슨 도리인가? 사람이라면 어느 한쪽에 서서 생각 없이 함부로 말하고 남의 말을 따르고 나라를 팔아먹은 도적 편에 설 수는 없는 것이다. 어떤 사람들은 '적화赤化〔공산주의에 물듦〕되면 좋지 않다'고 말한다. 적화는 탐관오리에 반대하는 것이며 토호열신 土豪劣紳〔중국 국민 혁명 때 관료나 군벌과 결탁해 농민을 착취하는 대지주나 자본가를 가리키는 말〕에 반대하는 것이다. 첩을 얻는 것에 반대하는 것이고 남녀평등을 실행하는 것이다. 또한 아편 연기를 마시는 것에 반대하는 것인데 어디에 좋지 않은 점이 있다는 말인가? 우리들은 말한다. 마땅히 크게 한번 적화되어야 한다. 썩어 빠진 생각을 버려야 좋아질 것이다.

이런 간단한 이치를 반복 토론한 뒤, 대대 안에서 반동적인 잘못된 논리가 사그라들고 심지어 들을 수 없게 되었다. 당시 구식 군대 안에서 반제국주의 교육이 절실히 필요했음을 알 수 있다. 그때 나는 낙후된 사람이어서 구체적 사실로 교재나 만들 정도였다.

1926년 5월 사이 광동 북벌군*이 후난 경계에 들어오기 시작할 때, 류다오징이 또 휴가를 냈다. 그는 돌아오지 않고 나중에 사직했다. 나는 곧 1대대장에 임명되었고 이어서 1927년 7월 10일 연대장이 되었다. 정식으로 연대본부에 가서 직무를 수행한 것은 음력 세밑이었다. 두 번에 걸쳐 대리한 뒤 정식 대대장에 임명된 것이다. 시간으로는 2년 반이었는데 대리한 것을 빼면 1년 반에 지나지 않았다.

몇 번 집에 돌아왔을 때 상황

특별심사위원회는 나에게 집에 돌아간 횟수를 여러 차례 묻고, 기와집을 세우게 된 정황에 대해 질문했다. 나는 병사가 된 뒤 집에 모두 네 번 돌아갔다. 세 번은 앞에서 기술한 바와 같고, 네 번째는

─────────

* 광동 북벌군은 제1차 국내 혁명전쟁 기간에 광동에서 출발하여 북양군벌을 토벌한 국민혁명군을 가리킨다.

1925년 봄 아버지가 돌아가셨을 때이다. 당시 내가 집을 비운 3~4개월 사이 황궁뤠가 크게 병이 났다. 창사에서 의사에게 진찰을 받았는데 천연두라고 했다. 얼굴이 얽었을 뿐 아니라 온몸에 종기가 생겼다. 창사로 가서 그를 보니 병세가 매우 위험했다. 그를 도와 다른 의사를 청해 치료하는 김에 네 번째로 집에 돌아갔다.

그해 고향은 가뭄이 매우 심했는데 지주들이 양식을 매점매석했다. 가난한 사람은 식량을 살 길이 없었다. 이웃 사람들이 굶는 정황이 매우 비참했다. 나는 지주들에게 양식을 높은 가격으로 내다 팔도록 강박하고, 1백 원을 들여 사서 내 고향 빈민들에게 무상으로 나눠 주었다. 그러자 한 지주의 아들이 뒤에서 제멋대로 지껄이며 나를 모욕했다.

"가난뱅이 새끼, 밭 한 뙈기도 없으면서, 제 얼굴 때려서 살찐 척하는 놈."

이 일은 나에게 큰 가르침을 주었다. 부자를 없애고 재산을 고르게 나눠야 한다는 생각이 더욱 절실해졌다. 가지고 돌아온 6백 수십 원(그 안에는 저우판이 보낸 부의금 2백 원이 포함되었다) 중 황궁뤠에게 준 병원비와 곡물을 사서 고향의 가난한 친척을 구제하고 남은 5백 원을 동생에게 주었다.

1927년 가을과 겨울, 연대 경제위원회에서 나 모르게 내 둘째 동생에게 4백 원을 주었다. 그리고 가족들이 지금의 이 기와집을 세웠는데 모두 열두 칸이었다.

1926~1928년 4월　　1차 국공합작을 성사시킨 쑨원이 1925년 3월 사망한 뒤, 국민혁명군을 이끈 장제스는 1926년 군벌 타도의 기치를 내걸고 북벌을 시작한다. 국민혁명군은 군벌의 폭정에 신음하던 민중의 지지와 중국공산당의 도움으로 군벌을 차례로 붕괴시키고, 베이징을 다시 손에 넣는다. 탕성즈가 이끄는 국민혁명군 군대와 함께 전투를 치르면서 두각을 나타낸 펑더화이는 대대장으로 승진하고, 이때 공산당원 된더창을 만나 당의 강령과 활동 방향 등을 토론한다. 이후 연대장이 된 펑더화이는 부대 안에서 공산당 활동에 동조하며 세력 기반 확대를 도모한다. 이 시기 국민당과 공산당은 함께 북벌을 진행했으나, 1927년 장제스가 상하이에서 공산당원과 혁명군중을 상대로 반혁명 정변(4·12사변)을 일으키면서 합작을 깨고 공산당 토벌을 진행한다. 이 과정에서 펑더화이는 공산당에 정식 입당하고 부대 안에 당위원회를 설립한다.

북벌에 참가하고 판더창과 사귀다

1925년 겨울, 6연대는 난현, 화룽^{華容}, 안샹 등 3현으로 돌아와 방어했다. 우리 대대는 안샹 현성으로 가서 마하오커우에 주둔했다. 1925년 가을과 겨울 이래 호남군벌 내부의 모순이 예외적으로 첨예해졌다. 그들은 광둥〔국민혁명군〕의 북벌을 두려워하고 또 탕성즈〔호남군 4사단장〕가 광둥과 연결될까 두려워했다. 자오헝티, 허야오주 등 군벌 중 누군가 선제적으로 행동, 제압하여 탕성즈 부대를 해소해야 한다고 주장했다.

1925년 4월, 6연대는 돌연 샹샹, 융펑으로 출동하여 대기하라는 명령을 받았는데, 지정한 지점에 이르기 전에 자오헝티가 이미 실각했다는 소식을 들었다. 이후 예카이신^{葉開鑫}(당시 호남군 3사단장)이 후난을 주관하게 되었다. 6연대는 갑자기 바오칭, 헝양 사이로 다시 출동하여 탕성즈가 이끄는 4사단 방어 구역으로 접근하라는 명령을 받았다. 1·2사단도 후난 동남쪽으로 진격하여 탕성즈 부대 해소를 기도했다. 얼마 되지 않아 북벌군 선봉이 이미 안런현 경계를 막았다는 소식이 전해졌고, 예카이신은 리링·헝산·융펑 일대에 급히 방어 병력을 배치했다. 호남군은 내부 공황 상태가 극심해져 손만 대면 무너질 형국이었다.

그러나 우리 대대의 각 중대는 겨울 동안 재정비 교육을 진행했고 각 중대에 모두 구빈회원이 있었으며, 음력 정월부터 3월까지 이루어진 시사토론을 통해 대대 전체 장교와 병사들이 북벌에 대해 비교적 정확한 인식을 가지고 있었다. 공황 상태이기는커녕 유쾌하기까지 했다. 부대가 융평에 이르렀을 때 나는 모두에게 예카이신의 군대가 필패하고 북벌군이 필승할 수밖에 없는 이치를 설명했다. 그리고 저우판에게 빨리 탕성즈가 있는 곳에 사람을 보내 연락하자고 제의했다. 저우판은 벌써 탕성즈에게 사람을 보냈다고 했다. 상대 쪽으로 진격을 시작했을 때 저우판과 전화로 이야기를 나누었는데, 그가 어떻게 해야 할지 물어 이렇게 말했다.

"샹샹, 닝샹寧郷, 위안장강沅江〔구이저우貴州성 동부에서 발원하여 후난성을 흐르는 강〕을 거쳐 난현, 화룽, 안샹 쪽으로 후퇴합시다. 샹샹 현성을 그들이 선점하게 하는 겁니다. 성 서쪽으로 우회해서 가면 안전하게 목적지에 도착할 수 있습니다. 힘의 손실도 없고 오히려 확대할 수 있을 겁니다."

탕성즈가 관할하는 국민혁명군 제8군이 창사에 진입했다. 이에 따라 원래의 호남군 2사단이 제8군 1사단으로 개편되었다.〔2사단의〕3여단 6연대는 1연대가 되고 2대대장 다이지제戴吉價를 연대장으로 승진 임명했다. 나는 그대로 1대대장에 임명되었으며, 2대대장은 5중대장 셰더칭謝德卿을 승진 임명하였다. 그리고 류싱·탕시볜唐希汴 등 바오칭계 군벌의 병사와 2사단의 남은 부분을 합편하여 3연대를 만들고 연대장은 장차오張超가 맡았다. 3개 연대를 합쳐 국민혁명군 제8군 1사단으로 편성한 것이다. 사단장은 저우판이었으며 사단 정치부를 설립하고 연대에는 정치지도원을 두었다.

단기간에 이렇게 부대를 정비하고 훈련을 마친 뒤 즉시 북벌에 나섰다. 1연대는 우창성 남문 포위공격에 참가했다. 오른쪽의 차오양

먼朝陽門을 포위공격하는 예팅葉挺 부대와 왼쪽의 36군과 연락했다. 〔호남군〕1사단의 2연대와 3연대는 재편성 중이어서 아직 도착하지 않았다. 며칠 뒤 사단 정치부 비서장 돤더창段德昌 동지가 연대 지도원 미칭米青을 데리고 나에게 와 적지 않은 선전품을 주었다. 나는 그에게 나중에도 언제든지 와 달라고 청했다. 그는 응낙하였고 약속을 어기지 않았다. 돤은 사람을 시켜 당시 출판된 진보적 간행물을 가능한 빨리 나에게 보내 주었다.

우창을 지키던 적이 투항한 뒤,〔호남군〕1사단은 35군 군단장 허젠何鍵의 지휘 아래 돌아왔다. 우리 연대는 한양漢陽에 며칠 주둔하고 바로 샤오간孝感을 지나 당양當陽으로 전진했다. 1사단이 당양성에 도착했을 때 신문에서 보도하기를 우페이푸의 잔존 부대가 이창宜昌에서 위취안산玉泉山을 지나 난양南陽으로 도주했다고 하였다. 저우판이 나에게 부대를 인솔하여 위취안산으로 가 도주하는 적을 차단 공격하라고 했다. 돤더창이 동행하기를 요구하자 저우판도 동의했다.

위취안산에 도착했을 때, 적은 이미 하루 먼저 그곳을 통과한 뒤였다. 산 위에는 관제묘關帝廟〔관우 사당〕가 있었는데 규모가 컸다. 지세는 험준하고 오래된 측백나무와 소나무가 울창하여 색다른 풍미가 있었다.《삼국지연의》의 관운장이 현성할 만한 곳이었다. 부대는 그곳에서 숙영하기로 했다. 나와 돤더창은 관운장 소상 앞에서 짚을 깔고 잤는데, 이때 서로 깊은 이야기를 나누어 얻은 바가 적지 않았

---

* 광둥성 후이저우 사람으로 중국의 저명한 군사가. 중국 인민해방군 창설자 중 한 명이며, 3차 국공합작 때 신4군의 지도자였다. 난창기의에 참가하여 지휘하였으며 광저우기의에서는 공농홍군 총사령이었다.

다. 돤이 나에게 관운장에게 어떤 감상이 있는지 묻기에 이렇게 답했다.

"관은 봉건 통치자의 도구이고, 지금은 통치 계급의 도구로 이용되고 있어 재미없소."

"그럼 당신은 무엇이 재미있소?"

"노동자나 농민을 위해 복무하는 게 재미있소."

"당신은 국민혁명의 최종 목적이 뭐라고 생각하오?"

"지금 매일처럼 제국주의를 타도하고 군벌, 탐관오리, 토호열신을 타도하자고 외치고 있지 않소. 소작료 25퍼센트 감액*도 실행해야 하지 않겠소? 나도 마땅히 경자유전을 실행해야 한다고 생각하지만 25퍼센트 감액에 머물러서는 안 된다고 생각하오."

"당신은 진정한 혁명가요. 당연히 경자유전에 머물러서는 안 되고 생산수단을 사유제에서 공유제로 해야 하며, 또 노동에 따른 분배를 발전시켜 필요에 따른 분배, 즉 공산주의를 실행해야 합니다. 공산당은 이런 이상에 따라 투쟁하고 있소. 러시아는 볼셰비키의 영도로 10월 사회주의 혁명에서 승리한 뒤 이미 노동에 따른 분배를 실행하고 계급 착취를 소멸시켰어요. 공산당의 임무는 사회주의와 공산주의를 실현하는 것이오. 공산당원은 이와 같은 이상사회를 만들기 위해 한평생 분투해야 합니다."

이어서 돤이 국민당에 가입했는지 물었다. 나는 가입하지 않았고

---

* 제1차 국내 혁명전쟁 시기 지역에서 실행한 일종의 토지정책으로, 어떤 형태의 소작 형식을 막론하고 원래 소작료의 100분의 25를 균등하게 감액하는 것이다.

가입할 생각도 없다고 했다. 그리고 그 이유에 대해 이렇게 말했다.

"당신 지금 이 사람들을 보시오. 탕성즈나 허젠 등은 모두 군벌 대지주들이고, 불교를 믿으며 사람을 속이고 있어요. 허젠과 류싱 등은 아직도 아편을 팔고 마시며 제국주의와 결탁하고 있습니다. 이런 사람들은 소작료 감액조차 반대하는데 무슨 혁명을 할 수 있겠소?"

돤은 아무 말도 하지 않았다. 내가 국민당 중앙당부 정세가 어떤지 묻자, 그는 장제스^{蔣介石}, 후한민^{黥漢民}, 쑨커^{孫科}, 쑹쯔원^{宋子文}, 다이지타오^{戴季陶}** 등은 모두 가짜 혁명가이며 반^反혁명가라고 말했다.

우리는 흥겹게 두 시간을 이야기했다. 지금도 가끔 그때의 대화가 생각난다. 돤과 꽤 여러 번 이야기를 나누었는데, 이때가 가장 길고 의의가 있었다. 돤이 매번 이야기하면 나는 모두 구빈회원에게 전달했다. 북벌 때 1연대에 대한 당의 정치적·사상적 영향은 돤더창의 입을 통해 퍼뜨린 결과였다. 이후 1사단은 당양에 머무르지 않았고 1연대도 위취안산에 머무르지 않았다.

다음 날 계속 전진하여 잉청^{應城}, 자오시^{皂市}를 지나 한수이강^{漢水}을 건너 투우^{途無} 가장자리에서 전투를 벌이고 12월 하순 이창에 도착했다. 이창에서 기세 좋게 1926년을 보내고 1927년을 맞이했다.

** 후한민은 국민당 우파의 수령 중 하나다. 일찍이 쑨중산과 중국공산당의 합작 정책에 반대했다. 쑨커는 당시 국민당 중앙위원회 위원, 쑹쯔원과 다이지타오는 중앙집행위원회 위원이었다.

사병위원회를 결성하다

35군과 1사단은 약 한 달 동안 이창에 주둔했다. 1927년 정월 초하루에 구빈회 회원 회의를 열었다. 우창 공격 희생자를 제외하고 8명이 모여 두 가지 문제를 토론했다. 하나는 회칙을 개정하는 것이었다. 과거의 4조 원칙, 곧 '자본가를 멸하고 경자유전을 실행한다. 서양인을 쫓아내고 해관海關〔항구에 설치한 세관〕과 조계租界〔개항지에 외국인이 거주하며 치외법권을 누릴 수 있도록 설정한 구역〕를 회수하며 영사재판권을 취소한다. 실업을 발전시키고 빈민을 구제한다. 군벌 할거에 반대하며 사병에 대한 태형과 체벌을 폐지하고 사병 자치를 실행한다' 중 완전하지 못한 것을 새로운 상황에 맞게 고치려는 것이었다.

당연히 포괄해야 할 문제들이 있었다. '쑨 총리의 유촉*을 옹호할 것, 소련과 연합하고 공산당과 연합할 것, 농공 3대정책을 원조할 것, 제국주의를 타도하고 불평등조약을 폐지하며 해관과 조계를 회수하고 영사재판권을 취소할 것, 군벌과 탐관오리 및 토호열신을 타도할 것, 소작료와 이자를 감축하고 경자유전을 점차 실현할 것, 국민혁명군은 마땅히 장교와 사병이 평등해야 하고 태형과 체벌을 폐지해야 하며 사병위원회를 조직하여 사병 자치를 실행할 것, 국민혁명군은 군 풍기를 스스로 자각하여 관리하고 도박을 하지 않으며 부녀자를 강간하지 않을 것, 민중에게 폐를 끼치지 않으며 군벌 할거에 반대하

---

* '유촉遺囑'이란 죽은 뒤의 일을 부탁하는 것이다. 쑨원은 1919년 5·4운동 후 중화혁명당을 중국국민당으로 바꾸고, 공산당과 제휴(제1차 국공합작)했다. 그러나 국민혁명을 이루지 못하고 1925년 3월 12일 베이징에서 사망했다. 이때 남긴 말이 "혁명은 아직 이룩되지 않았다"이다.

고 회계 공개를 실행할 것, 사병에게 진보적인 책과 신문을 읽을 자유를 줄 것, 사병위원회에 반혁명분자를 체포하고 혁명군사법정에 압송할 권리를 주고 배심권도 줄 것' 등의 내용을 포함하여 여섯 개 조항으로 정리했는데 원문은 기억이 나지 않는다.

이 6조 원칙 외에 그동안 진행해 온 정치교육 구호도 통과시키고, 이를 6조와 연계하여 평상시에 실제 토론을 실행하기로 했다. 구호는 '농민의 밥을 먹자, 노동자의 옷을 입자, 먹고 입는 것은 노동자 농민의 것이다. 우리들은 노동자 농민을 위해 복무한다' 등이었다. 매일 아침저녁으로 점호할 때와 밥을 먹으려고 줄 서 있을 때 이 구호를 외쳤으며, 이 구호와 연계하여 스스로 극본을 짓고 연출하여 촌극을 만들었다. 1대대에서는 이런 활동을 1927년 1월부터 1928년 7월 22일 핑장기의平江起義로 끝날 때까지 중단 없이 진행하였다.

두 번째 토론 주제는 구빈회의 존폐 문제였다. 모두 구빈회는 여전히 비밀리에 유지하고 사병위원회와 6조 원칙을 이끄는 핵심이 되어야 한다고 생각했다. 우리는 사병위원회의 준비공작 문제를 토론하고, 회의 후 대략 1주일 뒤 바로 사병위원회를 공개적으로 설립했으며 중대에는 중대 사병위원회를, 분대에는 소조를 조직했다. 또한 중대 회원대회에서는 중대위원회를, 분대 회의에서는 조장을 선출하고, 각 중대 사병위원회는 연석회의를 열어 대대 사병위원회를 선출했다.

야간학교 형식으로 진행된 대대 훈련반의 학습 방법은 이랬다. 먼저 제목을 내오고 자유토론으로 사람을 청해 보고와 강의를 들었다. 주요 학습 내용은 3대 정책, 행동 구호, 시사토론 등이었다. 사단 정치부 비서장 된더창이 와서 강의한 횟수가 가장 많았고, 연대 및 대대 지도원의 강의도 적지 않았다. 나도 항상 가서 토론에 참가했다.

이번에 제정한 회칙 및 구호는 공산당의 통일전선 강령과 군대 안의 정치공작 제도를 분명히 받아들인 것이었다. 5년 전의 4조 원칙과 비교하면 6조 원칙은 커다란 진보가 있었다. 구빈회원과 전체 사병의 정치적 각성, 공산당의 정치적 영향 아래서 커다란 향상을 이뤄 낸 것이다. 국민당과 국민혁명군에 회의를 표하고, 노동자와 농민을 위해 복무하게 된 것은 간단한 일이 아니었다. 군대의 체질을 본질적으로 바꾸려면 반드시 공산당의 지도가 필요했다. 당시 실제 공작한 경험이 적고 사병위원회는 발전을 이루지 못했지만, 그래도 사병들은 활기에 차 있었으며 도망가는 병사가 없었다. 이 구빈회 회의가 막 끝났을 때 황궁뤠가 찾아와 연대장 청칭모請과 사단장의 승인으로 황푸黃埔군관학교 고급반*에서 공부하게 되었다고 했다. 나는 크게 화를 냈다.

"자네가 3연대 중대장 직무에서 벗어나 공부하게 되면 우리 3연대 공작이 더 어려워져. 3연대장 류지런劉濟仁은 가장 반동적인 인물이야."

국민당이 혁명을 배신하다

1월 하순, 35군과 1사단은 후난 서북쪽으로 돌아왔다. 비적들의 난을 일소한다는 명분을 내걸었으나 실제로는 민중을 진압하고 반혁명을 보호하려는 것이었다. 강도 허젠[35군단장]은 배신을 준비했다.

---

* 국민당이 광둥 황푸에 세운 육군군관학교. 1924년 쑨중산이 중국공산당과 소련의 협조 아래 창설한 것으로 고급반, 고급 정치훈련 업무, 고급 장교반 등의 과정을 여러 차례 열었다. 황궁뤠가 참가한 것은 고급 장교반이었다.

내가 1대대를 인솔하여 츠리 현성에 주둔하고 있던 3월 어느 날, 다이더우위안戴斗垣이 인솔한 연대본부 및 2·3대대가 스면에 주둔하고 있으면서 그곳 장야취江埡區 농민협회 상무위원을 타살했다. 3, 4월 사이 다이더우위안의 여단 사령부 문 밖 대운동장에서 추도대회가 거행되었고, 농민 군중의 시위 역시 크게 열려 살인범 처벌과 희생자 가족에 대한 구휼을 요구했다. 1대대는 전체 장교와 사병이 이 대회에 참가했다. 나와 대대 정치지도원 어우췬화歐群化 동지가 연설하여 그 첫 번째 반혁명적 폭행의 기세를 눌러 버렸다. 이것이 사병 교육에 준 의의는 컸으며 그곳 농민들도 고무되었다.

허젠은 1대대가 추도대회에 참가한 사실을 알고, 다이더우위안을 통해 수집한 나의 연설을 저우판에게 전하면서 주의하라고 일렀다. 저우판이 그 원문을 나에게 보여 주었다. 허젠이 3월에 린리현臨澧縣에서 불법佛法대회를 열어 준위 이상 전체 장교가 수계授戒〔불교 계율을 줌〕식을 하기로 했을 때에도 나는 통지하고 가지 않았다. 그때 저우판이 "좀 가 보게. 믿고 안 믿고는 자네에게 달렸는데" 하고 권했으나, 나는 "불교를 믿지 않는데 수계를 받을 필요가 있소?" 하고 답했다. 1대대 사병회는 이 반혁명 활동을 거부하였다. 우리들의 신앙은 삼민주의三民主義였고 봉건 미신에 반대하였다. 수계식에 간 장교도 없었고 불교를 배우고 염불하는 사병도 없었다. 그 뒤 허젠이 저우판에게 펑모는 공산당원일 것이라고 해서 저우판이 국민당 좌파라고 대답했다고 한다. 또한 허젠은 저우판에게 이금국釐金局**을 만들어 나에게 주

** 청나라 시절부터 수로나 육로로 운송되던 물품의 통과세를 받던 기관. '이금釐金' 또는 '이손釐

라고 했는데, 저우판이 "그는 돈을 밝히지 않는다"고 했다 한다.

5월 초순, 1사단으로부터 갑자기 웨저우로 출동하라는 명령이 내려왔다. 우리가 그곳에 도착한 지 며칠 안 되어 마일사변馬日事變[●]이 발생했다. 5월 21일의 일이었다. 이는 '4·12사변'[●●]의 연속이자 발전이었다. 1사단이 위안장강을 지날 때, 천광중陳光中이 지휘하는 독립여단이 또한 배반하여 훼이바오칭回寶慶을 죽였다. 연도의 모든 농민조직이 다 악독한 수단에 당했다. 또한 창사에서 쉬커샹許克祥이 제멋대로 혁명 인민을 도살할 때 샤더우인夏斗寅의 반군(우한 국민당 정부의 독립 14사단)이 우창으로 접근하여 허성차오賀生橋에서 예팅 부대와 격전을 벌였고, 쓰촨四川의 양썬楊森[●●●] 부대는 창장강을 끼고 왼쪽 기슭으로 나아가 바이스지百石磯〔청링지城陵磯 맞은편, '지磯'는 강변에서 강기슭으로 쭉 뻗어 나온 바위나 자갈밭을 가리킨다〕·신티新提·샹시顯系를 점령하고 샤더우인과 연결했다. 허젠과 1사단은 웨저우를 장악하여 그 의도를 분명히 했다. 남북이 호응할 준비를 하려는 것이었다. 허젠은 마일사변 주모자 중 한 명으로 의심할 바 없는 사람이고, 그 밖에 후난성 주석 저우란周爛과 탕성즈 역시 막후 인물이라 할 수 있었다.

나는 이런 정황에 대하여 연대 지도원 미칭과 이야기했다. 미칭이

捐'은 일종의 상업세로, 화물 가치의 100분의 1을 세금 명목으로 매겼다.

[●] 1927년 5월 21일, 장제스와 왕징웨이汪靖衛 등이 교사하여 후난 국민당 소속 반혁명 장교 쉬커샹과 허젠 등이 창사에서 후난성 노동조합, 후난성 농민협회 등 혁명 군중조직을 포위공격하여 공산당원과 노동자·농민 군중을 체포하고 살해한 사건. 당시 전보를 보낼 때 날짜를 운목韻目으로 대체하였는데, 21일이 '마馬'자였기 때문에 이 사변을 일컬어 '마일사변'이라 하였다.

[●●] 1927년 4월 12일, 장제스가 상하이에서 공산당원과 혁명 군중을 상대로 벌인 반혁명 정변.

[●●●] 사천군벌로 1927년 4·12사변 뒤 장제스로부터 국민혁명군 제21군 군단장으로 임명되었다.

말했다.

"탕성즈는 절대 변하지 않을 거요. 그는 수박 같은 정책을 펼 겁니다. 겉만 보면 흰색이지만 마음은 빨간색이오."

"그들은 불교로 사람을 속이고 있소. 모두 양머리를 걸어 놓고 개고기를 파는 가짜 혁명이오. 마땅히 빨리 가서 후난성위원회에 보고해야 합니다. 지금 2, 3연대는 물 위에서 뭍에 오르지 않고 있소. 모두 반동들이오. 1연대는 전부 뭍에 올랐는데 그중 1대대는 믿을 만합니다. 2·3대대는 중립을 쟁취해야 하오."

미칭은 동의하고 창사로 갔다. 나는 그에게 여비와 권총을 주었다. 그러나 그는 가서 돌아오지 않았고 그 뒤로 무소식이었다. 대대 지도원 어우취화가 말하기를, 츠리에서 출발하기 전 미칭이 대오에서 떠나갔는데 간 곳을 모른다고 했다.

샤더우인이 배신하여 우창을 공격할 때, 나는 저우판에게 북진하여 예팅과 호응하여 샤더우인의 부대를 소멸시키자고 건의했었다. 하지만 저우판은 명령이 없다고 말할 뿐이었다. 마일사변 뒤 이틀째 되는 날, 나는 또 저우판에게 신속하게 창사로 진군하여 쉬커샹의 반란을 평정하고 혁명질서를 회복하자고 건의했다. 당시 웨저우 통제 아래 있는 기선과 열차가 충분하여 아침에 출발하면 저녁에 도착하여 급습할 수 있었다. 그러나 저우판은 또 명령이 없다는 핑계로 독자 행동을 하지 못했다. 나는 분개하여 말했다.

"허젠, 저우란, 탕성즈 무리들이 모두 내통한 것입니다. 그들이 어떻게 자기가 자기를 치는 명령을 내릴 수 있겠습니까? 시국의 열쇠가 1사단에 있는데 팔짱 끼고 방관하면 상악湘鄂〔상湘은 후난성, 악鄂은 후베이성의 별칭〕 혁명의 형세는 스러지고 말 겁니다."

하급자인 내가 상관인 저우판에게 이렇게 날카롭게 말한 것은 구군대 안에서 아주 드문 일이었다(지금 생각하면 샤더우인의 배신과 마일사변은 아마 장제스가 직접 지휘한 것 같다). 과거 내가 의견을 제출할 때 저우판은 기본적으로 수락하는 편이였다. 하지만 이번에는 자신의 계급적 본성을 드러내어 견결하게 거절하였다.

당시 대대본부로 돌아왔을 때, 나는 쉬커샹 같은 작은 반동 역량도 진압하지 못한 것에 화가 날 뿐 아니라 수치심을 느꼈다. 또한 저우판과 10년 가까이 함께한 정이 하루아침에 깨져 버렸다. 예전에 나는 저우판이 애국사상이 좀 있는 줄 알았다. 그런데 이번에 그는 혁명이 손실을 입고, 민중과 공산당이 죽음을 당하는데도 수수방관하였다. 도대체 무슨 애국사상이 있다는 말인가? 나는 다시 그의 도구가 되지 않을 것이다. 내가 얻은 교훈은 '좋은 말을 가볍게 믿지 말라. 행동을 한 번 보면 분명해진다'는 것이었다. 평소에 내가 말하던 것이었다. 나는 저우판이 재주는 크지 않지만 그래도 성실한 줄 알았으나, 그는 그렇지 않았으며 야심도 적지 않았다.

저우판은 샤더우인 부대가 예팅 부대와 싸워서 이기지 못하는 것을 보았다. 내가 그에게 건의하고 다음 날 아침에 또 전화를 걸어 와서 함께 사단본부로 가기로 약속했다. 사단본부에 도착한 뒤 저우판이 말했다.

"양썬이 3~5개 연대를 내보내 젠리監利, 저우허舟河, 바이지白磯, 신티를 점령했네. 샤더우인과 호응하여 공격해 온 우한의 세력도 더해야 하네. 내가 지휘하는 1연대를 보내 청링지城陵磯 선에 도달하면 강을 사이에 두고 양동佯動〔거짓으로 움직임〕하게. 창장강 왼쪽 기슭의 양썬 부대를 견제하면 공산당이 승리할 수 있을 걸세."

나는 청링지에 도착한 뒤 양동하지 않고 은폐하여 집결한 뒤 화륜선〔물레바퀴 모양의 추진기를 단 기선〕을 준비했다. 그리고 전투 준비를 마친 다음 황혼을 이용하여 즉시 도하를 강행했다. 일고작기一鼓作氣〔북소리 한 번에 사기를 진작시키다〕의 기세로 단숨에 공격하여 성릉지 건너편의 바이지를 점령했다. 그곳은 샹장강과 창장강의 합류 지점으로 수면이 6~7리로 드넓어 적이 나타난다는 게 전혀 뜻밖이었을 것이다. 양썬 부대는 완전히 무방비였다. 내가 지휘하는 1대대가 뭍에 오르자 적은 그때서야 발견했다. 적은 방어 병력을 배치하지도 않았을 뿐 아니라 화력도 약했다. 우리 대대는 다치고 죽은 사람이 몇 명에 불과했다. 양의 부대는 저우허 방향으로 궤주했다. 약 20리를 추격했다. 저우판은 2·3연대와 1연대 주력의 출동을 미루고 잡아 두고 있었다. 저우판은 내가 지휘하는 1대대에게 이튿날 청링지로 되돌아 가라고 명령했다. 저우판은 나를 보자마자 말했다.

"스촨石穿(펑더화이의 호), 어제는 큰 모험을 했어."

"창장강과 샹장강이 동시에 수위가 올라갈 때 큰물을 틈타 도강하여 강공했습니다. 적을 불시에 치는 것이 위험해 보이지만 사실 위험하지 않았어요."

나는 생각했다.

'당신이 양동으로 기회를 버리려 할 때, 나는 정말로 도강했다. 나는 예팅을 돕고 싶었고 샤더우인의 배후를 공격해야 했는데 당신은 동의하지 않았다. 지금 양썬이 패하여 예팅 오른쪽의 위협도 줄었으니 잘된 것이다. 아마 예팅 부대에도 응원이 되었을 것이다.'

이는 저우판에 대한 불만의 표시가 포함된 것이기도 했다. 1927년 6월 초의 일이었다.

탕성즈 부대의 동쪽 정벌이 실패하다

1927년 여름, 탕성즈는 여전히 혁명 깃발을 이용하여 본색을 숨겼다. 그는 난징과 상하이 탈취를 기도하고 반혁명 영도권을 쟁취하려 했다. 1927년 6월 무렵, 탕성즈는 4집단군[●]에게 창장강을 끼고 동진하여 장제스를 토벌하라고 명령했다. 8군과 36군은 창장강 남안을, 35군과 〔8군〕 1사단은 창장강 북안을 따라 나아가 우후^{蕪湖}, 허페이^{合肥}, 벙부^{蚌埠} 선에 도착했다. 1사단은 퉁청^{桐城}에서 광서군〔계군〕 및 루디핑 부대와 조우하여 공격했다(당시 이 선에서 탕성즈 군을 공격한 것은 광서군과 청첸^{程潛} 부대라고 생각된다).

장제스의 두 부대는 8군과 36군을 공격했다. 탕성즈 군은 우후·허페이·풍도 전선에서 패하여 후퇴했고, 35군도 허페이에서 후퇴했으며, 1사단은 대략 7월 20일 전후 퉁청^{桐城}에서 후퇴했다. 강 왼쪽 후위에서 1연대가 마지막 엄호 부대가 되었는데, 연대장 다이지제가 휴가를 내서 내가 대리했다. 황메이^{黃梅}, 광제^{廣濟}로 물러났을 때 광서군과 루디핑 부대의 공격을 받아 한커우로 후퇴하니 저우판이 지휘하는 2연대가 한양에서 기다리고 있었다. 저우판이 물었다.

"추격하는 적이 얼마나 멀리 있나?"

"이미 우쉐^{武穴}, 황피^{黃陂}를 지났소. 내일이면 아마 한커우에 들어올 겁니다."

[●] 우한 국민당이 우한의 후한민 정부와 난징의 장제스 정부로 분열되었을 때 장제스를 토벌하기 위해 일으킨 군대. 탕성즈가 4집단군 사령관이었다. 나중에 서로 화해하였다.

"손실은 얼마나 되나?"

"부상당하고 죽은 사람이 20여 명입니다. 전사자는 이미 안장했고, 부상자는 연대를 따라와 큰 짐이 되었는데 우쉐에서 작은 화륜선을 찾아 신티로 실어 나르고 기다리라고 명령했습니다."

그들은 이미 도착했을 것이다. 2·3대대는 상대와 접촉이 없었고 따라서 전상자도 없었다. 저우판이 말했다.

"허젠이 창더로 후퇴하라 명령했네. 그들은 모두 먼저 가고 나를 남겨 이 부대를 엄호하게 했어. 제기랄, 한양 병기공장의 총을 우리는 한 자루도 나눠 갖지 못했어. 전투하며 나아갈 때는 가장 힘든 일을 하게 하고, 퇴각할 때는 후위를 맡으라니."

"전부 동창의 정 아닌가요?"

허젠과 저우판은 모두 바오딩군관학교 출신이었다. 저우판은 "동창? 동창?" 하더니 다시 물었다.

"이번에 산둥군과 광서군은 왜 이렇게 악착같이 추격하는 건가?"

"한 번은 광시, 한 번은 후난, 각자 기반을 지키려는 거지요. 이번 혁명은 실패했습니다."

"우리는 어떻게 해야 하나?"

"청산이 의연히 남아 있는데 땔나무가 없는 것을 걱정하리오."

저우판이 한동안 자기 생각을 말하지 않기에 내가 말했다.

"작은 길로 갑시다. 주허朱河를 지나 창장강을 건너 남화안〔난현·화룽·안샹〕으로 돌아갑시다. 주저우株州에 주둔하여 지키던 3연대도 신속하게 안샹으로 옮깁시다."

저우판은 고개를 끄덕여 동의했다. 허젠 부대는 한커우를 지나 후난 서북으로 패퇴했다. 1사단은 35군의 통제에서 벗어났다. 허젠 이

승냥이에게서 벗어나니 내심 기뻤다. 나는 저우판이 동요할까 두려워 그에게 말했다.

"허젠은 창더에 발을 붙일 수 없소. 반드시 위안수이강沅水으로 물러날 겁니다. 강의 상류를 자산으로 삼읍시다. 산동군은 반드시 창더·이양益陽을 지나 샹탄·창사·웨양을 약탈하고, 그 뒤 화평하게 되면 장물을 나눠 가지려 할거요. 우리들은 기쁘게도 남화안 3현의 비옥한 토지를 얻어 발을 붙일 수 있습니다."

한커우에서 젠리, 옌부鹽埠를 지나 창장강을 건너 화룽에 이르렀다. 사단본부와 1연대본부, 1대대는 난현 현성에, 2연대는 안샹에 주둔했고, 3연대는 주저우에서 안샹으로 출발하여 상웨이尚未에 도달했다. 우리 1연대는 8월 말에서 9월 초 난현에 도착했다.•

열렬하던 농민운동이 표면적으로는 반동 세력에 의해 가라앉았지만 잠재한 원한은 더 커졌다. 이번에 7~800킬로미터에 이르는 장거리 퇴각을 했는데 퉁청桐城에서 황메이까지 후퇴하는 여정은 급행군이었다. 매일 평균 80리 이상, 황메이에서 한커우 구간은 매일 70리 안팎씩 이동했다. 한커우에서 화룽까지의 여정도 매일 60리 이상이었다. 퉁청桐城에서 화룽까지 단지 3일에서 4일 정도 휴식을 했던 것으로 기억한다. 전 연대가 난현에 도착한 뒤, 연대장 다이지제가 저우판에게 전보를 보내 사직했는데, 대략 '부끄럽다. 다시 오겠다'는 내용이었다.

• 1연대는 난현에 돌아오고, 그 후 난현 청향淸鄕위원회가 파괴된 뒤에 동진하여 장제스 토벌에 참가한 것으로 되어 있다. 이 시점은 작자의 기억에 착오가 있었던 듯 하다. 실제로는 조금 늦어야 했다.

9월 초에 장룽성, 2중대장 리찬, 특무중대장 리리^{李力} 등을 소집하여 시국을 토론했다. 모두 상황을 엄중하게 받아들이고 있었다. 사병위원회를 공개적으로 운영하는 것은 적당하지 않았다. 2·3대대 장교들이 1대대 사병들을 매우 심하게 경계하여 우리가 공작하기가 아주 어려워졌다. 지금 시국에 우리 혁명공작이 드러나서는 안 되었다. 드러나면 발전하는 데 어려움이 있고, 은밀히 진행하는 것이 오히려 공작에 유리했다. 장룽성이 말했다.

"나는 표면상 사병위원회를 취소하는 데 찬성입니다. 사병들을 지키고 실제 이익을 얻어야지요. 만일 장래에 압박을 받아 해산하면 실리를 지켜 내기 어렵게 될 거에요. 사병들 중 다수는 말이 통할 거 같습니다."

리찬이 "대대장 자리는 유지할 수 있을 겁니다. 사병들은 이미 이익〔사병위원회 조직〕을 얻었고 지킬 수도 있게 되었어요" 하자, 리리는 "대대장 자리는 유지하기 어려울 것 같은데요. 사병들은 이익을 얻었고 유지할 수 있겠죠. 단결을 유지하고 장기적인 투쟁을 준비해야 해요. 그렇지 않으면 얼마 안 가 해산하게 될 겁니다" 했다.

리찬과 장룽성은 한목소리로 '저우판은 대대장을 그다지 신임하지 않는다. 다이지제가 전투 중 휴가를 내는 것을 봐라. 평소에도 봉급을 주고, 저우판은 다이지제의 직을 거두지 않은 채 줄곧 펑에게 대리하게 하면서도 펑을 연대장에 임명하지 않는다. 이것이 펑을 싸움에 이용하는 게 아니겠나. 부대 단결이 다 무엇인가?' 하였다.

우리는 마지막으로 시국에 대해 설명하고, 회가 성숙한 정도를 분석했다. 기본적으로 이창회의에서 만든 사병위원회 회칙을 바꾸지 않고 비밀리에 유지하기로 했다. 다만 반혁명분자를 체포하여 법정에 보내는 것과 배심원 관련 내용은 삭제하기로 했다. 대신 사병위원회 청산위원회를 공개적으로 설립하여 유지하기로 했다. 청산위원회가 매월 수입과 결산 항목을 공포하고 공적 적립금을 관리하기로 했다. 실제로 사병회가 공개에서 비밀로 바뀌는 데는 구빈회가 핵심 작용을 하였다. 그 결과, 어떤 충격도 없이 자연스럽게 전환되었다. 노동자 농민을 위해 복무한다는 구호를 평소대로 외쳤고, 촌극도 1대대에서 저녁 점호 때 계속 연출하였다.

신저우전투

그해〔1927〕 11월 중하순에 벌어진 신저우전투는 군벌이 세력 지반을 다툰 것으로 어떤 진보성도 없었다. 경과된 상황을 정리하면 다음과 같다.

안후이安徽에서 후퇴한 허젠의 35군은 후난으로 돌아왔다. 그들은 1927년 8월 하순에 진스津市, 리현을 통과하여 9월 중순경 창더 상류의 타오위안 일대까지 후퇴했다. 진스와 리현 일대 방비가 허술해지자, 허펑鶴峰 부근에 있던 귀주군黔軍〔검黔은 구이저우(귀주)성의 별칭〕 위안 쭈밍袁祖銘 휘하 아무개 부대 약 5개 연대가 틈을 노려 나아가 진스와 리현 일대를 점령했다. 그리고 1개 부대 약 4천 명이 신저우에 진주했는데, 거리는 진스에서 약 10리 정도로 안샹을 침공할 형세였다.

한편, 루디핑은 8월 말에서 9월 중순 사이 창사에 도착했고, 장제스가 선무사宣撫士로 파견한 류싱도 루디핑 군을 따라 후난으로 돌아왔다. 주요 목적은 저우판의 1사단을 재편하는 것이었다. 허젠과 루디핑은 타협하였고, 역시 장제스와 결탁하였다. 이에 따라 리수이澧水 방어 지역을 진스, 리현, 스먼, 츠리, 그리고 창더와 타오위안으로 나누었다. 그리고 11월에 허젠이 창더에서 리수이의 귀주군을 공격하고, 중순에 스먼·리현 일대로 진격하여 점령한 것이다.

저우판은 이미 10월 쌍십절 전에 바로 창사에 도착해 선무사 류싱과 연락하고 이어서 루디핑과도 연락했다. 그리하여 1사단의 호칭을 호남 육군 독립 5사단으로 바꾸고 루디핑이 돌아와 직접 지휘했다. 저우판은 창사에서 루디핑, 허젠과 의논하여 근거지와 공동 이익을 나눠 먹기로 하고 리진〔진스, 리현을 말함〕과 신저우의 귀주군을 공격하기로 결심했다. 허젠과 행동을 같이하기로 한 저우판은 1연대를 난현·화룽에서 신저우 동쪽으로 들어가게 하고, 2·3연대는 안샹에서 35군 주력과 협동하여 신저우 이남의 적을 공격하게 했다. 1연대 중 셰더칭이 지휘하는 2대대가 싼펀허三分河에서 출발하여 전위대로 신저우를 향해 전진했고, 내가 지휘하는 1대대는 난현에서 출발하여 2대대의 뒤를 따라갔으며, 양차오판楊超凡이 지휘하는 3대대는 화룽에서 출발하여 메이톈호梅田湖를 지나 난현을 거치지 않고 1대대 뒤를 따라 전진하였다.

신저우를 친 뒤 저우판은 창사에서 작은 화륜선을 타고 안샹에 도착했다. 저우판은 2·3연대를 지휘하여 1연대 뒤를 따라 전진하였다. 35군의 1개 사단은 리현에서 신저우로 전진하여 11월 하순 동시에 공격하기로 약속했다. 신저우에서 약 5리쯤 떨어진 곳에 있는 독립 고지에 적의 전초 진지가 자리 잡고 있었다. 셰더칭은 2대대를 지휘하여 종대로 행군하여 접근하면서 전투 대형을 바꾸지 않았다가 적의 화력에 습격을 당해 퇴각했다. 저우판은 패배한 대오를 수용하라 명령하고 3대대 뒤를 따라 전진했는데 예비대를 두지 않았다. 나는 1대대를 지휘하여 적의 전초 진지를 점령하고 신저우 시가까지 바짝 추격했다. 1 · 2중대가 각각 벽돌집 한 채씩을 점령하여 시가전의 거점으로 삼았다. 포병의 엄호도 없는 상황에서는 매우 중요한 일이었다. 그날 저녁 진전은 크지 않았지만 시가전에 필요한 준비는 된 셈이었다. 저우판이 2 · 3연대와 35군 소속 사단을 지휘하여 예정된 때에 도착하여 이튿날 저녁에 신저우를 점령했다. 귀주군은 후베이성 서쪽의 우펑五峰 · 시언施恩 일대로 패퇴했고, 1연대가 진스까지 추격하다가 정지했다. 이 전역이 끝난 뒤 1연대본부와 1대대는 난현으로 돌아와 방어했다. 3대대 일부는 메이톈호에 주둔하고 일부는 난현성에 주둔했으며 2대대는 싼셴호三仙湖에, 2연대는 화룽에, 3연대는 안샹에 주둔했다.

연대장이 되다

1929년 9월 말 어느 저녁, 저우판이 전화를 걸어 이야기를 좀 하자며 사단본부로 오라고 했다. 저우판이 먼저 말을 꺼냈다.

"류 사단장(류싱을 가리킨다. 당시 류는 루디핑을 따라 후난으로 돌아가 선무사로 임명되었다)이 돌아갔어. 다이지제戴吉介는 사직이 받아들여졌고. 그래서 당신을 1연대장에 임명하고 레이전후이雷振輝(본래 4중대장인데 저우판의 신임을 받고 있었다)를 1대대장에 임명하려고 하네. 또 1사단은 독립 5사단으로 개편됐는데 연대번호는 변하지 않았어. 오늘 이후에는 루디핑이 직접 지휘하고 허젠의 통제에서 벗어날 거야. 우리가 같이한 지 오래되었잖아. 당신도 사양할 필요는 없어."

"다이지제가 돌아오는 것도 괜찮을 텐데, 그가 연대에 없을 때 내가 대리해도 되는 일이고."

"이번 일은 이미 정해졌어. 다시 말할 필요 없네. 먼저 취임하고 임명장은 나중에 보내도록 하지. 바로 취임했으면 좋겠네. 취임비는 1,200원이니 사단 경리처에 사람을 보내 받아 가게."

저우판은 나에게 취임한 뒤 바로 창사에 가서 루디핑과 류싱을 만나라고 했다.

"이틀쯤 뒤에 임명장이 도착하면 바로 창사에 가서 활동을 좀 하게. 루와 류는 모두 옛날 6연대에 관심이 있어."

당시 1연대는 1916년에 루가 연대장을 맡았고, 류싱이 대대장을 맡았었다.

"사례하러는 안 가겠소. 직무를 맡으면 매일 연대본부에서 업무회의를 해야 하니 아무 날이나 잡아서 가면 될 거요."(구식 군대에서는 승진하면 상관의 관아에 가서 사례해야 했다.)

"지금 날짜를 확정해야지, 사단본부 더지탕杜际唐 참모장이 연대 진金 부관에게 취임식을 준비하라고 통지했다고."

함께 있던 더지탕도 그렇다고 대답했다. 내가 저우판에게 물었다.

"취임 비용이 1,200원인데 그 돈은 뭐 하는 데 씁니까?"

"스촨石穿아, 그래도 사병 회식을 한 번은 해야지. 장교 연회도 한 번 해야 할 것 아닌가? 지방 공직자 단체랑 2·3연대와 사단본부 여러 동료들도 축하하러 올 거야."

"이거 정말 귀찮게 되었네. 나 연대장 안 할 테요."

내 말을 듣고 저우판이 더지탕에게 말했다.

"사단본부 요원이나 2,3연대 장교들 모두 축하하러 갈 필요 없겠네. 스촨 저 고집통 성질 부리지 않게."

더지탕이 그러겠다고 했다. 나는 고맙다고 사례한 뒤 저우판에게 말했다.

"다이지제 연대장이 사직한 지 벌써 1년이 되었는데 그 사람 월급 240원을 계속 보내고 있고, 또 지금 사무비, 잡비, 특비, 개발비, 출동비 등이 남아 있소. 다이지제가 연대에 있을 때 5분의 3은 각 대대로, 5분의 2는 연대본부로 갔던 것을 내가 연대장 대리할 마지막쯤에 변경했고 지금 6천 원가량 남았소. 내가 1대대에 있을 때 수령한 경비 중 지출한 것 말고, 청산위원에게 줘서 만든 공적금(저우판이 끼어들어 너희들 아직도 공적금이 있냐고 물었다)으로 사병들 쓰는 모기장 바꿔 주고 이불 좀 보충해 줬더니 남은 게 얼마 되지 않소. 위안裏 연대장이 해를 당하고 시국이 변화하면서 보급 관계가 헝클어져 군수물자가 곤란한 상황인데, 다이지제가 있던 기간에 남은 경비는 어떻게 처리해야겠소?"

더지탕이 "당신들 방법으로 만든 공적금을 조사해서 군수물자를 보충하죠" 하자, 저우판도 어쩔 수 없이 "그렇게 처리하는게 좋겠네" 하고 동의했다.

저우판은 이어서 난현의 유지들이 준비하고 있는 '쌍십절 성립 청향위원회淸鄕委員會'•에 참가할지 여부를 물었다. 내가 "그런 반혁명

• '청향위원회'는 장제스의 국민당이 농민운동을 진압하기 위해 설립한 기구로, 공산당원과 혁명 군중에 대한 수색과 체포, 숙청을 전문으로 했다.

회에는 참가하지 않겠소" 했더니, 저우판은 자신도 참가하고 싶지 않다고 했다. 저우판은 참모장 더지탕에게 즉시 화륜선으로 창사에 갈 준비를 하라고 지시하고, 다른 사람에게는 말하지 말라고 했다. 쌍십절이 되면 사단장만 창사에 갈 것이라고 했다. 저우판은 쌍십절 이틀 전에 창사에 갔다.

다음 날 나는 리찬, 장룽성, 리리를 소집하여 위의 정황을 이야기했다. 그들은 의아해하며 물었다.

"디핑砥平(저우판의 호)은 아직도 대대장을 신임하나요?"

나는 그들에게 물었다.

"우리는 도대체 장차 어느 길로 가야 할까?"

장룽성이 추호도 망설이지 않고 말했다.

"공산당 그 길뿐이지요. 뭐!"

리찬도 "지금은 국민혁명이죠. 장래는 공산당 그 길이고요"라고 했고, 리리도 "오직 공산당 그 길만 있을 뿐. 국민혁명을 완성해야 가능하죠" 라고 동의했다. 장룽성이 나에게 물었다.

"대대장은 어느 길로 갈 건가요?"

"리리의 의견에 동의하네."

내가 그들에게 저우판은 어느 길로 갈 것 같은지 묻자, 모두 공산당의 길로 가지는 않을 것이라고 했다. 리리는 국민혁명도 완성하지 못할 것이라고 덧붙였다. 내가 다시 물었다.

"나와 저우판은 가까이 의지해야 하나, 아니면 멀리해야 하나?"

모두 대답하지 않고 있다가 장룽성이 마지막으로 "스스로에게 물어보세요" 하기에 내가 답했다.

"나는 천천히 전진하고 있는 반면 저우판은 이미 뒤로 가기 시작했어. 올해 5월, 1사단이 진격해서 웨저우를 점령한 건 허젠이 샤더우인과 쉬커샹의 반역에 호응한 계책이었지. 샤더우인이 배반했을 때, 나는 저우판에게 북진하여 예팅 부대와 협력하여 허젠의 반역을 소멸하자고 건의했지만 저우판은 입을 닫고 명령하지 않았어. 마일 사변 이틀째 다시 저우판에게 건의했어. 즉시 남쪽으로 진군해서 쉬커샹 부대를 소멸하고 창사의 혁명질서를 회복하자고. 그때 우리 사단은 대량의 열차와 화륜선을 장악하고 있었어. 저우판은 그때도 명령을 하지 않았어. 독자 행동을 하지 못한 거야. 이 두 번의 반란은 모두 허젠, 저우란, 탕성즈 등이 획책한 것인데, 그들이 어떻게 스스로 자신을 치라는 명령을 할 수 있겠어? 나는 저우판에게 이렇게 첨예한 문제를 이야기했지.

그래도 저우판이 나를 팔아먹지 않았으니 그에게 감사하지만, 시국이 엄중할 때 그의 결정이 관건이었지. 그런데 반혁명 쪽에 서서 두 번이나 내 건의를 거절해서 시국을 만회할 수 없게 만들었어. 과거에는 내가 건의할 때마다 대부분 받아들였는데, 그건 내 건의가 그에게 유리하거나 최소한 해롭지는 않았기 때문이야. 유독 반역자 토벌에 대한 두 번의 건의를 모두 받아들이지 않은 건 그의 반혁명 입장이 확고하다는 것을 보여 주는 거야. 오늘 그가 나를 연대장으로 발탁했으니 나는 그를 따라야 할까? 역시 그들과 함께 가야 할까? 그럴 수는 없어. 나는 견결히 혁명의 길로, 공산당의 길로 갈 거야. 이것이 나의 생각이야. 나는 너희들과 함께 갈 것이고 결코 뒤돌아 보지 않을 거야. 일찍이 정한 나의 결심이야."

나는 이어서 걱정스러운 점을 털어놓았다.

"연대본부에 가서 직을 맡은 뒤 어떻게 공작해야 하지? 연대본부

서기, 부관, 군의관, 군수관 등 연대 소속은 모두 나쁜 놈들뿐이야. 썩은 데다가 부패, 반동, 반혁명분자 등 전부 갈아 버리지 않으면 안 될 것들이지. 나는 어떻게 너희들하고 뜻을 통하지?"

리리가 대답했다.

"장룽성을 연대본부로 전출시켜 전령 소대장으로 삼지. 지금 소위 소대장에서 전근해서 특무중대 중위 소대장이 되었는데. 그러면 다른 사람이 별로 이상하게 생각하지 않을 것 같은데."

장룽성도 의견을 내놓았다.

"연대본부로 전출시켜서 전령병이나 분대장을 하면 어떨까요?"

"안 되지, 소대장이 안 되면 나에게 접근하는 게 어려워. 역시 리리의 의견이 옳아."

"이번 연대장에 취임하는 기회를 이용해서 1,200원의 취임비를 공개합시다. 1년 동안 연대장의 각종 경비 적립금이 얼마인지도 같이 공개하고, 청산위원회를 설립해서 나중에 재정도 공개하겠다고 밝히는 겁니다."

장룽성이 내놓은 의견에 모두 동의했다. 나도 의견을 내놓았다.

"전 연대 사병을 대상으로 공작을 하기 위해 학병 중대를 하나 설립할 생각이야. 리찬에게 중대장을 맡겨야지. 어떻게 조직할지, 1대대에서 어떤 사람들을 학병 연대로 이동시킬지, 더 중요한 건 2대대, 3대대에 학병공작을 만들어 가는 것인데 너희들 세 사람이 계획을 좀 세워 봐. 리찬이 주재해서."

리리가 물었다.

"어느 날 취임할 거야? 특무중대가 연대본부 문에 환영 표시를 하는 건 어떨까?"

"며칠 있으면 바로 일요일이야. 아침 먹고 장룽성이 나 대신 야전 침대를 가져다줘. 나는 가죽 손가방 하나 들고, 이불은 말 등에 얹어 가면 돼. 누구라도 시끄럽게 해서는 안 돼."

그들은 모두 동의했다. 관료적 옛날 습관을 타파하려는 것이었다. 장룽성이 말했다.

"오랫동안 1대대 사병들과 함께해서 정이 매우 깊은데 어떻게 그들과 고별할 생각인가요?"

"취임 뒤 전 연대, 각 중대와 회식을 한 차례씩 해야지."

"연대본부에는 언제 가는데요?"

"가기는 가야 하는데, 급할 게 있나? 지금 1대대의 인간관계를 공고하게 하는 공작을 해야 돼. 저우판이 마일사변을 수수방관한 것은 정치적 반동이야. 이번에 레이전후이를 대대장으로 승진시킨 것도 사심에서 임명한 것을 드러낸 거야."

그들이 돌아간 뒤 연대장으로 승진한 것이 마음에 걸렸다. 나는 저우판의 사람됨과 사상적 반동성을 몇 번이고 생각했다.

① 레이전후이를 대대장으로 임명하고 리찬을 승진시키지 않은 것과 그에 대해 나의 의견을 구하지 않은 것은 내가 동의하지 않을까 봐 두려워한 것이다. 그런데도 저우판이 주동적으로 움직인 것은 나에 대한 그의 생각을 증명한다. 하지만 그는 지금 나를 이용할 필요가 있다.

② 마일사변 뒤 나와 저우판이 각자 걸어갈 방향이 객관적으로 결정되었다. 잠시 서로 이용할 뿐, 장기적으로 합작할 희망은 없는 것이다.

③ 저우판은 현재 비록 반공을 표명하지는 않지만 마일사변에서

수수방관하였다. 죽는 것을 보고도 구하지 않았으며 혁명이 실패하도록 만들었다. 반공할 것과 공산당을 미워하며 방관자가 되었음을 분명히 했다.

④ 세 명의 대대장, 연대 부속기관 및 연대본부 성원이 가장 반공적인 분자에 속하고 중대장도 다수가 마찬가지다. 혁명공작을 펼치는 것에 대한 저항이 큰데, 이를 어떻게 물리칠 것인지 현재로서는 아직 대책이 없다. 나는 1대대를 떠나면 군중 기반이 없다. 2대대와 3대대에서도 공작을 펼치기 더 어려워질 것이다.

⑤ 난현, 화룽 안푸수安富庶, 단시但系 수망水網 지구에서 갑자기 사변이 발생했다. 처지가 매우 곤란해졌다.

⑥ 나와 저우판은 10년을 함께했으며 이해관계를 서로 의지했다. 하지만 도의상 공통점이 없었으며 서로 이용하는 것뿐이었다. 이런 이해관계로 장기 합작의 기반을 만드는 것은 불가능하다. 그는 허젠의 면전에서는 나를 엄호했다. 하지만 이제 문제는 평화롭게 헤어지느냐 피를 흘리며 헤어지느냐 하는 것이다. 만약 내가 공산당에 가입하면 그에게는 단지 백 가지가 해로울 뿐이고 이로운 점이 한 가지도 없다. 그에게 발각되면 루디핑이 위안즈를 처리했던 수단을 나에게도 쓸 것이다. 반드시 악독한 수단을 써 유혈 희생을 피하기 어렵게 될 것이다. 그는 야심은 위안즈에 비해 크지만 재주는 위안즈보다 못하다. 나는 그의 이런 약점을 조심스럽게 이용하여 시간을 벌어야 한다.

취임을 기다리며 리찬, 리리, 장룽성과 함께 여러 번 의논했다. 연말 추격당하던 귀주군 잔존 부대가 진스에 도착했을 때, 악서鄂西(후베이성 서쪽)의 지세를 조사했다. 후베이, 후난, 쓰촨, 구이저우 4성 경계에 전부 큰 산이 이어져 있어 이후 행동에 도움이 될 것이었다. 취임하기 전에 저우판과 안샹에서 다시 면담하자고 약속했다. 저우판은 창사의 대략적 상황을 말하였다. 허젠과 장제스는 일찌감치 결탁하였으며, 탕성즈 집단은 이미 분열하였다. 저우판이 나에게 물었다.

"당신 아직 연대본부에 가지 않았어?"

"매일같이 뒤처리를 하고 있소."

"루디핑의 임명장을 이미 난현 사단본부로 보냈네. 취임 문제는 더 질질 끌 필요 없어."

나는 좋다고 대답했다.

"국세가 안정될 것 같네. 허젠 군이 안후이에서 퇴각했는데 손실이 매우 커. 군대를 정돈하고 훈련시키게. 이번 기회를 이용하여 부대를 적절하게 훈련하세. 신저우전투는 분명해졌어. 움직인 부대는 소수에 불과해. 1연대와 다른 연대는 분명히 달라. 그리고 당신 임명장은 이미 난현에 도착했어. 돌아가 방비한 뒤 정식으로 취임하도록 하게. 셰더칭은 무능해. 이금국釐金局으로 전출시켰네. 천펑페이陳鵬飛로 교체하는 게 어때?"

나는 역시 좋다고 대답했다. 저우판은 화륜선을 타고 안샹을 지나 창사로 돌아갔다. 2대대장 셰더칭은 전출되었고 연대본부 루羅 아무개 부관은 사단본부로 전출시켰다. 이 두 사람은 극렬 반동이었다. 뜻하지 않게 전출시키게 되어 나는 속으로 기쁘게 생각했다. 안샹에서 저우판과 면담한 뒤 12월 10일 전후에 나는 난현으로 돌아왔다. 임명장은 이미 도착했고 다시 거절하는 것은 좋지 않았다. 월말, 즉 세밑 이전에 연대본부로 이주했다. 취임식은 하지 않았고 각 대대별로 회식을 한 차례씩 했을 뿐이다.

난현 청향위원회 설립을 분쇄하다

마일사변 뒤 후난의 백색공포는 실로 엄중했다. 봉건 세력은 각지에서 청향단清鄕團을 조직했다. 청향위원회와 민단*은 노동자 민중과 청년학생들을 마음대로 도살했다. 난현도 예외는 아니었다. 1연대의 일부 혁명 사병들은 토호열신과 탐관오리를 타도하자는 선전을 줄기차게 하고, 또 이런 내용으로 연극과 촌극을 공연했다. 9월 하순에 2중대가 메이톈호梅田湖에 병력을 나누어 주둔하고 있었는데, 그곳에 '훠옌왕活焰王'이라고 불리는 가장 큰 지주이자 악질 토호가 있었다. 그는 창사에서 목에 힘을 주고 고향으로 돌아왔다가 즉시 2중대에 잡혀 조리돌림을 당했다. 군중들은 매우 기뻐했지만 감히 행진에 참가하지는 못했다. 백색공포가 그만큼 엄중했던 것이다.

현성의 토호열신들은 저우판을 포위해 갔다. 온갖 선물과 만민산萬民傘〔청나라 때 지방관이 이임하면 그 지방 유지와 상인들이 이름을 써서 만류하는 의사를 표현하던 우산〕을 주었으며, 유명한 전각으로 청하여 먹고 이름난 기생을 배석하게 하였다. 이런 비열하고 뻔뻔스러운 수단을 가리지 않았다. 나에게도 청한 적이 있었으나 초대장에 "무치無耻〔부끄러움을 모른다〕"라고 써서 돌려 보냈다.

저우판은 당시에 감히 공개적으로 공산당에 반대하지는 않았고, 진짜 토호열신이나 돈밖에 모르는 악질 지주는 마땅히 타도해야 한

---

* 청향단과 민단은 제1차 국내 혁명전쟁이 실패한 뒤 후난의 지주와 토호들이 조직한 반혁명적 무장단체다.

다고 말할 뿐이었다. 앞에 이야기한 가벼운 반격〔휘옌왕을 조리돌림한 일 등〕으로 현 청향위원회는 9월 말이 되어도 아직 설립되지 못했다. 그러나 반동 세력은 결코 단념하지 않고 준비에 박차를 가했다. 10월 초 어느 날, 구빈회 동지들과 모여 어떻게 청향위원회를 타파할지, 어떻게 날뛰는 반동 세력의 기세를 꺾고 저우판을 중립으로 만들지에 대해 토론했다. 우리는 대량의 전단, 표어를 준비하여 쌍십절 하루 전날(9일) 저녁에 배포하고 붙이기로 하였다. 또한 토호열신이 쌍십절에 설립하려고 준비하고 있는 청향위원회를 습격하기로 했다. 10월 5일, 저녁을 먹은 뒤 저우판이 있는 곳에 가 그를 만났다. 내가 물었다.

"창사에 가는 일은 아직 안 되었소?"

저우판은 나에게 갈 것인지 여부를 물으며, 갈 수 있으면 가서 루디핑을 보는 것도 좋을 거라고 권했다.

"안 가겠소. 그 사람은 장서에서 위안 연대장을 죽였어요. 나한테는 큰 충격이었지요. 난현의 토호열신이 쌍십절에 청향위원회를 설립하려고 준비하고 있지 않소?"

"맞아, 벌써 청첩을 보냈어."

"사단장은 갈 거요?"

"가고 싶지 않은데, 오늘 저녁 화륜선을 타고 창사에 갈 거야."

"그럼, 그러시오."

10월 10일 이른 아침, 온 거리와 교외에 수많은 표어와 전단이 등장했다. 전단에는 "토호열신을 타도하자!" "청향위원회는 반혁명기관이다!" "청향위원회를 타도하자!" "청향위원 ○○를 총살하자!" 등의 구호가 적혀 있었다. 또 군대와 농민협회, 학생회 등 군중단체 등이 서명을 하였다. 토호열신들은 의기양양하다가 일변하여 놀란 가슴을 어쩌지 못하고 낙담했으며, 창사로 도망치는 자도 있었다. 저우판은 창사에 가서 보고하지 않았다. 주둔한 장교들은 한 사람도 참가하지 않았다. 청향위원회 설립은 물거품이 되었다. 이듬해가 되어 독립 5사단 1연대가 난현을 떠날 때까지 청향위원회 설립은 시작하지도 못하였다.

중국공산당에 가입하다

1927년 쌍십절 뒤 둘째 날 황혼 무렵, '남화안〔난현·화룽·안샹〕특위' 대표가 내가 있는 곳으로 찾아와서 상담했다. 그는 자기 이름을 장쾅張토이라 했다. 나이는 약 25~26세쯤 되어 보였다.

그는 "당신 이름을 안 지는 오래되었소" 하더니 쌍십절의 공작 안배를 칭찬했다.

"쌍십절에 청향위원회 성립을 반대한 행동은 아주 좋았어요. 토호열신의 반동 기세에 타격을 주었소. 하지만 큰 모험이었소. 아마 군대 내 비밀 당조직이 노출되었을 가능성이 있소."

나는 그가 공산당이 보내온 사람이라는 것을 알았다.

"나는 공산당이 아니오. 군대 안에서 모두 나를 국민당 좌파라고 말하고 있소. 나는 부인하지도 그렇다고 인정하지도 않고 있소. 사실 나는 국민당에 가입 신청을 한 적이 없어요. 1927년 1월에 열린 기념 주간 모임에서 저우판이 연설하기를, 장교 명부에 올라간 정식 장교는 모두 국민당원이라고 했지만, 모임도 없었을 뿐 아니라 당비를 낸 적도 없고 입당 지원서 따위를 쓴 일도 없소."

장쾅은 내 말을 듣더니 조금 긴장했다.

"긴장할 필요 없어요. 나는 공산당의 충실한 동조자요. 북벌전쟁에서 우창성을 포위공격할 때부터 올해 5월 마일사변 전까지 나는 돤더창 동지와 비교적 잘 알고 지냈소. 그 사람은 당시 우리 사단 정치부 비서장이었지요. 그는 나에게 커다란 도움을 주었소. 나와 돤 동지는 여러 번 대화를 나누었고, 내가 공산당에 가입할 때에도 그에게 부탁했지요. 돤은 그때 당 중앙이 8군의 공산당원 발전에 대해 결정한 게 없어 나의 요청을 승인할 수가 없다고 했고, 마일사변 뒤로는 볼 수 없었어요. 지금 나는 여전히 돤더창을 보고 싶소. 나는 지금도 공산당에 가입하고 싶은 생각이 절실해요. 국민당은 철두철미하게 혁명에 반대하고 있소."

장쾅은 정치 정세와 지방 상황에 대해 이야기했는데, 1차 대혁명의 실패를 인정하지 않고 오히려 혁명 정세가 부단히 고양되고 있다고 말했다. 나는 그의 견해가 실제 상황에 맞지 않는다고 생각했지만, 첫 번째 만남이었기 때문에 반박하지는 않았다.

며칠 뒤 황혼 무렵, 그가 또 내 거처에 찾아왔다. 그가 말하기를, 돤더창 동지가 내가 공산당에 가입하는 것을 소개했고 특위 동지들도 집단적으로 소개했으며, 특위는 이미 내가 중국공산당원이 되는 문제를 토론했으며 통과되었다고 했다. 그리고 성위원회에 보고하여 승인하면 나에게 다시 통보해 주겠다는 것이었다. 나는 내심 매우 기뻤다. 특위가 나를 신임해 준 것에 대하여 감사하다고 말하고, 돤더창 동지가 어느 지방에 있는지 물었다. 돤더창은 사스沙市(후베이 성 남부의 하항河港 일대)에서 폭동을 처리하고 가벼운 화상을 입어 난현으로 돌아왔다고 했다. 나는 둰더창 동지가 부상당했다는 소식에 불안함을 느꼈다. 마침 곁에 있던 장룽성에게, 둰더창의 성을 장章으로 바꾸고 리찬의 집에 묵게 하면 어떻겠냐고 물었다. 또 우리 연대의 군의軍醫를 보내 그를 치료하자고 했다. 장룽성은 이 문제는 그들과 상의한 뒤 다시 보자고 말했다.

며칠이 지난 뒤 10월 하순쯤, 장룽성이 나에게 둰더창이 리찬의 집에 도착했다고 했다. 나는 저녁에 함께 가서 그를 보자고 했다. 해가 진 뒤 장룽성이 나를 둰더창에게 데리고 갔다. 장은 문 밖에서 감시하고 있었다. 내가 병세를 묻자, 둰은 가벼운 화상이라며 벌써 좋아졌다고 했다. 그는 간단하게 시국을 이야기하고 나를 격려했다. 대강의 뜻은 이러했다.

'이번에 대혁명은 맹렬했지만 실패했다. 국민당은 어떤 문제도 해결할 수 없으며 혁명을 배신했다. 천두슈陳独秀의 우경 기회주의는 파산했다. 추수기의秋收起義*는 맹동주의盲動主義〔아무런 원칙과 주견 없이 덮어놓고 남이 하는 대로 맹목적으로 따라 움직임〕를 범했다. 현재 혁명 정세는 퇴조하고 있다. 그러나 중국공산당과 혁명 인민은 죽여 없앨 수 없다. 이번 경험을 얻어서 더 잘할 수 있을 것이다. 당신은 혁명적 입장을 견지할 수 있을 것이다. 당신의 오랜 숙원은 이미 이루어졌다. 특위는 당신의 중국공산당 가입을 통과시켰다. 성위원회에 보고했는데 비준될 것이다. 비밀 유지에 주의해야 한다. 군대 안에 당의 거

---

* 1927년 9월 마오쩌둥이 주도하여 후난성 동부와 장시성 서부에서 일으킨 무장봉기. 장제스가 4·12 상하이사변 등으로 공산당을 탄압한 것에 대응하여 공산당 지도부의 지시로 일어났다.

점을 세우는 것은 쉬운 일이 아니다. 1대대에 기초를 만들고 점차 전 연대로, 전 사단으로 발전해 가야 한다. 조건이 성숙해졌을 때, 장차 중요한 역할을 해야 한다. 또한 공산당은 영원히 혁명적이어야 한다. 어떤 사람들은 모든 공산당원을 이상화한다. 그것은 현실에 맞지 않다. 어떤 나쁜 현상을 보았을 때 실망할 필요는 없다.'

그는 나에게 책 두 권을 주었다. 《통속 자본론》과 《무산계급 철학》이었다. 그는 내가 입당할 때 자신이 소개한 사실을 언급하지 않았다. 그의 말을 들으니 내 역량이 크게 자라나는 것 같았다. 마일사변 뒤의 고립감도 사라졌다. 공산당과 연계되었다는 것은 곧 인민 군중과 연계된 것이니 든든한 받침대를 얻은 것 같았다. 이후로 나는 늘 이때 대화를 떠올렸으며, 지금도 그의 이야기를 기억하고 있다.

어느 날 저녁 무렵, 장룽성이 어떤 청년을 데리고 왔다. 자칭 난현 특파원이라고 했는데, 이름은 기억나지 않는다. 그는 덩핑鄧萍이란 자를 추천하며 내가 있는 곳으로 와 공작하게 해 달라고 부탁했다.

"실업자 청년이 한 사람 있는데 나이는 스물한두 살이오. 문리에 통달하였고 글씨나 그림 솜씨가 좋지요. 당신 있는 곳에 거처할 곳을 만들 수 있겠소?"

"대대본부에 문서 담당 한 자리와 3등 서기(중위나 소위) 자리가 비어 있지요. 전자는 월급이 15원에서 16원이고 후자는 30원이오. 봉급은 모두 많지 않소."

"밥을 먹을 수 있으면 됩니다."

"그럼 그 사람 보고 와서 문서 담당을 해 보라고 하시오."

그가 좋다고 하여, 그 사람이 어디에 있는지 물으니 장룽성이 바깥 점포에 산다고 대답했다.

"당신들이 상의해 봐요. 그가 동의하면 내일 나에게 와서 저쪽 방에 묵어도 됩니다. 사람들에게는 내 친구라고 말하고요."

내 말에 그는 아주 만족스러워하며 나에게 공산당원인지 물었다. 내가 아니라며 소개하는 사람이 없다고 하자 그는 이렇게 말했다.

"당신이 말한 것이나 행동을 우리는 모두 알고 있어요. 메이텐호에서 최대 지주이자 악질 토호 휘옌왕을 잡아 거리와 제방에서 조리돌림한 일, 주다오산九道山에 주둔한 부대가 연극이나 촌극을 공연한 일, 토호열신을 심판한 일, 줄 서서 노동자 농민을 위해 복무하자고 구호를 외친 일, 청향위원회에 반대하고 혁명 청년 등의 살해에 반대한 일 등, 이런 게 가장 좋은 소개인데 또 무슨 소개가 필요합니까?"

이 대화는 신저우에서 난현으로 돌아온 지 얼마 되지 않아 나눈 것 같다. 덩핑은 12월에 1대대본부로 왔다. 이 일은 청시성曶希聖에게 물어 알 수 있었다. 덩핑은 청시성과 함께 내가 있는 곳으로 왔는데, 오는 길에 시커우系口에서 순찰병을 만나 격퇴하였다.

음력으로 해를 넘기기 며칠 전 해질 무렵, 장룽성이 난현 공산당 현위원회 책임자인 왕汪 아무개를 데리고 왔다. 그는 등사기와 인쇄 잉크, 등사 원지 등을 사고 싶다고 했다. 세밀 투쟁을 일으키려면 전단과 표어 등을 인쇄하여 배포해야 하는데 직접 가서 사기 곤란하다는 것이었다. 내가 "그건 쉬운 일이오!" 하고 즉시 장룽성에게 말해서 처리하라고 했다.

그는 또 세밀 투쟁에서 몇몇 반혁명분자를 진압할 준비를 하고 있으며 동시에 몇몇 부자 등을 잡고 싶다며 총 몇 자루를 도와 달라고 했다. 나는 "아직 상부에 보고하지 않은 개인 총 몇 자루가 있는데, 이것을 어떻게 꺼내서 받아 갈 것인지 당신들이 가서 상의한 뒤에 나에게 말해 주시오. 하여간 비밀을 절대 지켜야 합니다"라고 했다. 또한 그들이 총알을 나눠 달라고 요구하여 총마다 1~2백 발을 주라고 하고 마지막으로 당부했다.

"죽이려고 했던 토호에게는 벌금을 매기지 마시오. 오로지 몰수해야 합니다. 벌금을 내게 한 뒤 또 죽이면 그 뒤로는 돈도 내지 않게 될 거요. 또 여기는 호수 지방이니 집을 불태우지 마시오. 둑 위에 초가집이 한데 이어져 있어서 한번 불 지르면 다 타 버리게 됩니다. 작은 의견이지만 참고하길 바라오."

나는 맹동주의에 반대하는 말을 하지는 않았다. 그는 "좋습니다. 현위원회에 보고하면 고려할 겁니다" 하고 대답했다. 그가 돌아간 뒤 장룽성에게 개인 총 두세 자루가 리찬의 처소에 있다고 말했더니, 장룽성이 말하기를 리찬 처소에는 두 자루만 있고 대대본부에 네 자루가 있으며 특무중대 리리의 처소에 세 자루가 더 있다고 했다. 나는 장룽성에게 이렇게 당부했다.

"총은 몇 차례에 나누어서 주고 그들하고 논의를 좀 해 봐. 믿을 만한 사람에게는 충분히 주어야 해. 무기는 그 자체로는 계급성이 없어. 누가 장악하는지 누구를 위해 복무하는지가 중요하지. 그리고 비밀은 반드시 지킬 수 있어야 해."

내가 기억하기로 총은 지금〔펑더화이가 심문받을 때를 뜻함〕철도병 사령원인 리서우쉬안李壽軒이 비밀리에 운반해 건네주기로 되어 있었다. 그는 당시 비밀 사병회원이었다. 인수인계 수속은 리찬, 장룽성과 난현의 현위원회가 상의를 마쳤다.

된더창은 11월에 상처를 치료한 뒤 난현을 떠났다. 출발을 앞두었을 때의 일은 장쾅이 처리했다. 그가 요청한 총 몇 자루와 경비는 장룽성과 리리 등이 가지고 가 나눠 주었다. 그 뒤 특위는 또 총 몇 자루와 총알, 경비를 요구했다. 그것도 장룽성이 건네주었다. 대략 12월 하순, 아마 30일이었을 것이다. 장룽성이 신이 나서 나에게 말했다.

"좋은 소식을 알려 줄게요. 성위원회가 벌써 당신의 중국공산당 입당을 승인했어요."

어떻게 알았는지 물었으나 장룽성은 웃으며 대답하지 않았다. 그는 아마 나보다 조금 빨리 공산당에 가입했을 것이다. 장은 오늘 해질 무렵에 특위 장쾅 동지 앞에서 입당 의식을 거행할 거라고 말했다. 그때는 그것을 '입학'이라 불렀다.

저녁에 장쾅 동지가 장룽성과 덩핑을 따라 사무실로 왔다. 막 자리에 앉은 뒤 장쾅과 장룽성이 입당 의식을 거행할 준비를 하고 있는데, 마침 사단본부에서 전화가 왔다. 리후이건 부사단장과 더지탕 참모장이 이곳으로 올 거라는 것이었다. 나는 장쾅에게 "오늘은 거행하기 어렵게 되었소. 다른 날 거행하면 어때요?" 하고 물었다. 장쾅은 "좋소, 이 시간 뒤에 따로 거행하기로 정하겠소" 하였다.

정월 초하루가 시작되었다. 나는 난현의 1·3대대의 각 중대와 연대 직속부대 회식을 가졌다. 그 뒤 2대대가 약 4, 5일가량 주둔하고 있던 싼센호에 도착했다. 원소절〔정월대보름〕에도 아직 싼센호에 있었던 것으로 기억한다. 그곳에서 각 중대와 회식을 하고 또 대대장교 전부를 불러 회식을 한 차례 가졌다. 2대대에서 혁명공작을 하기 위한 목적이었다. 나는 시일을 늦춰 장룽성이 편하게 활동하도록 했다. 장룽성은 사병위원회에서 진보하고 있는 대상자 2명을 찾아냈다. 한 사람은 하사 내무반장인데 과거에 장룽성과 함께 재봉 노동자로 일했다고 하고, 다른 한 사람은 대대본부 전령병이었다. 나는 싼셴호에서 창사·웨저우·창더·사스·이창을 오가는 화륜선의 크기와 운행 횟수, 그리고 정박 날짜를 조사했다. 만약 사변이 발생하면 위안장강, 쯔장강贄江〔창장강의 지류〕 사이 지구를 잘 기동하도록 대비하기 위해서였다.

난현의 연대본부로 돌아와 입당 의식을 거행할 때는 정월 하순 혹은 2월 초쯤 되었다. 구체적인 시간은 기억나지 않는다. 민국 17년 정월 하순, 그러니까 1928년 2월 15일 전후였을 것이다. 음력 2월 초순이라면 서기로는 3월 초순이 된다.

그 즈음 어느 날 해가 떨어진 뒤 입당 선서를 거행했다. 의식은 장엄했다. 단상에 마르크스, 엥겔스의 초상화(덩핑이 그린 것)와 '전 세계 무산자는 연합하자. 공산주의사회를 위해 분투하자'는 구호가 걸려 있었다. 장쾅 동지가 특위를 대표하여 출석했다. 내 반대편에 덩핑과 장룽성이 앉고 그 외 다른 사람이 참가하지는 않았다. 장쾅이 먼저 입당 선서를 읽고 간단한 시사 보고를 하였다. 중국 혁명에 대한 형세 분석과 함께 혁명의 고조는 여전히 계속되고 있고, 혁명 실패는 인정할 수 없다는 것이었다. 돤더창 동지와 이야기했던 원칙과 차이가 있었다. 나는 중국 혁명과 세계 혁명에 대한 염원을 표명하며, 공산주의 사업에 한평생 분투할 것과 희생은 물론이고 필요하다면 생명도 바칠 것을 결의했다.

이때의 인상은 나에게 매우 깊이 각인되어 있다. 이후 지부를 설립하고 특위 직속으로 지도를 받게 되었다. 지부 성원은 덩핑, 장룽성, 리광李光, 나, 모두 네 명이었다. 리광은 특위 또는 난현 현위원회에서 내가 있는 곳으로 파견한 사람으로서 연락을 담당했다. 그는 농민 성분으로 공개적 신분은 나의 근무원이었는데, 훗날 1929년 1월 징강산에서 포위를 돌파하는 전투에서 헤어진 뒤 행방을 알 수 없게 된다. 장쾅이 지부 서기는 누가 하는 게 좋을지 물어, 내가 덩핑이 좋다고 대답하자 장룽성이 나서서 말했다.

"어째서 말들을 하지 않는 거에요? 역시 핑 형이 좋지 않겠어요?"

나는 다시 사양하는 말을 하지 않았다.

며칠 뒤 1차 지부회의를 열었다. 리찬과 리리의 공산당 가입이 통과되었다. 특위가 승인한 뒤 입당 의식을 거행할 때 역시 장쾅이 출석했다. 회의가 끝난 후 장쾅과 덩핑은 가고 우리 네 명이 남아 한담을 나누었다. 이때 지부에는 여섯 명의 동지가 있었다. 리찬이 최근 창사에 어떤 사람이 와서 말하기를, 백색공포가 극심하다며 과거에는 공산당을 대낮에 죽이더니 지금은 매일 저녁 죽인다는 것이었다. 나는 "공산당은 죽여서 없앨 수 없어. 우리가 여기서 또 가입하여 한 무리가 되지 않았나" 하고 말했다.

훗날 7대七大〔중국공산당 제7차 전국대표대회. 1945년 옌안에서 열림〕기간에 몇몇 동지들이 내가 머무르고 있던 요동窯洞〔중국 산베이 지방의 황토굴. 굴을 파서 주택으로 사용하였다〕에 와 한담을 나누면서 1927년 겨울부터 1928년 봄 사이 백색공포가 매우 엄중했는데 군대에서는 어떠했는지 묻기에, 나는 위에 쓴 사정을 말해 주고 "지금의 역량은 크다. 국민당이 우리를 죽인 것이 아니다. 우리가 어떻게 국민당을 타도할지의 문제다"라고 말했다. 이 말이 유전되어 루산회의廬山會議• 때 내

• 1959년 8월 중국 장시성 북부 루산에서 열린 중국공산당 제8기 중앙위원회 제8차 총회. 국방장관이었던 평더화이는 대약진·인민공사·사회주의건설 총노선의 삼면홍기三面紅旗 정책을 비판하는 내용의 편지를 썼다가 해임되었다. 1967년 8월 루산회의에서 '평더화이 일파의 반당집단에

가 입고사상入股思想〔패거리를 이루는 것〕을 가지고 입당했다는 죄명으로 변하였다. 가실 이 "고股"〔입당하여 혁명의 무리를 만드는 것〕와 그 "고股"〔당내에서 분파를 만드는 것〕의 의미는 완전히 다른 것이었다.

입당 소개인과 입당 날짜 문제에 관하여

3년 넘는 오랜 시간 동안 나를 심사하는 과정에서, 입당 소개인과 입당 월일을 조사하는 데 대략 전 기간의 3분의 1이 소요되었다. 거듭 추궁하기를, 내가 입당한 것이 남화안 특위와 돤더창의 소개가 아니라 다른 사람의 소개라고 하였다. 내가 핑장기의 공로를 ○○○와 나누는 것을 두려워하여 소개인을 숨기려 한다는 것이었다. 내가 진술했듯, 그 말은 내가 '늙은 여우'라는 것, 즉 교활하다는 것이었다. 어느 동지가 쓴 편지를 꺼내어 황궁뤠가 소개했다고 씌어진 부분을 보여 주고, 마지막에는 또 판신위안潘心元이 중앙에 보고한 편지를 꺼내어 황궁뤠가 소개한 것이라고 말했다. 그 동지가 편지에 쓴 대로 내가 입당할 때 황궁뤠가 소개했는지 여부를 나는 알 수 없다. 황궁뤠는 이미 영예롭게 희생되었기 때문이다. 그렇지만 판신위안이 황궁뤠를 본 적이 없다는 사실만은 분명히 알고 있다.

1930년 2,3월 사이 홍군 제5군의 한 부대와 군단 사령부는 융신永新과 안푸安福 경계에서 부대를 정돈하고 훈련하며 공성전을 준비하

관한 결의가 의결되어 이 회의의 내용이 밝혀졌다.

고 있었다. 당시 아직 장계전쟁將桂戰爭〔장제스와 광서군벌 이종인李鍾仁의 전쟁〕 중이었다. 우리는 안푸와 위안수이袁水 유역의 여러 성들을 빼앗기 위해 준비하고 있었다. 지주들의 무장을 소멸하고 상감湘贛〔후난성·장시성〕 변구邊區〔항일전쟁 시기 몇 개 성의 변경 지역에 세웠던 혁명 근거지〕와 상악감湘鄂贛〔후난성·후베이성·장시성〕 변구를 하나로 하기 위해서였다. 판신위안은 난창南昌을 지나 지안吉安 당 지부의 통신을 5군 지휘부에 전달하러 와서 약 1주일가량 머물렀다. 당시 황궁뤠는 이미 3개월 전에 홍 5군 부군단장에서 6군 군단장(나중에 3군으로 개칭하였다)으로 전임되어 갔으므로, 판신위안이 황궁뤠를 본 일이 없다는 것을 알 수 있다. 그 뒤 판신위안도 중앙소비에트*에 다시 온 일이 없다.

내가 역사 자료를 믿지 않는다고 우기고, 또 동지의 증명을 믿지 못한다고 우기지만, 앞에서 말한 그 편지는 나도 몇 글자 보았을 뿐 무슨 의미인지 전혀 알지 못했다. 심사위원회는 조사받는 사람은 '단지 죄를 인정할 수 있을 뿐 공로를 표시할 수 없다'고 여러 번 말했고, 심사 책임자가 손으로 자료를 가리고 나에게 몇 글자만 보여 줘서 원고의 다른 부분을 볼 수 없었다. 나는 다시 분명하게 해명했다. 입당할 때 황궁뤠 동지가 후난 난현에서 아직 돌아오지 않았다고.

입당 소개인에 관하여 나는 7대(1945년 7차 전국대표대회) 이전에 남화안 특위라고 쓴 일이 있으며, 몇 년 사이 돤더창 동지라고 쓴 일도 있다. 내가 쓴 두 가지 사실이 다 불완전한 것이다. 7대 이후에 비로

---

* 장시성 루이진瑞金에 있던 중국공산당 중화소비에트 공화국을 가리킴. 1931~1934년까지 존재했다.

소 돤더창 동지가 소개했다고 쓴 까닭은 이렇다. 7대 시기에 런비스任弼時 동지가 주재하여 〈약간의 역사 문제에 대한 결의〉를 쓸 때 나도 참가하였는데, 연구 과정 중 돤더창의 역사를 맡고 있던 런비스 동지가 돤 동지의 불요불굴함을 비교적 상세하게 소개했다. 나는 그것을 들은 뒤 아주 슬프기도 했고 아주 감동하기도 했다. 그를 기념하고 또 배우기 위해 '7대' 이후 나의 입당 소개인을 물었을 때 돤더창 동지라고 말한 것이다. 특위를 맡았던 장쾅 동지가 나의 입당 소개인과 관련하여 "돤더창 동지가 소개하여 당신이 공산당에 가입하였으며 특위 동지들의 집체적 소개이기도 하다"라고 말한 바 있다.

1952년 4월 말, 조선에서 베이징으로 돌아와 입원하여 종기를 수술하고 퇴원한 뒤 중난하이中南海 융푸탕永福堂에 살 때 약력을 작성하라는 요청을 받은 일이 있다. 소련공산당 중앙의 요구로 중국공산당 중앙정치국 위원들 모두 약력을 써서 백과사전에 편입한다는 것이었다. 나는 당시 구체적인 날짜를 기억하지 못하여 나중으로 늦출지언정 앞으로 당길 필요가 없었다. 그래서 1929년 4월 입당했다고 쓰고 그 뒤로는 4월이라고 말하고 있다.

1928년 봄~1928년 7월　펑더화이는 부대 안에 병영 학교를 세우고 동지 황궁뤠를 교장으로 만든다. 병사들의 급료가 지급되지 않자 급료 소요를 일으켜 부대 내 공산당 의 영향력을 확대하는 와중에, 황궁뤠의 편지가 발각되어 당 조직이 파괴될 위기에 처하자 그는 봉기를 일으키기로 결심한다. 1928년 7월 펑더화이가 후난성 핑장에서 일으킨 기의는 성공했으나, 인근 도시에 있던 국민당군의 반격으 로 부득이 후퇴하게 된다. 이 과정에서 펑더화이는 중국 공 농홍군 5군을 창설하고 사령관이 된다. 핑장기의는, 저우 언라이가 주도한 난창기의(1927년 8월), 마오쩌둥이 주도한 추수기의(창사기의, 1927년 9월), 장타이레이와 예팅이 이끈 광저우기의(1927년 12월)와 더불어 '중국공산당의 4대 기의' 로 꼽힌다.

독립 5사단 병영학교를 설립하다

저우판이 나에게 연대장을 맡으라고 하고 2~3일 뒤, 나는 저우판의 거처에 찾아가 그에게 연대에서 학병중대를 운영할 계획이라고 말했다. 전술과 전투 동작을 가르치고 내무 관리를 통일하기 위해서라고 했더니, 저우판이 사단에서도 학교를 운영해야 한다고 했다. 나는 좋은 일이라며 병영학교 설립을 제안하고, 그렇게 되면 연대에서 학병중대를 운영하지 않아도 된다고 했다. 저우판과 사단 참모장 더지탕杜际唐은 병영학교를 운영하려 해도 그럴 만한 인재가 없다고 했다. 저우판은 한참 생각했지만 역시 떠오르는 사람이 없는 것 같았다. 내가 "5백 명쯤으로 병영학교를 운영합시다. 방법은 생각하면 될거요" 하고 권하자 저우판이 말했다.

"더지탕에게 계획을 세우라고 할 생각이네. 이름은 역시 병영학교가 좋아. 그런데 교장은 누구로 하지?"

"사단장이 겸하고 부교장을 따로 두면 되지 않겠소."

"부교장은 또 누구로 하나? 경험과 학식이 있어야 하고 패기도 있으면 좋을 텐데."

영 마땅한 사람을 생각해 내지 못하는 것 같아서 내가 권했다.

"사단장, 황궁뤠를 황푸군관학교 고급반에 보내 공부하라고 하지 않았소? 그 사람 12월 말이면 졸업할 텐데."

"그 사람이 좋긴 하지. 그런데 간 지 1년이 넘도록 편지도 없는데."

"사단이 고정된 주소가 없었는데 편지를 어디로 쓸 수 있었겠소?"

"당신은 연락이 되나?"

"편지가 두 번 왔소."

"그럼 자네가 즉시 편지를 써서 황스黃石(스石는 이름이고, 궁뤠公略는 호이다)에게 보내 물어봐. 졸업하면 사단으로 돌아오라고."

나는 좋다고 답하고 그날 저녁에 리찬, 리리, 장룽성을 불러 의논했다.

"저우판이 병영학교를 운영하려고 하네. 황궁뤠가 사단에 돌아오면 맡기겠다는 거야. 그저께 밤에 토론했던 연대 학병중대 설립 문제는 잠시 중지하지. 각 대대에서 20여 명씩 강습생을 선발해서 보내고 연대 특무중대와 기관총중대는 각 5명씩 모두 30명을 사단 병영학교로 보낼 수 있을까? 1대대는 장룽성이 생각해 보고 연대 직할대는 리리가 생각해 보게."

모두 좋다고 했다. 내가 덧붙여 말했다.

"활동 능력이 있어야 하고 정치적으로 의지가 굳고 믿을 만한 사람이어야 하네. 가서 2·3대대와 2·3연대에서 강습생 선발 공작을 하게. 한동안은 사람들을 양성하는 공작을 해야겠어. 비밀리에 진행하고 공개해서는 안 되네."

우리는 사병회 회칙을 병영학교 수칙으로 바꾸기로 했다. 회칙의 앞부분에 총칙을 더했는데 삼민주의를 옹호하고, 쑨 총리의 유촉을 따르고, 3대 정책을 신봉한다는 내용이었다. 아울러 구국제민을 목적에 더하고 내용에 '신군벌 타도'를 넣었으며, 사병위원회를 학생자치위원회 등으로 수정했다. 그리고 회칙 말미에 '국민혁명군 독립 제5사단 사단장 겸 병영학교 교장 저우판'이라고 썼다. 저우판에게 1대대 사병회 회칙을 같이 승인 받을 생각이었다. 이튿날 저녁에 고친 회칙을 저우판에게 보내고 의견을 밝혔다.

"사단장이 어제 이야기한 병영학교 운영은 아주 좋소. 장제스가 삼민주의를 받들었다 하고 입으로는 총리의 유촉을 말하지만 3대 정책*은 가짜였고 소련 원조를 사취했소. 공산당을 지지했지만 동시에 황푸군관학교를 운영했고, 권력을 손에 넣자 3대 정책은 반소·반공과 인민을 죽이는 것으로 변했소. 공산당은 타도할 수도, 죽여 없앨 수도 없어요. 공산당은 이번 일을 겪으며 교훈을 얻었고 두 번 당하지는 않을 거요. 독립 5사단은 삼민주의, 북벌 경험, 병영학교를 통해 발전할 겁니다. 사단장은 구국애민의 목표를 품어야 하오. 내가 대신 병영학교의 목표와 교칙을 입안했는데, 쓸 만한지 한번 살펴봐 주시오."

저우판은 '신군벌 타도' 부분을 읽으며 큰 관심을 보이더니 바로 더지탕 참모장을 불러 말했다.

"스촨石穿(펑더화이의 호)이 병영학교 교칙을 썼네. 참 좋군. 한번 연구해 보게. 자구도 좀 다듬어 보고. 지금 신군벌을 타도하자는 게 들어가야 하나?"

저우판이 이어서 나에게 "1연대는 몇 명이나 되나?" 물어, 장교와 사병을 합해 모두 3천 몇십 명쯤이라고 답했다. 나는 몰래 기뻐했다. 올해〔1927〕 정월 초하루에 이창회의에서 토론했던 사병회 회칙의 기

---

* 쑨원의 정치사상은 '삼민주의'로 대표되는데, 프랑스혁명과 영국 사회학의 영향을 받은 삼민주의는 나중에 소비에트와 연합하는 연소聯蘇, 공산당을 인정하는 용공容共, 농민과 노동자를 돕는 농공부조農工扶助의 3대 정책으로 발전했다.

본 내용이 사단 안에서 합법적 지위를 얻게 된 것이다. 하지만 합법이라 해도 현실과 같지는 않았다. 이 회칙을 실현하려면 커다란 노력이 있어야 할 것이었다.

1927년 겨울, 사단 병영학교 준비를 시작했다. 오래지 않아 황궁뤠에게 편지를 받았다. 이미 내가 보낸 편지와 여비를 받았으며 지금 졸업시험을 보는 중이라고 했다. 2월에 졸업하면 내가 있는 곳에 오겠다는 것이었다.

1928년 2월 중순, 황궁뤠가 후베이에서 난현 연대본부로 돌아와 사람들을 기쁘게 했다. 리찬 등이 소식을 듣고 바로 뛰어왔다. 우리는 서로 1년 동안의 정황을 이야기하고 저녁을 먹은 뒤 다시 만났다. 연대의 상황을 공유하고 병영학교 준비공작을 빨리 마치자고 의논했다. 저우판이 교장을 겸하고 황궁뤠가 부교장이 될 텐데, 저우판은 실제 학교에는 오지 않을 것이므로 공작하기에 오히려 좋았다. 군사 교과서는 호남군관 강무당 교재에 준하기로 하고 복제 중이었다. 그런데 학교의 목표와 교칙을 의논하면서 신군벌을 타도하는 내용이 나오자 황궁뤠가 갑자기 문제를 제기했다.

"신군벌은 누구를 가리키는 건가?"

"당연히 장제스를 가리키는 거지."

내 대답에 황궁뤠가 노기를 띠며 말했다.

"그 사람 우리 교장이야."

궁뤠의 말을 듣고 모두 낯빛이 바뀌었다. 모든 비밀공작을 그에게 이야기했는데 이래서야 어쩌겠는가. 모두 화가 나서 어쩔 줄 몰랐다. 내가 말을 꺼냈다.

"궁뤠, 우리들은 몇 년간 좋은 친구였네. 과거 자네가 혁명사업에 대하여 이러저러하게 말했는데 지금 한번 과거로 돌아가 보세. 그게 좋지 않겠나? … 자네는 이제 장제스 쪽 탄탄대로로 가고 나는 간난신고의 외나무 다리로 가겠네."

장룽성이 수건을 집어 그의 입을 막고 목을 졸랐다. 궁뭬의 얼굴은 바로 창백해졌다. 장룽성과 리리는 목 졸라 죽여 버리고 오늘 저녁 난현 물속에 던져서 흔적을 없애자고 했다. 그때 궁뭬가 손가락으로 신발 뒤축을 쥐고 있는 것을 덩펑이 발견했다. 덩펑이 "잠깐만, 좀 풀어 주지. 숨 좀 쉬도록. 어차피 도망은 못 가" 하며 말리고는, 삿대를 구두 뒤축에 끼워 열어 보니 광둥성 당위원회가 소개하는 편지가 나왔다. 모두 깜짝 놀랐다. 반시간 뒤 궁뭬는 겨우 정신을 차렸다. 내가 "궁뭬, 지금 뭐하는 거야? 이런 식으로 장난해도 되나?" 묻자 그가 답했다.

"너는 지금 연대장이 되었는데 진짜 혁명을 할 건지, 반혁명을 할 건지 누가 알겠나? 그리고 황춘이黃純一 동지가 나와 함께 왔어. 밖에 여관에 있네. 사람을 보내 이리로 오게 하지. 또 한 사람 후보 당원인 허궈중賀國中 동지가 오는지 모르겠는데 여관 안으로 불러 확인해 보게."

다행히 진상이 분명해졌다. 바로 오해를 풀고 불의의 손실에서 벗어났다.

다음 날, 아침 식사를 마치고 궁뭬와 다시 만났다. 우리는 연대본부 밖 둑 위 버드나무 그늘에 자리를 펴고 앉아 어민들이 고기를 끌어올리는 모습을 바라보았다. 그는 광저우폭동*의 의의와 실패한 뒤

---

* 1927년 12월 장타이레이張太雷, 예팅 등이 이끌었던 '광저우기의'를 가리킨다.

의 백색공포를 이야기했다. 많은 사람이 비참하게 죽었으며 사람을 믿지 못하게 되었다고 했다. 상하이, 한커우, 웨저우를 거쳐 오는데 여관 곳곳에 '국사를 논하지 말고 술 먹고 즐기자'고 써 있었다고 했다. 난현의 공기에 그런 긴장은 없었다. 그는 나에게 몇 개월 사이 무슨 생각을 했는지 물었다. 나는 생각이 아주 많았다고 대답했다.

"작년 1월 자네가 황푸에 공부하러 갈 때 나는 기쁘지 않았어. 2~3월에 35군과 1사단이 앞뒤로 리수이 중류에 출동했지. 허젠이 불법운동佛法運動을 크게 벌이면서, 불법은 끝이 없고 삼민주의와 방법은 다르지만 목적은 같다고 하더군. 수계를 받으라구? 법회를 열고 경을 외워? 나 참.

다이더우위안戴斗垣의 여단이 츠리현에 주둔해서 장야춰 농민협회 상무위원을 죽였지. 다유산大有山에 비가 막 쏟아지려고 누각에 바람이 가득한 형세였어. 반혁명을 준비하고 있는 게 분명했지. 우리가 웨저우에 도착한 지 얼마 되지 않아 샤더우인의 군대가 우창을 공격했네. 마일사변 때 나는 저우판에게 샤더우인과 쉬커샹을 소멸하여 혁명을 구하자고 두 번이나 건의했지만, 그는 모두 응하지 않았어. 탕성즈가 동정東征에 실패한 뒤 1사단은 물러서 남화안으로 돌아왔네. 비로소 허젠의 통제에서 벗어난 셈이지."

우리는 여러 번의 무장기의 문제에 대해 이야기했다. 현대 기술이 발전하는 상황에서 근거지가 중요하며 그것 없이는 안 된다고 생각하게 되었다. 우리는 또 장제스가 결코 중국을 통일할 수 없다고 말했다. 장제스는 단지 강江(장쑤성)·절浙(저장성)·민閩(푸젠성)·회淮(화이허淮河강 일대) 네 성을 통제할 수 있을 뿐이었다. 상湘(후난성)·악鄂(후베이성)·감贛(장시성)·예豫(허난성) 등 네 성은 반 정도 제어했고 동북쪽은 기치를 바꾸지 못했다.* 서북은 여전히 평위샹과 지방군 통제에 있었으며 서남은 그대로 움직이지 않았다. 양광兩廣〔광둥성과 광시성〕은 프랑스와 결탁하여 할거하고 있었다. 중국의 국세는 어느 제국주의 국가 하나가 독자적 패권을 갖는 것도, 평화롭게 나눠 갖는 것도 불가능했다. 실제로 제국주의 국가들은 각기 군벌 일파와 결탁하여 세력 범위를 확대하고 있었다. 이제 군벌 전쟁은 피할 수 없게 되었다.

병영학교 운영에 대한 저우판의 결심을 굳히기 위해 이러한 견해를 저우판에게 이야기한 적이 있었다. 사병회 회칙을 조금 더하고 고쳐 병영학교 목표로 만들어 보여 주었는데, 그중 신군벌을 타도하자는 구절에 저우판이 관심을 보였다. 황궁례가 나에게 물었다.

"저우판 그 사람은 무슨 생각을 하고 있는 건가?"

"재주는 위안즈에 비해 떨어지는데 야심은 그보다 커. 나를 이용해 병사를 훈련시키거나 전투를 하고, 자네에게 학교를 운영하게 해서 자기 주구走狗를 키우려는 거지. 신군벌을 타도하고 장제스 대신 세력을 잡는 게 목적이야. 그 야심이 벌써 충분히 드러났어. 마일사변 때 그는 수수방관했지. 그의 반공적 본질이 폭로된 거야."

---

* 1928년 6월 초, 베이징 군 정부를 통제하는 봉계군벌 장쭤린張作霖이 관외關外〔산해관 바깥 지역〕로 물러서다 일본군에게 모살을 당해 장쉐량張學良이 봉계군벌 수령을 계승했다. 6월 중순, 장제스의 난징정부는 장제스가 채택한 '동북 문제의 평화 해결 방략'을 선포했다. 그 뒤 장제스와 장쉐량은 서로 대표를 파견해 협의를 거듭했다. 12월 29일, 장쉐량은 공개 전보를 통해 '삼민주의를 준수하고 국민정부에 복종한다. 깃발을 바꾼다'고 선포했다. 장제스 난징정부의 깃발을 베이징 군 정부의 깃발로 삼겠다는 것이었다. 장제스 난징정부는 장쉐량을 동북 방면 방어사령장관으로 특임 발령했다. 이로써 봉계군벌은 원래의 정치, 군사, 경제 등의 제도를 변함 없이 유지하게 되었다.

이어서 내가 당 지부를 설립한 뒤 구빈회는 즉시 활동을 정지하고 당 지부가 사병회를 직접 이끌어 가야 한다고 이야기하자 궁뤄가 물었다.

"구빈회는 여전히 유지하는 건가?"

"그럼, 유지해야지. 작년 6·1학살사건* 때 리찬과 장룽성이 창사에 와서 어떻게 반일운동에 맞출지 토론한 적이 있어. 그때 자네는 이 문제를 재론하지 말자고 권하지 않았나. 말이 나면 효과는 적고 위험하기에 자네에게 활동을 알려 주지 않았네. 그때 우리는 비밀 활동을 하자고 결정했지. 학생들이 일본 상품 불매운동을 하는 것과, 일본인들이 중국 노동자들을 때려죽인 잔악한 행위에 항의하는 것을 지원했어. 사병들에게 이런 애국적, 교육적인 일들을 할 때 공개적으로 행동하면 안 되었네. 지금 사병회도 공개에서 비밀 활동으로 바꿨어. 과거에는 전체 장교와 병사가 모두 회원이었지만 이미 해산을 선포했어. 다시 비밀리에 등록을 시작했는데 남은 사람이 약 60명이야. 모두 1대대와 연대 특무중대, 기관총중대에 있어. 청산위원회는 아직 공개적으로 존재하네. 사병 교육이나 사병회 회칙을 정하는 것 같은 활동은 안 하지만 노동자, 농민을 위해 복무하자는 구

---

* 1923년 4월 5일, 후난의 공단연합회 등이 '후난외교후원회' 조직을 발기하여 일본에 대하여 경제 절교운동을 전개했다. 6월 1일, 외교후원회 조사원이 샹장강湘江 부두에서 일본 화물을 조사하던 중 일본 수병에게 구타를 당했다. 이에 군중들이 의분에 차서 부두에 1천여 명이 집결했다. 당시 샹장강에 정박하던 일본 선박에서 수병이 달려와 사람들을 해쳤다. 총을 쏘아 죽은 사람이 2명, 다친 사람이 10명이다. 이것이 '6·1참변'이다. 참변 발생 뒤 창사 시민 수만 명이 집회와 시위를 벌이고 시신을 들고 행진했다. 또한 파업과 학생 휴업으로 항의했다. 6월 중순, 군벌 자오헝티가 군중들의 항의운동을 진압했다.

호는 평소처럼 진행하고 있지. 3대대는 회원이 한 명도 없고 2대대는 대상이 겨우 두 명이야. 군대 조직은 비밀을 엄수해야 하는데 사병에게 접근하는 게 쉽지 않아. 원래 연대에 학병중대를 운영하면서 2,3대대에서도 사병공작을 하려 했는데, 저우판이 사단에 병영학교를 설치하자고 했어. 우리는 바로 학병중대 운영 계획을 취소했네. 현재 내무반장과 상등병까지 30여 명이 골고루 비밀 사병회원이야. 잘 준비해서 병영학교에 보내고 비밀리에 기층에서 사병회 공작을 하게 해야지."

그는 시 한 수를 써서 나에게 건넸다.

광폭廣暴〔광저우폭동〕이 실패한 뒤 깃발을 세워 홍군 소비에트를 수립
　　했네.
상하이 무악武岳〔우창과 웨양〕 여행 중 기시弃市〔죄인을 사형한 뒤 저자에
　　버려 두는 것〕를 말하지만
먹장구름이 해를 가리는 것은 잠시라네.
즐거이 시국을 논할 때 봄바람이 기쁘구나.
버드나무 솜털 날아 춤추며 재회를 축하하네.
금수錦繡 같은 둥팅호 8백 리, 네 강의 정수가 호숫가에 있구나.

그날 오전에 황궁뤠와 약 4시간 동안 이야기를 나누었다. 나는 시를 지을 줄 몰랐지만 몇 구절 나오는 대로 적어 그에게 주었다.

배우고 싶은 마음 절실하여 황푸에 갔네.
한밤의 꿈이 아쉬운가, 나는 그렇지 않네.

마일사변 교훈은 실로 크니 혁명은 반드시 무장을 해야 하네.

농촌에 추수기의가 있으니 맹동이 실패 교훈이었네.

이익은 오직 공농군에 있으니

징강산에 뛰어올라 기치를 새롭게 하세.

내가 원하는 바는 모범이 되는 것이니

때로 호수에 의지하고 산에 의지하기도 한다네.

저우판이 병영학교를 운영할 때 조심스럽게 2년간 만들어 보세.

궁뤠가 시를 다 읽고 난 뒤, 그에게 조심할 것을 일러 주었다.

"2년 동안 조심스럽게 활동해야 하네. 일단 노출되면 저우판은 독수毒手를 써서 우리들을 해치려 할 거야."

궁뤠가 관심을 보이며 물었다.

"요즘 무슨 책을 읽고 있나?"

"세 권을 읽었지. 부하린Nikolai Ivanovich Bukharin이 쓴《공산주의 ABC》, 리지李季가 편집한《통속 자본론》, 그리고《수호전》일세."

"자네는《수호전》에서 누구를 닮았다고 생각하나?"

"이규와 좀 비슷하네."

한담을 나누고 있을 때 장룽성이 뛰어와 말했다.

"황춘이, 허귀중이 모두 연대본부에 도착했어요. 당신들을 기다리면서 밥을 먹고 있는 중이에요. 벌써 12시입니다."

나는 몸을 일으켜 연대본부로 돌아왔다. 황춘이는 점잖은 서생처럼 보였고, 훠귀중은 호방해 보이는 퉁퉁한 청년이었다. 나는 즉시 더지탕 사단 참모장에게 통지했다.

"황궁뤠와 다른 두 사람이 연대본부에 도착했소. 내일 사단본부에 가서 당신을 만나라고 할 테니 사단장께 전화해 주시오."

더지탕은 좋다며 학교는 대체로 준비가 되었다고 했다. 밥을 먹은 뒤 나는 병영학교 규모와 준비 상황, 저우판이 학교를 운영하는 목적, 더지탕 참모장의 성격 등을 모두 말해 주었다. 둘째 날, 세 사람은 더지탕을 만났는데 서로 좋은 인상을 가진 것 같았다. 저우판은 전화를 받고 세 번째 날 창사에서 난현으로 급히 돌아와 개학 행사를 주재했다. 개학식에서 황궁뤠를 교장으로 선포하고 훠귀중은 교육장, 황춘이는 대대장이 되었다. 그들의 업무 안배는 의외였으나 만족스러웠다. 황궁뤠는 소령이 되었고, 다른 사람들은 상위〔중위와 대위 사이의 계급〕로 임명되었다. 저우판은 이날 연설에서 북벌정책 구호를 계승하고, 제국주의 타도를 강조했다. 그는 또한 탐관오리, 토호열신 타도를 주장하며 특별히 신군벌을 타도하자고 강조했다. 대부분 병영학교 목표에 포함된 것들이었다.

개학식 후 나는 궁뤠, 춘이, 귀중 세 사람과 연대본부 내 거처에서 공작에 대해 상의했다. 1차 당회의를 연 것이다. 1928년 4월 말 전후였는데 특위에서 장쾅이 출석했다. 우리는 저우판이 왜 그렇게 커다란 변화를 보였는지에 대해 이야기를 나누었다. 원인을 찾을 수는 없었고 이후 사실을 지켜봐야 한다는 결론을 내렸다. 이어서 우리는 병영학교 교칙을 의논하였다. 사실상 1927년 신년 초 1대대 사병회 회칙에 신군벌을 타도하자는 내용을 더한 것으로, 이를 어떻게 견결하게 관철해 갈지, 공작 방법은 어떻게 해야 적절할지 등을 상의했다. 또한 병영학교 매 기 졸업생의 3분의 1 이상을 비밀 사병회원으로 흡수할 것, 연말 즈음에는 2·3연대에서도 중대마다 몇 명의 회원을 확보하고 내년 정황에 따라 더 발전시킬 것, 연대마다 한두 개의 진보적 중대를 핵심으로 하고 전 사단에서 1개 연대를 핵심으로 하여 상황이 유리하면 전 사단 차원의 기의를 만들 것 등을 의논했다.

1대대 경험에서 보면 군대를 진보시키는 길은 곧 혁명적 군대로 만드는 것이다. 곧, 노동자 농민을 위해 복무해야 하는데 이는 결코 쉬운 일이 아니다. 군대 안에서 비밀공작은 진보적 장교 없이는 펼치기 어려웠다. 1개 대대 안에서 중대장이나 소대장 중 혁명 사업에 끝까지 분투할 결심을 갖고 있는 사람이 한두 명이라도 있어야 했다. 재작년 마하오커우 대대본부 회의 때 어떤 동지가 '공작을 드러내야 한다. 그렇지 않으면 운동이 뒤떨어지게 된다. 다만 고립되지 않도록 해야 한다. 고립되면 파괴당한다'는 의견을 제출했다. 그들은 나에게 장교를 상대로 한 공작에 집중할 것을 요청했다. 그들도 사병을 상대로 한 공작을 열심히 하였다. 이렇게 상하가 적절히 부합하여 비로소 효과를 본 것이다. 몇 년 동안 이와 관련하여 꽤 실적이 있었다.

이번 회의에서 허궈중을 후보 당원에서 정식 당원으로 하기로 결정했다. 이때 우리는 여덟 명의 당원이 있었는데, 특위에서 출석한 장쾅의 지시로 연대 당위원회를 결성했다. 또한 병영학교에 분회를 결성하고 황궁뤠가 분회 서기가 되었다. 분회는 연대 당위원회의 지도를 받기로 했다. 연대 당위원회 서기로는 여전히 내가 적합하다는 의견이었다. 당시 누구도 반대하지 않았으며 재론하지도 않았다. 장룽성이 "우리는 특히 비밀에 주의해야 한다. 무릇 당에 속한 사람이 접선할 때는 먼저 덩핑을 찾아야 한다. 연대장을 찾아서 노출되면 안 된다"고 당부했고 모두 이에 동의했다.

급료소요

1928년 4월 19일 독립 5사단은 갑자기 핑장으로 출동하라는 명령을 받았다. 옌중루閻仲儒 여단과 접촉하여 공산당을 토벌하라는 것이었다. 병영학교는 웨저우로 출동하라는 명령을 받았다. 이미 3개월이나 급료를 주지 못하고 있을 때였다. 전년에도 두 달 치 급료가 밀려 있었으니 합하면 다섯 달 치인 셈이다. 연대 당위원회는 출동 전에 계획적으로 급료소요운동을 일으키기로 결정했다. 사병들의 각오를 높이기 위해서였다. 급료소요를 일으키려면 통일된 계획으로 보조를 맞춰야 하며 역량이 커야 했다.

당시 1대대와 연대 직할대, 기관총중대, 특무중대에 비밀 사병회가 설립되어 있었다. 사병회가 주도면밀하게 활동하여 1연대가 2·3연대와 병영학교를 추동했다. 전 사단으로 급료소요가 번지자 저우판은 아연실색했다. 급료소요운동은 완전히 승리했다. 이 승리는 뜻하지 않게 그 뒤 일어난 핑장기의의 준비공작으로 작용했다. 급료소요는 선전공작이 우선이었다. 알기 쉬운 선전을 대규모로 진행하고 경제적 요구와 정치적 목적을 연계시켰다.

'과거에는 병사가 되라고 말할 때 혁명을 하고 군벌과 탐관오리, 토호열신을 타도하자고 주장했다. 또 세금을 줄이고 이자를 줄이자고 했다. 그런데 지금은 벌써 혁명을 포기하고 급료도 주지 않으며 세금이나 이자를 줄이자는 말도 꺼내지 않는다. 또 공산당을 토벌하고 농민회를 치고 있는데 누가 이런 짓을 하고 있나? 바로 장제스다. 병사가 되면 매월 6원 50전을 받는다. 식비 3원 30전을 빼면 겨우 3원 20전이 남을 뿐이다. 그나마 이제는 그것조차 주지 않는다. 여러

분, 힘든가 힘들지 않은가. 당연히 힘들다. 3개월이나 급료를 주지 않았고 작년 치도 두 달이나 밀려 있다. 짚신을 신고 잎담배를 피우는데 희망도 없다. 집에 있는 부모와 처자가 밥 먹고 살아야 하는데 어떻게 해야 하는가? 장관은 우리들 사병을 위해 생각을 좀 해 달라.'

그런 뒤에 조직적으로 공작에 들어갔다. 장룽성이 지도하여 1대대 분대장이 2·3대대 분대장들과 연계하여 가능한 한 많은 소대장이 참여하게 했다. 분대장들은 분대에서 비밀 모임을 가졌다. 쉬운 내용의 전단으로 토론을 벌이고 사병들 스스로 전단을 쓰도록 일깨운 뒤, 연대장에게 괴로움을 호소하도록 했다. 연대장이 사단장에게 사실대로 반영할 것을 촉구하고 각 대대장과 2·3연대에 통보하여 기세를 만들었다. 병영학교는 강습생을 동원하여 원 소속 부대에 반영하도록 하고, 나아가 대표를 뽑아 원래 부대와 연계하며 비밀 사병회원을 통해 휴업을 일으켰다. 준비하는 데 5일이 걸렸으며 6일째에는 행동에 나섰다. 오전에는 연대장에게, 오후에는 사단본부에 청원하였으며 시민과 학교에 전단을 뿌렸다. 사회의 동정을 얻으면서 기세는 점점 더 올라갔다. 6일째 되는 날 계획대로 진행하고 있는데, 정오 무렵 사단장에게 전화가 왔다.

"스촨, 듣자니 당신 연대에서 급료소요가 일어났다는데 정말 뜻밖일세."

"몇몇 사람이 아니라 전 연대가 난리가 났소. 오전에 연대 진金 부관이 있는 곳에 몰려오더니 오후에는 내가 있는 곳에 와서 방법을 내라고 하고 있어요. 나는 재정을 공개했으니 연대 경리처의 장부를 보고 당신들이 셈해 보라 말했소. 그들은 나보고 사단장께 보고하고 방법을 만들어 내라고 요구했어요. 지금 전 사단이 핑장에서 공산당을 토벌하라고 하면서 급료를 조금도 주지 않고 있는데, 좋지 않습니다. 사병들 요구는 정당해요. 지금 2 · 3연대에는 소란이 없소? 만약 그들까지 소요를 일으키면 더 안 좋아질 텐데."

저우판은 즉시 더지탕을 불러 2 · 3연대 상황을 물었다.

"어떻게 하는 게 좋은지 말해 보게. 가두에도 전단이 뿌려져 상인 연합회가 공황 상태야."

"3연대도 소요가 있어요. 상황이 급합니다. 2연대는 아직 확인하지 못했습니다."

더지탕의 말을 듣고 저우판이 즉시 나에게 말했다.

"더지탕이 3연대도 소요가 일어났다는군."

"방법을 생각해 봐야 해요. 아니면 위험해질 거요. 민국 9년에 여러 번 큰 소요가 일어났을 때 전 성의 군대가 모두 창사로 출발하지 않았소. 사병대표들의 말을 들어야지 장관 말을 들어서는 안 될 거요."

나의 권유에 저우판은 "맞아. 맞아" 하고 호응했다. 예전에 소요가 일어났을 당시 저우판은 중대장이었는데 굉장히 두려워했었다. 저우판이 나에게 지시했다.

"사병대표와 대화를 해 봐. 사단본부에 지금 겨우 1만 원이 있어."

"그래서는 문제를 해결할 수 없소. 지금 사병대표가 밖에서 회답을 기다리고 있어요. 조금 있다가 보고하겠소."

저우판과의 대화를 사병대표들이 모두 듣고 있었다. 내가 그들에게 뭘 어떻게 묻겠는가. 장룽성이 대표들에게 큰 소리로 "연대장의 태도를 분대 형제들에게 말해 달라. 오후에 사단에 청원하러 가자"고 하자, 모두 "좋다"고 대답했다. 나는 또 전화를 걸어 저우판에게 말했다.

"그들이 사단장이 있는 곳으로 갈 거요. 남화안 세 현에서 잠시 10만 원을 빌립시다. 소금세, 어세, 화물통과세를 담보로 하면 두 달 안쪽으로 갚을 수 있소. 구체적으로 난현 상인연합회에서 5만 원을 빌리고, 안샹에서 3만 원, 화룽에서도 2만 원을 빌립시다. 사단본부는 나서지 않아도 될 거요. 각 연대에서 직접 상인연합회와 교섭하도록 합시다. 이렇게 하면 올해 1월 급료를 청산하고 병사들에게 3원씩 줄 수 있소. 작년에 두 달 밀린 게 대략 2만 원이 넘고, 그 밖에 장교들 것이 다소 있소. 사단본부에서 통일해서 정해야 합니다. 1연대는 대략 3만 원이면 되니, 나머지는 사단본부로 넘기겠소. 사단장이 동의하면 내가 바로 난현 상인연합회로 가겠소."

저우판은 동의한다고 했다. 나는 난현 상인연합회에 요청했다. '지금 병사들이 소요를 일으켰다. 이유는 정당하다. 올해 3개월 넘게, 그리고 작년 두 달 치 급료를 주지 않았다. 지금도 상황이 좋지 않다. 잘 처리하지 않으면 대병란을 일으킬 것이다. 이 지방이 큰 환란을 당하게 된다'고 했더니 상인연합회장은 "맞아요, 맞아" 하면서 계속 탄식했다. 소금세, 어세와 화물통과세를 담보로 상인연합회에서 5만 원을 빌리기로 했다. 대략 두 달이면 갚을 수 있을 것이었다. 상인연합회장은 좋다고 하였으나 기한을 좀 달라고 했다. 나는 너무 기다리게 하면 병란이 불처럼 타오를 것이니 다음 날 오전까지 가능하도록 의논해 달라고 당부하고, 사단본부에서 소금세·어세·화물통관세를 담보로 해서 수표와 영수증을 받으라고 말해 주었다. 그는 좋다고 대답했다. 나는 상인연합회에서 즉시 저우판에게 전화를 걸어 상황을 보고했다. 저우판은 아주 기뻐했다. 상인연합회는 사단본부에 증빙을 요청했다. 나는 즉시 연대본부로 돌아와 부관을 불러 2·3연대에 난헌에서 돈을 빌린 상황을 통지하라고 지시했다.

핑장 출동

1928년 음력 4월 말에서 5월 초, 전 사단은 잇따라 핑장에 도착했다. 사단본부 직할대와 1연대의 1·3대대는 핑장 현성에, 2대대는 성 남쪽으로 40~50리 되는 쓰춘思村에 주둔했다. 2연대는 성 북쪽으로 50리 떨어진 난장차오南江橋 일선에, 3연대는 동쪽 마을인 창슈제長壽街 자이진嘉義鎭 일선에 주둔했다. 병영학교는 웨저우에 주둔했다.

옌중루 여단은 핑장에 주둔했는데 수많은 반동적 민단, 청향단과 결탁했다. 청향단은 국민당이 농촌의 혁명 역량 및 혁명 무장을 진압하기 위해 만든 무장조직으로, 이들이 반년 넘게 방화·약탈·살인·파괴를 저지르며 잔혹한 진압을 일삼았다. 그러나 혁명 군중을 완전히 진압할 수는 없었다. 당의 현위원회는 여전히 존재했으며 소수의 농민 유격대도 계속 저항했다.

1연대는 사단 부대 중 마지막 날 핑장에 도착했다. 모든 반동 조직, 현사무소, 민단 등이 모두 성 40리 밖까지 나와 저우판을 영접했다. 떠받드는 것이 마치 핑장 70만 민중의 부모가 살아온 듯했다. 나는 도착한 뒤 리찬, 장룽성 동지 등 앞서 도착한 사람들에게 보고를 들었다. 그들은 며칠 전에 도착하여 그동안 파악한 상황과 부대 배치에 대해 이야기해 주었다.

"옌중루와 민단, 청향대가 청향淸鄕〔공산당 관련자 색출 및 검거〕 중 약

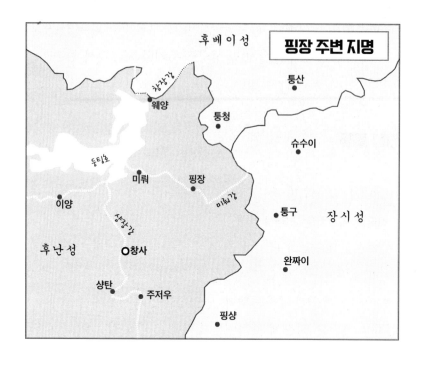

핑장 주변 지명

탈, 방화, 살인을 저지르는 것은 물론이고 닭을 잡고 소를 끌어갔습니
다. 농민의 물건을 가져가는 등 하는 짓이 토비보다 더해요. 동쪽 마
을, 동남쪽 마을과 동북쪽 마을 집을 반 가까이 불태우고 감옥에 가
둔 사람이 1천 명이 넘는데 전부 가난한 농민과 청년학생들입니다."

　날씨가 무더운데 기아, 질병까지 덮쳤다. 매일 죽는 사람이 적으면
몇 명, 많으면 십수 명에 이르렀다. 저녁이면 또 사람을 죽여서 백색
공포가 극심했다. 그날 저녁 연대 당위원회를 소집했다. 어떻게 '청
향' 비적 군대의 방화와 살인, 약탈을 제압하고 인민의 고통을 줄일
것인가에 대해 토론하고 대책을 연구했다.

① 즉시 조직을 나누어 선발대가 각 대대와 중대가 도착한 다음 그곳의 반동 통치 상황을 보고한다. ② 청향 때 반동적 민단을 감독하여 인민에 대한 어떠한 잔혹 행위도 허락하지 않는다. ③ 민단에 대하여 기율 교육을 열심히 진행하고 사병회원이 적극 활동한다. ④ 쑨원의 농민·노동자 부조 정책을 사병회의 노동자·농민 복무와 연계하도록 한다. 어떻게든 농민과 노동자의 실제 이익을 보호하고 닭, 돼지 약탈과 소를 끌어내는 일 등 청향대의 토비 행위에 반대해야 한다. 전단과 표어를 쓰고 구호 및 선전을 진행한다.

2대대는 쓰촨에 도착하여 주둔, 방비하며 어떠한 청향 행위도 하지 않았다. 선전을 진행하자 5,6일밖에 되지 않았는데도 군중들이 속속 집으로 돌아가 생업에 종사했다. 둘째 날, 저우판이 연대장·대대장 회의를 소집하여 각 연대와 대대의 주둔지를 안배했다. 나는 먼저 저우판의 거처에 도착하여 그와 이야기를 나누었다. 옌중루 여단과 민단의 기율이 형편없으며 초공剿共〔공산당 토벌〕이 아니라 군대가 인민을 핍박하는 것이라고 말했다. 저우판은 회의에서 군기를 엄격하게 할 것이며 양민에게 폐를 끼치는 것을 용납하지 않겠다고 했다.

우리 연대〔1연대〕 3대대는 북문 성문 부근 안팎에 주둔했다. 성문 밖에 나무가 있는 공터가 3대대 연병장이었다. 그곳은 현의 관청과 청향위원회가 살인하는 장소이기도 했다. 그곳에서 해를 입은 한 청년이 용감하고 어기차게 큰 소리로 "신군벌을 타도하자, 제국주의를 타도하자, 탐관오리와 토호열신을 타도하자!"고 외쳤다. 사병들은 동정했으며 국민당을 미워하게 되었다. 이 청년과 남녀 학생들이 큰 소리로 "혁명적 병사 친구 여러분, 빨리 우리들을 구해 달라"고 외쳐, 대대 사병들이 큰 감동을 받았다. 병사들은 여러 차례 자발적으로 나서서 살인을 막았다. 누군가를 죽인다는 소리를 들으면 즉시 운동장을 점령하여 그들의 살인을 막았다.

옌중루 여단은 철저하게 공산당 토벌 계획을 실행했다. 상당히 엄밀하게 준비하여 5사단과 옌중루 여단, 민단을 포괄하고 저우판을 추천해 총지휘를 하도록 했다. 그들은 5월 10일부터 공산당 토벌을 시작하여 끝마친 뒤 바로 차링으로 출동했다. 나는 이 같은 청초淸巢〔공산당을 깨끗이 토벌함〕 계획을 당 현위원회에 알려 공작을 도울 생각이었다.

이렇게 마음먹고 있을 때 마오중우毛宗武라는 사람이 홀연히 내가 있는 곳에 왔다. 일찍이 민국 5년 위안즈가 있을 때 2중대에 입대한 사람으로, 나는 당시 1중대에 입대하여 서로 안면이 있었다. 그는 이번 계획을 준비하기 위해 이곳에서 며칠 묵었으면 좋겠다고 말했다. 시골에서 공산당 활동으로 말썽이 났다는 것이었다.

나는 "동지를 환영하오"라고 말했다. 이 친구를 대하며 서류상으로만 청향 계획을 세울 요량이었다.

"나는 오늘 외출해서 저녁에나 돌아올 것이오. 당신은 내 방에서 쉬고 있어요."

마오에게 말해 두고, 리광李光에게 "별 일 없으면 여러 곳에 가지 않을 테니, 마오에게 청초 계획이나 잘 베껴 두도록 하게"라고 지시했다. 리광은 알았다고 대답했다. 해가 질 무렵 연대본부의 내 거처로 돌아오니 마오가 가려고 했다. 내가 "자네 청향 계획 베꼈나? 그냥 가지고 돌아가려는 건가?" 묻자, 그는 부인하기 시작했다. "자네 주머니 안에 그건 뭐지?" 했더니 그는 공황에 빠졌다.

"기왕 이곳에 왔으니 두려워할 거 없어. 자네, 책을 훔친 옛이야기를 아나?"

내 물음에 마오는 안다고 대답했다. 내가 "나도 자네가 정탐이라는 걸 알아" 했더니 그가 이야기를 했다.

"쓰춘의 2대대에서 그것이 당신 연대 것인지 알고 싶어 해요. 당신들이 주둔하면서 청향도 하지 않고 민폐를 끼치지도 않으며 훈련할 때는 종이 총알을 써서 땅바닥에 쏜다고, 그래서 당 현위원회에서 저를 옛날 친구의 이름으로 위장해서 보내 경위를 알아보게 한 겁니다."

마오에게 현위원회에서 무슨 공작을 맡고 있는지 물어보니, 주로 연락을 맡고 있다고 했다.

"자네 빨리 군복 차림으로 위장해서 돌아가게."

그에게 이르고, 장룽성에게 그가 성 밖으로 나가 돌아가는데 배웅하도록 지시했다. 마오가 말했다.

"내일 오전 현위원회에 도착할 수 있을 겁니다."

"쓰춘을 지난 다음에 더 조심해야 하네."

"제가 전문을 베끼지는 않았습니다. 많은 부분을 다시 썼어요. 다른 사람이 봐도 모를 겁니다. 혹시 붙잡혀 고문을 당하더라도 결코 자백하지 않을 테니 안심하십시오."

마오는 결연히 말했다.

"황진통黃金峒은 3연대의 협공 지점이야. 그 연대가 가장 반동이야. 현위원회는 쓰춘 2대대 15리 밖에 있어야지 너무 가까이 가면 안 되네. 대대에도 좋은 사람이 있고 나쁜 놈이 있어. 그들이 나가 청향을 해도 10리는 넘지 않을 것이고, 또 물건을 뺏거나 사람을 잡지도 않을 걸세. 그러니 유격대가 먼저 피해 버리도록 하게."

독립 5사단 내 사람들의 정치 상황은 다음과 같았다. 3연대장 류지런이 가장 반동이고, 2연대장 장차오張超는 전형적인 중간파였다. 자오카이밍較開明은 늘 나 있는 곳에 와서 시국을 이야기했는데, 그는 조심스럽게 최후 승리는 공산당이 할 것이라고 말했다. 마일사변 뒤 혁명이 저조기일 때 그는 좌우 어느 쪽에도 참가하지 않고 방관자적 위치에 머물렀다. 나는 일찍이 옌중루 여단과 민단의 기율이 엉망임을 편지에 써서 그에게 알린 일이 있었다. 1연대 2대대장 천펑페이는 비교적 깨어 있는 사람이고, 3대대장 양차오판은 반동이었는데 사병들과 연계가 있었다. 장기간 폐병이 낫지 않아 면직되었는데 진金을 연대 부관 겸 대대장으로 전근시켰다. 진은 바오딩〔육군군관학교〕 계열로 극심한 반동이었다. 하지만 사병들과 연계는 없었다. 9중대장은 병이 났고, 3연대 3대대장은 횡령을 했다가 파직을 당했다. 저우판은 황춘이를 9중대장으로, 황궁퉤를 3연대 3대대장으로 교체 임명하려 했다. 그러면서 병영학교는 교육장인 휘궈중이 대리하는 게 어떻겠냐고 나에게 의견을 구했다. 나는 동의했다. 이렇게 해서 당은 3연대에서 중요한 일을 안배하게 되었다.

평장성에 주둔한 지 약 반년쯤 되었을 때 저우판이 연회를 열어 탐관오리와 토호열신들을 초대했다. 나도 연회에 참가했다. 그중 돼지처럼 살찐 자가 있었는데 이름이 장팅張挺이고 청향위원회 주임이라 하였다. 이 자가 가장 반동이었다. 연회에서 말하는 것이나 저우판을 떠받드는 꼴이 아주 메스꺼웠다. 그가 일어서서 저우판에게 술을 바치며 말하기를 "저우는 평장을 다시 살린 부모"라고 했다. 또 저우판에게 사람을 죽이지 않은 것은 잘못이라고 암시하며 많은 사람을 죽여야 한다고 부추겼다. 평장성 5리 밖으로 걸어 나간 사람은 마음대로 잡아 죽여도 잘못이 아니라는 것이었다. 나는 그렇게 지껄이는 그를 노려보며 분노에 찬 목소리로 추궁했다.

"장 선생이 말하는 대로 하면 75만 명 가운데 70만 명은 죽여야 하오. 후세 사람들이 예전에 장헌충張獻忠•이 시체로 산을 만들더니 나중에는 장팅이 피로 핑장을 씻었다 하지 않겠는가? 장 선생은 장헌충의 후대가 되는 게 부끄럽지 않소? 이렇게 장 선생 죄명을 만세에 남길 수 있으니 세 번 생각해 보시오. 내가 보건대 만약 핑장에 진짜로 그렇게 많은 공산당원이 있다면, 장 선생과 청향도 관련이 있을 것이오. 당신이 청향대와 민단을 이끌고 청향의 이름을 내세워 도처에서 닭을 잡고 돼지를 죽이며 소를 끌어가지 않았는가. 민간의 재물과 물건을 약탈하고 마음대로 사람을 잡아 죽이는데 열이면 열이 가짜요. 이렇게 토비土匪〔지방 도둑떼〕들이 극심한데 장 선생이 그 책임을 피할 수 있는가? 죽이지 않으면 안 되는 건가?"

그 자리에 있던 토호열신 1백여 명의 얼굴이 흙빛이 되었으며 분위기가 험악해졌다. 모두 '장 선생이 실언했다'고 떠들었다. 저우판이 하는 수 없이 "진짜 토호열신은 타도하고 양민이나 진짜 신사는 보호해야 한다"고 말했다. 연회는 그렇게 끝이 났다.

다음 날 정오에 저우판의 호위병 천위성陳玉城이 와서 저우가 내일 창사에 갈 것이라며 리찬이 2중대를 인솔하여 진징까지 호송해 달라고 청했다. 이튿날 즉시 주둔지로 돌려보내겠다며 저우가 직접 말한 것이니 비밀을 꼭 지켜야 한다고 했다. 그는 품속에서 비밀 전신 암

• 장헌충은 명나라 말기 이자성李自成과 이름을 나란히 하는 농민봉기군의 지도자로 1644년 쓰촨 청두成都를 근거로 '대서국大西國'을 세웠다. 그가 성도를 함락한 뒤 3일 동안 성안 사람을 도륙했으며 이후에도 자신의 위망을 지키기 위해 매일 1백여 명을 살해했다고 한다.

호서를 꺼내 나에게 보여 주었다.

"이게 저우판과 리 부사단장 간 비밀 암호요. 나는 한 벌 베꼈으니 당신이 갖고 있으시오. 만약 중요한 기밀 사항이 있으면 두 장을 해석해서 한 장은 부사단장, 한 장은 당신에게 주겠소. 특별한 기밀 사항이 있으면 먼저 당신에게 주고 그에게는 나중에 주겠소."

그가 나에게 비밀 암호 사용법을 말해 주었는데, 살펴보니 그들이 작성한 원본에 가감하는 것도 가능해 보였다. 나는 천위성에게 전보비로 10원을 주었다. 그는 5원만 받더니 군대 전보는 반값이라 5원이면 충분하다고 했다. 천은 구빈회원이었다. 준수하고 배우기를 좋아했으며 말이 별로 없어 사람들이 그를 '옥 낭자'라고 불렀다. 그는 위안즈가 피살된 뒤 1중대에서 전근을 갔는데 저우판과 동향이어서 매우 신임을 받았다.

7월 18일 새벽, 전령과 소대장 장룽성, 전령병 몇 명을 데리고 말에 올라 쓰춘의 제2대대로 갔다. 천펑페이 대대장이 대오를 집합시킨 뒤 내가 연설했다. 핑장 현성의 반동적 통치 상황을 전하며 이렇게 말했다.

"청년학생, 노동자, 농민이 무수하게 살해당했다. 하지만 피해자들은 용감하고 굳건하게 구호를 외쳤다. 이곳에서 유격대 소요가 있다면 총을 쏠 필요 없다. 그들을 돌려보내라. 그 뒤 우리들이 서로 소란을 떨지 않으면 된다. 그들은 토비가 아니고 농민 자위대다. 그들은 혁명적이며 우리들도 머지 않아 그 길로 갈 것이다."

연설할 때 시민과 농민 수백 명이 밖에서 듣고 있었다. 연설을 마친 뒤 천펑페이 부대에서 점심을 먹었는데, 마침 그의 친척이 창사에서 왔다. 그가 말하기를 '어제 창사에서 공산당을 체포했는데 통행중이 나왔다. 병영학교 교장 황궁뤠가 친필로 쓴 것으로 저우판이 필적을 알아보았다'고 했다. 나와 천 대대장은 듣고 나서도 무심하게 다시 밥을 먹었다. 그의 친척은 옆방에서 쉬고 있었다. 천펑페이가 긴장해서 말했다.

"나와 황궁뤠는 강무당 동창이오. 연대장이 그를 구원할 방법을 생각해 보시오."

"당신이 보기에 어떻게 해야 그를 구할 수 있겠나?"

"당신이 그를 놓아 주어 도망치게 하거나 아니면 몰래 숨겨 주시오."

천은 궁뤠를 동정했는데 정치적 판단이 아니라 사적인 감정이었다. 천과 궁뤠는 사적인 관계가 나쁘지 않았고 강무당 동창이어서 친했다. 나는 그에게 방법을 말해 줄 수 없었다. 연대본부에 돌아가서 창사 상황을 더 알아본 뒤 이야기해 주겠다고 했다. 그는 나를 주둔지 밖으로 배웅하면서 재삼 말하였다.

"우리들은 궁뤠와 동료이자 동창이오. 연대장은 그와 관계가 더 깊지 않소? 꼭 그를 좀 구해 주시오."

마지막으로 천은 절실한 목소리로 "스촨, 황궁뤠를 구해 내기만 하면 나는 당신 이야기만 듣겠소" 하는 것이었다. 나는 그 말을 듣고 감격하여 다정하게 그의 손을 잡고 헤어질 때 내 마음도 당신과 같다고 말했다. 이 사람은 훗날 11월 상순에 상악감 3성의 백군白軍〔공산당을 토벌한 장제스 휘하 군대를 뜻함. 러시아혁명 때 반혁명 세력을 백군으로 칭한 데서 유래함〕이 '협력 토벌會剿'할 때 도망쳤다. 그는 편지 한 통을 남겼는데, 절대로 반공하지 않을 것이라고 했지만, 실제로는 그 고통을 견디기 어려웠던 것이다.

성으로 돌아오는 도중에 장룽성이 2대대 공작을 보고했다. 쌴셴호에 있을 때 대상자로 꼽았던 두 명이 지금 정식 회원이 되었고, 그들이 각자 한 명씩 더 끌어들였다고 했다. 2대대는 야외에서 두 차례 훈련을 가졌다. 시장에서 2리 거리였는데 나가기에 멀지 않았다. 사병회원은 두 줄의 탄환을 종이에 싸서 차나무 아래에 두었다. 사람들은 모두 집에 있었으며 도피하지 않았다. 오늘 연설에 사병들은 고무되었고, 장교들 가운데는 의심하는 자가 있었다.

기의를 결심하다

평장성으로 돌아오니 오후 4시 전후가 되었다. 날씨가 뜨거워서 불같았다. 연대본부로 돌아가지 않고 전보국으로 곧장 갔다. 국장이 접대하며 "연대장님은 무더위에 순시하십니까? 나라와 국민을 위해서…" 운운했다. 내가 창사에서 전보 온 게 있느냐고 묻자 "비밀 전보가 왔는데 드리겠습니다. 한 부는 사단본부로 보내야 하는데 지금 대조해 보고 있습니다" 하였다. 지금 사단본부로 가려 하니 내가 가지고 가겠다고 하자 그가 좋다고 대답했다. 나는 그에게 인수증 2부를 주고 연대본부로 돌아왔다. 전보는 천위성이 나에게 보낸 것이었다. 내용은 이러했다.

"남화안 공산당 특위는 이미 파괴, 체포되었다. 특위 책임자도 창사에서 붙잡혔는데 황이 공산당이라고 자백했다. 저우판은 황궁뤠가 친필로 쓴 통행증을 알아보았다. 저우판은 후이건慧根(리 부사단장의 호)에게 즉시 궁뤠와 춘이, 귀중 세 사람을 체포하라고 명령했다. 그 밖에 다른 사람은 없다."

저우판이 리 부사단장에게 보내는 전보의 내용도 대체로 이와 같았다. 나는 장룽성에게 즉시 연대 당위원회 동지들에게 통지하라고 지시했다. 오후 7시 황춘이가 입원한 현립병원 병실에서 회의를 열기로 했다. 황춘이가 폐병이 재발하여 문병을 핑계로 삼은 것이다. 잠시 있다가 덩펑이 나에게 말했다.

"성위원회에서 특별히 파견한 텅다이위안滕代遠 동지가 와 있어요. 그는 호남 동쪽 펑장, 류양을 돌며 지방공작을 했는데 지금 리찬의 처소 옆에 두어 지내고 있습니다."

때맞춰 왔으니 참으로 공교로운 일이었다. 나는 천펑페이 처소에서 들은 상황을 그들에게 말해 주고, 천위성이 가져온 전보도 보여주었다. 장룽성이 화를 내며 궁톄를 원망했다.

"난현에 있을 때 특위가 나보고 통행증에 관인을 찍어 달라 한 적이 있어요. 내가 해 주지 않고 그들을 비판한 일도 있었는데…."

"원망해도 소용없어. 지금 이 문제를 어떻게 처리해야 하겠나?"

덩펑이 "어떻게 해야 할까요?" 하고 물어 내가 말했다.

"오직 기의가 있을 뿐이다. 조금이라도 기다리면 안 된다."

장룽성도 동의했다. 상황을 빨리 장악하지 않으면 일망타진 당할 뿐이었다. 그때는 기의起義〔의병을 일으킴〕를 폭동이라고 불렀다. 내가 황춘이의 병실에 도착했을 때 그들은 이미 모두 모여 있었다. 덩펑, 장룽성, 황춘이, 리찬, 리리, 리광, 텅다이위안 등 나를 포함해서 모두 여덟 명이었다. 덩펑이 텅다이위안의 내력을 소개했다. 모두 기쁘게 환영했다. 나는 창사의 반동 정부가 특위 연락원을 잡은 사실과 궁톄의 친필 통행증을 찾아낸 정황을 말해 주었다. 그래서 오늘 긴급하게 연대 당위원회를 소집했으니 동지들이 기의 여부를 토론해 달라고 했다. 리찬이 말을 꺼냈다.

"시기가 성숙하지 않았고, 너무 촉박하여 형세가 그다지 유리하지 않아요. 연말이 되면 아마 좋아질 것 같으니 궁뒈 등 세 사람을 도망치게 합시다."

그는 부득이하면 연대장인 나도 피하게 하자고 덧붙였다. 그의 말은 곧 기의를 조금 유예하자는 것이었다. 내가 반대의 뜻을 밝혔다.

"기의를 결심하면 조금이라도 유예해서는 안 돼. 유예는 곧 실패야."

리찬이 바로 동조했다.

"유예는 포기입니다. 바로 기의하는 데 찬성합니다."

장룽성이 1대대 상황을 전했다.

"공작 가능성이 있어요. 사병들은 반동적 현 정부와 청향위원회를 증오하고 있습니다. 그놈들이 청년학생과 농민들을 죽인 상황을 부대 안에 전달한 뒤 매우 분개하고 있어요."

"특무중대와 기관총중대도 마찬가지입니다. 유독 사단 특무대대만 일체 반응이 없어요. 여전히 철판 같아요."

리리가 덧붙여 말하는데 장룽성이 끼어들었다.

"가서 공작한 일이 없어서 그래요. 2대대 사병들의 정서도 좋지 않은데, 역시 공작한 적이 없습니다."

황춘이가 덧붙였다.

"3대대는 요즘 들어 공작이 크게 발전했어요. 사병들은 국민당과 지방 반동 파벌에 대해 분개하고 있고 분위기가 갈수록 고양되고 있습니다. 지금 대낮에는 현 정부와 청향위원회가 감히 살인을 하지 못해요. 춰수핑錯樹坪에서도 감히 살인을 하지 못하고요. 밤에만 사람을 죽이는데 사병들이 자발적으로 순찰하면서 그놈들을 가로막고 있습니다. 모두 연대장에게 불만을 갖고 또 의심하고 있어요. '왜 연대장은 나서서 저런 일에 간섭하지 않는가? 왜 나서서 저런 개새끼들을 죽여 버리라고 하지 않는가?' 그렇게 생각합니다."

"당신이 있는 9중대만 그런 것인가?"

내가 묻자 황춘이는 "아니오. 10·11·12중대도 다 마찬가집니다. 또 지금 세 명을 소개해서 공산당에 가입시키려고 준비하고 있어요. 9중대 분대장 리쥐쿠이李聚奎입니다" 했다. 이어서 장룽성이 말했다.

"쥐수핑에서 죽은 농민과 청년학생들의 참상, 3대대 사병들이 분노해서 살인을 막고 있는 사실을 2대대, 특무중대, 기관총중대에는 알렸어요. 사단 특무대대에는 알리지 않았구요."

나는 이렇게 제안했다.

"1대대와 연대 직할 비밀 사병회가 주동하여 사병회를 회복하자고 하의상달 방식으로 요구하자. 오늘 저녁 비밀 사병회원들을 소집하고 잘 준비해서 급료소요를 일으키도록 설명해야 해. 지금 급료 체불이 난현에 있을 때보다 더 길어져 5개월이 다 되어 가고 있어. 3월부터 시작하면 겨우 2원 가불했을 뿐이야. 급료소요는 기의를 일으키는 주요 수단이네. 비밀로 시작해서 공개로 나가야 하고 대대장, 중대장, 소대장을 끌어들이거나 동조하게 만들어야 해. 연대장도 동의한 일이라고 말해도 좋아. 급료소요를 일으키려면 사단 특무대대 보루를 돌파해야 하고, 또 연대의 절대 다수를 단결시켜야 2·3연대의 공격을 방어할 수 있을 거야."

당시 사단 특무대대 병력은 2백 명에 지나지 않았다. 모두 급료소요를 수단으로 기의를 일으키자는 제안에 따랐다. 믿음이 백 배에 이르고 기세가 크게 오르는 것 같았다. 다들 신이 나서 과거 급료소요 경험을 이야기하며 꼭 승리하자고 다짐했다. 한목소리로 '기의를 결심하면 추호도 동요해서는 안 된다'고 말하였다. 7월 22일(음력 6월 6일) 오후 1시, 적들이 낮잠 자는 시간을 틈타 기의하기로 결정하고 구체적으로 임무도 나누었다.

리리 동지는 기관총중대와 두 개 특무중대의 역량을 조직하고, 또 대표를 사단 특무대대에 보내 급료소요를 공모 조직하기로 했다. 리찬과 장룽성 두 동지는 1대대와 2대대 급료소요 공모를 지도하고, 사병위원회를 조직하며 대대장과 중대장들의 참가와 동정을 이끌어 내기로 했다. 또한 장룽성 동지는 연대본부와 2·3연대 잔류 인원의 급료소요를 조직하기로 했다.

리광 동지는 저녁에 바로 자이진에 있는 3연대 3대대 황궁뢰에게 편지를 보내, 22일 오후 1시 기의를 당부하고 조금 늦출 수는 있으나 당기기는 어렵다고 전했다. 또 시훙촨席洪全과 귀郭 아무개를 웨저우의 훠귀중에게 보내 급료소요를 수단으로 기의를 일으키자는 내용의 편지를 전달하기로 했다. 훠귀중이 즉시 병영학교를 인솔하여 핑장에 출동하되 사단의 명령이라고 말하기로 했다. 예측컨대 아마 19일 저녁이나 늦어도 20일 오전에는 편지가 도착할 것이었다. 성위원회에서 파견된 텅다이위안 동지가 정치공작을 책임지고 덩핑 동지가 참가하여 기의에 필요한 표어, 구호, 전단, 포고 등을 기초하기로 했다. 텅다이위안 동지는 또한 지방당과의 연계 및 정부를 설립하는 일 등을 책임졌다.

나는 반동적 민단과 청향대, 경찰, 현사무소 등을 소멸하기로 했다. 또 갇힌 사람을 석방하고 사단본부의 여러 일들을 준비하기로 했다. 리찬이 레이전후이와 상의하여 책임지고 청향위원회의 애호단愛護團을 소멸하기로 하고, 황춘이 동지는 9중대를 움직이되 가능한 한 전 부대원을 참가시키기로 했다. 황 동지는 현 경비대와 경찰을 소멸하고 감옥에 갇힌 사람들을 석방시키는 일을 맡았다. 또 사단 사령부 감시, 곧 사단기관의 반동적 인사를 체포하고, 연대 특무중대와 기관총중대가 기의할 때 사단 특무대대를 감시하기로 했다. 모든 준비공작은 20일 오전까지 완료하고 구체적인 계획은 내가 조정하기로 했으며, 20일 오전 준비공작에 관해 일차로 종합적인 보고를 받기로 했다.

20일 아침 식사 후 부사단장 리후이건李慧根 이름으로 저우판에게 기밀전보를 보냈다.

"존경하는 사단장님, 때맞춰 주신 전보로 상황을 잘 알게 되었습니다. 세 사람은 지시하신 대로 체포했습니다. 병영학교는 핑장으로 출동하라고 명령했습니다. 걱정하지 마십시오."

20일 점심 식사 후 연대 당위원회를 소집하여 종합적 보고를 들었다. 19일 긴밀한 공작으로 준비가 모두 완료되었다. 1대대와 기관총중대, 특무중대 사병회는 순조롭게 회복되었다. 장교와 병사들은 모두 신이 났고 급료소요 활동이 벌써 시작되었다. 유일하게 2대대에서 아직 보고가 들어오지 않았다. 궁뤠에게 편지를 가지고 간 리광이 아직 돌아오지 않은 것이다. 나는 다음의 안건을 회의에 제출했다.

'장교와 사병은 평등하다. 장교를 포함하여 대대장, 중대장, 소대장은 모두 사병위원회에서 선거로 선출한다. 민주적 방식을 철저히 지켜 구식 군대의 습관과 통치제도를 타파한다. 반동적 장교를 제거하여 구식 군대를 개조한다. 사병위원회는 즉시 장교 입후보 명단과 제거할 장교 명단을 준비하고 입안하여 21일의 연대 당위원회에서

토론하여 통과시키기로 한다.'

기의 하루 전인 20일 한밤중에 긴급 상황이 발생했다. 3연대장 류지런이 전화를 걸어왔다.

"황궁뒈는 공산당이오. 20일 해질 무렵 급료소요라는 명목으로 자기 조카인 11중대장을 죽이고, 자이진 상인연합회에서 3만 원을 빌려 대오를 인솔해 남쪽 산으로 도주했소."

그는 위협하듯 말했다.

"스촨, 궁뒈는 당신이 추천한 사람이야. 그가 배반하여 달아난 것은 당신 책임이야!"

"맞소. 책임은 나중에 다시 말하기로 하고 지금 어떻게 해야겠소? 급료소요는 큰 문제요. 지금 다섯 달이나 급료를 주지 않았소. 전 사단으로 파급될 텐데 그럼 정말 큰 문제가 될 것이오."

겁주기 위해 한마디 했더니 대번에 기가 꺾인 류가 한탄했다.

"맞아. 어떻게 처리해야 하나."

급료소요가 역시 그들의 급소임을 알 수 있었다. 한참 뒤 2연대장 장차오張超가 전화를 걸어 말하기를, 3연대 3대대장이 부대를 인솔해서 반역을 일으켰는데 군대 급료소요가 원인이 되어 일어난 것이라고 했다. 나는 "이거 참 곤란하게 되었소. 누가 안심할 수 있겠나. 급료를 준다고 보장하지 않으면 하급 장교들도 견디기 어려울 텐데" 하고는 우리 자주 연락하자고 했더니 그는 좋다고 하였다. 그들이 말하는 투를 보니 급료소요를 수단으로 일어난 기의를 공격할 용기가 없는 것 같았다. 나는 속으로 안도의 한숨을 쉬었다. 장룽성이 와서 물었다.

"이렇게 늦었는데 왜 안 자고 있어요? 누가 전화한 건가요?"

내가 대강의 상황을 들려주고 덩핑을 부르라고 했더니, 연대 당위원회 다른 동지들이 같이 와서 회의를 열었다. 장룽성과 텅다이위안이 "황스, 이 곰보는 도대체 어떻게 된 거야?" 하고, 텅이 어떻게 해야 할지 물었다.

"지금 원망해 봐야 소용없어. 빨리 사병회 명의로 편지를 써서 2·3연대 각 대대장, 중대장, 분대장에게 보내자. 5개월이나 급료가 밀려 있고 '청향초공' 한다면서 농민들을 죽이고 있어. 지금 1연대는 벌써 들고 일어났고. '밀린 급료를 달라고 요구하자. 급료를 주지 않으면 농촌에 가지 않겠다. 그리고 공산당과 같이해야 한다.' 이렇게 편지를 쓰고 등사해서 우편으로 2·3연대와 잔류 부대가 있는 곳에 보내자."

나는 이어서 장룽성을 시켜 통신반에서 공구를 가져다 성의 서쪽 5리를 제외하고 창사로 통하는 전화선을 자르게 했다. 많이 자르면 자를수록 좋다고 일렀다. 그리고 '공산당 만세!'라고 쓰게 했다. 동틀 무렵 일을 마치고 동지들이 연대본부로 돌아왔다. 나는 신이 나서 콧노래를 부르며 말했다.

"[저우판에게] 보낸 가짜 전보가 천금의 가치가 있구나. 혁명을 하는 게 행복의 뿌리라네. 내일은 지나기 어려운 날. 내일 오시午時[오전 11시부터 오후 1시]에 홍기를 보고 싶구나."

덩핑은 듣고도 그 의미를 알지 못했다. 나는 옷 주머니에서 저우판이 리 부사단장에게 보낸 전보를 꺼냈다. 덩핑이 보고 나서 물었다.

"이게 어떻게 당신 손에 들어왔지요?"

"그건 말하기 곤란한데, 그게 바로 군중의 역량이오."

천위성, 그 준수한 호학청년, 무명용사여, 나는 당신을 영원히 기억할 것이다.

빠르게 동이 텄다. 텅다이위안, 리찬, 리리, 황춘이 등 동지들이 모두 도착했다. 덩핑이 모두에게 보고했다. 황스는 이미 기의를 일으켰다. 대오를 이끌고 출동하여 자이진 남쪽 난다산南大山 안으로 갔다. 모두 듣고 기쁘거나 두려워하는 표정을 보였다. 나는 류지런과 장차오 두 사람과 전화로 통화한 이야기를 모두에게 들려주었다.

"그들의 말투를 보니 급료소요를 무서워하고 있어. 우리가 기의할 때 그들이 혼자 공격해 오지는 않을 거야. 웨저우와 샹인에는 정규군이 없고 민단뿐이네. 창사에 7개 연대, 류양에 장후이짠張輝瓚 여단의 3개 연대가 있고 옌중루 여단은 리링에 있어. 2, 3일 혹은 4, 5일 안에 대군이 공격해 오지는 않을 것 같아. 반동적 무장집단을 철저하게 소멸시키려면 충분히 준비해야 해. 궁뭬는 좀 빨랐어. 그렇게 급할 필요가 없었는데. 2·3연대를 교란시켜야 해. 우리는 원래 정한 계획대로 가고, 2·3연대에 급료소요를 더 강하게 책동해야 하네. 그 두 연대의 성내 잔류 부대가 지키는 곳에도 한층 공작을 강화해야 해. 신속하게 급료소요 전단을 우편으로 보내야 하네."

간단한 토론을 거쳐 모두 원래 계획대로 기의를 일으키는 데 동의했다. 이어서 선서 준비, 기의 뒤에 부여할 군대 명칭과 번호, 간부 배치 등을 토론했다. 나는 '공농혁명군'으로 부르자고 제의했다. 텅다이위안도 공농혁명군이 좋다고 하여 모두 그 명칭에 동의했다. 번호는 징강산井岡山에 홍4군이 있었으므로 홍5군으로 하기로 했다. 원래 1연대 소속으로 1·2·3대대가 있었으나 이를 확대 개편하여 1·4·7연대로 하기로 했다.

홍5군에서는 당대표제를 실행하기로 확정하고 장교는 사병위원회에서 선거하기로 했다. 장교와 사병은 평등하며 똑같이 대우하고 기의가 승리하면 12원의 위로금을 주기로 했다. 이 위로금은 몇 번 나누어 주었으며 당시에는 4원만 주었다. 포로를 해산할 때 줄 돈은 현금과 사람 수 등 구체적인 상황을 보아 다시 결정하기로 했다. 장릉성이 가져온 내일 정오에 억류할 장교 명단과 대리할 인원 명단에 대하여 토론하였다. 이 명단은 모두 대대, 중대 사병위원회가 기초한 것이었다.

기의 시간을 22일 오전 10시로 확정했다. 연대장인 내가 장교회의를 소집하고 한 무리의 반동 장교들을 억류하기로 했다. 11시 반에 내가 동문 밖 톈웨서원天岳書院 1대대 연병장에서 연설하고 기의를 선포할 것이었다. 모두 엄숙하고 긴장된 분위기 속에서 공작을 진행하였다. 21일은 유쾌하게 지나갔다. 저녁 무렵에 리찬이 와서 1대대 기의 준비 상황을 말했다. 그는 신이 나서 말했다.

"작년 5월 '마일사변'이 창사에서 쉬커샹 연대가 배반하여 일어난 것이라면, 14개월 뒤 '마일'에는 1연대가 핑장에서 기의를 준비하고 있으니 변화가 정말 빠르구나."

황춘이, 장릉성, 리리도 와서 준비공작에 대해 이야기했다. 리리가 말하기를, 사단 특무대대에 급료소요일을 전달했는데 기의에 참가할지는 파악하지 못했다고 했다. 리찬은 청향위원회 반동 부대가 매일 12시 반에 낮잠을 자서 오후 2시 반에 일어나는데 이 시간에는 근무자 외에 다른 사람이 밖에 없다며, 오늘 직접 정찰하여 확인한 것이니 오후 1시에 기의하면 꼭 알맞다고 보고했다. 황춘이도 3대대 상황을 전했다.

"3대대 진金 대대장은 비정상이에요. 심리도 불안하고 좀 눈치를 챈 것 같아요. 각 중대는 이미 급료소요 대표를 추천했습니다. 각각 비밀리에 회의를 열었고 사기가 크게 고양됐어요. 청향위원회, 애호단, 경비대, 경찰 등을 해체하라는 요구가 적지 않고 감옥 안 죄수 석방에 대해서는 요구가 일치합니다."

"그거 참 잘된 일이군. 3대대가 기의에 참가하고 사단 특무대대가 중립에 서면 정말 좋은 일이야. 그럼 승리할 수 있어."

내 말에 황춘이가 덧붙였다.

"모두 진 대대장을 아주 미워해서 그를 총으로 쏴 죽이자는 요구가 적지 않아요."

"내일 22일 10시, 연대장인 내가 장교회의를 소집하겠어. 진 대대장을 억류하고 황춘이에게 대대장을 대리하게 할 텐데, 통과할 수 있을까? 모험일까?"

내가 묻자 모두 모험이 아니며 충분히 통과할 수 있다고 했다. 연대장이 공개를 선포했는데도 그는 재정을 공개하지 않고 있으며 반동적 토호들과 결탁했으므로 모두 우리 행동을 옹호할 것이라는 의견이었다. 황춘이가 말했다.

"통과하는 것은 문제가 아니에요. 다만 우리가 9중대에 온 시간이 짧아요. 한 달도 채 되지 않아서 서로 이해가 깊지 않고 믿음도 단단하지 않습니다."

"그렇게 격렬한 전투는 없을 거야. 믿음이 잠시 단단하지 않더라도 그렇게 중요하지 않아. 3대대가 기의에 저항하지 않으면 되네."

내 말에 황춘이는 그건 절대로 보증한다고 대답했다. 내가 모두 왔으니 바로 1연대 당위원회를 열겠다고 하고 덩핑과 텅 특파원도 올 것이라고 했다. 잠시 뒤 덩핑과 텅다이위안이 왔다. 장룽성과 리찬이 말하기를, 1대대장 레이전후이와 1중대장 리위화李玉華가 난현에서 급료소요를 일으켰는데 태도가 아주 좋고 이번에 사병회 공개조직을 회복했다고 했다. 그들은 아주 신이 나서 레이와 리를 모두 공산당에 가입시키자고 했다.

"그 사람들이 어떻게 1연대에 공산당이 있는 걸 알았지?"

내 물음에 리찬이 답했다.

"레이전후이가 난현의 급료소요가 계획적이고 질서 있는 것을 보고 절대 사병회가 자발적으로 벌인 게 아니라고 생각했어요. 그는 연대장이 막후에서 벌인 일이라고 암시하기도 했지요. 레이는 사단장이 펑 연대장을 신임한다고 알고 있어요."

"레이 대대장과 리위화는 저우판과 관계가 아주 깊지. 나와 저우판이 한길로 가면 그들도 우리를 지지할 거야. 하지만 지금 나와 저우판이 두 갈래 길로 가는데 그들이 우리들을 옹호하겠나. 그들은 어릴 때 집안이 아주 가난했어. 그래서 모두 돈을 벌고 싶어 하지. 리위화는 더 심해. 저우판이 난현에서 병영학교 개학 때 했던 연설은 좌익적인 내용이었는데, 신군벌과 토호열신을 타도하자고 할 때 레이와 리가 저우판에 대해 잠시 탐색했어. 이번 기의에 레이와 리가 참가한 것은 큰 문제가 아니야. 이번에 사병회를 공개하면 그들 모두 노동자, 농민을 위해 복무한다고 할 거야."

리찬과 장룽성도 기의 참가에 문제가 없다고 했다. 비록 그들이 반동이라 하더라도 1대대에서 벗어나지 못할 것이다. 2대대가 기의에 불참하면 기의 뒤 핑장으로 귀환 개조하고 천펑페이를 우리와 한길로 가도록 조직하기로 결정했다.

"우리는 기의하였다!" 핑장기의의 전말

22일 10시, 연대본부에서 대대, 중대, 소대 장교회의를 열었다. 회의에서 국민당의 죄악을 공표하고 1927년 1월의 사병위원회 회칙을 실행하기로 했다. 노동자, 농민을 위해 복무하는 것은 물론 공농병 혁명정부와 공농홍군을 설립하기로 했다. 3대대의 진 대대장은 해임한 뒤 조사하기로 했다. 회계 절차가 깨끗하지 않고, 재정을 공개하지 않으며, 핑장의 토호열신과 결탁했기 때문이다. 그를 특무중대에 넘겨 구금하고 9중대장 황춘이를 대대장 대리로 임명했다. 다른 중대장이나 소대장 10여 명도 혁명에 대한 인식이 모호하고 사병위원회 회칙을 집행하지 않아 직무를 정지시키고 조사하였다. 중대로 돌려보내지 않고 그들의 직무는 각 대대와 중대 사병회원이 추천한 사람 중 적당한 사람이 대리하고 대대와 연대본부에 보고하기로 했다.

11시 반, 동문 밖 서원書院 1대대 연병장에서 궐기대회를 열었다. 전체 대열을 정돈하고 목에는 붉은색 띠를 둘렀다. 모두 혁명 구호를 외쳤다.

"노동자, 농민을 위해 복무하자!"

그러자 사기가 크게 오르고 새로운 기상이 치솟았다. 사병위원회 책임자가 궐기대회 시작을 선포하고 연대장인 나에게 연설을 요청했다. 환호 소리가 천둥 치는 것처럼 한참 계속되었다. 내가 연설한 대강의 내용은 다음과 같다.

'우리는 국민당의 반혁명적 죄악을 공표한다. 국민당 정부를 타도해야 하며 노동자, 농민을 위해 복무해야 한다. 공농 혁명정부를 세우고 공농홍군을 설립한다. 장교와 병사는 평등하며 장교는 사병위원회에서 선거한다. 중국공산당을 지지하며 지주계급의 토지를 몰수하고 경자유전을 실행한다. 지금 바로 평장 현성 공격을 시작하자. 애호단과 경비대를 철저하게 소멸하고 모든 반혁명 기관을 해산시켜야 한다. 갇혀 있는 인민 군중을 석방하고 반혁명분자를 잡아 가두자. 혁명 법정을 세워 그 죄를 심판해야 한다. 여러분이 견결하게 혁명 임무를 완수하기를 희망한다.'

또 선서를 낭독했는데, 그 의미는 대략 다음과 같았다.

'제국주의를 타도하고 국민당 정부를 타도하자. 공농병 정부를 세우자. 지주계급의 토지를 몰수하고 농민에게 나누어 주자. 공농홍군을 설립하고 장교와 병사의 평등을 실현하자. 장교는 사병위원회에서 선거하고 재정 공개를 실현하자. 지금 즉시 평장의 반동적인 현 정부, 민단, 청향대, 청향위원회를 공격하여 견결하게 소멸시키자! 우리들은 기의했다. 노농자, 농민을 위해 복무하기 시작했다!'

대회장은 열렬하게 타올라 어떻게 말로 표현할 방법이 없었다. 모두 목에 홍색 띠를 두르니 대오의 모양이 바로 바뀌었다. 모두 원기왕성, 용기백배하여 두 주먹을 불끈 쥐고 성을 향해 전진했다. 오후 1시에 행동을 개시하여 2시경 여러 반동적 무장집단을 무장 해제시켰다. 한 시간 반도 안 되어 예상보다 순조롭게 전 성의 반동 무장집단을 일소하였다. 총 한 방 쏘지 않고 사상자도 한 명도 발생하지 않았다.

나는 3시가 넘어 성에 들어갔다. 홍기가 거리에 가득 나부끼고 질서정연한 모습을 직접 눈으로 보았다. 국민당기와 국기는 보이지 않았다. 학생과 시민들이 자발적으로 행동에 나선 것이다. 감옥에서 석방된 혁명 인민들이 거리에서 선전하고, 시위에 나서고, 구호를 외치고 반동파를 잡아들였다. 표어와 전단이 거리에 가득하여 보는 사람을 신나게 했다. 모두 기쁜 기색이 가득했다. 오가는 인민 군중들의 얼굴이 활짝 폈다. 평소처럼 영업을 하고 문은 닫는 모습을 볼 수 없었다. 연대본부로 돌아와 문 앞에 있는데 한 무리의 학생, 시민들이 나를 손가락으로 가리키며 큰 소리로 외쳤다.

"저 사람이 펑 연대장이다!"

겨우 서너 시간 만에 평장이 이렇게 변했다. 당시 느꼈던 혁명의 위력은 참으로 무궁했다. 덩펑이 붉은색 표어 한 다발을 옆에 끼고 걸어와 말했다.

"승리했어요. 예상보다 순조롭네요."

"혁명의 기운이 차오르는 것 같군."

"그렇네요. 국민당이 인민을 도살해서 모두 미워하고 있어요."

오후 4시, 2대대가 쓰촨에서 평장성으로 돌아와 열렬한 환영과 위로를 해 주었다. 출옥한 학생 조직의 선전대가 그들에게 선전을 진행했다. 학생들은 아주 생동감 있게 연설하여 2대대에 대한 교육 효과가 매우 컸다. 그들의 사기도 높아져 장룽성이 맡아 사병위원회 설립을 준비하였다.

그날 저녁 9시 정각, 1차 연대 당위원회를 다시 소집하여 각 방면의 간단한 보고를 들었다. 노획한 무기와 탄약의 수량이 적지 않았다. 소총이 1천 자루에 가깝고 탄약도 1백만 발에 이르렀다. 주로 사단본부 창고에 보존하던 것이었다. 포로가 민단·애호단·경찰 등 2천여 명에 이르고 감옥에서 풀려난 인민 군중이 약 1천여 명이었다. 반동적 현장과 청향위원들을 모두 체포했는데 약 3~4백 명에 이르렀다. 그러나 가장 반동적인 청향위원회 주임 장팅張挺은 이미 평장을 떠나 창사로 달아났고, 사단본부의 리후이건 부사단장과 더지탕 참모장 역시 도망쳤다.

나머지 현장縣長부터 그 아래로는 한 사람도 그물에서 빠져나가지 못했다. 다만 성을 공격할 때 시골에서 달아난 토호열신은 아직 제대로 조사하지 못했다. 네 성의 출입을 금지하고 성 위에 순찰병을 파견했으니, 날이 밝은 뒤 성에 들어가는 그곳 군중들을 다시 조사하기로 했다. 장룽성이 말했다.

"각 방면에서 승리가 큽니다. 공작도 모두 좋았고요. 다만 재정 수입이 좀 적어요. 사단본부 경리처 현금이 얼마 안 됩니다. 수표가 겨우 10여만 원인데 웨저우 세관이 발행한 것이고 지금 돈을 받을 수 없어요. 현 세무국과 전량국田粮局〔농업세를 걷던 곳〕 현금도 얼마 없어서 1천 원이 채 안 되네요. 연대본부 군수 담당이 사단 경리처장을 따라 창사에 가서 7~8월 경비를 받아와야 하는데 아직 돌아오지 않았습니다. 연대본부에 보관 중인 돈은 겨우 수백 원이고, 나머지 공적금 1만 5천 원이 있어요. 그리고 당신이 강무당을 졸업하고 돌아와 1중대장으로 임명되었을 때부터 이후 대대장, 연대장이 된 지금까지 모은 급료 4,200원이 있었는데, 올해 정월에 펑진화彭金華(둘째 아우)가 난현에 왔을 때 그에게 400원을 주었어요. 아버지, 할머니가 돌아가신 뒤 빚을 지고 집을 짓고 살 돈이 없다고 하기에…, 대신 당신께는 말하지 말라고 하더군요. 전에 사무비, 잡비, 임시비, 출동비, 절광비截曠費〔중국 구군대에서 장교의 비공식적 수입〕, 특비 등 모든 공금 성격의 돈을 절약해서 남긴 것을 공적 적립금으로 하고 사적 항목으로 사용하지 말라고 했지만, 월급은 사적인 돈인데 그것도 보존해야 하나요? 일부는 보존하고 집에 보내거나 사적으로 써도 되지 않겠어요?"

"우리는 토호열신과 자본가를 타도해야 해. 나는 그런 종류의 인간이 될 수 없어. 내가 그렇게 되면 너희들이 나를 때려. 월급이고 뭐고 모두 다 공적금으로 만들어."

다이지제가 연대장일 때 모은 공잡비 등 6천 원까지 더하니 대략 2만 7,8천 원이 마련되었다. 그 외 성내 각운국權運局에 있는 관염官鹽 1백만 근, 공적 양곡과 지주가 보관하던 양곡 수만 담抛을 싼값에 팔면 3,4만 원을 얻을 수 있었다. 또한 큰 상점에서 대출을 할 수도 있었지만 1만 원 이상 대출할 수 있는 상인은 많지 않았다. 자본금이 5만 원 이상인 차 상점, 기름 상점이 열 곳가량 있었는데 모두 공동출자였고, 그중 장팅과 합자한 곳이 세 집이었다. 어떤 사람은 장이 3분의 1을 차지하고 있다고 하고 어떤 사람은 3분의 2를 차지하고 있다고 했다.

이를 어떻게 처리할지 토론한 결과, 곡물과 소금은 싼값에 반을 팔고, 절반은 마지막에 가난한 집에 나눠 주기로 했다. 1만 원이 넘지 않는 상점은 손해를 입지 않고, 1만 원 이상의 상인은 100분의 5나 100분의 10을 손해 보았다. 반동파와 일반 상인이 합자한 곳은 반동파 지분을 몰수하고 100분의 30을 돈으로 지불했다. 전당포는 몰수를 공표하고 전당 잡힌 물건을 무상으로 돌려주었다. 장룽성이 내게 물었다.

"우리가 성안에서 얼마나 오래 공작할 수 있을까요?"

"5일에서 7일 정도야. 2·3연대가 오늘 밤 류양, 웨저우 방면으로 나누어 퇴각할 걸세."

23일 사병위원회가 조직한 선전대는 시내 구역과 교외 구역으로 가 여러 방식으로 선전하였다. 선전 내용은 '장교와 사병은 평등하다. 체벌을 폐지해야 한다. 농민의 밥을 먹고, 노동자의 옷을 입자. 먹고 입는 것을 노동자, 농민의 것으로 하자. 우리는 모두 노동자, 농민을 위해 복무한다'는 것이었다.

이날, 핑장현 당위원회 책임자가 앞뒤로 현성에 찾아와 텅다이위안 동지의 지도로 조직 사업을 진행했다. 24일 오후에 기의를 경축하는 군중대회를 개최하고 공농병 소비에트 정부 설립을 준비했다. 성안의 군중은 한 무리의 반동적 악질 지주를 색출하고 임시 혁명법정을 설립했다. 그들은 중요한 반혁명분자들을 처단했다. 노획한 총과 탄약을 핑장현위원회가 조직한 군중들이 황진통黃金洞 산악 지구로 운반하고 농민 자위대를 설립했다. 식량과 소금 역시 최대한 산악 지구로 운반했다.

이날 오후 사단 병영학교가 웨저우에서 핑장성에 안전하게 도착했다. 사기가 매우 높았으며 전부 공농홍군에 참가하기를 요청했다. 우리는 그들을 열렬히 환영했다. 홍군에 참가하기를 원하지 않는 사람은 원래 부대로 돌아가게 하고 뜨겁게 배웅하려 했는데 한 사람도 돌아가지 않았다.

황궁뤠가 인솔하는 3연대 3대대는 그날 오후 4시에 핑장성 북쪽 5~10리쯤 떨어진 곳에서 휴식하였다. 궁뤠가 먼저 내게 와 신이 나서 경과를 이야기하였다. 그때 리광이 연대 당위원회에서 보내는 편지를 들고 급히 뛰어와 말했다.

"대오가 달아났어요. 9중대장 허중우賀仲斌가 선동했어요. 그가 '황스에게 속았다. 황스는 공비다. 어떻게 할 테냐?' 하고 떠들고 대오를 이끌고 남쪽으로 달아났습니다. 우리는 숨어 있다 뛰어 돌아왔어요."

황궁뤠가 성이 나서 말했다.

"가서 쫓아가세. 소리치면 돌아오게 할 수 있어."

나는 그를 만류했다.

"추격할 필요 없어. 소리쳐도 돌아오지 않을 거야. 혼자 쫓아가면 오히려 자네를 잡아갈 걸세. 벌써 한 시간이 지났어. 부대를 보내 추격하려면 출발하는 데 또 한 시간이 걸려. 그놈들 지금 20리는 갔을 텐데 어느 부대에게 쫓아가게 하려고?"

"쓰춘에 주둔하던 2대대를 보내지."

"2대대는 어제 오후 4시에 핑장성으로 돌아왔네. 미리 2대대에 알리지 못했어. 기의 두 시간 전에 겨우 전화로 알렸거든. 2대대를 완전히 믿을 수 없다고 생각했지. 지금 기의는 기본적으로 승리했어. 하지만 내부적으로 배신할 가능성이 있어. 기의 한 시간 전에 진 대대장과 중대장 등 10여 명을 잡아 가두고, 지금 각급 사병위원회를 동원해서 내일 선거하려고 준비하고 있다네. 3연대 3대대는 기의 뒤 다시 배신해서 갔어. 이 교훈은 1연대를 결속시키는 데 좋은 사례야. 장교들에게 더 숙청해야 한다고 말해야 하네."

훠궈중이 듣고 일어나 가면서 말했다.

"위험하군요. 조금이라도 소홀히 해서는 안 되겠어요."

훠궈중이 간 뒤 궁례에게 다시 말했다.

"자네가 3대대에 간 지 아직 한 달이 되지 않았어. 거기 상황에 익숙하지도 않고 병사들도 믿을 수 없어. 류지런이 부대에 있을 때 장기간 반동적 교육을 진행해 왔네. 혁명은 비합법이고 반혁명은 합법적이고 공개적인, 옳고 그름이 뒤집힌 상황에서는 공작하기가 여간 어렵지 않아. 이런 상황을 바꿔야겠지만 단기간에 할 수 있는 건 아니지. 스스로 위안하자는 게 아니라 사실이 그래. 그래서 잘 생각해 보고 교훈을 얻어야 하네. 배신은 특별하거나 뜻밖의 일이 아니야. 힘들어할 것도 없어. 우리는 뭐 잃어버린 것도 없네. 오히려 1연대가 튼튼해진 게 좋은 점이지."

23일 해가 질 무렵, 대략 8시에 연대 당위원회 전체회의를 열었다. 1차 회의였는데 참가한 인원은 가장 많았다. 텅다이위안, 황궁뤠, 황춘이, 휘궈중, 장룽성, 리찬, 리리, 리광, 덩핑, 그리고 나까지 모두 열 명이었다. 궁뤠가 3연대 3대대가 반역한 상황을 말하고, 공작을 잘하지 못했다고 덧붙였다. 나는 이번 일을 분석하여 거듭 말하고 사병들을 움직여 믿을 수 없는 장교들을 숙청해야 한다고 강조했다. 우리는 3연대 3대대가 반역한 교훈을 접수하고 사병위원회 지도 강화 문제를 토론했다. 또 사병 대중을 움직여 장교를 선거하고 사병 자치, 장교와 병사를 평등하게 똑같이 대우해야 한다고 했다. 과거 1927년 1월에 사병위원회 회칙을 실행할 것을 논의하면서 토호를 치고 땅을 분배한다고 했었는데, 회칙에서 도지를 줄이고 이자를 줄인다는 내용은 삭제했다. 그리고 내가 텅다이위안을 홍5군 당대표로 세우자고 제안했다. 그는 후난성 당위원회 건의로 부대에 머물고 있었다. 내 제의에 모두 찬성했다.

리찬, 리리, 장룽성이 이번 기의에서 1대대장 레이전후이, 1중대장 리위화, 2대대장 천펑페이 모두 태도가 좋다고 하자, 어떤 동지가 "지금은 순조로울 때인데 장차 간난신고할 때도 과연 그럴까?" 하고 의문을 제기했다.

"내일 선거에서 그들이 당선될 것 같은가?"

내 물음에 장룽성이 당선될 거라고 했다. 나는 이어서 "궁뤠가 4연대에 가서 당대표를 해도 좋을까?" 물었는데, 모두 좋다고 하였다.

내가 덧붙였다.

"창사에서 특위가 체포되었을 때 천펑페이 대대장이 궁뤠의 안위에 크게 관심을 가졌다. 보아 하니 이 사람은 감정이 정치적 태도보다 무겁다."

24일 오전 사병위원회가 연대본부에서 연석회의를 열었는데 나도 참가하여 발언했다. 회의에서 나를 홍5군 군단장 겸 13사단장으로 선출하고, 덩핑은 참모장이 되었다. 1, 4, 7연대 등 3개 연대를 설립하고 연대장에 레이전후이, 천펑페이, 황춘이를 임명했다. 휘궈중은 7연대 부연대장이 되었다. 회의에서는 또 연대 당위원회를 홍5군 군위원회로 개편하는 안건을 통과시켰다. 군에서 연대까지 공산당 당대표제를 실행하고, 연대 이상에는 정치부를 세워 혁명화를 책임지기로 했다.

텅다이위안이 홍5군 당대표가 된 것을 환영했으며 리찬을 1연대 당대표로, 황궁뤠를 4연대 당대표로 선출하고, 황춘이를 7연대 당대표를 겸하게 했다. 홍군은 공산당의 지도를 받아들이고 영원히 노동자, 농민을 위해 복무하기로 했다. 연대 당위원회를 홍5군 군위원회로 개편한 뒤 당대표 텅다이위안 동지를 서기로 임명했다. 당대표가 각급 당위원회 서기가 되었는데, 이는 당시 홍5군의 제도에 따른 것이다.

24일 오후 4시, 핑장현 당위원회는 군중대회를 소집했다. 기의 승리와 공농병 소비에트 정부 설립 선포, 공농홍군 설립을 경축하는 자리였다. 이 대회에 홍5군 전체 성원이 참석했다. 대회에 참가한 사람은 5만 명 이상이었다. 홍기를 휘날리고, 징과 북을 치며 열렬한 분위기 속에 공전의 성황을 이루었다. 나와 텅다이위안 동지가 연설을 하였다. 민군의 열정이 말할 수 없이 뜨거워 참가한 사람들 모두 크게 고무되었다.

24일 이날, 창사에서 전보와 전화로 소식을 알려 왔다. 25일 반동파 군대가 핑장 공격을 준비하여 27일이나 늦어도 29일이면 핑장 근교에 도달할 것이라고 했다. 우리는 성내 공작을 27일까지 모두 마쳐야 했다. 25일 군사 배치 회의를 열었다. 연대장인 나를 비롯하여 당 대표가 모두 참가하여 핑장성 근교의 군사 배치에 대하여 토론하였다. 적들이 핑장성을 공격할 때 성 주위 유리한 지형과 익숙한 상황을 이용하기로 했다. 공격하는 적에게 일대 타격을 주어 한두 개 연대를 섬멸한 뒤 핑장성에서 철수하기로 했다. 이것으로 홍군의 위세를 드높이고 장시江西, 악남鄂南〔후베이성 남쪽〕으로 발전할 계획이었다.

전투 부서는 이렇게 배치하기로 했다. 특무중대 및 기관총중대는 성 서쪽에서 거점을 은폐하는 공사를 하고 적을 해당 지점으로 유인하여 공격 살상한다. 1연대는 정면에서 출격하고 4연대 및 7연대는 남북에서 협격하여 적의 일부를 소멸한다. 또한 핑장성을 공격하는 적군 주력을 성 구역으로 유인해 온 다음 핑장성 동쪽 향鄕〔향鄕은 현 아래 말단 행정구역 단위〕과 장시 방면으로 발전해 간다. 이런 계획에 따라 1연대를 성 서쪽에 기민하게 배치했다. 천펑페이와 황궁뤠가 인솔하는 4연대는 성 남쪽 30리 되는 곳에 자리 잡고, 적이 성 서문 쪽을 공격할 때 적의 측후방인 남에서 북으로 돌격하기로 했다. 지형을 정찰하고 전화를 가설했으며 협공 예정 지점을 선택했다. 총괄적인 각종 전투 준비를 마친 셈이다. 모두 자신감이 백배가 되어 적 일부분을 소멸할 수 있을 것 같았다.

7월 29일 적이 공격을 시작했다. 3개 연대가 핑장 동쪽 70리 지점인 창슈제를 향해 아군의 퇴로를 차단하고 공격해 왔다. 또한 5개 연대를 전후 2개 제대梯隊(군사용어로 행군이나 전투 시 행동 순서에 따른 부대 서열)로 나누어 장평공로長平公路(창사 – 평장 간 도로)를 따라 성 서쪽 관문을 공격했다. 적의 1제대 2개 연대가 오전 9시에서 10시경 서문의 우리 1연대 진지를 북쪽에서 남쪽으로 맹공하며 돌격했으나 우리의 은폐 거점, 즉 기관총 화력점의 맹렬한 습격을 받아 대략 3, 4백 명 이상의 사상자를 냈다. 황춘이와 훠궈중이 인솔하는 아군 7연대가 정오에 예정된 계획에 따라 적 측후방에서 남쪽으로 돌격하여 적의 배치를 교란시키고 적을 공로公路 남쪽까지 밀어냈다. 전투는 오후 해질 무렵까지 계속되었다. 적의 2제대도 이미 접근했고 4연대 움직임도 없어 결국 서로 대치하는 국면이 되었다.

1, 7연대와 홍5군 직할대는 황혼 무렵 전투에서 물러났다. 그들은 북쪽에서 동쪽의 룽먼龍門으로 돌아 집결했다. 장시江西의 슈수이修水에 닿은 곳이었다. 만약 4연대가 예정된 계획에 따라 1·7연대와 호응했더라면 적의 선두 제대 중 1개 혹은 2개 연대를 섬멸시켰을 것이고, 그러면 전술적으로 적에게 타격을 주었을 것이다.

셋째 날 밤, 4연대가 비로소 룽먼으로 귀대하였다. 그들은 28일 오후에 적이 공격하던 전날, 지정된 지점에서 벗어나 자유 행동을 했다. 상부에 보고하지도 않고 바로 류양 방향으로 가서 3연대를 공격했다. 배반한 3연대 3대대에 소리를 질러 돌아오게 할 생각이었다. 그 결과 4연대는 약 7백 명 중 태반을 잃어 거우 3백 명도 남지 않게 되었다. 7연대는 사망자가 1백여 명 되었는데 황춘이 동지가 전사하여 커다란 손실을 입었다. 1연대와 기관총중대, 특무중대는 모두 전상자가 수십 명에 불과했다.

25일 군사회의에서 범한 잘못은 전략 방침에 대해 토론하지 않은 것, 또 혁명의 장기성을 인식하지 못한 것이었다. 전쟁의 형식은 마땅히 장기적인 공격과 수비에 있다. 이런 생각을 했더라면 적이 핑장성을 공격하기 전에 좀 더 일찍 주동적으로 철수했을 것이다. 적에게 빈 곳을 치게 하면 어떤가. 그랬으면 이와 같은 손실을 면했을 것이다. 또 부대를 창슈제와 장시성 슈수이, 퉁구銅鼓 경계에 배치하고 연대를 단위 부대로 분산시켜 토호를 치고, 토지를 분배하고, 군중공작을 하게 해야 했다. 이렇게 해야 인민 군중과 연계할 수 있고, 부대의 계급교육을 깊이 할 수 있으며, 부대의 정치적 각오를 고양시킬 수 있었다. 그랬으면 당시 가능성 없는 전투를 피할 수 있었을 것이다. 우리는 3대 임무의 통일성을 인식하지 못했다. 이는 당시 내가 맹목적이었으며 마르크스-레닌주의노선의 전략과 책략적 인식이 결핍되어 있었음을 보여 주는 것이다. 내가 홍군에 참가한 뒤 범한 첫 번째 잘못이었다.

간단한 맺음말

핑장기의는 1928년 7월에 일어났다. 당시 중국혁명은 힘겨운 시기였다. 후난성, 후베이성, 장시성 3성의 반동 군사 역량은 비교적 강하고 컸는데 그중에서 후난이 가장 컸다. 3성의 정치 국면은 보통이었고 또 평온했다. 기의 자체의 준비와 조건은 전혀 성숙하지 않았다. '남화안 특위'가 파괴되어 군대 내 당의 성원이 노출되었는데 다행히 정보가 확실하여 독수를 피할 수 있었다.

만약 제때 결단하지 않고 기의를 결심하지 않았으면 노출된 동지들을 구하지 못하고, 노출되지 않은 동지들도 장기간 은폐하기는 어려웠을 것이다. 5사단 1연대에 당을 세웠을 무렵 기초가 허약하여 당원이 8~9명에 불과했는데 전부 파괴당할 위험이 있었다. 연대 당위원회가 견결한 태도로 기의를 이끌기로 한 것은 정확한 선택이었다. 그에 따른 구체적인 조치들도 정확한 편이었다.

기의 전 1개 현에 있는 1개 사단 안에서 2개 연대가 반동적인 상황이었다. 게다가 2개의 지주 무장대가 있어서 적이 우리보다 2배 이상 우세한 역량을 가지고 있었다. 하지만 우리는 완전한 승리를 거두었다. 동지들이 기의를 성급히 앞당겼기 때문에 부분적으로는 좋은 효과를 얻지 못했지만 전체적인 국면에서는 문제가 되지 않았다. 전체 국면에서 우리는 침착함을 유지하며 계획대로 기의를 일으켜 궐기대회를 열고 정강을 선포했다.

기의 시 혁명적 사병 군중 조직이 보편화되었는데도 당의 성원은 겨우 8, 9명에 지나지 않았다. 기의 후 즉시 상악감(후난성·후베이성·장시성) 3개 성 반동적 군대의 합동토벌에 맞닥뜨렸다. 40여 일 동안이나 선회하며 싸워 겨우 적의 합동토벌을 분쇄했다. 그때 우리는 근거지가 없었다. 외성에 적을 둔 장교와 병사들은 그곳의 토지혁명에 결합하지 않았다. 우리는 또 지리와 인심에도 익숙하지 않았다. 연속된 전투와 임무로부터 압박과 긴장을 받았다. 이렇게 극단적으로 곤란한 시기에 일단의 병사들이 동요하고 도망치는 일도 발생했다. 이런 현상은 상악감 변구의 근거지 회의에서 노출되었다. 즉시 평장기의 부대와 그곳 지방 농민유격대를 혼합 편성하기로 결정했다. 그 결과 부대는 공고해지고 빠르게 발전할 수 있었다.

1928년 7월 22일 핑장기의부터 7월 29일 해질 무렵 현성에서 철수할 때까지 중요한 공작을 진행하였다. 철저하게 민주적 제도를 채용하고 구식의 반혁명 군대제도를 분쇄했다. 또 노동자, 농민을 위해 복무한다는 홍5군의 참신한 기풍을 세웠다. 이렇게 홍군을 세우지 않았다면 상악감 변구에 커다란 소비에트 근거지를 세우는 것은 불가능했을 것이다. 우리는 반혁명적인 현정부, 청향위원회, 국민당과 그 모든 반동적 무장 세력을 분쇄했다. 반혁명기구를 철저하게 때려부수고, 또 신속하게 혁명 군중을 무장시켜 핑장 임시 소비에트 혁명정부를 세우고, 감옥에 갇힌 많은 혁명적 군중을 석방했다.

핑장현의 반혁명분자들이 살해한 혁명 인민 군중은 수를 헤아리기 힘들었다. 우리는 임시 혁명법정을 세워 한 무리의 반혁명분자들을 처단함으로써 잠시나마 혁명 군중들의 원한을 풀어 주고 분풀이를 해 주었으며, 그들을 지원하여 반혁명분자들의 기세에 타격을 입혔다. 이것은 반드시 해야 하는 일이고 필요한 일이었다.

그러나 이번 무산계급의 문화대혁명 운동 중 뜻밖에도 몇몇이 영화 〈해일怒潮〉*의 각본을 공격하고 비판하며 무엇이라고 했던가. '핑장기의에서 펑더화이는 양손이 인민의 선혈로 피투성이가 되었다'고 했다. 이는 나 한 사람을 모욕한 것으로 그치는 문제가 아니다. 핑장기의를 모욕하고, 공산당이 영도한 기의를 모욕하는 것이며, 따라서 공산당을 모욕하는 것이다. 반혁명 입장에 서서 40년 전 반혁명

---

* 1962년 제작된 영화로, 펑더화이 휘하에 있던 장군 우쯔리吳自立가 주도하여 펑더화이의 전공을 기리는 내용을 담았다. 문화혁명기 장칭江靑 등의 집중 공격을 받았다.

분자의 선동으로 바꿔 뒤집는 일이다. 모든 것을 부정하고 핑장기의를 부정하는 것으로서 옳지 않을 뿐 아니라 죄악이다. 어떤 사람은 또 청향을 하면서 농민을 살해했다고 말하는데, 이에 대해서는 역사 문건과 핑장기의 참가자 중 아직도 살아 있는 사람이 모두 증명할 수 있다. 1연대는 핑장에서 36일간(6월 16일부터 7월 22일까지) 아예 청향을 한 일이 없다.

1·3대대와 연대 직할대도 핑장성에 주둔할 때 밖으로 나간 일이 없다. 2대대도 난샹 쓰춘에 주둔하면서 쓰춘진 몇 리 안에서 야외 훈련을 한두 번 한 것밖에 없다. 핑장현 남부지구당의 지하공작을 한 사람이 일찍이 주둔군의 상황을 글로 쓴 바 있는데 이 사람도 아직 살아 있다. 핑장기의에 참가했던 사람이 인민해방군 가운데 또 몇 명 있다. 분명하게 조사하여 터무니없이 꾸며내지 못하게 해야 한다. 반혁명분자의 주장으로 바꾸는 일은 하지 않아야 한다. 혹시 종파주의적 입장에 서 있다면 마땅히 비판해야 한다. 이렇게 사실적 근거도 없는 문장을 《인민일보》와 《해방군보》에 싣는 것은 신문의 명예를 훼손시킬 뿐 아니라 투기분자와 반혁명분자에게 틈을 보이는 일이 될 것이다.

독립 5사단 1연대는 핑장기의 전에는 다른 백군과 마찬가지로 반혁명 군대로서 지주 자산계급과 착취제도의 도구에 지나지 않았다. 또 노동자·농민혁명을 진압하는 도구였다. 이것이 근본 성격이었다. 그 사병들은 절대다수가 군복을 입은 농민이었다. 압박과 착취를 당하는 인민 군중이었다. 그들은 강제로 착취자와 압제자에게 복무해야 했다. 이것이 백군의 기본 모순이다. 가장 엄격한 조직과 절대복종하는 기율로 사병을 구속하였으며 어떠한 자유 활동도 허락하지 않았다. 사병에게 10대 참죄가 있었는데 착취, 압박자의 이익에 반대하는 것은 모두 비합법이었다. 예컨대 사사로이 파당을 만드는 자는 참한다는 조항이 있었다. 행정 관리와 등급제도를 활용하여 각양각색의 기만을 하고 장교를 특혜 대우하여 관리하고 교육했다. 이런 군대의 성격을 개조하는 것은 쉬운 일이 아니었다. '군대는 국가의 것이다' '공산주의는 나라의 상황에 맞지 않는다'는 기만적인 교육을 일삼았다.

　나는 이 군대에서 합법적 신분을 이용하여 비합법적 비밀 활동을 12년 동안이나 진행해 왔다. 하지만 만들어 낸 성적은 보잘것없다. 그 경험이란 각종 모순을 이용하여 비합법을 합법으로 만드는 것으로, 예를 들면 사병위원회 회칙을 병영학교 목표로 만드는 것 등이다. 비합법, 즉 혁명은 목적이고 합법은 수단이었다. 그렇지 않으면 합법주의가 되어 오히려 반동 통치자에게 예속되거나 방조하게 될 뿐이었다. 구체적 상황에 근거하여 구체적으로 분석해야 했다. 모순은 구식 군대에 보편적으로 존재하는 것이었다. 민첩하고 교묘하게 이용하면 충분히 비집고 들어갈 틈이 있었다. 합법과 비합법투쟁을 밀접하게 배합하면 행동 통일을 이룰 수 있었다. 항일전쟁 시기, 군대와 조직을 위하여 활동하는 데 이런 형식을 이용하여 상당한 효과를 거두었으며 인민의 이익을 보호할 수 있었다. 그러나 아직 경험을 제대로 총괄하지는 못하였다.

1928년 8월~1929년 7월 핑장에서 철수한 펑더화이 부대는 후난성 각 지역을 전전하며 국민당 군대와 계속 전투를 벌인다. 후난성의 5개 공산당 현위원회와 연석회의를 가진 그는 공산당 근거지인 '상악감湘鄂贛(후난성·후베이성·장시성) 변구'를 건립한다. 펑더화이의 홍5군은 추수기의 뒤 근거지를 개척하고 있던 마오쩌둥의 홍4군과 만나기 위해 징강산으로 진군한다. 국민당군의 징강산 포위토벌이 진행되자, 두 부대는 회의를 거쳐 홍4군은 징강산을 벗어나고 홍5군이 남아 근거지를 사수하기로 결정한다. 그러나 중과부적으로 밀리면서 홍5군도 첩첩의 포위망을 뚫고 나와 후난 각 도시를 떠돌며 싸우게 된다. 이른바 '대장정'을 떠나기 전까지 근거지가 된 장시성 루이진에서 마오쩌둥, 주더의 홍4군과 펑더화이의 홍5군이 다시 합류하여 근거지 확대에 나선다.

3성의 합동토벌을 분쇄하고 상악감 변구를 건설하다

1·7연대와 직할대가 평장에서 철수하여 동쪽의 룽먼으로 이동 집결하자, 농민들이 연도에서 열렬하게 환영하며 위로해 주었다. 농민들의 구호와 노랫소리가 그치지 않았다. 농촌의 집들이 대부분 불에 탔는데도 농민들은 최대한 방을 내주어 홍군의 숙소로 쓰게 했다. 농민들은 자신들의 군대가 노숙하며 비에 젖지 않도록 했다. 농민들은 홍군을 '우리 군대'라고 불렀는데, 우리는 그 말을 이곳에서 실제로 처음 들었다. 군중들의 열성적인 격려로 군대의 사기가 크게 올랐다. 류양에서 상당한 손실을 입어 연락이 되지 않던 4연대도, 2~3일 뒤 지방당에서 보낸 길잡이를 따라 귀대하였다. 룽먼에서 쉬며 정돈하는 10여 일 동안 다음의 몇 가지 공작을 진행했다.

① 정치부를 세워 공작하였다. 당대표 겸 주임에 텅다이위안, 부대표에 장룽성을 임명했다. 정치부는 군 내에서 정치사상 공작을 진행하고 대외적으로는 토호를 타격했다. 몰수와 분배는 정치부의 승인을 거쳐 진행했다. 포고를 내고 살인죄상을 선포하는 일에 정치기관으로서 서명을 하였다.

② 사병위원회 공작을 계속 강화하고 당 조직을 발전시켰다. 군대 안에 비밀리에 당을 조직하고 당의 비밀 지부를 세워 당원 대상을 지도했다. 주로 비밀 사병위원회 회원들이 활동을 펼쳤다. 10월이 되자 많은 기층 단위에 모두 지부가 세워졌다.

③ 위에서 아래로 당 대표제를 세웠다(위임).

④ 선전공작을 강화했다. 중대와 정부기관에 모두 선전공작을 하였다. 여럿이 손에 선전통을 쥐고 처음에는 붉은 흙으로, 나중에는 석탄으로 커다랗게 표어를 썼다. 연도와 숙영지가 글자로 가득차게 되었다.

잠깐 쉬며 부대를 정돈했다. 8월에 후난의 적 12~15개 연대가 핑장과 류양에 계속 집결했다. 그들은 홍군을 공격할 준비를 하고 있었다. 당시 농민들은 우리를 '홍군'이라 부르고 국민당 군을 '백군'이라고 불렀다. 적군과 무리한 정면충돌을 피하려고 아군은 장시江西의 슈수이성을 공격했다. 자진渣津과 슈수이를 먼저 점령하고 10여 일 동안 그곳에서 겨울 옷을 마련했으며, 또한 백군 1개 대대와 민단 2~3백여 명을 소멸시켰다.

9월 초, 상악감〔후난성·후베이성·장시성〕 3성의 백군이 합동토벌會剿을 시작했다. 아군은 슈수이성에서 철수하여 퉁구를 점령했다. 우리는 분산된 부대를 상대하며 군중공작하는 것을 배우기 시작했다. 장시는 맹동주의의 영향을 비교적 적게 받았고, 군중들도 비교적 쉽게 움직였으며 조직하기도 쉬웠다. 한 달이 지나지 않아 슈수이와 퉁구 일대 군중들이 몇몇 조직을 갖게 되었다. 특히 자진 지구 군중들은 이미 조직을 만들고 있었다.

부대는 토호 타도, 자금 조달, 지하창고 발굴 등의 작업을 배웠다. 지주들은 지하창고 하나에 보통 몇 백에서 몇 천 원 심지어 몇 만 원까지 묻어 두고 있었다. 장룽성이 공작대를 데리고 자진 지구에 나가 한 무리의 토호들을 잡았다. 장시의 토호들은 입성이 후줄근했다. 내가 아무래도 토호가 아닌 것 같아 몇몇을 풀어 주었다가 비판을 받았다. 장룽성이 말했다.

"이 토호들은 모두 벌금이 1천 원 이상 되는 자들이에요. 나도 처음에는 당신처럼 생각했다가 나중에 지주 가족들이 등에 은화를 한 푸대씩 짊어지고 와 벌금을 내는 것을 보고 비로소 토호라고 믿게 됐어요."

점령한 슈수이에서 시행한 도시 정책은 핑장기의 때와 같았다. 자본의 대소에 따라 손해를 보는 비율을 달리했다. 1만 원이 넘지 않는 자는 손해가 없었고, 1만 원 이상인 자는 100분의 5에서 100분의 10까지 내도록 했다. 반동정치 대표와 한패가 된 상인들에게는 엄격했다. 반동은 제거하고 100분의 30을 돈으로 환산하여 내도록 했다. 관염은 몰수하여 군중에게 배급했다. 그러나 나중에 군중들은 먹을 소금이 없다고 불만을 표시했다. 전당포는 몰수를 선포하고 전당표에 의거하여 무상으로 물건을 돌려주었다. 또한 비교적 큰 반동 포목점 두 곳을 몰수했는데, 이는 군대에 필요한 의복을 만들기 위한 것으로 군중에게는 나눠 주지 않았다. 그 뒤에 군중들은 포목을 살 수 없다고 불만을 표시했다. 슈수이 현성에서 조성한 자금이 포목점에서 몰수한 것을 제외하고 3만 원도 채 되지 않은 반면, 체포한 토호의 지하창고에서 가져온 것은 도시보다 절반 정도 많았다. 이후 인식이 점차 제고되어 자금 조달 대상을 바꾸게 되었다. 이것은 민주혁명과 사회주의 혁명의 두 단계와 이에 따른 혁명 대상을 분명하게 정리하지 않아 발생한 문제였다. 우리가 남진하여 처음 퉁구를 점령했을 때 연도의 군중들은 매우 친절했고 상점들도 문을 닫지 않았다.

적이 계속 전진해 와, 우리는 완짜이萬載대교로 이동하여 뒤에 류양劉陽을 의지했는데, 그때 후난의 장후이짠 여단의 3개 연대가 갑자기 습격해 왔다. 성의 경계를 넘지 않는다는 관례를 깨뜨린 것이다. 우리는 펑장, 류양, 슈수이, 퉁구 등 네 현의 경계에 있는 산악 지구로 이동했다. 그러나 장시와 후난 두 성의 백군이 공격해 와, 나는 즉시 장시 남쪽의 퉁청通城, 퉁산通山, 주궁산九宮山 지구로 군을 이동시켰다. 후난, 장시 백군의 추격이 급한 데다 호북군이 요격해 와 우리는 다시 주궁산과 슈수이, 우닝武寧 사이로 남진했다. 그 과정에서 도처의 민단과 경찰을 소멸시키고 현과 구區 정부를 때려 부쉈으며, 반동파를 죽이고 재산을 흐트러뜨렸다. 우리는 백군 1개 부대 소멸을 목적으로 삼고 되도록 정면충돌을 피했다.

　세 성의 합동토벌에 맞서 우리는 적의 공격 범위에서 맷돌처럼 선회하는 전술을 채택했다. 적은 이것을 '접시 위에서 빙빙 도는 전술'이라고 불렀다. 적군의 측후방으로 튀듯 움직여 적이 갈피를 잡을 수 없게 하고 피로를 극심하게 만든 것이다. 이렇게 하여 10월 중하순이 되자 적은 기진맥진하였다. 우리는 자진에서 주페이더朱培德 부대의 1개 대대를 소멸시켰고, 적이 마침내 '추격 토벌'을 중지했다. 상악감 3성의 반동 당국에서 8월 회의를 거쳐 입안한 합동토벌 계획을 분쇄한 것이다. 우리는 세 성이 교차하는 이 지구에서 승리함으로써 창사, 우한, 난창을 크게 위협하게 되었고, 이는 적에게 심각한 공포심을 불러일으켰다.

　45일간의 간고한 투쟁 중 여러 원인으로 홍5군은 1천여 명 정도로 줄어들었다. 전체 홍군은 2천 명이 채 되지 않았다. 장룽성, 리리 두 동지도 세 성의 합동토벌에 맞서 싸우다 영용하게 희생되었다. 홍5군에서 가장 어린 공산당원으로 많은 유익한 공작을 진행했던 장자이린張在臨은 죽기 전에 이렇게 말했다.

"공산당의 사업은 반드시 승리할 겁니다."

레이전후이 연대장, 리위화 중대장은 치욕스러운 배반을 택했다. 리위화는 군단장이 포위되었다고 유언비어를 퍼뜨리고 1중대를 기만했다. 포위를 풀자는 명분을 내걸고 도망쳐 결국 적에게 투항했다. 대부분의 사병들은 그의 면모를 간파하여 다시 도망쳐 돌아와 10여 명만 그에게 속아 갔다. 레이전후이는 그날 저녁 달아나지는 않았으나 다음 날 새벽 출발할 때 권총을 쥐고 나를 죽이려고 기도하는 배신을 저질렀다. 그러나 경호원 장쯔주張子久 동지에게 발각되어 권총을 빼앗겼다. 레이는 힘이 세고 키가 컸다. 총을 빼앗긴 뒤 다행히 중대장 황윈차오黃雲橋 동지에게 총을 맞고 개 같은 목숨을 끝냈다. 황은 훗날 장시성 남쪽에서 홍군 독립 5사단 사단장이 되어 5차 '포위토벌圍剿'에 맞서 싸우다가 희생된다.

한편, 그 뒤에 자진 일대 군중들이 핑장 유격대의 일명 '개대장' 때문에 어지럽게 불을 지르고 살인하며 모반하였다. 개대장은 군중들이 붙인 이름이다. 원래 그 지역 군중들은 홍군을 좋아하고 친절했는데, 그런 그들이 백기를 걸고 우리에게 사제총을 쏘았다. 당시 핑장 지방당의 맹동주의는 심각했다. 우리가 이 문제를 해결하지 않으면 근거지 건설도, 홍군 확대도, 토지혁명도 모두 허튼소리에 지나지 않았다.

10월 중순, 텅다이위안 동지가 후난성위원회 특파원 명의로 1차 상악감 변구 당대표 회의를 소집했다. 구체적으로는 류양, 핑장, 슈수이, 퉁구, 완짜이 등 5현 대표 및 홍군 대표 연석회의였다. 당시 핑장에는 현위원회가 있었으며 슈수이에도 공작위원회에 세 명의 동지가 있었다. 완짜이에는 공작조 몇 명이 있었고, 퉁청通城과 퉁산 두

현에는 연계가 없었으며 류양 동쪽 시골에 구위원회 조직이 있었다. 류양현 책임자는 왕서우다오王首道였는데, 이곳 군중들은 마음대로 불지르고 죽이는 등의 이탈이 비교적 적었다.

핑장과 퉁구 경계에 있는 은신처에서 3~4일 정도 회의를 진행했던 것으로 기억한다. 이 회의에서는 변구 근거지를 만드는 것이 의미가 있다고 판단했다. 회의의 주요 내용은 다음과 같다.

① 상악감 3성 변구 특별위원회와 근거지를 세운다. 상악감 변구당의 특별위원회 선거를 하여 왕서우다오 동지를 특위 서기로 선출하고 텅다이위안 동지를 홍5군 당대표 겸 군 당위원회 서기로 선출한다.

② 마음대로 불지르고 살인하는 맹동주의 사상을 반대한다.

③ 심각한 종파주의를 반대하고 홍군과 지방 유격대를 혼합 편성한다. 3성에서 엄중한 합동토벌 중 중요 간부인 레이전후이, 천펑페이, 리위화가 반역하거나 도망쳤고 사병 중에도 반역한 자가 있었는데, 혼합 편성 후 부대는 정치적으로 공고함을 얻었다. 군민軍民 사이의 관계도 개선해야 했다. 홍군 주력이 다른 성에 적을 두고 있어 사람도 땅도 낯설고 서먹서먹했는데 혼합 편성 뒤 익숙하게 되었다. 비로소 지방 무장대의 전투력이 제고되고 또 투쟁 환경에도 적응할 수 있게 되었다.

④ 두 달 넘는 기간 동안 벌인 간고한 투쟁은 홍군 건설에 유익했다. 숫자는 줄어들었지만 정치적 질은 크게 제고되었으며 초보적 경험도 얻을 수 있었다. 정치적·사상적 인식이 일치하지 않으면 단결할 수 없다는 것을 체득했다. 군대가 내부적으로 단결하지 못하면 군민 간 단결도 없으며, 장기간 투쟁이 불가능하고 승리를 말하기 어

려워진다.

⑤ 핑장기의 경험도 나누었다. (1) 공산당의 영도가 있었다. (2) 변구 군중, 특히 핑장과 류양 군중의 지원이 있었다. (3) 징강산의 기치와 모범이 있었다. (4) 북벌 시기의 영향이 있었다. 이것이 기의를 승리로 이끌고 적의 공격과 합동토벌을 분쇄한 주요 조건이었다. 그외 군 내 사병회 조직이 군대에서 좋은 기율을 유지하고 부대를 공고히 하는 데 중요한 작용을 했다. 만약 사병위원회 조직이 없었다면 어떻게 되었을까? 당 조직의 역량과 정치사상적 지도가 부족한 상황에서 3개월은커녕 3주도 버티기 힘들었을지 모른다.

기의 뒤 우리는 늘 비상 국면이었다. 익숙하지 않은 상황에 따른 압박을 받았다. 후방의 작전이 없었으며, 부상자와 병자를 치료하는 것이 극단적으로 힘들었다. 급양給養[보급품]도 스스로 충당해야 하고 의약품을 보내 올 곳도 없었다. 구 군대에서는 전혀 생각할 수 없었던 사정이었다. 당장은 토호를 치고 땅굴을 발굴하여 자금을 조달했으며, 군중공작을 하는 것도 배우기 시작했다. 모든 것이 새로운 문제였고 모든 것을 새로 배워야 했다.

회의에서 시국에 대한 분석도 했는데 주요한 요지는 다음과 같다.

① 난창기의南昌起義*와 추수기의 때 인민들은 무장투쟁 경험이 없었다. 이후 징강산에서 1년 넘게 경험을 하고 근거지와 홍군을 세우게 되었다.

---

* 1929년 8월 1일 국민당 우한정부와 결별한 중국공산당이 후난성 성도 난창에서 일으킨 기의로, 8일 만에 실패로 끝났다.

② 국민당의 반혁명적 면모를 완전히 폭로했다. 국민당이 북벌전쟁 시기에 제출한 정치·경제 구호는 조금도 실현되지 않았다. 작은 문제 하나도 해결되지 않았다.

③ 인민들이 국민당의 면모를 직접 체험하여, 국민당은 인민을 약탈하는 당이라는 깊은 인식을 얻었다. 인민은 국민당의 청향 정책과 도살 정책에 분노와 원한을 나타냈다. 이번 핑장기의에서 인민의 태도는 이렇게 분명했다.

나는 왜 징강산 기치를 모범으로 삼아야 한다고 생각하게 되었던가? 그 기치는 구체적이었으며 추상적이지 않았다. 실제적이었으며 공허하지 않았다. 난창기의와 추수기의가 실패로 돌아가고 작은 부분으로 나뉘어 역량을 보존할 때, 징강산에서 회합하여 당시의 주마오朱毛(주더와 마오쩌둥을 일컫는다) 홍군을 형성했다. 이것이 홍군의 모범이 되었다. 인민들에게 호소하는 바가 자못 컸다. 징강산 깃발은 홍군 발전의 총사령이 되었다. 토호를 치고 땅을 나누고 근거지를 건설하는 문제에서 나는 징강산을 생각했다. 1927년 겨울, 1928년 봄에도 마찬가지였다.

적은 하늘에 비행기가 있고, 땅에는 기차와 자동차가, 물에는 군함과 기선이 있었다. 게다가 전신, 전화 등 현대화된 교통 운송과 통신 연락이 있었다. 우리는 근거지조차 없었다. 경자유전을 실행하지 않으면 우리는 근거지를 세울 수 없었다. 이 문제에서 마오룬즈毛潤之(마오쩌둥, 룬즈潤之는 호이다)에 대한 존경과 우러름이 생겨났다.

부대를 혼합 편성한 뒤 주력으로 11개 대대(중대 규모)와 3개 종대를 보존했다. 각 대대는 150명에서 180명으로 구성하고, 나머지로 지방 유격대와 적위대를 편성했다. 성위원회의 지시에 따라 나와 텅다이위안, 덩핑, 훠궈중, 리찬, 장춘칭張純淸 등 동지들이 5개 대대를 인솔하여 징강산으로 향했다. 이로써 홍4군과 연계를 얻게 된다. 나 스스로도 실제로 가서 '취경取經'(외지에 나가 경험을 배워 오는 것, 본래는 인도에 가서 불경을 얻어 오는 것을 뜻함)하고 혁명적 성격을 분명히 하고 싶은 마음이었다. 토지 배급은 어떻게 하는 것인지 등도 배우고 싶었다. 나머지 6개 대대는 변구의 각 현에 분산시키고 돌아온 황궁뤄 동지가 지휘했다.

홍4군과 홍5군이 처음으로 징강산에서 만나다

상악감 변구 특별위원회가 설립된 뒤, 11월 하늘은 쾌청하고 온화했다. 농민들은 이미 추수를 마쳤다. 내가 텅다이위안 동지와 함께 5개 대대를 인솔하여 징강산으로 갈 준비를 할 즈음이었다. 적의 상황을 파악해 보니 후난, 장시 두 성의 백군이 다시 변구를 합동토벌할 태세였다.

장시 백군의 배치를 교란하기 위해 우리는 완짜이성을 습격하여 점령하고, 1주일여 만에 1만 원을 조달해 부대의 동복冬服을 보충했다. 이때 장시성 백군 약 3개 연대가 난창 방향에서 완짜이로 전진해 왔다. 적이 성에서 하루의 절반(12시간) 거리에 왔을 때 우리는 즉시 핑샹萍郷과 이춘宜春 사이를 지나 징강산으로 전진했다.

우리는 롄화성蓮花城 북쪽 약 40리 되는 곳에서 홍4군을 만났다. 4군 전선위원회 마오 주석이 보낸 허창궁何長工 동지가 인솔하는 2~3백 명이 그곳에 자리 잡고 있었다. 내가 먼저 도착했을 때 그들은 길 옆에

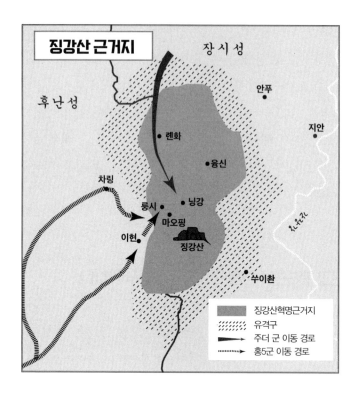

양날개로 펼쳐진 커다란 산에 매복하고 있었는데, 1시간 넘게 지난 뒤에야 비로소 소통이 되었다. 그들은 홍5군이 보낸 연락 부대를 겨우 알아보았다. 그들의 임무도 북진해 오는 5군과 연계를 맺는 것이었다.

렌화성에는 백군 1개 연대가 주둔하며 수비하고 있었다. 우리는 야간에 렌화 현성 서쪽을 우회하여 룽스酆市(현재 닝창 현성)를 바로 찔렀다. 그곳에 도착하니 바로 광저우폭동 기념일 며칠 전이었다. 먼저 룽스에서 주더朱德 군단장을 만나고, 이튿째 츠핑茨坪에 도착하여 마오 당대표를 회견했다. 그가 먼저 말했다.

"당신도 이 길로 걸어왔군요. 중국 혁명의 조건은 성숙했습니다. 사회주의 혁명은 승리하지 못했지만 민주혁명은 승리해야 합니다."

이 문제에 대해 아직 우리도 분명한 입장을 세우지 못하고 있었다. 우리 5군 내 여러 동지들도 이 두 개 혁명의 문제를 구별하지 않은 채 함께 뒤섞어 소작에 따른 착취와 자본의 착취를 소멸시키는 것을 하나의 일로 여기고 있었다. 나는 당시 이 문제가 타당하지 않다고 느낄 뿐 아니라 이해도 깊지 않았기에 발언권이 없었다.

며칠 뒤 4군과 5군은 간담회와 광저우폭동 기념대회를 열었다. 그런데 가설무대가 튼튼하지 못해 한 사람이 올라가 연설할 때도 금방 무너질 것 같았다. 사람들이 불안해하자 주더 군단장이 말했다.

"괜찮소. 무너지면 다시 세우고 하면 됩니다."

다시 무대를 세우고 개회를 했다. 회의에서 주 군단장, 마오 당대표가 발언하고 나도 발언했는데 내용은 모두 잊어버렸다. 다시 2~3일이 지났다. 당 '6차 대표자대회'〔1928〕에서 부대를 나누기로 결정했다. 홍4군 전선위원회는 확대회의를 소집했다. 홍5군 군당위원회 상임위원회 동지들도 이번 회의에 고르게 참가했다. 홍4군 전선위원회 서기 마오쩌둥 동지가 회의를 주재하여 이번 결의를 상세하게 토론했다. 나는 이 회의에서 깊은 인상을 받았다. 중국 혁명의 형세는 두 개의 혁명이 고조되는 지점에 있다. 그러나 끊임없이 고양되는 것은 아니다. 민주혁명의 성격과 임무, 당의 10대 강령* 등에 대해 비교적

---

* 1928년 중국공산당 제6차 전국대표자대회에서 제출된 10조 강령. 1. 제국주의 통치를 전복한다. 2. 외국 자본의 기업과 은행을 몰수한다. 3. 중국을 통일하고 민족자결권을 승인받는다. 4. 국민당 군벌정부를 전복한다. 5. 공농병 대표회의 소비에트 정부를 수립한다. 6. 8시간 노동제,

깊은 인식을 갖게 되었다.

전선위원회는 맹동주의에 반대하며 그것을 상세하게 해석했다. 핑장기의 뒤 나는 방화, 살인을 일삼는 맹동주의에 큰 반감을 가지고 있었다. 집을 불태워 버리면 인민들은 어디서 산단 말인가? 홍군도 살 집이 없게 된다. 반혁명은 사람이 하는 것이지 집이 하는 것이 아니다. 슈수이를 점령했을 때 자진, 마요馬坳 일대 군중들은 이미 그런 기미를 보이고 있었다. 아군이 이동한 뒤 핑장 유격대 개대장이 이 지역을 불태워 버렸는데, 보름 뒤 홍군이 다시 가자 농민들은 백기를 걸어 놓고 우리에게 사제총을 쏘았으며 정보를 차단했다.

당시 맹동주의자들은 군중들이 모반한다고 하면서, 이 모반한 군중들을 얻으려 하지 않고 진압했다. 자기 잘못은 전혀 돌아보지 않고 오히려 잘못을 진리라고 주장했으며, 잘못된 정책을 집행한 것을 견결한 혁명이라고 표현했다. 잘못된 정책을 반대하는 동지들에게는 혁명에 대해 견결하지 못하다고 비판하면서 군벌 출신들은 신뢰할 수 없다고 했다.

'6차 대표자대회'에서 이 문제가 해결되어 사람들이 기뻐했다. 회의에서 마오쩌둥 동지는 집을 태우면 군중이 떠나간다면서, 징강산 남쪽 쑤이촨遂川에서 겪은 이야기를 했다. 그때 농민들이 모두 모여들어 서로 친해졌는데, 성냥을 꺼내어 집을 태우려 하자 군중들이 모두 도망치더니 옆에 서서 보고 있었고, 다시 조금 접근하자 조금 더

임금 인상, 실업 구제, 사회보험을 실행한다. 7. 지주계급의 모든 토지를 몰수하고 경지를 농민에게 되돌린다. 8. 병사 생활을 개선하고 토지와 일을 준다. 9. 일체의 가혹한 잡세를 취소한다. 10. 전 세계 무산계급, 소련과 연합한다.

멀리 달아났다는 것이다. 마오는 이어서 홍4군과 닝강寧岡의 모반한 군중들의 이야기도 해 주었다. 군중들이 집으로 돌아오게 만든 방법을 말해 주었는데, 나는 그 이야기에서 아주 깊은 인상을 받았으며, 이번에 마오쩌둥 동지를 직접 접촉하고 나서 그를 더욱 존경하게 되었다.

이번 회의에는 그곳 녹림부대(산적)의 수령 출신인 왕줘王佐와 위안원차이袁文才 두 사람도 참가했다. 두 사람은 이미 공산당에 가입하여 전선위원회가 그들의 정치적 상황을 돌보아 주었다. '6차 대표자 대회'는 녹림부대에 대한 책략을 채택하기로 결의했다. 대략 '군중을 쟁취하고 두목을 고립시킨다'는 것이었는데, 이 대목이 삭제된 채 전달되지 않았다가 훗날 위안원차이가 발견하여 소동이 벌어지기도 한다.

회의 기간에 후난과 장시 두 성의 반동 군대가 부대 배치를 조정하며 징강산 포위토벌을 준비하고 있었다. 당시 홍4군은 아직도 짚신에 단벌 옷이었으며 동복도 마련하지 못한 상태였다. 먹을 소금도 없었으며 매일 세 푼어치 식사도 해결하지 못했다. 오직 징강산을 떠나 백구白區[국민당 통치 지역]의 토호열신을 쳐야 해결할 수 있었다. 그러나 다치고 병들고 잔약한 사람들을 안치할 방법이 없었다. 데리고 갈 수도 없고 반드시 대오를 보내 지켜야 했다. 당시 4군은 전부 5~6천 명에 지나지 않았다. 만약 분산하게 되면 역량은 더 빈약해질 것이었다.

이 문제를 해결하고자 4군 전선위원회는 회의를 열어 여러 차례 토론을 거듭했다. 나도 이 회의에 참가했다. 회의 결과, 홍5군 5개 대대 약 6~7백 명이 남아 징강산을 지키고, 나를 홍4군 부군단장으로 삼아 징강산의 상병자 및 가족·아이들을 보호하게 했다. 나는 이것이 매우 엄중하고 위험한 임무라는 것을 알았다.

나는 돌아와 텅다이위안과 이야기했고, 5군 당위원회 서기였던 그가 당위원회를 소집했다. 회의 참가자는 나, 덩핑, 리찬, 훠귀중이었고 아마 리광이 더 있었을 것이다. 토론할 때 두 가지 의견이 나왔다. 하나는 [홍4군과] 연락하기로 한 우리의 임무는 이미 완성했으니 바로 상악감 변구로 돌아가 '6차 대표자대회' 결의 사항을 전달하자는 의견이었다. 우리가 장기간 징강산에 남아 있으면 상악감 변구 발전에 영향을 줄 수 있다는 것이었다. 또 다른 의견은 전선위원회의 지시를 받아들이자는 것이었다. 징강산 후방을 보위하고 홍4군 주력이 안전하게 적의 포위를 벗어나게 하여 백구에서 발전하게 하자는 의견이었다. 만약 홍5군이 이 임무를 맡지 않는다면 홍4군이 떠난 뒤 후난·장시 변구의 정권도 손실을 입을 것이며, 심지어 무너질 수 있으므로 마땅히 임무를 맡아야 한다고 했다. 첫 번째 의견에 대다수가 동의했고 두 번째 의견은 나와 텅다이위안이 주장했다. 우리는 다른 의견을 가진 동지들을 설득했다. 부분을 희생하여 주력이 안전하게 외부로 발전하도록 준비해야 한다고 강조했다.

홍4군이 징강산을 떠날 때 계획은 적 후방으로 이동하는 것이었다. 그곳은 적의 바깥 날개이기도 했다. 산을 지키는 부대와 협력하여 기회를 봐 적군을 공격하고 적의 포위토벌을 물리치려 했다. 홍4군이 샤오싱저우小行洲(싱저우行洲의 별칭)에서 쑤이촨과 그 남쪽으로 전진할 때, 장시의 적군 셰원빈謝文彬 여단이 꼬리에 따라 붙었다. 만약 부대 배치가 좋다면 그 적을 섬멸 혹은 격멸할 수 있을 것이었다. 그러나 홍4군은 다위大餘, 난캉南康으로 나아가다가 셰원빈 부대에게 습격을 당해 장시 남쪽의 안위안安遠, 쉰우尋鄔를 거쳐 푸젠성福建省 남쪽으로 이동했다. 이것은 징강산을 완전히 벗어난 것이었다. 징강산을 지키던 홍5군은 5개 중대가 5개의 길목을 지키며 외롭게 분전했다.

징강산 포위를 돌파하다

홍4군이 징강산을 떠난 지 3일째 되는 날 후난과 장시 두 성의 백군 약 12~15개 연대가 합동으로 징강산을 포위공격했다. 이른바 '포위토벌'이었다. 적은 후난, 장시 두 성에서 각각 4개 여단 8개 연대를 동원했는데, 공격할 때 후난의 적은 7개 연대만 나타났다. 장시의 적은 홍4군 꼬리에 따라붙은 셰원빈 여단을 제외하고 3개 여단 6개 연대가 더 있었다.

각 연대가 평균 2천여 명이었으므로, 우리는 7~8백 명으로 2만 4천~2만 8천 명의 적군 병력을 상대해야 했다. 적은 우리보다 30~40배나 우세했다. 여러 겹으로 포위되어 공격당한 지 3일이 다 되어 갈 무렵 황양제黃洋界, 바몐산八面山, 바이니호白泥潮 등 세 곳의 우리 진지가 모두 적에게 돌파당했다. 리찬 대대(중대)가 황양제를, 내가 바몐산을 맡고 있었는데, 리찬의 대대가 모두 적에 의해 단절되었다.

나와 훠궈중은 츠핑에 3개 대대를 집결시켰다. 특무소대와 후방에 근무하는 잡다한 인원 등을 포함해 5백 명이 넘었다. 우리는 겹겹이 에워싼 적의 포위망을 돌파해야 했다. 돌파하지 못하면 전군이 궤멸할 참이었다. 홍군이 남겨 둔 병상자, 부녀자, 아이 등 1천여 명도 함께 적의 포위를 뚫고 나와야 했다. 옆의 부대가 전면에서 길을 열고 후면에서 엄호를 해야 하는데 결코 쉬운 일이 아니었다. 징강산 주봉 한가운데 낭떠러지 벽, 사냥꾼이나 들짐승이 기어갈 만한 작은 길을 하루 밤, 하루 낮을 기어올라 적의 첫 번째 포위망을 돌파할 생각이었다.

때마침 엄동이었다. 온 세상에 대설이 내려 높은 산에 눈이 한 자가량 쌓였다. 나는 비상식량인 볶은 쌀 주머니를 잃어버렸는데 다른 사람이 이를 아는 게 싫어서 이틀 동안 쌀 한 톨 먹지 못했다. 굶주리고 지쳐서 한 발자국도 움직이기 어려운 지경이었다. 그러다 한 발의 총성이 울렸는데 어디서 들려온 것인지 알 수 없었다. 시든 풀밭에서 우리를 차단하려는 적의 소부대를 격파했다. 두 겹의 포위를 돌파한 것 같았다.

포위를 돌파한 지 3일째, 막 다펀人㊟에 도착했을 때 다시 3면에서 매복하고 있는 적의 공격에 맞닥뜨렸다. 3면에서 쏟아지는 적의 화력이 교차하는 가운데 우리는 전부 섬멸당할 위험에 처했다. 3개 대대가 집중하여 한 점을 돌격하는 수밖에 없었다. 아군은 용기를 내어 적의 매복 공격 진지를 돌파했다. 계속 남쪽으로 전진하니 적의 마지막 포위망을 뚫고 나온 것 같았다.

그러나 적의 병력은 많고 아군은 소수였다. 돌파구가 적에 의해 닫히면, 뒤쪽에 있는 다치고 병들어 쇠약한 사람들이 포위당하고 부상병도 구할 방법이 없었다. 30~40배 많은 수의 적이 겹겹으로 포위하고 홍군을 공격했다. 포위를 돌파하면 또 매복을 만났다. 이런 험악한 전투 환경에서 공산당이 영도하는 공농홍군이 아니었다면 어떤 군대라도 모두 소멸되었을 것이다.

적은 징강산 후방을 공격하여 점령했다. 일시에 반동적 기세가 판을 쳤다. 추격, 측면 공격, 요격, 매복 공격을 더하였다. 그들은 많은 물건을 챙길 거라고 믿어 의심치 않았다. 하지만 그 어떤 것도 손에 넣을 수 없었다. 영웅적인 홍군이 그들의 환상을 쳐부순 것이다. 이 일에 대하여, 1969년 국경절 때《인민일보》통신원은 이렇게 말했다.

"펑더화이는 근거지를 필요로 하지 않았으며 마오 주석의 지시를 위반했다."

이런 종류의 사람들은 근거지에 대해 완전히 무지하다. 그런 소리를 하는 것은, 곧 위대한 마오쩌둥 사상의 붉은 기를 들어올리면서 마오쩌둥 사상을 반대하는 것과 같다. 그들은 어떤 것을 근거지라고 부르는지 이해하지 못한다. 근거지를 어떻게 만드는지도 알지 못하며, 근거지 투쟁을 어떻게 벌이는지는 더더욱 모른다. 입에서 나오는 대로 아무 생각 없이 지껄이는 주관주의자에 불과하다. 그런 자는 지금 배불리 먹고 따뜻한 옷을 입고는 부화뇌동하여 욕을 퍼부으며 마오쩌둥 사상을 위반하고 있다. 허튼소리 지껄이지 말고 근신하라. 그러다 어느 날 한번 곤두박질쳐 이빨이 빠질 수 있으니 조심하라.

다편에서 포위를 뚫고 나오니 겨우 5백여 명이 남았다. 상유上猶(상유현)와 충이崇義(충이현)의 큰 산을 넘어 난캉에서 장수이강章水 상류를 건넜다. 때마침 설달 30일이어서 설을 쇨 때였다. 강기슭에서 3리가 안 되는 곳에 수백 호로 이루어진 커다란 촌락이 있었는데, 대지주가 술자리를 크게 벌여 나이가 서른이 넘은 것을 축하하고 있었다.

홍군이 가자 그들은 달아났다. 징강산에서 포위를 벗어난 이래 어느덧 20일이 되었다. 적은 끊임없이 추격해 오고, 측면 공격을 당해 굶주림과 피로가 극한에 이르렀다. 뜻하지 않게 기회를 만나니 모두 기뻐서 웃고 얼굴을 폈다. 실컷 먹고 마신 것은 두말할 필요가 없다.

밥을 먹을 때 나는 빨리 이동하자고 했다. 이 마을에서 5리 정도 되는 곳으로 가면 괜찮을 거라고 했지만, 다른 동지들은 바로 이동하는 것에 동의하지 않고 내일 새벽에 가자고 주장했다. 내가 설명했다.

"이곳은 후베이-장시 공로公路 선으로 적의 거점에서 가깝다. 멀어야 40리, 가까운 적과는 30리에 불과하다. 도하 지점의 어느 진鎭(현에 속하는 말단 행정단위)에서 전화로 적에게 연락하지 않을까 두렵다. 아군이 강을 건너려면 3시간이 필요하다. 적은 아마 벌써 출동했을 것이고, 밤 12시면 이곳에 도착해 우리들을 포위하여 내일 아침 혹은 새벽에 공격해 올 것이다. 적은 과거에는 경솔하게 움직이지 못했지만, 지금은 징강산을 친 뒤라서 기세가 크게 올랐다. 적의 힘이 매우 크다."

하지만 모두 새벽 전에 출발하면 문제가 없을 거라고 했다. 사실은 모두 너무 피로했던 것이다. 긴급한 상황을 보통의 상황으로 여기고 있었다. 평상시 텅다이위안 동지는 군사 행동에 관여하지 않았는데, 이번에는 그도 동의하지 않았다. 나는 화가 났지만 어떻게 할 수 없는 형편이었다.

그날 저녁 나는 잠을 자지 않았다. 아니 잘 수가 없었다. 각 중대에 가서 보니 모두 잠든 모습이 마치 죽은 듯했다. 심지어 경계병도 잠이 들었다. 나는 밖에서 왔다 갔다 했는데 대략 1시쯤 되었을 때 폭죽 소리 가운데 총탄이 날아왔다. 나는 즉시 소리를 질러 병사들을 급히 집합시켰다. 마을 밖에 막 집합했을 때 적이 몰려왔다. 한 발의 총성이 울리자 소란해졌다. 나는 바로 신펑信豐 방향으로 전진하라고 명령했다. 훠궈중이 나에게 부대를 이끌고 앞으로 가라고 하며, 자기는 맨 뒤에서 엄호하겠다고 했다.

10리쯤 가니 휘거중이 급히 달려와 리광이 오지 않는다고 했다. 그가 한 부대를 이끌고 간 것 같았다. 날이 밝아 대오를 집합시켜 점검해 보았더니 겨우 283명이 남아 있었다. 나머지 반은 리광이 어디로 데리고 갔는지 알 수가 없었다. 좀 기다리자는 이도 있고 사람을 보내 찾아보자는 의견도 있었다. 나는 모두 좋은 방법이 아니며 위험한 지역을 빨리 벗어나야 한다고 했다.

10리쯤 더 가서 앞쪽 산에 소부대가 일자로 늘어서 있는 것을 망원경으로 발견했다. 대오가 정연하지 않은 것이 민단 같았다. 우리가 돌격하니 달아나 버리고, 적도 피로한지 추격해 오지 않았다. 우리는 유리한 진지를 점령하고 숨어서 휴식을 취하며 신속하게 밥을 지어 먹었다. 한 시간 반 뒤에 출발하여 신평 동남쪽 샤오허진小河鎭으로 갔다. 그곳이 신허信河의 도하점이었다. 다시 동쪽으로 향해 중스진重石鎭을 지나 후이창會昌 방향으로 걸어서 싱궈興國로 가 지방당을 찾았다. 이것이 이동의 큰 방향으로 각 동지들이 모두 알고 있었다. 그런데 나중에 알고 보니 리광은 병력을 데리고 광둥의 난슝南雄 지방에 가 있었다. 한 달도 되지 않아 오합지졸이 되어 모두 소멸당하고 리광이 간 곳도 알지 못하게 된 것이다. 만약 미리 큰 방향을 말해 주었다면 이렇게 되지는 않았을 것이다. 이는 지도자가 주도면밀하지 못한 탓이었다.

2월 상순에서 중순 사이 우리는 후두鄂都의 다리 어귀에 이르렀다. 그곳에는 당의 비밀 지부가 있었으며, 주변 정황에 익숙한 소규모 유격대도 있었다. 그들이 우리 대신 적의 상황을 정찰했다. 그들은 길잡이를 준비하고 적의 동향을 살피러 수시로 행동할 수 있었으며, 또 우리를 대신해 1천 발 가까운 총알도 사들였다.

2, 3일을 쉬자 적이 또 왔다. 우리는 싱궈현 롄탕蓮塘과 둥산東山으로 이동했다. 그곳에도 지하당 지부가 있었으며 장시성 남쪽의 홍군 2연대, 4연대와 연계할 수 있었다. 그중 4연대는 소부대였다. 백구에서는 지하당 조직이 있느냐 없느냐에 따라 그 조건이 확실히 달랐다. 그곳에서 대략 5일 정도 쉬고 나자 백군의 류스이劉士毅 여단이 공격해 왔다. 그곳 당이 우리에게 알려 주기를, 적의 여단은 5개 대대만 왔고 1개 대대와 민단은 후두성에 남아 수비하고 있다고 했다. 이때 우리는 3백 명의 병력과 283자루의 소총을 가지고 있었다. 우리는 즉시 출발하여 류스이 여단을 돌아서 후두성을 급습하기로 결정했다. 18시간을 걸어서 148리를 갔다. 한밤중이 되어 적이 예상하지 못한 틈에 갑자기 성을 기어올라 습격했다. 맹렬히 공격하여 적 1개 대대, 정위단靖衛團(치안을 맡은 무장조직), 현경비대 등 모두 6~7백 명을 소멸시키고 3~4백 자루의 소총과 2정의 경기관총을 빼앗았다. 현장縣長은 도망쳤다.

우리가 적의 여러 개 여단에게 쫓기고 요격당한 지 한 달 가까이 되었을 때였다. 방금 자리 잡고 쉬는 줄 알았을 텐데 바로 140여 리를 달려가 급습하고 성을 공격했으니 완전히 적의 의표를 찌른 셈이다. 준비가 없는 우세는 진정한 우세와 다르다. 준비된 용감한 군대가 준비하지 않은 우세한 군대를 패퇴시킬 수 있음을 보여 준 것이다.

이 전역이 있은 뒤 후두 일대 군중들은 우리 홍군 부대를 '천병天兵'이라고 불렀다. 홍군은 적의 부상병에게 약을 주고 각자 2원씩 용돈을 주었다. 또 그들에게 전단을 나눠 주고 구두 선전을 했다. 사망자는 한곳에 모아 류스이 여단을 기다려 성에 돌려보내도록 했다. 3백여 명의 포로 중에 감동하지 않는 자가 없었으며, 그중 반 이상이 홍군에 입대했다. 징강산에서 포위를 돌파한 뒤 잇따라 패전하다 힘껏 싸워 거둔 승리이니만큼 의미가 컸다. 그러나 절대 적을 가볍게 보면 안 된다. 그래야 비로소 이런 승리를 만들어 낼 수 있다.

예상컨대, 적의 주력이 반드시 성으로 돌아와 구원에 나설 것이었다. 대략 오후 3시에서 5시 사이에 후두성에 도착할 것 같았다. 아군은 오후 3시 이전에 후두허鄂都河를 건너 샤오미小씁에 도착해 숙영해야 했다. 이때 이미 오후 2시가 되었다. 모든 준비를 갖추었는데 당대표 텅다이위안 동지를 찾을 수가 없었다. 급박한 상황에서 도대체 어디로 갔단 말인가? 마지막으로 우체국 배송처에서 그를 발견했다. 텅 동지는 그곳에서 문건과 신문을 모으다가 부주의로 모젤 권총을 오발하는 바람에 가슴을 관통당하는 중상을 입고 방 안에 넘어져 있었다.

나는 마지막 배로 건넜다. 도하를 마치니 이미 3시가 다 되었다. 류스이 여단의 선두 부대가 4시에 성으로 돌아오다 강 건너에서 우리를 발견했다. 우리는 서로 바라보았다. 아주 재미있게 되었다. 류스이 여단은 사격했으나 강을 건너 추격하지는 않았다.

우리 주력은 성 남쪽으로 3, 40리 거리인 샤오미에 도착했다. 어느덧 해 질 녘이 되었다. 샤오미는 산을 의지하고 옆에 강을 끼고 있는 지역으로, 소부대를 강기슭에 남겨 경계를 하게 하였다. 그곳 군중들은 전혀 놀라지 않았다. 그들은 홍군이 뛰지도 않을 뿐 아니라 오히려 얼굴에 웃음이 가득한 것을 보았다. 해가 진 뒤 지하당 지부 서기가 와서 상의했다. 우리에게 어디서 온 홍군이냐고 물어 실정을 말해 주었더니 그가 말했다.

"어제 저녁 성내에서 격렬한 총성을 들었습니다. 오늘 아침에 성 밖 교외 사람이 와서 어젯밤 홍군이 성을 열었다고 말했지요. 나는 믿지 않고 백군끼리 싸운 줄 알았습니다."

"당신들 우리를 좀 도와줄 수 있습니까?"

"그럼요, 당 지부에 20여 명의 동지들이 있습니다. 농민회 조직도 있고요."

"중상자가 20여 명 있어요. 군 당대표 텅다이위안 동지도 있고요."

"안치할 방법이 있습니다. 군중들 상황도 좋구요. 당신들의 안전을 보장할 모든 방법을 강구하겠습니다. 의약품도 살 수 있을 겁니다."

"우리에게 남는 총이 있어요. 어젯밤 노획한 3~4백 자루 중 오래된 것은 불태워 버리고 완전하고 좋은 총이 백 수십 자루 됩니다. 당신들에게 줄 테니 가지고 있으세요."

"우리는 당원과 믿을 수 있는 군중이 있습니다. 각각 한 자루씩 나누어 갖겠습니다. 총은 몇 자루 정도 줄 수 있나요? 비밀 유격대를 조직하게요."

"좋은 생각입니다."

"여기서 40리 가면 지하당 구위원회가 또 있습니다."

"그런데 총알이 적어요."

"총알은 주지 않아도 됩니다. 여기는 돈만 있으면 흩어진 총알을 살 수 있어요. 그런데 불태운 게 몇 자루인가요?"

"후두에서 태운 게 약 2백 자루가 넘고, 놓아준 포로가 5백여 명입니다. 여기에 지하당이 있는 줄 알았다면 태우지 않았을 텐데."

"우리는 몰랐네요. 오늘 아침 사람을 보내거나 우리가 직접 성으로 들어갔어야 하는데, 왜 그러지 않았나요. 정말 아쉽군요, 펑 동지."

우리는 총 몇 자루가 계속 생각이 났으나 손에 넣을 방법이 없었다. 일찌감치 총 몇 십 자루가 마련되었다면 이곳에도 소비에트구를 만들 수 있었을 것이다. 그때 휘귀중이 왔다. 그는 경계병을 배치했다고 말했다. 포로들에게 의사를 물었더니 대략 반 가까이 홍군이 되기를 원한다고 했다. 그에게 상황을 말해 주니 기뻐하며 말했다.

"잘되었군요. 나는 부상병을 어떻게 할지 걱정하고 있었어요."

텅다이위안 동지는 중상을 입었는데도 남지 않고 어떻게든 부대를 따라가겠다고 했다.

"지금 책임자는 당신하고 휘귀중 두 사람뿐인데 어떻게 남겠소?"

"동지, 부상이 그렇게 위중한데…. 가슴을 관통해서 폐가 상했는지도 알 수 없소. 부대와 같이 움직이면 나을 수 없을 거요. 위험해서 안 돼요. 나은 다음에 5군으로 따라오고, 지금은 안심하고 상처를 치료하세요."

나는 그를 만류했다. 설득할 수 있을 것 같았다. 덩핑도 몸이 안 좋았다. 이곳에는 당도 있고 군중도 있다. 어찌 되었든 여기서 지방공작을 할 필요도 있고, 또 치료하며 한참 휴식을 취해야 했다. 날이 새도록 계속 설득하여 그도 남기로 해서 거기에 두었다. 그 지역에 총 1백 여 자루도 주었다. 그곳은 그 뒤 장시성 독립 5연대로 발전했으며 황궁뤠가 이끄는 홍6군의 일부가 되었다.

징강산에서 포위를 돌파한 뒤 나의 감상은 다음과 같다. 징강산에서 포위를 돌파하고 후두 다리 어귀에서 30여 일간, 의지할 근거지도 없고 군중의 지지도 얻지 못했다. 홍군은 작전을 수행하고 행군을 하는 데 커다란 곤란에 부딪혔다. 핑장에서 철수할 때는 4연대와 연락이 끊겼다. 지방당과 군중들이 그들을 데리고 룽먼으로 귀대하였다. 근거지와 민중의 중요성을 깨닫기 시작했다.

하지만 당시에는 농촌으로 도시를 포위한다는 전략 사상이 아직 없었다. 적이 징강산을 공격하여 점령할 때 반혁명이 절정에 이르렀다. 홍군은 후두를 급습하여 승리한 뒤 즉시 방어에서 공격으로 바꿨다. 근거지가 중요하다는 생각을 한층 굳히게 되었다. 적은 물신 숭배자였는데 우리는 그들에게 타격을 입히지 못했다. 그때 그들은 우리의 존재를 인정하지 않았다. 그들은 타격을 받은 후에야 비로소 우리 존재를 인정하게 되었다. 이것이 엄중한 사실이다.

후두성전투에서 승리하고 안전을 위해 휴식하며 부대를 정돈하고, 포로들이 홍군이 되기를 자원한 뒤 새벽녘에 샤오미를 떠나기로 결정했다. 샤오미는 군중의 상황이 좋을 뿐 아니라 당의 비밀 지부가 있었으며, 후두성에서 아주 가깝고 길목이기도 했다. 우리는 후이창, 신평, 후두 등 3현이 맞닿은 뉴산牛山으로 떠나기로 결정했다. 샤오미 동남쪽 30리 지점이었다. 그곳은 큰 산중에 있어 경계하기가 비교적 쉬웠다. 우리는 샤오미를 떠나야 이동하는 목적을 이룰 수 있었다. 하나는 백군의 샤오미 일대 '공산당 청소清剿'를 피하는 것이었고, 또 하나는 그곳에 숨어 치료하게 한 부상자들의 안전이었다.

뉴산에 도착하니 민중들이 홍기를 흔들며 환영을 표시했다. 그들은 홍군을 '큰형'이라고 불렀다. 우리는 그곳에서 10일 가까이 머물렀다. 그곳 군중들의 생활은 매우 고달팠다. 뉴산에는 삼정회三鼎會〔지방의 봉건 결사〕조직이 널리 퍼져 있었다. 장시성 남쪽 각 현에는 이런 종류의 봉건적 결사가 많았다. 5백 년 전에는 모두 홍가洪家였던 이들이, 공산당과 삼정회로 나누어졌다. 모두 '넓을 홍洪' 자에서 비롯되었기에 그들은 모두 한집안이라고 했다. 그들 중에는 공산당이 토호를 타도하고 토지를 나누는 것에 찬성하는 사람, 찬성하지 않는 사람, 반대하는 사람이 다 섞여 있었다. 이는 그들 내부의 계급적 모순을 반영한 것이었다. 뉴산에서 열흘 남짓 머무르며 선전공작을 하였는데 가난한 농민 중 홍군에 지원한 사람이 10여 명, 포로 중에서 지원한 사람이 1백여 명에 이르렀다.

텅다이위안 동지가 후두성에서 수집한 신문과 우편물을 통해 징강산 합동토벌을 했던 후난·장시 백군이 이미 돌아가 수비로 전환한 사실을 알게 되었다. 호남과 광서군벌 사이, 또 장제스와 광동·광서군벌 사이에 모두 모순이 있었다. 류스이 여단의 1개 연대가 후두성에 주둔해 있었고, 여단본부와 1개 대대가 빠진 연대 병력이 간저우성贛洲城에 돌아가 주둔하고 있었다. 적도 우리를 추격할 힘이 없었다.

신문에서 수집한 자료를 종합하여 한 차례 이야기를 나누었다. 군벌전쟁이 고조되면서 새로운 형세가 열리고 있었다. 이 시기 우리는 사람은 부족했지만 단결은 오히려 잘되어 있었다. 후두성전투의 경험을 토론하고, 텅다이위안 동지 혼자 우체국에서 신문 등을 찾으면 안 되었다고 비판하기도 했다. 그는 거의 생명을 잃을 뻔했다. 나도 비판을 받았다. 먼저 성에 올라서는 안 되었다는 것이다. 목숨을 버리는 행위라는 비판이었다.

리광과 연락이 끊어진 원인에 대해서도 토론했다. 그날은 음력 선달 그믐이었다. 손을 펼쳐도 다섯손가락을 보기 힘들 정도로 캄캄했다. 리광의 중대는 중간에서 가고 있었고, 그는 선두에서 걷고 있었다. 리광은 광둥과 신평 가는 길 어귀에서 분명 남쪽으로 향했을 것이다. 대오가 보이지 않자 그는 부대에서 낙오한 줄 알고 힘써 쫓아가게 했을 것이고, 그 결과 갈수록 대오에서 멀어진 것이다. 어두워서 보이지 않을 때가 문제였다. 그 뒤부터는 캄캄한 밤중에 행군할 때 흰 천을 등에 지고 가도록 하고, 선두에서 가는 부대는 석탄을 가지고 가게 했다. 길이 갈라지는 곳에서 석탄으로 표시를 하고 마지막 동지가 거둬들이도록 했다. 모두 리광이 길을 잃은 문제를 염두에 두고 있었던 것이다.

토론에서는 시국의 좋고 나쁨에 대해서도 이야기를 나누었다. 또한 사람마다 짚신을 두 켤레씩 준비할 것과, 리광처럼 낙오하는 일이 다시 일어나서는 안 된다고 강조했다. 짚신과 볶은 쌀이 있으면 어떤 나쁜 시국에도 무서울 게 없었다. 토호를 칠 때 군단장이 탄 말을 바꾸자는 의견도 나왔다. 나는 다음 날 안위안성을 습격, 점령하여 하복夏服 문제를 해결하자고 제안했다. 그리고 모두 석탄으로 간단한 표어를 쓰기로 했다. 이런 의견들은 모두 전사들이 스스로 제기한 것이었다. 모두 일치단결하고 있는 것, 모든 사람이 혁명을 책임진다는 정신을 보여 준 것이다. 이때는 아직 '간부'라는 말이 존재하지 않았다.

2월 하순 장시성 남부 기후에서 아군은 홑옷을 입고 있었다. 우리는 안위안 현성을 급습하여 정위단과 경찰 등 반동 무장세력을 소멸시키고, 그곳에서 10여 일 남짓 머물면서 감옥에 갇힌 이를 석방하고 여름옷을 지었다. 각종 신문을 모으고 장제스와 광서군벌의 모순이 나날이 엄중해지는 상황을 분석했다. 장시성 군벌 내부에도 역시 모순이 있었다. 우리는 징강산으로 돌아가 싸워 후난·장시 변구 회복을 준비하기로 했다. 그런데 그곳 현사무소에서 발견한 반동 문건에서, 홍4군이 팅저우汀洲에서 궈펑밍郭風鳴 여단을 소멸시켰으며 궈는 총에 맞아 죽었다는 소식을 보았다.

안위안성에 들어가 점령한 뒤 처음 2~3일은 결코 순조롭지 않았다. 반동적 정위단이 1만여 명에 이르는 농민을 강박하여 성을 둘러싸고 밤낮으로 사제총을 쏘게 했다. 우리는 성벽 위에 서서 그들에게 큰 소리로 고함을 질렀지만 효과가 없었다. 훠귀중이 2개 대대를 인솔하여 성 밖으로 나가 반동단체원 수십 명을 쏘아 죽이고 농민 수백 명을 데리고 성으로 들어왔다. 그들에게 선전물을 주고 설명하였으며, 금방 몰수한 반동 상점과 지주의 재물을 나눠 주었다. 이렇게 두세 번 선전하고 설명하니 성을 포위했던 사람들이 자동적으로 와해되었다. 농민들은 용감하고 또 가난했다. 약간이라도 각성한 뒤 스스로 홍군에 참가한 사람이 2~3백 명에 이르렀다.

원래 안위안성과 북쪽 마을에 소수의 당 조직이 있었는데 적에 의해 파괴되고 살해된 당원이 적지 않았다. 현위원회에 있던 세 명의 동지들은 남쪽 마을로 도망쳐 쉰우 경계에서 10여 명으로 늘어난 상황이었다. 성을 포위한 반동파를 쳐서 흩어 버린 뒤 현위원회의 두[杜] 동지가 성에 와서 상황을 종합하여 보고했다. 현위원회 동지들은 나무를 하고 숯을 구워서 팔아 생활을 유지했다고 했다. 간고한 생활이었다. 우리는 반동 현정부에서 몰수한 아편 20~30량과 2백 원을 당의 공작 경비로 쓰라고 주었다. 그는 2백 원을 돌려주고 아편만 가져가며 말했다.

"나무하고 숯을 팔아도 생활을 유지할 수 있습니다. 은화는 당신들이 군비로 쓰세요. 아편을 팔면 등사기를 사고 또 죽은 몇 동지 가족들을 구제할 수 있을 겁니다."

비할 데 없는 어려움 속에서 그렇게 말하니 감동하지 않을 수 없었다. 뒷날 나는 후난·장시 경계와 후난·후베이·장시 소비에트 변구에서, 어려움 속에서 공작하던 그 현위원회의 작풍을 소개한 일이 있다. 훗날 1931년 3차 '포위토벌'을 분쇄한 뒤 홍3군이 다시 후이창, 안위안, 쉰우 등에서 새로운 소비에트구를 개척할 때, 더 동지가 여전히 안위안현의 공작을 지도하여 매우 빨리 소비에트구를 설립한다. 그런 그가 왕밍王明*노선 통치 시기에 AB단이라고 모함을 받아 살해당한다. AB단은 국민당에서 공산당을 반대하는 자들이 1926년 장시성에서 설립한 단체다. 아! 이런 비통한 일이 어디 있으랴. 왕밍노선 시기에 이런 일이 얼마나 많이 일어났는지 모른다. 1942년 정풍심사운동** 때 마오 주석은 다음과 같은 방침을 세웠다.

"대부분을 붙잡지 못하더라도 한 사람도 죽여서는 안 된다. 또 잘못 처리한 동지들에게 사과해야 한다. 그렇게 해야 그 동지들도 감동할 것이다."

양자가 대비되는바, 마오 주석의 노선이 실사구시의 정신으로 관철되었으니 얼마나 위대한가.

홍4군과 5군이 루이진성에서 2차로 만나다

홍4군의 확실한 정황을 알게 된 뒤, 우리는 징강산으로 돌아가 싸

---

* 중국공산당원 중 소련에 유학했던 이른바 28인의 볼셰비키 중 한 사람이다. 소련의 후원으로 1931년 중국공산당 총서기가 되었다. 이후 4년간 급진적인 모험주의 노선을 이끌었다.
** 마오쩌둥이 이끈 당 쇄신운동. 왕밍 등 친소련파들이 비판을 받았으며 저우언라이, 펑더화이 등도 자기비판을 하였다. 1942년 이 운동의 결과로 마오쩌둥은 영도노선을 확고히 하였다.

우려 했던 원래 계획을 바꿨다. 우리는 후이창을 지나 루이진 현성을 점령하고 구뎬古典과 팅저우에 가까이 기대었다. 며칠 뒤 홍4군이 창팅長汀에서 구뎬을 지나 루이진으로 와 2차 만남을 갖게 되었다. 이때 홍5군은 3백 명에서 7~8백 명으로 늘어나 있었다.

마오쩌둥 동지는 편지를 보내 2월에 중앙에서 보자고 했다. 편지에서 그는 당시 시국을 예측하고 걱정하며 목표를 줄이기 위해 주와 마오가 홍군을 떠나고 홍군을 농촌에 분산시키자고 했다. 나는 중앙에 편지를 한 통 썼다. 시국이 긴장되었다는 것, 중요한 책임자는 부대를 떠날 수 없다는 것, 공산당이 지도함으로써 정확한 정책이 가능하고 홍군을 견결하게 유지할 수 있다는 내용이었다.

"예전에 북쪽에 백랑白郎***이 있어 이리저리로 도망쳤습니다. 비교하여 말하자면 그도 아직 견디고 있는데 우리는 왜 견딜 수 없습니까?"

이 편지는 4군에서 전선위원회로 보내 마오 주석이 있는 곳에 있다. 이것이 내가 직접 중앙에 쓴 첫 편지다. 나는 4군 전선위원회에 징강산에서 철수한 경과를 종합 보고했다. 마오 당대표는 "이번에 매우 위험했다. 당신들에게 징강산을 지키라고 결정하면 안 되었다"고 했다.

홍5군은 루이진에서 1주일가량 머물렀다. 4군이 도착한 뒤 이틀간

*** 1873~1914. 허난 바오펑寶豐 사람으로, 민국 첫해 농민기의군 수령이었다. 1911년 10월 바오펑에서 농민무장대를 조직하여 제국주의와 봉건 지주의 압제와 수탈에 맞서 반항하였다. 1912년 '부자를 치고 빈민을 구하자'는 구호를 내걸고 허난에서 위안스카이의 통치에 반대하는 투쟁에 적극 참가했다. 1913년 말, 그가 영도하는 기의군은 안후이, 후베이, 섬서, 간쑤를 전전하며 싸웠다. 한동안 '공민토적군'이라 칭했으며 1914년 여름 허난으로 회군하고 8월에 바오펑, 린루臨汝 사이에서 포위를 돌파하려고 싸우다 희생되었다.

더 있다가 함께 후두로 떠났는데, 도중에 어느 곳에서 중鍾씨 성을 가진 지주에게 곡물을 몰수하여 빈민들에게 나누어 주었다. 그때 지주와 같은 성씨인 앞잡이들이 여전히 곡식을 감춰 군중들에게 나눠 주는 것을 방해하는 바람에 씨족 간 싸움이 발생했다. 그러자 조사 연구 경험이 없던 4군 사령부 담당자가 바로 방해하는 사람 두 명을 총으로 쏘아 죽였다. 홍군은 그곳에 머무르지 않고 거쳐 가는 중이었다. 홍군이 떠난 다음 이 사건을 반동 지주들이 이용해 성씨 간 싸움이 발생하면서 계급투쟁이 모호해졌다.

점심때 나와 주더 군단장, 마오 당대표가 함께 밥을 먹게 되었다. 점심이라야 각자 세수할 때 쓰는 수건으로 싼 밥 한 뭉치가 다였고 반찬도 없었다. 찬밥을 먹고 냉수를 마실 뿐이었다. 점심 먹을 때 마오 주석이 그 일을 알게 되었는데, 함부로 사람을 죽인 자를 엄숙하게 비판하는 데 인정을 두지 않았다. 인민 군중들을 대하는 진지한 태도가 우리에게 깊은 인상을 주었다. 나는 그것을 보고 아주 좋은 작풍이며 정치적 태도가 정확하다고 생각했다. 이것이 내가 직접 경험한 마오 주석의 두 번째 인상이다. 첫 번째는 징강산에서였다.

후두 현성 부근에 도착하여 나는 부대를 인솔해 징강산으로 되돌아가자고 제안했다. 후난·장시 변구 정권을 회복하자는 것이었다. 홍4군 전선위원회는 나의 제안에 즉시 동의했다. 후두에서 강을 건너 다시 샤오미를 지났다. 그곳 군중들은 이미 공개적으로 정권을 세우고 유격대를 조직하고 있었다. 군중들은 홍군을 열렬히 환영했다. 그곳에 맡겨 두었던 부상자들도 많이 좋아졌다. 특히 텅다이위안 동지가 활짝 웃는 얼굴로 부대에 돌아왔다. 이때 부대원이 약 1천 명에 이르렀다. 새로 지은 회색 군복을 입고 연잎 모자荷葉帽(정글모처럼 연잎 모양을 낸 모자)를 쓴 모습이 학생 같기도 하고 매우 독특했다.

우리는 샤오미 군중들과 작별하며 부상병들을 돌보아 주어 고맙다고 인사했다. 그들은 유격대를 조직하여 정위단 개새끼들과 싸울 때 홍군이 도왔다고 말했다. 우리는 추수 뒤에 도지를 보낼 필요가 없으며 이후 토지를 분배할 것이라고 공개했다. 군민軍民 사이의 관계가 뜨겁기가 열화와 같았다. 헤어지는 것을 못내 아쉬워하며 어떤 청년들은 10리 길을 배웅하여 돌아가지 않으려 했다. 텅다이위안 동지가 상처를 치료 받는 기간에 펼친 공작이 적지 않았음을 확인할 수 있었다. 여기서 농민들에게 공산당의 지도가 얼마나 필요한지, 또 무장하는 게 얼마나 절실한지 알게 되었다. 이 두 가지만 있다면 그들은 비밀에서 공개로 나아가며 정권을 세울 수 있었다. 샤오미에서 덩핑 동지가 부대로 돌아오기를 요청했다. 우리는 환영회를 열었다. 나는 연설에서 이렇게 말했다.

"극도로 곤란한 시기가 변화의 시작이며, 견디기만 하면 승리할 수 있다. 징강산에서 적의 공격을 받았을 때 우리는 극도로 곤란했다. 3개월여 동안 우리는 변했다. 그때 우리는 퇴각했고 적들은 추격했다. 우리는 후두성을 급습해 승리를 얻었다. 적들은 공격에서 퇴각으로 바뀌었으며 우리는 퇴각에서 공격으로 바뀌었다. 우리는 경험에서 교훈을 얻었다. 단결해야 하고, 견뎌야 하며, 견결해야 한다. 동요하지 말아야 하고, 해이해지지 말아야 하며, 이완되지 말아야 한다. 그때 절대다수 동지들이 견결하게 버텼고 몇몇 동지들은 견결하지 못했다."

이번에 뉴산을 지날 때 군중들은 신이 났다. 홍군의 옷을 잡으며 가지 말라고 했다. 신펑 현성 북쪽을 지날 때 뜻하지 않게 정위단

30~40명과 마주쳐 그들을 모두 소멸하고 구향총九响枪을 얻었다. 그
것을 신핑 당에 주었다. 그들 유격대는 60~70명이었는데 장창과 사
제총을 가지고 있었다. 대장 궈이칭郭一清 동지가 신핑 군중의 지도자
였다. 텅다이위안 동지가 현위원회와 접촉할 때, 궈가 5군을 따라 한
동안 같이 행동하다가 신핑으로 돌아가기로 결정했다. 궈는 그 뒤
홍5군 연대 정치위원이 되었는데, 창사를 처음 점령한 뒤 철수할 때
전사한다. 참으로 애석한 일이다.

이번에 징강산에 돌아갈 때는 지난번 철수할 때와 형세가 완전히
달라졌다. 신핑에서 정위단 수십 명을 소멸한 것 외에 이동하면서
적을 볼 수 없었다. 앞서 여러 번의 행군 때와 마찬가지로 대략 10여
일이 지나지 않아 징강산에 도착했다. 츠핑에서 하룻밤을 묵고 왕줘
를 만났다. 그의 특무중대는 어떤 손실도 입지 않았다. 징강산구 군
중들은 적에게 심한 박해를 받았다. 후난과 장시 두 성의 백군들이
점령했을 때 큰 피해를 입었다. 특히 그들이 철수할 때 철저하게 파
괴하고 방화, 약탈, 도살을 일삼아 처참하기 이를 데 없었다. 말라리
아가 크게 유행했는데 치료할 의약품이 없었으며 소금도 없고 옷감
등 생활필수품조차 없었다. 그때 징강산은 인구가 2천 명을 넘지 못
했다. 우리는 은화 2천 원을 풀어 민중들을 구제했다.

다음 날 룽스에서 변구 각 방면의 간부들을 만났다. 그들은 상황을
비교적 완벽하게 이해하고 있었다. 융신현 지역의 공작은 변구에서
비교적 선진적이었고 다른 1개 구는 비교적 나무랄 데 없이 유지하
고 있었으나, 망친 곳도 있고 지하로 들어간 곳도 있었다. 롄화와 닝
평寧風도 대체로 비슷했다. 소소한 공개 활동을 유지한 곳도 있고 지
하 활동으로 들어간 곳도 있었다. 어쨌든 적은 결코 변구를 완전히

무너뜨리지 못하였다.

적에게 잡혀간 혁명 군중과 기층 간부들은 링현과 루청汝城에 갇혀 있었다. 현과 구의 소수 배반자들을 제외하고 대다수는 여전히 버티고 있었다. 가장 곤란한 것은 일용품 부족이었다. 특히 소금, 약품, 옷감이 부족해서 이를 급히 해결해야 했다.

홍5군 중 황양제를 수비하던 2대대 리찬, 장춘칭 부대가 아직 있었다. 전상자 20여 명 외에 다른 손실은 없었다. 바몐산을 지키던 나와 리찬의 대대가 그곳에서 적의 공격을 깨뜨릴 때, 그들은 험악한 절벽을 돌아 적의 후방으로 돌아갔던 것이다. 대장이자 당대표는 치양, 바오칭 일대 사람이어서 고향으로 돌아가 유격 활동을 하고 싶어 했다. 이것은 지방 관념이기도 하고 후난·장시 변구 투쟁을 지키겠다는 믿음이 부족한 데서 비롯된 것이기도 했다. 그들은 변구를 벗어나 헝양衡陽 동쪽(지금의 형동현衡東縣)에 이르러 적에게 포위되어 소멸되고 말았다. 이 일에 대해서는 다른 견해도 있다. 1955년 4~5월 사이 내가 해군 항공병 공작을 할 때 바몐산을 수비하던 대대 정치위원 리커위李克玉을 만났는데, 그가 그때 일을 설명하기를 당시 대대가 전부 소멸된 것이 아니고 대부분 혹은 일부가 흩어졌다고 했다.

한편, 융신, 롄화, 쑤이촨 지방의 무장대도 일부 손실을 입었으나 주요 역량은 아직 보존하고 있었다. 나와 텅다이위안이 3개 대대를 인솔하고 포위를 돌파할 때 연락이 끊긴 리광 부대 일부분이 손실을 입은 것을 빼면, 주요 역량은 여전히 보존하고 있을 뿐 아니라 배 이상 확대되었다. 우리는 5군을 4, 5 두 개 종대로 개편하고 휘궈중을 4종대장으로, 리찬을 5종대장으로 임명했다. 그 외 특무대대를 포함하여 총 1천 2~3백 명이었다.

당시 장제스와 호북군의 모순이 첨예했다. 장제스는 루디펑이 인솔하던 2군을 후난에서 장시로 옮기게 하고, 허젠에게 후난을 주관하게 했다. 장제스가 허젠을 이용해 광시를 협공하자 장제스와 광서군벌의 모순이 확대되어 후난과 광시의 모순으로 이어졌다. 이것은 두말할 것 없이 후난·장시와 후난·후베이·장시 두 개 소비에트 발전에 유리한 일이었다. 이런 기회를 방치해서는 안 되었다. 후난·장시 변구의 곤란한 상황은 발전하며 줄일 수밖에 없었다. 군대와 지방이 연석회의를 열어 인식과 행동을 통일할 필요가 있었다. 나는 텅다이위안과 상의하여 홍5군 당대표와 군위원회 명의로 연석회의를 열자고 제의하기로 했다. 어떻게 공작하여 변구를 회복할 것인지 토론하기로 한 것이다.

회의 결과, 5군과 왕쥐의 특무중대 2백여 명이 공동으로 링현과 구이둥을 먼저 공격해서 점령하고, 민단을 소멸시켜 감옥에 있는 혁명군중과 간부들을 구출하고 자금과 필수 물자를 모으기로 했다. 두 성을 점령한 뒤 감옥에 있는 동지들을 구출했는데 노획한 물자가 많지 않았다. 그래서 다시 광둥 지역의 청커우城口를 습격하여 점령하기로 했다. 청커우는 광둥성에서 후난성 방향으로 동남쪽 출구에 있는 작은 상업도시였다. 3~4백 호가 있었는데 여기서 소총 10자루, 총알 3만여 발, 자금 약 3만 원을 노획했다. 또 난슝에 수비하는 정규군이 없다 하여 빼앗기로 결정하고 그곳을 5일간 점령했다.

난슝과 청커우에서 대량의 약품과 소금, 포목을 사들였다. 특히 학질에 특효인 키니네와 리탈린을 얻었다. 난슝에서 모은 자금과 수집한 물자는 청커우와 대체로 비슷했으나, 노획한 총과 총알은 청커우보다 적었다. 얻은 물자와 총, 총알은 5군과 왕쥐 두 부대가 똑같이 나누었다. 왕줘 부대에게 좀 더 많이 주었더니 왕줘는 매우 만족스러워했다. 나머지도 변구의 통일된 계획에 따라 분배했는데, 이 역시 왕줘와 함께 상의하여 결정한 것이어서 만족해했다. 이 일로 왕줘 부대에 대한 5군의 정치적 영향력이 좋아졌다.

당시 변구를 회복하기 위해 펼친 공작 방침은 다음과 같다. 소비에트를 밖으로 확대한다. 그 가운데 원래 구역을 회복하고 공고화를 꾀한다. 이 일들을 하는 데 한 달 반이 필요했다. 렌화, 융신, 닝강 세 현의 교차점을 회복하니 때마침 7월 초순이었다. 날씨가 뜨거워 불을 피우는 것 같았다. 단기간 쉬며 정돈하고 2개 종대, 9개 대대로 재편성할 계획이었다. 각 종대가 4개 대대를 통제하도록 하고 종대장으로 리찬과 훠귀중을, 당대표로 류충이劉崇義와 펑아오彭遨를 임명하고 군 직할로 1개 특무대대를 두었다.

안푸를 공격하다

부대를 편성하고 며칠이 지나 당 특별위원회는 연석회의를 소집했다. 이번 회의에는 특위, 융신 현위원회, 5군 군위원회가 참가했으며 나와 텅다이위안도 참석했다. 특위 서기는 덩첸위안鄧乾元이었고 5군 군위원회 서기는 텅다이위안이었다. 덩첸위안이 5군은 근거를 바깥에 두고 발전해야 한다는 방침을 내놓고, 안푸를 빼앗기 위해 성에 1개 대대만 남겨야 한다고 했다. 그러나 병력이 부족했다.

나는 안푸 공격에 반대했다. 그 이유는 다음과 같다. 지안에 적 1개 사단과 1개 여단이 있고 융신·렌화 현성에 각각 1개 여단 등 2개 여단이 있다. 안푸성은 작지만 성벽이 높고 견고하여 점령하기가 쉽지 않다. 수비 병력이 1개 대대인지 확실하지 않은 데다 민단도 있다. 또 우리가 성을 공격할 때 적은 반드시 융신, 롄화, 지안 3면에서 구원을 올 텐데, 우리는 병력이 적어 성을 공격할 때 지원군을 칠 힘이 없다. 피동적 상황에 빠져 현재의 유리한 국면이 불리하게 변할 것이다. 성 북쪽에 있는 개천은 수심이 깊고 흐름이 급하다. 비가 오면 걸어서 건널 수 없게 된다. 안푸성을 함락할지라도 공고하게 지킬 수 없다. 그들은 우리가 안푸성을 공격할 때 적이 반드시 융신과 롄화를 버려 두고 지안으로 후퇴할 것이라고 했지만, 나는 적이 3면에서 우리를 공격할 것이 분명하다고 말했다. 상당한 병력을 소멸하지 않으면 적은 롄화, 융신 두 성을 버려 두지 않을 것이라고 생각했다.

논쟁한 결과, 그들은 전부 동의하고 나 혼자 완전히 고립되어 소수가 다수에게 복종할 수밖에 없었다. 처음으로 아주 잘못된 결정을 하게 된 것인데, 그 대가는 컸다. 거의 전군이 전멸하고 만 것이다. 그래도 텅다이위안이 아직 살아 있어 조사를 진행할 수 있었다. 그 때 우리는 쑤이촨, 타이허泰和 방향 또는 링현, 차링 방면으로 발전해 가야 했다. 이 두 방면에는 적의 주력이 없었다. 간저우에는 류스이 여단 5개 대대만 있었다. 남은 1개 대대는 후두에서 전멸당했다. 장제스와 광서군벌의 모순이 컸는데, 허젠이 장제스를 포용하여 호남군이 장을 지원하여 광서군을 치게 했다. 그러나 차링ㆍ링현에는 튼튼히 지킬 수비군이 없었으며, 안런ㆍ유현攸縣ㆍ리링을 수비하는 적도 많지 않았다. 그럼에도 그들은 적이 약한 방향으로 나아가는 것에 한사코 동의하지 않았다.

대략 7월 중순경 안푸를 공격했다. 적은 1개 대대를 성 밖 30리 지점으로 보내 아군에 응전했다. 우리가 먼저 작은 고지 한 곳을 점령했는데, 적은 한 번 접촉 후 바로 안푸로 도주했다. 아군이 추격하여 안푸성 부근에 이르러 수비하는 적이 1개 연대로 더 많은 것을 발견했다. 견고하게 진을 치고 우리를 기다리고 있었다. 비로소 적의 음모가 있음을 알게 되었다. 우리로 하여금 견고한 진지를 공격하도록 유도하고 롄화와 융신의 병력을 이동시켜 우리 배후를 공격하려는 것이었다. 우리는 즉시 후퇴하기로 결정했다.

그날 해질 무렵, 오던 길로 30리를 후퇴하여 옌톈嚴田과 안푸 사이에서 밥을 지었다. 시간은 이미 한밤중이었다. 동트기 전에 오던 길로 후퇴하여 소비에트구로 돌아올 생각이었다. 롄화·융신의 적이 공격해 오는 것을 피하려 했던 것이다. 동트기 전에 출발하여 나는 황원차오 대대장을 따라 앞에서 걷고 있는데, 1리도 채 가지 못하여 사전에 매복하고 있던 적을 만났다. 총소리가 한 번 울리자 융신·롄화·안푸 세 곳에서 온 적이 동시에 맹렬하게 사격을 해 왔다. 다행히 황원차오 대대장이 인솔하는 병사들은 매우 용맹하였다. 그들이 적진에 돌격하자 나는 후속 부대로 일제히 맹공을 퍼부었다. 적진에 하나의 빈틈을 보고 죽이며 혈로를 열어 융신 근거지로 후퇴하여 적의 3면 포위를 돌파했다. 북쪽에 있는 개천은 물이 불어 건너기에 매우 위험한 지역이었다.

이번 전역에서 사상자가 3백여 명이었다. 종대장 휘궈중도 전사했고, 리찬은 부상을 입었다. 참모장 류즈지劉之志도 전사했다. 대대장 11명 중 9명이 부상을 입었다. 적군의 행동은 그처럼 신속했으며 부서 배치도 주도면밀했다. 뜻밖의 곳에서 나타났는데, 아군의 행동을 미리 알지 못했더라면 생각하기 어려운 일이었다. 나는 내부에 간첩이 있지 않은지 의심했다. 안푸 공격 후 부대는 융신성 서쪽에 집결한 뒤 7월 22일 핑장기의를 기념했다. 이 1년의 경험에서 얻은 교훈은 적지 않았다. 1928년에서 1929년까지는 가장 힘겨운 1년이었다.

제7장

다시 상악감 변구로 돌아오다

1929년 8월~1930년 6월

1929년 8월~1930년 6월 징강산 사수 이후 후난 지역에서 전투를 거듭하면서 군사지도자로서 펑더화이의 자질과 능력은 크게 향상된다. 싸우면 이기고, 군세 또한 크게 확대되었다. 펑더화이는 후난 주요 도시를 원정하며 상악감 변구 근거지를 크게 확대하여 변구 전성시대를 연다. 하지만 징강산의 산적이었다가 홍군에 귀속된 위안원차이, 왕줘와의 사이에 오해와 불신이 쌓여 그들을 처단하는 사건을 겪고, 또한 당 중앙으로부터 "산에 근거지를 건설할 게 아니라 대도시에 건설하라"는 지시를 받는다. 당 지도 노선을 둘러싼 갈등의 전주곡이었다.

상악감 변구로 돌아오다

1929년 가을, 후난 · 장시 지구에서 4 · 5 두 개 종대를 인솔하여 상악감 변구로 돌아왔다.

그전에 4종대와 5종대는 7월에 융신 · 닝강 · 롄화 경계에 집결해 있었다. 이곳은 소비에트의 중심 지역이라고 할 만했다. 쉬면서 한 달 동안 부대를 정비하고 있는데, 8월에 장후이짠 사단과 탄다오위안譚道源의 양 사단 4개 여단이 아군을 공격하기 시작했다. 제1선의 3개 여단이 나란히 전진하다가 한쪽은 융신, 또 다른 쪽은 롄화를 지나 우리가 쉬면서 정돈하고 있는 곳을 공격해 왔고, 제2선의 1개 여단이 이에 호응하려 했다. 아군은 약 1,100여 명 정도였다. 우리는 적군과 중간에 위치한 루커우사鰡口砂(롄화 현성 동쪽 약 40리)에 도착하여 매복한 채 적의 주력이 롄화를 점령하려 할 때를 기다렸다.

우리는 적이 뜻하지 않을 때를 노려 후미를 습격했다. 그날 저녁 적의 후미 1개 대대와 보급대가 루커우사에 도착해 숙영하고 있었다. 우리는 적의 진로에 미리 매복하고 있다가, 적이 집합하여 출발할 때 맹렬히 사격했다. 적은 크게 어지러워졌고, 아군은 맹렬하게 돌격했다. 반시간 만에 적을 모두 섬멸하고 적의 보급품을 몽땅 노획했다. 그러나 애석하게도 적이 공격할 때 군중들이 산으로 도망가 숨어 버리는 바람에 운반할 사람이 없었다. 될 수 있는 대로 파묻기는 했지만 전장을 청소하지는 못했다.

이 전역은 '강한 곳을 피하고 약한 곳을 치는 격'이었으며, 또한 적의 중요한 곳, 즉 보급을 쳐서 커다란 전과를 얻었다. 의연히 적의 공격에 물러서지 않고 공격한 것이다. 작은 이익보다 대국을 살펴 '피실격허, 공기불구避實擊虛 功其不救〔강한 곳을 피하고 약한 곳을 치며 공격하되 구할 수 없게 한다〕의 전술로 공격하는 적을 물리칠 수 있었다. 이어 우리는 신속하게 북진하여 이춘과 펀이分宜를 공격하여 점령했다. 지주의 무장대를 소멸하고 다시 완짜이를 공격 점령함으로써 장수樟樹를 위협하고 한 걸음 더 나아가 난창을 위협할 수 있게 되었다. 후난·장시 변구를 공격한 적은 밤을 틈타 지안으로 후퇴했다.

적은 융신과 롄화 두 성을 버려야 했다. 우리는 후난·장시 변구 소비에트와 닝강에 온전한 세 현을 가지고 있었다. 우리는 승세를 타고 퉁구 지구로 진격했다. 상악감 변구를 떠난 지 1년이 넘어 되돌아온 셈이다. 때는 이미 9월이었다. 이때 홍5군은 포로병을 소화하는 데 상당한 능력을 가져 쉽게 병력을 보충할 수 있었다.

9월 하순에 특위와 5군 군위원회 연석회의를 소집했다. 이 회의에서 두 개 변구와 홍4군의 경험을 소개했다. 주로 군대가 했던 군중공작, 근거지 건설 경험과 자금 확보, 군대 정치공작 경험 등이었다. 정보도 교환했는데 변구 공작에 진보가 있었다는 점, 변구에 남겨 둔 6개 대대가 증감이 없었다는 점, 지방 유격대가 약간 확대되었다는 점, 맹동주의 잔재가 아직 완전히 가시지 않았지만 1928년에는 상당히 적어졌다는 점 등의 이야기가 나왔다. '죽여라, 죽여라, 모든 반동파를 죽여 없애라' 또 '태워라, 불태워라, 머리털까지 다 태워라' 등의 점잖지 못한 맹동주의 구호도 볼 수 없게 되었다. 우리는 형세를 분석했다. 장제스와 광서군벌의 모순이 매우 커져 있었다. 장제스는 직계인 첸다쥔錢大均 군을 형양에, 호남군인 우상吳尚의 8군을 치양에 집결시켰다. 장제스와 광서군벌의 전쟁은 일촉즉발의 형세였다. 장시 방면의 2군 루디핑 부대와 윈난 주페이더의 3군 사이에도 갈등이 있었다. 객관적 형세는 혁명의 발전과 유격 전쟁, 소비에트구 확대에 유리했다.

홍5군 군위원회는 이 유리한 형세에서 5군의 주요 임무가 징강산맥井岡山脈, 무푸산맥幕阜山脈, 주궁산맥九宮山脈을 소통시키는 것임을 인식했다. 또 후난·후베이·장시 변구, 후베이 남구와 후난·장시 변구 남쪽부터 징강산, 북쪽으로는 창장강까지를 하나의 긴 덩어리로 이어야 한다는 점도 인식했다. 그때 우리는 여러 계획들, 곧 이 지구에서 군중을 움직이고 지주 무장대인 민단을 소멸시키는 것, 토지 분배, 당의 설립, 정권 건립, 비교적 튼튼한 근거지를 건설하는 것 등에 대해서는 손을 놓고 있었다. 그 결과, 홍4군 전선위원회와 협력하여 장시를 빼앗기 위한 1년 계획에 착수하지 못했다.

어쨌든, 이러한 정황과 임무에 적응하기 위해 5군을 5개 종대로 개편했다. 매 종대가 5개 대대를 관할하게 하고 특무대대, 간부 훈련대대를 각각 1개씩 두었다. 모두 3,100여 명 정도의 병력이었다. 각 부대의 유격구도 정했다. 제1종대 사령은 궁허충孔荷寵이고, 핑장·슈수이·퉁청通城 지구에서 활동한다. 제2종대 사령은 리스싱李實行이고, 류양·완짜이·핑샹 지구에서 활동한다. 원래 3종대 사령원이었던 황궁뤼는 5군 부군단장으로 전보하고, 우가이즈吳漑之가 그 자리를 맡아 퉁구, 이펑 지구에서 활동한다. 제4종대 사령은 궈빙성郭丙生〔궈더원의 아들. 나중에 장제스군에 투항한다〕이고 후난·장시 소비에트구에서 활동한다. 제5종대 사령은 리찬이며 후베이 동남쪽 양신陽新, 다예大

冶, 퉁산, 퉁청通城, 푸치蒲圻, 셴닝咸寧과 장시성 서쪽 루이창瑞昌, 우닝 등의 지구에서 활동한다.

당시 5군의 병력은 3천 여 명으로, 평장기의 때 숫자에 미치지 못했지만 1년 여 동안 질적으로 크게 향상되었다. 인민군중과 결합하여 일으킨 작용이 눈에 띄게 나타났다. 징강산을 기치로 인민군중과 서로 결합했는데, 결합의 열쇠는 토호를 치고 토지를 나누는 것이었다. 정치적으로 지주계급의 위풍을 꺾어 버리고 경제적으로는 그 재산을 몰수하여 농민에게 나누어 주었다. 후난·장시 변구에서 토지 균등분배를 실행했으니, 바로 '경자유전'을 실현한 것이었다. 후난·장시의 백군이 합동토벌할 때 융신에 무너지지 않은 구가 하나 있었는데, 그 중요한 원인이 바로 이를 실행한 것이었다. 이 방향에 대해 모두 옳다고 생각했다. 하지만 그것을 모방은 했으나 구체적으로 충분히 배우지 못해 토지개혁 공작을 착실하게 진행하지는 못했다.

이번 전략 부서 안배는 정확했다. 반년 사이에 소비에트구가 확대되었으며 3개 소비에트구*가 하나가 되었다. 주력 홍군은 물론 지방 무장도 빠르게 확대되었다. 당시 5군 부대는 퉁구 지구에 지휘 중심을 두었다. 11월 중순, 나는 이러한 부서 배치 및 홍4군과 만난 뒤의 경과를 정리한 편지를 써서 중앙에 보고했다. 편지는 상악감(후난성·후베이성·장시성) 변구 특위 서기인 왕서우다오王首道 동지가 가지고 갔다. 편지에서 나의 입당과 평장기의의 개략적 과정도 서술했다.

5군 부대가 주둔한 지 얼마 되지 않은 12월 중순, 각 방향에서 수집

---

* 3개 소비에트구는 후난·후베이·장시 변구, 후난·장시 변구와 후베이성 남쪽 변구를 가리킨다.

한 정보를 확인하여 지안의 적이 또 준동하려 한다는 사실을 알게 되었다. 적은 융신 소비에트구를 공격할 준비를 하고 있었다. 나와 황궁뒈, 텅다이위안, 덩핑이 우가이즈의 3종대, 군 특무대대, 간부 훈련대대를 인솔했다. 간부 훈련대대는 정치위원과 중대장을 육성하는 부대다. 우리는 주탄株潭, 이핑, 롄화성 동쪽 옌톈嚴田을 지나 융신성 동쪽의 4종대와 간격을 좁혀 집결하고, 4종대와 협력해 공격해 오는 적을 요격할 준비를 하고 있었다. 지안의 적은 탄다오위안 사단 계열 같았다. 그는 홍군 주력이 북진하는 줄 알고 있어서 후난·장시 변구는 경시하고 있었다.

적이 막 지안성에서 나와 10여 리에 이르렀을 때 우리 4종대의 습격을 받았다. 아군은 1개 대대를 소멸시키고 일부를 노획했다. 적은 즉시 지안성으로 물러나 다시 나오지 않았다. 아마 우리 주력이 집결한 것을 발견했을 것이다. 우리는 즉시 쑤이촨, 타이허 두 현의 지주 무장대를 소멸시키고 군중을 일으켜 정권을 수립했다.

그때 강남 특위(장시 남쪽)와 상감(후난·장시 변구) 특위가 제6군 설립을 요청해 와, 황궁뒈를 보내 군단장에 임명하고 나머지 간부 일부를 파견했다. 당시 후난·장시 변구 특위 서기는 주창셰朱昌偕였으며 왕화이王懷, 저우가오차오周高潮가 상임위원이었다. 6군 설립 요청은 그들이 직접 와서 제출한 것인데, 5군 군위원회는 이런 요구에 만족했다. 황궁뒈를 파견한 것 외에도 고급 간부인 리쥐쿠이李聚奎, 왕루치王如痴, 천전예陳振業 등을 보냈으며 간부 훈련대대 전부와 병력 1백 명, 총 1백 자루를 보냈다. 6군은 뒤에 3군으로 개편되었으며 다시 1군단으로 건제되었다. 대략 1929년 12월 상순에서 중순 사이의 일이다.

우리는 톈허天河에서 음력설을 쇠고 1930년 봄 3·4종대를 인솔하여 융신, 안푸 경계에 집결했다. 융신 현성에서 30~40리 떨어진 곳이었다. 그곳에서 부대를 정돈하고 훈련하며 휴식을 취하고 군중공작을 하면서 안푸와 위안수이 유역의 각 성을 탈취할 준비를 했다. 장제스, 펑위샹, 옌시산閻錫山 군벌 간 모순은 나날이 분명해졌다. 장시의 루디핑은 정위단에게 현성을 굳게 지키라고 명령했다. 특위는 현이상 당의 연석회의를 소집했다. 약 2~3일 사이 중앙에서 파견한 순시원 판신위안潘心元이 5군 부대에 도착해 약 1주일간 머물렀다. 우리는 황궁뤠가 설립한 6군의 상황을 그에게 말해 주었다. 판신위안이 6군을 설립한 뒤 5군의 지휘를 받게 해야 한다고 해서 내가 말했다.

"정황을 좀 보시오. 6군은 간장강贛江 동쪽에서 움직일 때는 4군 전선위원회에 속해 지휘를 받는 것이 비교적 편리합니다. 간장강 서쪽에서 움직일 때는 5군 군위원회 지휘를 받을 수 있을 것이고. 6군이 후난·장시 경계의 5군 부대를 지휘할 수도 있소."

중앙 순시원 판신위안과의 대화

나와 판신위안은 여러 차례 이야기를 나눈 바 있는데, 이번이 첫 번째였다. 그와 펑장기의에 대해 이야기했고, 그 뒤 1년 사이에 여러 번 방문했다. 투쟁은 어렵고, 격렬했으며 얻은 경험도 적지 않았다. 무장투쟁에서 근거지 없이는 지구전을 펼치기 어려우며, 무장투쟁 없이 근거지를 세울 수도 없다. 후난·장시 변구와 후난·후베이·장시 변구 설립은 이 경험을 증명했다. 무장투쟁은 분담해야 했는데 주력 홍군과 지방 유격대 그리고 적위대가 있어야 했다. 주력인 홍군 없이는 국면을 타개할 수 없으며 백군의 공격을 분쇄할 수 없었다. 또한 지방 무장대 없이 반동적 정위단을 진압할 수 없으며, 애호단과 지주 부농의 모반을 막을 수도, 근거지를 보위할 수도 없었다. 현재 주력 홍군은 적에 비해 약하므로 어떻게 해야 강대한 백군과 싸워 이길지 연구해야 했다. 나는 후두를 급습한 싸움과 작년〔1929〕 8월 루커우사에서 복병으로 공격했던 전투를 제시했다. 모두 약으로 강을 이긴 것으로, 적이 뜻하지 않을 때 공격한 것이었다. 또한 요해처要害處, 곧 적이 반드시 구원해야 할 아픈 곳을 공격했다. 그 결과 적을 물리칠 수 있었다. 이런 공격 방법은 구식 군대로서는 이해하기 어려운 것이었다. 전기戰機(전쟁 시의 기회)는 언제나 있다. 적군의 약점은 항상 있으되, 발견하기가 쉽지 않고 제때 틀어잡기가 쉽지 않을 뿐이다. 홍4군은 궈펑밍 여단을 섬멸할 수 있는 전기를 휘어잡았다. 바로 민서閩西(푸젠 서쪽) 근거지를 만들어 내던 국면이었다.

나는 작년 6월 안푸 공격이 실패한 교훈도 제기하였다. 그때 홍5군 주력 1,300여 명이 소멸되었고, 이 피해로 후난·장시 변구가 발전하는 데 크고 작은 곤란이 늘어났다. 홍군 주력의 작전은 모든 전투에서 반드시 승리해야 했다. 당연히 어려운 일이다. 하지만 작년 안푸 공격과 같은 맹동주의는 기필코 반대해야 한다. 우리는 반동적 국가의 구식 군대에서 기의하였다. 일체의 보급을 후방에서 받았지만 이제는 어떤 보급도 스스로 해결해야 했다. 토호를 치고, 굴을 찾아 파내고, 스스로 병력을 보충하여 확대하고, 포로병을 홍군으로 만들어야 했다.

나는 또 이야기했다. 현재의 조건에서 이른바 공고한 후방을 건설하려면 적이 쳐들어올 수 없는 후방이어야 한다. 이것은 가능한 일이다. 징강산을 지킨 경험에서 얻은 교훈이 많았다. 홍광의원紅光醫院〔징강산에 설치했던 홍4군 병원. 유지遺地와 기념물이 남아 있다〕처럼 그렇게 집중해서 부상병을 치료하는 것은 현재의 조건에서는 적당하지 않다. 오직 군중의 엄호 아래 흩어져 치료를 받을 수 있다. 나는 샤오미에서 부상병을 맡겼던 일을 이야기했다. 당시 부상을 입은 당대표를 군중의 집에 맡겼는데 치료를 받고 호전되었다. 이는 귀중한 경험이었다. 우리는 이런 경험을 활용할 준비를 해야 한다. 다시 징강산의 홍광의원 같은 것을 시작할 필요는 없다. 물론 그런 병원이 좋지만 유지할 수가 없다.

판신위안이 물었다.

"어떻게 해야 근거지를 공고하게 한다고 할 수 있소?"

"튼튼한 후방이 있는 군대는 고정적 병원, 피복 공장, 모든 군용물자를 비축한 저장고를 가진 군대를 말합니다. 튼튼한 후방은 백군이 쳐들어올 때 우리가 그들을 쳐서 쫓아낼 수 있어야 하고 계속 그럴 수 있어야 해요. 인민 군중은 시종 우리를 엄호해야 하오. 홍군을 엄호하고 적정을 정찰하고 백군을 습격해 교란시킬 뿐 아니라 정보를 차단하고 그곳의 반혁명분자들을 군중들이 스스로 잡아 가둬야 합니다. 심지어 진압까지 할 수 있어야죠. 이런 근거지를 튼튼한 근거지라고 생각합니다. 만약 장기간 쳐서 내쫓지 못할 때, 백군이 장기간 점령하고 있을 때 그곳은 곧 유격구나 유격 근거지로 변하는 것이오. 징강산 같은 곳은 단지 군사 후방이라고 생각합니다. 우리는 3일간 지키다 적에게 깨졌소. 설령 3일 동안 쳐들어오지 못한다 해도, 30일이면 쳐들어올 수 있었을 거요."

"징강산을 지킨 것이 오류라는 말이오?"

"징강산을 지킨 것은 정확한 점도 있고 오류도 있소. 그 뒤에는 정확하게 대응했다고 할 수 있어요. 당시 경과를 살펴봅시다. 홍5군 5개 대대가 징강산을 지키기 위해 이미 진지 설치를 시작했소. 적이 튼튼한 곳을 공격하도록 유인해서 피로한 적을 소모시키기 위해서였습니다. 또 외선의 홍4군이 기동하여 적을 치고 홍5군과 협력해서 적의 포위공격을 물리치려는 것이었소. 이것은 정확한 방침이었어요.

그런데 그 뒤 적의 상황이 변화해 홍4군이 세원빈 여단에게 습격을 당했고, 4군은 협력하여 징강산을 지키는 것을 포기하고 장시성 남쪽을 지나 푸젠 서쪽으로 나갔소. 그렇게 해야 곤경에서 벗어나 자신을 보존할 수 있었어요. 결국 홍5군은 징강산을 지키는 외로운 군대가 되었소. 적은 우리의 30~40배나 될 만큼 우세했고, 그래서 징강산을 쳐서 함락시킬 수 있었어요. 이런 상황에서 징강산을 굳게 지키는 것은 오류입니다. 우리는 당시 홍4군 상황에 대해 알 수 없었소. 만약 제때 상황을 이해했다면 하루 이틀 일찍 포위를 벗어나 비교적 안전할 수 있었을 것이오. 징강산에는 5개의 중요한 길이 있는데, 그중 3개를 적이 깨뜨렸어요. 5군은 겹겹의 포위를 돌파해서 홍군을 보존하고 전멸을 피하기로 결정하고, 이후 다시 소비에트구와 징강산을 회복하기로 했소. 이것은 정확하고 필요한 방침이었어요. 그런 결정은 당시에 그렇게 쉬운 게 아니었습니다. 만약 미리 어느 정도 준비를 하지 않았더라면 생각하기 어려웠을 겁니다."

그러나 40년이나 지난 1969년 국경절 뒤에 《인민일보》 통신원은 "그것은 근거지를 버리고 마오 주석의 지시를 위반한 것"이라고 말했다. 그의 견해에 따르면, 포위를 돌파하지 말고 필사적으로 적과 맞서 싸워 모두 전사했어야 한다는 것인데, 그래야만 근거지를 지키는 것이 되고 마오 주석의 지시를 집행하는 것이 되는가? 그 스스로가 마오 주석 사상을 위반하는 것이며, 오히려 마오쩌둥 사상을 가두려 하는 투기분자다. 그 통신원은 수치스러움을 모르는 인간이다. 내가 판과 첫 번째 대화 때 했던 말을 덧붙이겠다.

"우리는 군중공작을 더 크게 하지 못했어요. 선전공작을 좀 했을 뿐입니다. 어떻게 농촌에서 당을 세울지, 정치를 세울지, 토지 분배를 할지 아직 입문하지 못했소. 올해 국면이 조금 완화된다면 우리는 군중공작하는 것과 특히 토지 분배하는 것을 단단히 배워야 해요."

판신위안도 시국 문제를 좀 이야기했다. 장제스와 광서군벌 간의 전쟁은 결국 타협하게 될 것이고, 장제스·펑위샹·옌시산 사이에 모순이 있지만 전쟁으로 폭발할지는 분명하지 않다는 것이었다. 판신위안은 상하이로 돌아가야 한다며 다른 지방에는 가지 않을 것이라고 했다. 내가 어느 길로 갈 건지 묻자, 그는 류양의 고향에 한번 가 보고 싶다며 그 뒤 후베이 동남쪽으로 해서 상하이로 돌아가겠다고 했다. 그는 황궁뤠를 만난 적이 없다. 그때 황은 간장강 동쪽 완안현萬安縣 경내에 있었다.

위안원차이 · 왕줘 사건

판신위안이 가고 3~4일 뒤인 1930년 3월 초였다. 3·4종대를 융신·지안·안푸 변경에 집결시켜 안푸성을 빼앗기 위한 공성 연습을 진행하고 있었는데, 늦은 밤 변구 특위 서기 주창셰朱昌偕, 비서장 천정런陳正人이 우리 부대에 와서 군위원회에 상황을 보고했다. 왕화이王懷나 다른 사람이 더 있었는지는 분명하게 기억나지 않는다. 당시 궁뢰는 이미 6군에 가 있었고 텅다이위안과 덩핑, 내가 있었다. 그들이 말하기를 위안원차이와 왕쥐가 배반하려 한다는 것이었다.

위안과 왕이 융신 현성의 현 연석회의에서 특위를 강박했다고 했다. 그들이 변구 지방 무장대를 자신들에게 귀속되도록 개편하여 인솔하도록 결정해 달라고 요구하더니, 말을 마치고 왕쥐가 모젤 권총을 탁자 위에 내려놓았다는 것이다. 융신성 안에는 왕쥐와 위안원차이의 부대가 주둔하고 있었다. 조건을 수락하지 않으면 위안과 왕이 변구의 현급 이상 연석회의에 참가한 동지들을 일망타진할 가능성이 있었다. 사정이 매우 위험하니 5군이 즉시 출동해 구해 달라는 요청이었다. 내가 그들에게 물었다.

"작년 5, 6월 사이 왕쥐가 특무대대를 인솔해서 5군과 공동으로 링현, 구이둥桂東, 청커우, 난슝을 칠 때 다짐한 일이 있소. 다시는 나쁜 짓을 하지 않겠다고 했는데 그렇게 난폭할 줄은 몰랐소. 이렇게 심각한 지경이 되다니. 왜 그렇게 빨리 변했을까요?"

주창세가 답하기를, 홍4군이 도피해 온 뒤 위안원차이가 도발하기 시작했다고 했다.

앞서 1929년 1월, 홍4군 전선위원회가 '6차 대표자대회 결의사항'을 토론할 때, '관계가 있는 토비〔도적 떼〕들을 쟁취하고 그 수령을 고립시킨다'는 조항을 삭제하고 전달하지 않은 일이 있었다. 그때 위안과 왕도 참가했는데, 조항 삭제는 4군 전선위원회의 결정이었다. 그런데 위안원차이가 홍4군 정치부를 찾아와 그 원문을 꺼내 놓았다는 것이다. 그는 홍4군이 도피해 온 뒤에 원문을 왕쥐에게 읽어 들려주었다고 한다. 왕쥐는 글자를 몰랐던 것이다. 위안원차이는 왕쥐에게 "우리가 그렇게 충성을 다했는데도 그들은 믿어 주지 않는다"고 했다.

나는 그들에게 왕쭤를 만나러 갔을 때 겪은 일을 이야기해 주었다.

"난승을 치고 온 뒤 약 보름쯤 지난 어느 날 해질 무렵 나 혼자 왕쭤가 있는 곳에 간 일이 있소. 왕쭤, 위안원차이와 관계를 잘 풀어 보려 한 것인데 왕이 마침내 그 일을 꺼냈소. 그 와중에 홍5군 사령부에서 나에게 돌아오라는 말을 전하라고 보낸 전령병이 온 거요. 그런데 왕쭤 부대의 경계병이 '서라!' 하고 고함을 쳐서 왕쭤가 긴장해 즉시 권총을 꺼내들고 좌우에 있던 사람들도 총을 들었소. 나는 그가 의심하고 있는 것을 알고 앉아서 꼼짝도 하지 않았소. 내가 '여기는 적이 없잖소?' 말하고 '전령병 동지, 자네 여기 왜 왔나?' 하고 물었더니, 전령병은 '당대표가 저에게 당신을 모셔 오라고 했습니다. 길에 늑대가 있을지 모른다구요'라고 대답했소. 이런 사정을 보면 왕이 매우 의심하고 있는 게 분명하오."

일은 급작스럽고 시간은 더 급박했다. 이런 일은 처리하기가 쉽지 않았다. 군위원회는 임시회의를 열었다. 나는 특위와 함께 결정한 것을 써서 4종대 당대표 류충이에게 보냈다. 그에게 융신 현성 30리에 있는 4종대 일부를 데리고 현성으로 접근해 부교를 단단히 지키게 했다. 날이 밝을 때를 기다려 그들과 담판하되 상황이 분명해진 뒤 움직이기로 결정했다. 나중에 들으니 4종대 일부가 막 부교 부근에 도착하자, 위안과 왕이 성내에서 부교를 향해 돌진하다가 다리 위에서 총에 맞아 물에 떨어져 익사했다고 했다. 징강산 토비 계열인 위안과 왕 부대 소속 20여 명은 성 밖으로 뛰쳐나가 징강산으로 도망쳐 돌아갔고, 나머지는 성내에서 움직이지 않았다.

특위는 위안과 왕의 죄악을 설명한 뒤 부대를 후난 · 장시 변구 독립연대로 개편하고 특위의 직접 지도를 받게 했다. 이전에 우리는 그 내막을 알지 못했고 그 뒤에도 이 일에 관여하지 않았다. 홍4군이 징강산을 떠나기 전 마오 주석이 위안원차이에게 많은 공작을 했고, 그 결과 4군이 출동할 때 그들이 따르게 된 것이었다. 부대가 출동하기 전에 마오 주석과 이야기를 나누었는데, 그때 마오 주석은 이렇게 말했다.

"위안은 사람됨이 교활하고 꿍꿍이가 깊지만 이미 4군 정치부 공작에 따르기로 동의했소. 이제 징강산 이후 공작에서 곤란한 점이 줄게 되었소. 홍4군이 징강산에서 떠날 때 배웅하러 가서 츠핑茨萍 집 밖 황무지 땅바닥에 앉아 그와 이야기를 나누었고, 그렇게 해서 위안원차이의 진보를 꾀하려 한 것이오. 그를 옛날 바탕에서 벗어나 새로운 환경으로 옮기려 했소."

훗날, 1931년 1차 합동토벌을 분쇄한 뒤 샹잉項英이 중앙소비에트 구에 왔다. 푸톈사변富田事變*을 지도한 기관과 20군이 황허 서쪽 융신으로 후퇴한 것이었다. 그때 어떻게 그들을 쟁취할 것인지 토론하면서 나는 마오 주석과 위안원차이, 왕줘의 일을 간단히 이야기하고 마오 주석이 한 말을 전했다. 마오 주석은 이렇게 말했다.

"6차 대표자대회 결의사항을 토론할 때 그들을 참가시켜서는 안 되었다. 홍5군 4종대가 융신성에 접근할 때 위안과 왕이 놀라 허둥거리고 의심할 만했다. 위안원차이는 홍4군이 징강산으로 피해 돌아

---

* 1930년 12월에서 1931년 7월 사이 벌어진 홍군 내부의 반란사건. 마오쩌둥과 주더가 AB단(국민 당 프락치)을 숙청하는 과정에서 일부 간부들이 부농 출신 간부들을 과도하게 의심하여 벌어 졌다. 700명의 간부 및 군 각급 지휘관들이 처결된 비극적 사건이다.

온 것에도 호의를 품지 않았다. 위안은 지식인이다. 위안이 도망쳐 오기 전, 왕쭤는 5군을 따라 행동할 때 태도가 좋았고 5군을 의심하지도 않았다. 그때 5군을 따라 난슝에 간 것은 왕 스스로 제의한 것이다. 우리가 그에게 건의한 적이 없는데도 말이다. 왕이 과거에 의심이 있었다면 그는 우리를 따라가지 않았을 것이다."

　루산회의 뒤 베이징에서 소집한 군사위원회 확대회의에서 어떤 사람이 펑더화이가 위안과 왕의 부대를 삼키려고 두 사람을 아낌없이 죽였다고 말했는데, 이 건은 반드시 심사위원회가 분명하게 처리해 줄 것을 요청한다. 내가 만약 위안과 왕의 부대에서 총 한 자루라도 가지고 왔다면 목숨으로 배상하더라도 달게 삼킬 것이다. 이 일은 천정련陳正人이 살아 있으므로 분명히 조사할 수 있을 것이다. 만일 당시 특위 동지가 사실이 아닌 것을 보고했다면 그에게도 책임이 있으며, 또한 우리도 가볍게 듣고 가볍게 믿은 책임이 있다. 그것이 합당한 사실이라 해도, 1930년 당시 적이 1차 합동토벌을 진행한 긴급한 시기임을 감안해야 한다. 그것은 〔푸텐사변 때〕 총전선위원회가 다리 위에서 20군 해산을 결정했던 정황과 대체로 비슷하다 할 것이다.

　우리는 1차와 2차에 걸쳐 징강산에 도착해 근거지를 회복했다. 나는 녹림부대에 대한 마오 주석의 인내심과 그들을 개조하려던 정책을 완전히 옹호한다. 오직 공산당의 계급노선과 구체적인 정책만이 녹림부대의 정치적 각성을 점진적으로 제고하고 그 사상을 진보시킬 수 있으며, 그들을 분화·개조시킬 수 있다. "그 군중을 쟁취하자. 그 수령을 고립시키자" 따위의 구호는 교조주의적 계급노선일 뿐, 구체적이고 실천적인 계급노선이라 할 수 없다.

변구 전성기, 중앙에서 4월에 편지를 보내오다

위안원차이와 왕줘〔훗날 두 사람 모두 혁명열사로 추중되었다〕 문제를 해결한 뒤 3일에서 5일쯤 지난 3월 초였다. 나는 3·4종대를 이끌고 안푸성을 공격하여 함락하고, 수비하던 적 1개 대대와 정위단 약 6~7백여 명을 소멸시켰다. 이때 후난·장시 변구는 융신, 롄화, 닝강, 타이허, 쑤이촨, 안푸 등 6,7개 현성을 포함하고 있었으며 차링, 링현, 완안 등의 현은 반 정도를 차지하고 있었다. 변구의 전성 시기였다.

훙군은 계속해서 신위^{新餘}와 편이를 공격하여 점령하고 3월에는 이춘을 점령하여 성들을 수비하던 정위단과 경비대 등 반동 무장 역량을 소멸했다. 위안저우^{袁州}(이춘을 말함)에서 10일간 쉬면서 부대를 정돈하고 4월에는 완짜이와 퉁구를 점령했으며, 중순에는 류양의 둥먼시^{東門市}, 원자시^{文家市}를 공격하여 적 2백여 명을 섬멸했다. 둥먼시는 류양 동쪽에 있는 민단의 반동 거점이었다. 4월 20일을 앞뒤로 1, 2, 3, 4종대는 핑장현 동부 창슈제에 집결했다. 그리고 4월 25일 전후에 5종대가 루이창 공격에서 좌절한 뒤 루이창, 양신 경계에서 창슈제로 왔다. 5개 종대 병력은 모두 5~6천 명이었다.

이때 장핑엔 군벌대전*이 이미 시작되었다. 루디핑은 민단에 현성을 집중하여 지키라고 명령했다. 군벌대전은 우리가 지주 무장대를

---

* 1930년 폭발한 장제스와 펑위샹, 옌시산 연합군 사이에 벌어진 대규모 군벌전쟁. 이 전쟁은 5월에 정식으로 시작되어 10월에 끝이 났다. 쌍방 모두 사상자가 35만 명 이상에 이르렀다.

소멸시키고 군중을 일으키며 소비에트구를 확대하는 데 유리하게 작용했다. 후난·장시 소비에트구와 후난·후베이·장시 소비에트구는 한 덩어리로 이어졌으며 중간에 백군으로 인해 끊어진 곳이 없었다. 후난·후베이·장시 지구와 후난·장시 지구 일부가 연결되어 군사적으로 이미 기본이 갖추어졌다. 지방공작이 따라가지 못해 선전공작만 할 정도였다.

1929년 늦가을에서 초겨울까지 홍군 주력은 배가 넘게 확대되었으며 사기도 고양되었다. 펑장기의 뒤 최전성기로 지방 홍군도 상당히 확대되었다. 특히 이춘을 공격하여 점령할 때 마침 루디핑이 후난에서 소환한 한 무리의 신병과 만났는데, 1천 명가량이 전부 홍군에 참가하여 3, 4종대 병력을 보충하였다. 실로 뜻밖의 수확이었다.

이때 후난·후베이·장시 변구 특위에서 상하이회의로 파견한 대표가 변구로 돌아왔다. 그는 1929년 겨울 우리가 중앙에 보낸 편지에 대한 회신을 가지고 왔다. 우리가 '4월 회신'이라고 부르는 것이다. 그 중에는 칭찬도 있었지만 근거지 건설 1항에 대해 "근거지 건설은 옳다. 하지만 당신들이 말한 것처럼 큰 산중에 건설하는 것은 필요치 않다. 우한 같은 큰 도시에 건설해야 한다"는 내용이 있었다. 이를 두고 5군 내부에서 논쟁이 벌어졌다. 리리싼李立三노선•의 영향을 받기 시작한 것인데 내 인식도 그때는 비교적 모호했다. 5군 군위원회

• 1920년 근공검학회勤工儉學會 일원으로 프랑스에 유학했던 리리싼은 1928년 이후 당 중앙의 실권을 장악한 뒤 소련의 영향으로 좌경 모험주의 노선을 채택하였다. 1930년 '6·11 중국공산당 중앙정치국 회의'에서 "새로운 혁명 고조를 위해 한성 혹은 몇 개 성에서 승리하자"는 결의안을 통과시켰다.

내부에서 한 동지가 우경화에 반대한다면서 다른 동지를 성분이 부농 출신이라고 공격했다. 내가 "우리가 성분론자이기는 하나 성분론이 다는 아니다"라고 하자, 그는 "그것은 부농 노선을 보호하는 것이다. 이번 회신을 통해 간파할 수 있다. 리리싼노선은 6월 11일부터 시작한 게 아니다. 4월 이전부터 있었던 것이다"라고 반박했다.

하지만 이 편지는 전국 혁명 정세를 제기한 것이 아니며 단지 대도시 근거지를 탈취할 것을 제기했을 뿐이다. 정치노선에 편차가 있으면 조직 문제에 반영하면 될 것을 성분론을 들고 나오고, 게다가 '칼을 뽑고 활을 당기는 것처럼' 다른 사람의 반론도 허락하지 않은 채 마음대로 다른 사람을 우경이라 비방하는 모습을 볼 수 있었다.

뤄린 · 궈루둥 사단의 공격을 분쇄하다

1930년 4월 30일 전 군이 핑장 현성으로 전진했다. 5·1절〔노동절〕에 핑장성을 빼앗기로 결정한 것이다. 당시 핑장 현성은 허젠 부대 소속 왕둥위안王東原 여단의 1개 연대가 지키고 있었다. 오전 8, 9시부터 오후 4시까지 싸워 적의 대부분을 섬멸하고 소수만 도망쳤다. 이때 장제스와 광서군벌 간 전쟁은 이미 끝났지만 장제스, 펑위샹, 옌시산의 군벌대전이 전면적으로 전개되고 있었다. 객관적 형세가 우리에게 유리했다.

핑장성에서 이틀간 휴식하고 장시성의 슈수이와 우닝을 공격했다. 당시 두 성은 수비군 각 1개 대대가량이 정위단과 함께 지키고 있었다. 두 성의 적을 소멸시킴으로써 후난 · 후베이 · 장시 변구와 후베이 동남 소비에트구가 이어져 하나가 되었다. 우리가 슈수이성의 적을 전부 섬멸하자 우닝을 지키던 적은 성을 버리고 달아났다.

그런데 우리 5종대가 양신 소비에트구를 떠날 때를 틈타, 적이 후베이 동남쪽 양신·다에 소비에트구를 공격한 사실을 알게 되었다. 뤄린羅霖의 2개 여단 4개 연대와 사천군 귀루둥郭汝棟 부대 5개 연대였다. 우리는 즉시 4개 종대를 인솔하여 귀루둥, 뤄린의 2개 사단의 공격을 분쇄하러 갔다. 1종대는 핑장에서 공작하고 있었다.

홍군이 그곳으로 가자 인민 군중이 열렬하게 옹호했다. 적은 류양, 핑장, 완짜이, 퉁구, 슈수이 근거지를 심하게 파괴한 바 있다. 백군이 여러 지구를 불태워 기왓장 하나 제대로 남아나지 않았다. 인민들이 홍군을 아끼는 것이 마치 가족과 같아서, 남아 있는 반 되가량의 쌀과 고구마 말린 것 등을 먹지 않고 남겼다가 홍군을 먹였다. 양신현 룽옌구龍燕區에 들어가자 군중들의 홍군 사랑이 핑장 군중들보다 더하면 더하지 못하지 않았다. 외지의 홍군들도 그곳에 도착하여 떠나기를 원하지 않았다. 군중들은 부상병을 보살피는 데에도 알뜰하기 그지없었다. 길가에서 홍군을 환영하는 구호 소리, 노랫소리, 징과 북소리가 하늘 높이 울려 퍼졌다. 그해는 오랫동안 비가 오지 않아 몹시 가물었는데도 홍군이 지날 때 찻물을 아낌없이 주었으며, 숙영하고 밥 짓는 물을 조달함에도 곤란을 느끼지 않았다. 남녀노소할 것 없이 모두 부채를 하나씩 들고 길 옆에 서서 홍군에게 부채질을 해 주었다. 숙영지에 도착할 때면 방을 깨끗하게 청소해 주고, 가게를 열어 자신들은 노숙할지언정 홍군들은 결코 노숙하지 못하게 했다. 숙영지에서는 종일 노랫소리와 구호 소리가 끊임없이 들려왔다. 선전선동이 대단했으며 적에 대한 경계를 늦추지 않았다. 정보를 차단하고 홍군을 보호하려는 것이었다.

식량이 부족하자 농민들은 먹을 것이 부족한 데도 약간의 양식, 고구마 썬 것, 옥수수, 벼를 가져와 각 부대 앞에 쏟아 놓고 갔다. 백군의 뤄린 부대는 소문을 듣고 양신성 안에 틀어박혀 거북이처럼 지키고만 있었다. 우리는 군중들의 높은 열정에 고무되어 양신성을 공격하기로 결정했다. 두 번째 방어선을 하나하나 돌파하여 공격을 멈추지 않았다. 많은 군중들이 들것을 가지고 와 부상병들을 다투어 자기 마을로 싣고 가 치료해 주었으며, 자기 가족 못지않게 세심하게 보살폈다. 그때 다예의 귀루둥 부대가 지원군을 보내왔다. 우리는 양신성을 거짓 공격하며 감시하기로 하고, 주력군에게 철수하여 지원군을 공격하라고 1차, 2차 명령을 내렸으나 병사들은 물러서지 않았다. 한 병사가 말했다.

"양신성을 반드시 함락해야 합니다. 양신성을 함락하지 않으면 뤄린 사단을 소멸시킬 수 없습니다. 양신 인민들에게 미안합니다."

반복해서 설득한 뒤에야 겨우 주력이 전투에서 물러났다. 우리는 다예로 방향을 바꿔 양신 경계에서 귀루둥 5개 연대를 격멸했다. 적을 반 가까이 소멸시킨 뒤 승세를 타고 다예를 점령한 뒤, 맹렬히 추격하여 어청鄂城, 황스항黃石巷에 이르러 우창을 위협했다. 그러나 영국·미국·일본제국주의 군함이 적을 엄호했고, 그 틈에 귀루둥의 잔존 부대가 창장강長江 북안으로 건너가 버렸다. 당시 아군은 포가 없어 제국주의 군함을 어찌해 볼 도리가 없었다.

우리는 황스항에서 제국주의 회사와 상점의 몰수를 선포했다. 수천 수만의 농민 조직이 운반대를 만들었다. 이렇게 큰 군중 행동은 홍군이 기율을 엄히 세우는 정책을 견지함으로써 가능했다. 그렇지 않았다면 이처럼 효과적인 군중공작을 할 수 없었다. 나는 이곳에서 진정한 군중 역량을 보았다. 진우진金午鎭을 점령했을 때 대지주의 재물을 몰수한 적이 있는데, 지방 책임자가 현금을 홍군의 군비로 귀속한다고 선포하자 농민들이 동전과 은화를 파내어 한 짐씩 홍군 사령부로 가져왔는데 부족함이 없었다. 다른 재물은 계획대로 소비에트구와 그곳 군중들에게 나누어 주었다.

제8장
창사를 치다
1930년 6월~1930년 9월

1930년 6월~1930년 9월 군사가로서 펑더화이의 면모가 잘 드러나는 시기다. 웨저우, 펑장 3차 점령 등 주요 도시에 이어 후난성 성도인 창사를 공격 점령하여 이름을 떨쳤다. 이때 홍3군단을 지휘한 펑더화이는 홍1군단과 회합하여 중국 공농홍군 제1방면군을 구성하고 부총사령에 임명된다. 그러나 대도시를 공격하라는 중앙의 지시에 따라 우창을 공격했다가 실패하고 다시 창사를 공격했으나 역시 실패한다. 이에 펑더화이는 이른바 '리리싼노선'으로 알려진 좌경 모험주의 노선에 문제의식을 가지고 독자적 판단에 따라 군사행동을 결정하게 된다.

우창 공격과 리리싼노선의 문제에 관하여

1930년 6월 20일 무렵 부대는 다예, 양신 경계인 류런바劉仁八(다예시 부근의 진鎭)와 싼장커우三江口 부근에 집결했다. 며칠 쉬며 준비하는데 중앙이 소집한 상하이 소비에트구 대표회의에 갔던 홍군 대표가 돌아왔다. 허창궁과 텅다이위안이 하루 차이로 홍5군 사령부에 돌아왔다. 5군 군위원회는 확대회의를 소집했다. 텅다이위안, 허창궁이 당시 중앙회의의 정신인 리리싼노선을 전달했다.

당 중앙에서는 종합적으로 전국의 혁명 형세가 무르익었다고 여기고 있었다. 따라서 전국 폭동을 준비해야 하며 중앙에서 각 성, 변구까지 행동위원회*를 조직하라고 요구했다. 국제 정세와 관련해서는 제국주의 무력이 소련을 공격할 것이므로 우리는 무장하여 소련을 보위해야 한다고 했다. 국내 군벌전쟁은 양패구상兩敗俱傷〔쌍방이 다 함께 패하고 상처를 입음〕하여 스스로 멸망할 것이라고 했다.

홍군의 구체적인 임무도 지시했다. 홍3군단이 우창을 공격하고

---

* 1930년 6월, 중국공산당 내 리리싼을 우두머리로 한 좌경 지도자들이 추진한 모험 계획에 따라 만들어진 조직이다. 이 계획은 전국 중심 도시에서 무장기의를 일으키고 전국 홍군이 중심 도시를 공격한다는 것이었다. 즉시 당, 청년단, 노동조합의 각급 지도기관이 합병하여 기의를 준비하도록 각급 행동위원회를 조직하라고 했다. 9월에 소집한 제6기 당 중앙위원회 제3차 전체회의(6기 3중전회)에서 리리싼의 좌경 노선의 오류를 중지시킨 뒤에도 행동위원회는 상당 기간 동안 존재했다.

2 · 4방면군과 협력하여 한양과 한커우를 빼앗으라고 했다. 당시 2 · 4방면군은 2군단과 홍1군이었다. 1군단은 난창과 주장九江을 탈취하고, 홍5군을 3군단으로 확대 개편하여 5 · 8 · 16군을 관할하도록 했다. 8월 1일까지 5만 명으로 확대하고 3방면군 설립을 준비하라고 했다. 전국 각 도시의 노동자와 시민을 대상으로 한 공작, 북방 농촌공작, 전국 병운공작兵運工作(국민당 백군 내에 신분을 감추고 침투하여 공작하는 것)에 대해서는 구체적인 상황을 언급하지 않았다.

8월 1일까지 병력을 5만 명으로 확대하라니, 당시 홍군이 7천 명에 불과한데 어떻게 수를 채울 것인가. 소련을 무장 보위하라는 구호도 실제적이지 않았다. 당시 제국주의 세력은 소련을 전혀 공격하지 않았다. 미국의 엄중한 경제위기가 영국 · 프랑스까지 흔들고 있었고, 일본은 중국 동북을 삼키고 있었다〔만주사변이 1931년 9월에 일어났다〕. 또한 국내 군벌전쟁이 반드시 양패구상하여 스스로 멸망하는 길로 갈지 확실하지 않았고, 우리 당이 백군 안에서 얼마나 병운공작을 하는지 알 수도 없었다. 우리가 백군을 소멸한 것은 모두 홍군이 죽을 힘을 다해 공격해서였다. 군대 안에서 기의를 더한 것은 본 일이 없었다. 물론 이는 내가 경험하고 느낀 대로의 생각이고, 확실히 이해했다고는 할 수 없다.

그러나 우창 공격은 다르다. 그것은 내가 속한 영역의 구체적인 문제였다. 당시 우창성에는 백군 5개 연대가 웅거하여 지키고 있었다. 그들은 성을 수리하여 튼튼하게 공사했고, 강에 면한 곳에는 제국주의 군함이 잔뜩 포진하고 있었다. 창장강은 마침 물이 불어나는 때였으며 난호南湖에도 물이 가득했다. 강가에 있는 커다란 제방을 통해야 성벽으로 접근할 수 있었다. 장제스와 광서군벌 전쟁이 끝난 뒤 첸다쥔 부대 12개 연대가 웨저우에 주둔하여 쉬면서 정돈하고 있었고, 뤄린 사단은 양신성에 주둔하고 있었다. 아군이 우창을 공격한다면 첸과 뤄의 군대가 반드시 후미를 공격할 것이었다. 앞은 튼튼한 성이요, 뒤는 퇴로가 없었다. 옆은 창장강이고 뒤는 남호였다. 1929년 1월 징강산 포위를 돌파하고 6월에 안푸성을 공격한 것보다 더 위험하여 전군이 전멸당할 수도 있었다. 홍5군을 3군단으로 확대 개편하는 것에 대해 나는 시작할 때부터 동의하지 않았다.

"지금 홍5군은 8천 명이 채 되지 않는다. 3개 연대로 1개 사단을 편제하여 발전해도 3만 명이고, 그럼 1개 군이 될 뿐이다. 5만 명이 되어 그때 군단을 설립해도 늦지 않는데, 어째서 허장성세로 속빈 강정을 만들려고 하는가? 실제로 전투력을 제고하는 게 불가능하고 오히려 약화시키는 일이다. 간부를 낭비하고 부족하게 만들 것이다."

나는 이렇게 주장하고 하나의 타협안을 제출했다. 후베이 동남쪽 6현의 지주 무장을 소멸하기 위해 군중을 일으켜 정권을 세우고, 홍군을 확대하자는 것이었다. 그리고 웨저우를 점령하여 후방을 만들어 우창을 공격할 실제 준비를 하자고 했다. 군 개편은 중앙의 지시를 따르기로 했다. 3군단을 설립하고 5·8·16군을 관할하게 했다. 5종대를 확대하여 8군으로, 1종대를 확대하여 16군으로, 2·3·4종대를 5군으로 개편하고 군단사령부 겸 5군 사령부를 설치했다.

회의에서 이 타협 방안을 통과시켰다. 3군단 당 전선위원회를 설립했는데, 중앙은 나를 전선위원회 서기로 지정했다. 나는 그때 리리싼노선의 모든 내용을 전혀 몰랐다. 우창 공격의 구체적인 행동 문제를 통해 군사모험주의라고 겨우 인식했을 뿐이었다. 리리싼노선의 개별 문제를 거부했을 뿐 정치, 군사, 경제노선 모두 모험적이고 오류투성이 노선이라는 것을 전혀 몰랐다.

지금 다시 생각하니, 당 중앙 노선의 오류를 하급 당이 처음부터 인식하기는 쉽지 않은 것 같다. 전반적인 상황을 이해하기가 어렵기 때문이며, 이해한다 해도 중앙에 건의나 할 수 있을 뿐이다. 결국 부득이한 상황에서 심각한 손실만 피하려 할 수밖에 없으니, 우창을 그런 식으로 공격하는 것을 거부할 수밖에 없었다. 이러한 문제에 대해 도대체 어떤 방법을 채택하는 것이 적당한지 지금까지도 분명한 생각이 없다.

웨저우를 점령하다

류런바 회의가 끝난 뒤 병력을 배치하여 후베이 동남쪽 6현(어청, 푸치, 셴닝, 자위嘉魚, 퉁청通城, 퉁산)의 지주 무장대를 소멸시키고 웨저우 후방을 빼앗았다. 웨저우에는 첸다쥔의 2개 사단이 있었는데 규모가 컸다. 12개 연대였으며 병력은 약 4만 명이었다. 그리고 왕둥위안 여단의 직할대와 1개 연대가 있었다. 우리 역량으로 어떻게 웨저우를 점령할 것인가? 홍군 1개 부대로 진뉴金牛와 어청을 공격하여 점령하고 그 소문을 우창에 퍼뜨리기로 했다. 장제스 군은 과연 거기에 속았다. 첸다쥔의 2개 사단을 한밤중에 기선汽船으로 우한에 보낸 것이다. 웨저우는 텅 비어 왕둥위안 여단 직할대와 1개 연대만 남게 되었다. 대략 6월 말까지 퉁산, 퉁청通城, 푸치, 셴닝에서 각 현 민단은 기본적으로 우리에게 숙청당했다.

6월 말 또는 7월 초 후베이 남쪽에 기근이 들어 식량이 부족하게 되었다. 퉁산 현성에 주재하고 있던 5군 군사령부는 1차 전선위원회를 소집하여 웨저우 공격에 따르는 여러 문제를 토론한 바 있다. 첸다쥔 부대가 이미 우창으로 이동 배치되었을 때인데, 이 회의에서 모두 웨저우 공격에 동의했다. 우리는 린샹, 청링지를 점령하고 웨저우를 공격하여 왕둥위안의 병력 일부를 소멸시켰지만, 그 직할대와 주력 대부분은 제국주의 군함의 엄호 아래 배를 타고 둥팅호 쪽 쥔산君山으로 달아났다. 왕둥위안의 남은 1개 연대는 '5·1절' 핑장 공격 때 소멸되었다. 우리는 웨저우에서 첸다쥔 부대로부터 적지 않은 탄약과 군용물자, 많은 식량을 노획했으며, 75밀리 야포 4문과 산포 몇 문을 노획하여 홍군도 포병을 시작할 수 있게 되었다.

웨저우를 점령한 뒤 영국, 미국, 일본의 군함이 여전히 황스항에 창궐하여 성 언덕에 포격을 가했다. 우리는 몰래 포를 설치하여 적함이 가까워졌을 때 몇 십 발을 쏘았다. 당시에는 오직 나와 조선 동지 무정武亭*이 포를 쏠 줄 알았다. 대략 10발 이상이 적함에 명중했다. 그때부터 그들은 감히 성 언덕에 포격을 하지 못했다. 황스항에 있을 때 우리는 그들에게 포를 쏘지 않았다. 웨저우에서 홍군 전사들은 우리의 포격이 적함에 명중하는 것을 보고 약속이나 한 듯 "제국주의 타도" 구호를 외쳤다. 구호 소리가 하늘 높이 울려 퍼졌다.

3일째, 훙후洪湖에 있는 돤더창 동지 쪽 홍군이 두 척의 고기잡이 뗏목으로 정찰을 보내왔다. 우리는 작은 배로 소금과 탄약을 훙후 쪽

---

* 본명 김무정金武亭(1905~1952). 홍군의 장정長程에 참가했으며 중국인민해방군 포병 창설자 중 한 사람이다.

홍군에게 보냈다. 나처럼 그다지 좋지 않은 씨앗을 〔공산당원으로〕 심어 준 데 대하여 돤더창 동지에게 감사를 보낸다. 그는 벌써 마르크스가 있는 곳으로 갔고, 나는 아직 인간으로 남아 있다.

웨저우를 점령한 지 5일째, 노획한 야포를 가지고 갈 수 없어 어쩔 수 없이 폭파해 버리고 산포 2문은 핑장까지 운반해 갔다. 이후 계속 들고 다니다가 장정 때 촨구이볜川貴邊 시수이허習水河에서 잃어버렸다.

퉁산 현성에서 열린 전선위원회에서 덩첸위안이 텅다이위안과 위안궈핑袁國平이 한 상점을 몰수하기로 결정한 것을 날카롭게 비판하며, '6차 대표자회의 결의'와 중앙 노선을 위반한 일이라고 낙인을 찍었다. 회의 참석자들은 그에게 당하면서도 영문을 알 수 없었다. 덩첸위안은 이 일을 이용하여 텅다이위안 총정치위원을 밀어 넘어뜨린 뒤 자신이 대신하고 싶어 했다.

덩은 일찍이 나에게 보낸 편지에서 전선위원회 서기는 지금의 혁명 성격, 타격 대상, 경제적 몰수 대상을 고려해야 한다고 했는데, 나는 이 편지를 받았을 때 괴이함을 느꼈다. 민주혁명 단계는 '6대 결의'로 명확히 결정되었다. 류린바 회의가 막 끝났을 때 덩은 바로 나를 찾아 이야기했다.

"텅다이위안은 이것도 안 되고 저것도 안 됩니다. 총정치위원을 하면 안 되는 사람입니다."

나는 텅이 사상이 매우 좋은 동지라고 하고, 그가 후두에서 부상당했을 때 상황을 말해 주었다.

"평소에 어떤 곤란이 있어도 그는 언제나 낙관적이었소. 그는 기층 군중과도 일정한 연결이 있어요. 그의 총정치위원 직을 이동하면 안 됩니다. 나는 입당한 지 오래되지 않았으며 마르크스주의를 공부한 일도 없소. 당신이 전선위원회 서기가 되시오. 나는 군사 문제만 관할하겠소."

하지만 그는 그렇게 하지 않았다. 전선위원회에서 나는 그 이야기를 하지 않을 수 없었다. 나는 다만 이렇게 말했다.

"텅다이위안과 위안궈핑이 상점을 몰수한 일은 옳다. 그곳은 후베이 남쪽 6현의 반공을 총지휘한 곳이다. 이런 일을 정치적 몰수라고 부른다. 결코 민주혁명을 방해하는 경제정책이 아니다. 몰수를 선포한 뒤 퉁산현 소비에트구에 관리를 맡겼다. 이 처리도 옳다. 덩첸위안도 이해하였다."

나는 덩첸위안이 총정치위원을 하고 싶어 했으나 동의하지 않았다는 것과 내가 그에게 전선위원회 서기를 하라고 했더니 그가 하지 않은 정황을 이야기했다. 회의 참석자 반 이상이 그를 비판했다. 그는 잘못을 시인하고, 이 일은 소자산계급 의식이 말썽을 일으킨 것이라고 말했다. 모두 그를 비판한 뒤 넘어갔다. 그때가 6월 말에서 7월 초였다.

첫 번째 창사 공격

7월 15일경 핑장으로 돌아왔다. 개편을 준비하고, 병력을 보충하는 등 짧은 기간 휴식하며 부대를 정돈했다. 8군은 5종대를 개편하여 2개 사단 4개 연대로 만들고 군단장은 리찬, 정치위원은 허창궁이 맡았다. 그런데 리찬이 부상을 입어 비밀리에 상하이 병원에 갔다가 적에게 발견되어 살해당하고 말았다. 그는 퉁산회의通山會議 전에 갔다가 변을 당했다. 허창궁이 군단장을 대리하고 덩첸위안이 정치위원을 맡았다. 5군도 2개 사단 4개 연대를 관할했는데 내가 군단장, 텅다이위안이 정치위원을 맡았다. 1종대는 확대 개편하여 16군이 되었고 군단장은 쿵孔 모가, 정치위원 위餘 모°가 맡았다가 쿵孔이 배신한 뒤에는 쉬옌강徐彦剛이 군단장이 되고, 또 쉬가 전사한 뒤에 샤오커지肖克繼가 임명되고 왕전王震이 정치위원이 되었다. 7월 22일, 평장에서 열기로 한 기의 2주년 기념식을 준비했다.

이때 후난의 첫 번째 반혁명분자 허젠이 3개 여단을 파견하여 평장을 공격했다. 지휘는 류젠쉬劉建緒가 맡았다. 허젠은 혁명 인민 몇십만 명을 죽인 회자수刽子手(사형집행인)였다. 7월 22일 적의 선두 제대가 웡장진瓮江鎭으로 진격했다. 평장성에서 30리 거리였다. 적의 2제대는 진징으로 3제대는 춘화산春華山으로 진격하여 각각 30~40리 간격으로 장사진을 이루었다. 아군은 적군 공격 배치의 약점을 간파하고, 주력부대를 23일 미명에 원장汨江 5리 되는 지점으로 보내 매복을 완료했다. 적이 평장을 향해 전진할 때 양날개에서 분기하여 세차게 공격했다. 대부분의 적을 섬멸했으며 일부가 흩어져 달아났다.

그날로 진징으로 서둘러 진격하여 적의 2제대를 격퇴하고 과반수 이상을 섬멸했으며, 24일 계속해서 춘화산을 공격하여 적의 3제대를 격퇴하고 일부를 섬멸했다. 우리는 바짝 맹추격하여 25일에 랑리허榔梨河를 강행 도하하고, 계속해서 창사로 돌진하며 한 겹 한 겹 방어 진지를 돌파해 나갔다. 새벽 여명에 적 5개 연대의 진지를 깨뜨리

° 당시 16군 군단장은 궁허충孔荷寵, 정치위원은 위자오룽于兆龍이었다.

고 동틀 무렵에 전 성을 점령했다. 허젠 그 셰퍼트는 겨우 몸을 빼내 샹장강 서안으로 달아났다. 도적을 사로잡지 못했으니 그 한이 아직도 남아 있다. 이 전역에서 우리는 3일간 공격하여 네 번 싸웠다. 140~150리에 이르는 노정이었으며 매복전, 공격전, 진지쟁탈전을 거쳤다. 8천여 병력이 3만 명의 우세한 적과 싸워 이겼으니 전쟁사에서 드문 일이었다. 영용함과 완강함은 중국 공농홍군과 뒤를 이은 인민해방군의 공통된 특징이다.

창사를 점령한 지 이틀째 새벽, 8군을 창사 수비군으로 남겨 두었다. 군단장 허창궁, 정치위원 덩첸위안, 총정치위원 텅다이위안, 총정치주임 위안궈핑이 모두 창사에 남았다. 나는 5군 2개 사단을 인솔하여 이자완으로 추격했다. 나는 군단장을 겸하고 있었다. 남은 적은 이미 샹장강 서안으로 후퇴했다. 자오산^{昭山} 아래에서 과거 나를 어려움에서 구해 준 뤄류스 노인을 찾았다. 노인은 일흔이 가까워서 수염과 머리칼이 모두 흰색이었다. 토호의 재물을 나누어 주었는데 그는 내 성과 이름을 몰랐다. 나는 그를 은인으로 여기고 있다. 그때 내 나이 서른둘이었다. 어느새 여러 해가 흘렀다.

이자만에서 창사까지 40리였다. 전화선은 있었지만 전화는 계속 불통이었다. 3일째 되는 날, 창사에 남은 이들이 창사시에서 교외로 나와서 나와 통화를 하였다. 반동파들이 도처에서 총을 쏘고 방화를 일삼으며 전화선을 절단하여 창사에서 철수해야 한다고 했다. 나는 안 된다고 했다. 즉시 호구 조사를 실시하여 반혁명분자들을 잡으라고 했다. 철저하게 조사하여 허젠 부대의 반동적 장교, 특무 등을 색출하라고 지시했다. 나는 4사단을 인솔하여 급히 창사로 돌아갔다. 경비사령부는 반혁명분자를 총살하라는 포고를 냈다. 1백 명 가까이 총살했을 때 시내 질서가 정연해졌다. 가난한 인민들이 열렬하게 옹호해 주었다. 무장 없이 정권을 빼앗을 수 없으며, 반혁명을 진압하지 않으면 안 된다는 것을 확인할 수 있었다.

8월 6일 동틀 무렵 창사에서 철수했다. 실제 창사를 점령한 기간은 11일이었다. 11일 동안 대규모 공작을 진행했다. 28일 정오에 즉시 전선위원회를 열어 덩핑을 경비사령으로 결정하고 포고를 냈다. 그 외 결정 사항은 다음과 같다.

'성省 소비에트 일보를 출판한다. 8월 1일, 10만이 넘는 군중대회를 개최한다. 임시 성 소비에트 정부를 수립하고 임시 총공회(노동조합)를 설립한다. '6차 대표자회의 결의'의 10대 강령을 광범위하게 선전한다. 도시 빈민과 교외 농민, 포로병을 동원하여 홍군에 참가시켜 홍군 7~8천여 명을 확대한다. 은화 40만 원을 조달하여 홍군의 피복과 의약품 곤란을 해결한다. 대량의 총포, 탄약 및 군용 전신기를 노획하고 홍군 주력과 지방 홍군을 무장시킨다. 제국주의와 토호열신의 재산을 몰수하여 빈곤 인민에게 나누어 준다. 반혁명분자들을 처단하고 정치범 수천 명을 석방한다.'

이 승리는 매우 큰 것이었다. 이 투쟁의 승리를 부인하는 것은 사실과 맞지 않는다. 하지만 이 승리가 리리싼노선의 오류를 덮을 수는 없으며 노선 실패를 사면할 수도 없다. 이 부분적 승리가 리리싼노선으로 전국 기타 방면에서 입은 손실을 보상할 수도 없다. 특히 백구白區 지역의 공작 손실은 실로 컸다. 그러나 홍3군단이 창사를 공격하여 점령한 승리는 리리싼노선을 지원하는 작용을 했다.

홍군이 창사에서 철수한 상황은 다음과 같다. 허젠이 전 부대 역량 15개 연대를 집결시켜 9월 3일 저녁 창사시 위쪽에서 샹장강 하류

지역을 건너 남북으로 창사시를 공격해 왔다. 이때 제국주의 세력은 얕은 물에 뜨는 소형 배 10척으로 엄호하였다. 우리 16군 약 2천 명은 랑리시欅梨市에 위치하고 있었다. 퇴로의 안전을 엄호하기 위해 주로 랑리시 부교에 있었으며, 1개 사단은 창사시 서문 물가에, 1개 사단은 북문 밖에, 1개 사단 주력은 류양면瀏陽門〔동문〕 밖과 천황각天皇閣 부근에 있었다. 소부대는 성 남쪽 4~5리 떨어진 원숭이 모양 돌 쪽에서 경계를 서고 있었고, 군단 총지휘부는 류양면 부근에 있었다. 남은 1개 사단은 이자만에서 리링과 샹탄을 경계하고 있었다.

4일 4시, 적이 공격을 개시하여 동틀 무렵 류양면, 즉 동문에 접근해 왔다. 그런데 날이 훤히 밝을 때까지 군단 총정치부와 성 행동위원회가 성을 나오는 것을 볼 수 없었다. 나는 5군 일부와 1개 사단 3천 명을 인솔하여 후위인 류양면 밖 고지를 장악했다. 남북으로 나아가는 적이 막 합치려는 것을 볼 수 있었다. 서로 거리가 5리에 불과했는데, 북에서 남으로 가는 연대가 비교적 빨랐다. 우리는 2개 중대로 남쪽에서 북으로 가는 적을 차단했다. 사단의 전력을 집중하여 북에서 남으로 가는 적에게 돌격했다. 온전한 적 1개 연대를 소멸하고 총정치부와 행동위원회를 구해 성에서 나오게 했다. 전군이 안전하게 류양으로 후퇴하고 변구의 십 수만 군중이 안전하게 후퇴하도록 엄호했다.

제1방면군 설립과 2차 창사 공격

8월 중순에 5군과 8군이 〔평장 동쪽의〕 창슈제와 그 부근에 집결하여 1주일간 부대 재정비와 훈련을 준비했다. 2,3일이 지난 어느 날 저녁 완짜이현에서 편지를 받았다. 1군단이 난창 대안對岸의 뉴싱 정류장牛行站에서 완짜이현 경계로 이동하고 있다는 것이었다. 우리는 즉시 군단 정치부 주임 위안궈핑을 보냈다. 가서 연락 및 상황 보고와 지시를 받으라는 임무였다. 우리는 위안궈핑이 가지고 돌아온 지시 편지를 받았다. 1군단 전선위원회는 우리에게 융허永和시의 적을 공격하라고 했다. 그들은 원자시 다이더우위안戴斗垣 여단을 공격하려고 준비 중이라고 했다. 창슈제에서 완짜이까지는 왕복 4일이 필요했다. 우리는 편지를 받은 뒤 즉시 출동했다. 융허시에 도착하니 적은 벌써 이틀 전에 창사로 후퇴해 가 버렸다.

3일 뒤, 주더와 마오쩌둥이 인솔하는 직할대가 융허시에 도착했다. 우리는 다시 세 번째로 만나게 되었다. 그날 1·3군단 전선위원회 연석회의를 열었다. 3군단 전선위원회 동지가 제1방면군과 총전선위원회 설립을 제의했다. 나는 3군단의 5군과 8군을 1방면군으로 건제할 것을 제안했다. 통일 지휘에 편리하기 때문이었다. 당시 5군은 7~8천 명, 8군은 5~6천 명이었다. 군단사령부 직할 특무연대, 포병연대, 공병대대 3천 여 명을 합하면 총 1만 5~6천 명이었다. 16군 2천 명은 후난·후베이·장시 변구 지방의 주력군이었다. 1군단은 4·3·12군을 관할했으며 병력 수는 3군단과 대체로 같았다. 그러니 1방면군이라 해도 3만 명에 지나지 않았다. 물러나 창사를 지키는 허젠 부대와 병력이 같았다. 회의에서는 주더를 총사령으로 하는 데 모두 동의했다. 마오쩌둥은 총정치위원과 방면군 총전선위원회 서기가 되었다.

그 뒤로 우리는 마오쩌둥 동지를 수반으로 한 총전선위원회 지도로 공작을 진행하게 되었다. 이날 회의에서 다시 창사를 공격하는 문제를 토론했으나 나는 발언하지 않았다. 3군단은 단기간이라도 쉬면서 정돈해야 했다. 1929년 11월부터 1930년 8월까지 6개 부대로 확대되었고, 5월부터 계속 휴식과 정비를 하지 못했다. 어떤 중대는 당 지부가 없을 뿐 아니라 당원조차 없었다. 사병위원회가 있지만 핵심은 아니었다.

이번 창사 공격은 1차 때와 달랐다. 그때는 신속하게 적을 각개 격파했다. 번개처럼 적을 쳐서 적이 대응할 틈도 없이 습격했다. 이번에는 적의 4개 여단을 추격하여 1군단이 원자시에서 다이더우위안 여단을 전멸시키고, 다른 3개 여단은 창사까지 안전하게 퇴각했다. 창사에 있던 1개 여단은 출동하지 않았다. 아군이 창사에 바짝 접근할 때 적은 5,6일간 준비 시간을 벌어 그 사이 야외 전투에 필요한 공사를 마칠 수 있었다. 이것은 우리 공격의 돌발성을 빼앗아 정규적인 진지공격전 양상으로 바뀌게 되었다. 성을 공격해도 빠르게 승리하는 것은 어려워 보였다. 그 결과, 한 달이나 포위공격을 해도 함락시키지 못했다.

두 번째 공격에서 창사를 함락하지 못한 데에는 몇 가지 이유가 있다. 군사적 원인으로는 아군이 운동전을 하지 못하고 습격을 하지 못한 것, 정규 진지전에 필요한 공격 기술을 훈련하지 못한 것을 지적할 수 있다. 정치적 원인으로는 장제스, 펑위샹, 옌시산 사이의 군벌전쟁이 이미 끝난 데에 있다. 장제스가 병력을 이동하여 창사에 증원 배치함으로써 적이 지킬 수 있다는 믿음이 커졌다.

포위공격이 한 달쯤 되었을 무렵, 총전선위원회는 창사전투에서 후퇴하기로 결정했다. 장시성 이춘 지구로 이동하여 샹장강과 간장강 사이에서 기동작전을 준비하기로 했다. 나는 이것이 정확한 방침이었다고 생각한다. 또 1군단이 지안을 접수하기로 결정했다. 3군단을 위완수이 북쪽에 배치하여 난창을 위협하고 지원하는 적을 요격하기로 했다. 그리고 후난·장시 경계에서 적군을 섬멸하는 작전을 반복하기로 결정했는데 이것도 옳았다. 우리가 지안을 얻고 샹장강, 간장강 등 두 강 사이에서 기동하는 것이 더 유리했기 때문이다. 당시 3군단 쪽에서 난창을 공격하자는 사람도 있었고 반대하는 사람도 있었다. 반대하는 이들이 말한 이유는 다음과 같다.

"창사를 함락하지 못했는데 난창을 또 공격해야 하나? 난창을 지키는 적은 창사에 비해 많지 않지만 공사해 놓은 것이 약하지 않다. 게다가 성 주위에 연못과 호수가 많아 지형이 공격에 불리하고 방어에 유리하다. 장, 펑, 옌 간의 군벌전쟁은 이미 끝났다. 적이 장차 우리를 공격하려고 할 텐데 샹장강, 간장강 사이에서 적을 섬멸해야 한다. 난창이나 창사 공격은 그때 다시 구체적 상황을 보기로 하자."

공격하자고 주장하는 무리는 이렇게 주장했다.

"샹장강, 간장강 두 강 사이에서 기동 작전을 진행하는 것은 주먹으로 치는 전술이다. 주먹을 휘둘러 비적을 쳐도 모두 헛일이다. 후난·장시 두 성의 정권을 얻을 수 없다."

이들은 리리싼노선을 계속 유지하자고 한 것인데, 마오쩌둥 동지가 설득하였다.

제9장

제1차에서 제4차 반포위토벌 투쟁

1930년 9월~1933년 2월 중국공산당 근거지(중앙소비에트)인 장시성 루이진에 대한 국민당군의 포위토벌이 시작된다. 펑더화이는 마오쩌둥의 편지를 위조하여 이간하려는 지역 당 관계자들에 맞서 마오쩌둥을 견결하게 지지한다. 펑더화이는 적을 후방 깊숙이 끌어들여 기습하는 기동전술로 네 차례에 걸친 장제스의 대규모 포위토벌을 분쇄하고, 장제스가 황궁뤠를 유인하기 위해 보낸 세객 황메이장을 처단하기도 한다. 그는 후난의 주요 도시는 물론이고, 동방 원정군 사령이 되어 저장성까지 원정을 가서 전투를 벌인다.

3군단이 동쪽으로 간장강을 건너다

1930년 9, 10월 사이 장평엔 군벌대전이 대체로 정리되자, 적은 우리를 대거 공격하려고 준비하기 시작했다. 총전선위원회는 믿을 만한 자료를 통해 리리싼노선이 이미 노출되었음을 확인했다. 1군단이 지안을 점령한 뒤 총전선위원회는 샹장강에서 간장강 사이의 기동 작전 계획을 바꿨다. 간장강 동쪽, 바다〔남중국해〕서쪽의 드넓은 지구에 근거지를 창건하여 적을 깊이 유인하는 전략 방침을 채택한 것이다. 적의 제1차 포위토벌을 분쇄하고 장기 투쟁을 준비하려는 신중한 계획이었다. 전체 국면을 고려한 전략이었는데 이전의 계획에 비해 전면적이고 정확했다. 나는 이 방침을 완전히 옹호했으며 어떤 망설임도 없었다.

1930년 12월 상순, 적의 1차 포위토벌이 시작되었다. 장제스는 루디핑을 총사령에 임명했다. 홍3군단은 간장강 서쪽에서 동쪽으로 도하했다. 3군단이 도강하기 전 지방주의자들이 사람들의 출신을 거론하며 강을 건너는 것에 반대했다. 3군단의 5군과 16군은 대부분 핑장·류양 사람이었고, 8군은 대부분 양신·다예 사람이었다. 주장인즉, 3군단을 나누어 강을 끼고 진을 쳐야 한다는 것이었다. 1군단은 간장강 동쪽에 3군단은 간장강 서쪽에 배치하면 집중해서 적 대부대를 소멸할 수 있을 뿐 아니라 각 단위를 분산할 수 있다는 것이었다. 후난·장시 근방, 후난·후베이 근방, 후베이 동남쪽에서 유격전을 진행하고 장제스에게서 후난·후베이·장시 3성 정권을 빼앗는 데도 유리하다고 했다. 전쟁을 치르는 장기적인 방향에서 보면 이 의견도 일리가 있었고, 그래서 일부 호응을 얻었다. 하지만 실제로 1·3군단이 전투 중에 각자 적 1개 사단을 소멸시키는 것은 매우 힘든 일이었다. 적 1개 사단은 6개 연대로 편성되어 있었다. 두 군단이 힘을 합친다면, 적 1개 사단을 소멸시키는 것은 비교적 쉬운 일이었다. 적을 소멸시키려면 지방주의에 반대해야 한다. 정치적으로 주더와 마오쩌둥의 기치 아래 집중하여 홍군을 통일시켜야지 1, 3군단을 다시 나누면 안 되었다.

당시 나의 한 표는 상당한 작용을 했다. 내가 어느 쪽에 서면 그쪽이 우세를 차지했다. 나는 다음과 같이 말했다.

"1·3군단을 나누어 서로 강을 끼고 진을 치면 장제스의 대규모 공격을 분쇄하는 데 불리하게 됩니다. 적지 않은 동지들이 3군단이 〔1군단과 함께〕 강 동쪽으로 건너간 뒤 샹장강과 간장강 사이를 누가 지킬지 걱정하고 있는 것을 압니다. 하지만 소비에트구는 몇 년 동안 거저 만든 것이 아닙니다. 이 문제에 대해 3군단이 군중들의 의견을 바탕으로 정확하게 문제를 제기해야 하며 중요하게 생각해야 합니다. 또 후난·후베이·장시 변구는 16군을 확대할 수 있고, 후베이 동남쪽에도 이미 5~6개의 작은 단위가 있습니다. 9군 설립을 준비해야 합니다. 후난·장시 변구에도 이미 독립사단이 있어 더 확대할 수 있습니다."

이런 계획을 설명한 뒤 그들의 걱정은 줄어들었다. 9군은 1930년 3천여 명 규모로 설립되어 1930년 봄에 창장강 북쪽을 건너 4방면군에 귀속되었는데, 군단장 천치陳祁 이하 절대다수 간부가 장궈타오張國

薰에 의해 개조파˙로 몰려 피살당했다.

근거지를 튼튼히 지키려면 홍군은 지방에 맞춰야 한다. 하지만 지방주의에는 반대해야 한다. 이것은 복잡한 문제로, 시간을 가지고 점차 해결해 가야 한다. 나는 '의견이 있으면 강 동쪽에 가는 문제를 토론하자. 하지만 행동하는 데 어려움을 주면 안 된다. 1·3군단을 나누는 것은 더 안 된다'고 말했다. 이 문제는 대체로 해결한 셈이었다. 그러나 사상적 인식이 철저했던 것은 결코 아니었다.

이때 총전선위원회에서 보낸 저우이리周以栗 동지가 중앙 대표 명의로 3군단에 와서 지시를 전달했다. 저우가 도착한 뒤 나는 저간의 상황을 그에게 이야기해 주었다. 그다지 큰 문제는 없었다. 저우가 "다른 준비공작은 어떻습니까?" 물어, "배가 아직 준비되지 않았습니다. 내가 가서 처리해야겠어요"라고 강을 건너갈 결심을 말했다. 회의는 오전부터 해질 무렵까지 계속되었는데 모두 동의했다. 나는 1개 중대를 데리고 배 문제를 처리했다. 부대로 회군하니 아직 회의가 끝나지 않았다. 몇몇 연대급 간부, 그중에서 더중메이杜中美가 기억이 난다. 그는 "왜 두 군단이 강을 끼고 진을 치면 안 됩니까? 꼭 두 군단 모두 강 동쪽으로 건너가야 합니까? 우리는 이견이 있습니다" 하고 말했다.

이것이 바로 지방주의였다. 또 다른 사람도 지지했는데 어느 정도 힘이 있는 게 분명했다. 공작이 필요했다. 나는 그들을 설득하기 위

˙ 개조파는 1920년대 말에서 1930년대 초 국민당 파벌 중 하나다. 1927년 '7·15 반혁명정변' 뒤 우한 왕징웨이 국민당과 난징 장제스 국민당이 합류하는데, 왕징웨이·천궁보陳公博·구멍위顧孟餘 등이 장제스가 권력을 독차지하는 것에 불만을 품고 1928년 말 상하이에서 '중국국민당 개조동지회'를 설립하였다. 이로써 국민당 안에 '개조파'가 형성되었다.

해 이야기했다.

"병력을 집중해야 합니다. 공격해 오는 눈앞의 적, 즉 장제스 군을 대량으로 섬멸해야 해요. 강 동쪽으로 가는 문제에 대해 의견이 있으면 토론을 합시다. 우리는 반드시 강을 건너가야 합니다. 총전선위원회가 이런 결정을 한 것은 정확한 것이오. 홍군은 전 중국을 공격해야 합니다. 지방주의를 해서는 안 됩니다."

내가 "아직도 의견이 있습니까?" 묻자 그들은 의견이 없다고 했다. 나는 내일 새벽에 도하를 시작할 것이고, 배는 벌써 준비가 다 됐다고 했다. 격렬한 투쟁을 거쳐 의견이 다른 동지를 설득한 것이다. 이것이 당시 정치사상 수준이었으며, 그렇게 간단한 문제가 아니었다.

그러나 1959년 루산회의 및 그 뒤 베이징에서 열린 군사위원회 확대회의에서 누군가 "그것은 펑더화이의 음모다. 간장강을 건너는 것을 반대하려고 먼저 안배를 다 해 놓은 것이다"라고 했다. 한 사람이 먼저 강을 건널 필요가 없다고 말하더니, 마지막에는 강을 건너야 한다고 했다는 것이다. 그럼 만 수천 명의 무장 부대가, 전부 목재처럼 그렇게 한 사람을 따라 옮겨 가고 옮겨 올 수 있다는 말인가? 그렇게 이랬다 저랬다 말할 수 있는 것인가? 나는 그렇게 볼 수밖에 없다. 이것은 일종의 주관주의, 혹은 이치에 맞지 않거나 근거 없는 추측이 아니다. 당시 사상공작이 부족했음을 보여 주는 진정한 교훈이다.

위조편지를 폭로하고 1차 포위토벌을 분쇄하다

3군단은 샤장峡江, 장수 사이 동쪽으로 간장강을 건넜다. 그 후 마오 주석은 적 10만 명이 동원된 1차 포위공격을 분쇄하기 위해 군사 방침을 제기했다. 그것은 '두 손을 놓고 적을 깊이 유인하는 것', 곧 적을 소비에트 근거지 안으로 끌어들여 공격하는 것이었다. 이것은 심모원려深謀遠慮〔깊이 고민하고 멀리 내다봄〕에서 나온 것으로 의지할 만한 전략 방침이었다. 우리는 아직 대규모 작전을 해 본 경험이 없었다. 이렇게 큰 적의 공격에 처음 대응할 때는 작전 경험을 얻는 것이 필요했다.

그런데 3군단이 융핑 남쪽 황피, 샤오부小布 지구로 점차 간격을 좁히며 돌 때 점점 군중을 보기 어려워졌다. 심지어 길을 안내할 길잡이조차 찾기 어려웠다. 부대 내에서 이게 무슨 근거지인가 하는 의심이 널리 퍼질 지경이어서 백구보다 못했다. 원래 장시성 총행동위원회(성위원회)는 '두 손을 놓고 깊이 유인하여' 대량으로 적을 섬멸하는 방침에 다른 의견을 제기했다. 그것은 우경 기회주의로 퇴각일 뿐 공격 노선이 아니라는 것이었다.

그들의 방침은 '난창을 공격하러 가자'는 것이었다. 총전선위원회 결정에 날카롭게 맞서는 의견이었다. 그들은 시작부터 홍군을 봉쇄하고 속이며 군중을 통제했다. 군중과 홍군이 만나는 것을 원치 않았다. 이어서 전단을 뿌리고 '동지들에게 고하는 편지' 따위를 발표하는가 하면 커다란 글씨로 표어를 써서 내걸었다. '주평황朱彭黃〔주더·펑더화이·황궁뤠〕을 지지하자. ○○○를 타도하자' 같은 내용이었다. 이것은 간단치 않은 당내 노선투쟁으로서 당을 분열시키고 홍군을 분열시키는 행위였다.

당내 노선투쟁은 적과의 투쟁으로 이어졌으며 이것을 AB단團*이 당연히 이용했다. 큰 적을 앞에 두고 이런 위험한 국면을 타개하지 않으면 적에게 이기기 어려웠다. 이때 3군단은 둥산평원東山墻에 주둔 중이었고, 총전선위원회는 황피에 있어 서로 60~70리 거리였다. 적은 이미 소비에트 변경으로 나누어 들어오고 있었다. 3군단의 위치는 관건이라 할 만큼 한층 중요해졌다. 나는 이런 위험한 국면을 어떻게 타개할지 고민하고 있었다.

1930년 12월 중순 어느 날 한밤중에 3군단 전선위원회 비서장 저우가오차오가 갑자기 마오쩌둥이 쓴 편지 한 통을 가져왔다. 그 편지는 본래 마오 주석이 친필로 써서 비서 구바이古柏에게 준 것이었다. 마오毛 글자 외에 다른 글씨는 다른 사람이 흉내 내기 어려웠다. 편지의 대략적인 내용은 다음과 같았다.

'반혁명 조직 AB단을 심문하던 중 펑더화이도 AB단이라는 자백이 나왔다. 우리 일을 처리하기가 편해졌다.'

편지는 1만 자 가까이 되는 분량이었다. '동지들과 민중들에게 고함'으로 시작되는 이 편지의 첫 구절을 나는 지금도 기억하고 있다. "당에 큰 어려움이 닥쳤다! ○○○가 배반하여 적에 투항하려 한다"고 떠들었다. 이른바 한 무더기 죄상이란 것도, 내용을 보면 단지 우경 기회주의이자 투항 노선이라는 것이었다. 나는 편지를 보면서 저우가오차오에게 물었다.

---

* Anti-Bolshevik(反볼셰비키)의 약자. 1926년 돤시밍段錫明, 청톈방程天放 등이 장제스의 지지를 받아 장시성 난창에 설립한 국민당 우파 조직.

"이 편지를 보낸 사람이 누구인가?"

"바깥쪽입니다."

"어떤 사람 말인가?"

"보통의 청년 농민입니다."

"들어오라 하게."

나는 편지와 전단을 살펴보았다. 아직 다 못 읽었는데 저우가 들어왔다. 나는 이 편지를 나에게 보낸 목적이 무엇인지 생각했다. 그 목적은 1·3군단의 분열에 있으며, 3군단을 끌어들여 성 행동위원회를 지지하게 하려는 것이다. 보아 하니 나 한 사람뿐 아니라 주더와 황쿵뢔 동지에게도 보냈을 것이다. 만약 정말로 그들에게 보냈다면 이것은 엄청난 음모다. 조금이라도 신중하게 처리하지 않으면 커다란 불행을 초래할 것이었다.

당시 내 머릿속에는 마오쩌둥 동지가 공농혁명군과 징강산 근거지를 건설한 일이 떠올랐다. '6대 결의'를 전달한 일, 위안원차이·왕줘와 연맹한 것, 군중 두 명을 함부로 죽인 것을 엄숙하게 비판한 일, 구톈^{古田}회의에서 5군을 징강산에 남겨 수비하게 해서는 안 되었다고 자아비판한 일, 이것은 모두 정확한 방침이자 정책이었으며 정치가의 풍모가 있었다. 마오쩌둥 동지는 일개 음모가가 아니라 무산계급 정치가였다. 이 편지는 위조된 것이며 홍군을 분열시키고 당을 분열시키려는 험악한 음모였다. 30분 정도 지난 뒤 비로소 저우가 들어와 말했다.

"편지를 가져온 사람은 갔어요. 뒤쫓았는데 잡을 수 없었습니다."

내가 바로 갔느냐고 물었더니 저우는 그렇다고 대답했다. 이렇게 중대한 사건에, 중요한 인물을 보내 상의하지 않고 일반 연락원을 보내다니 이상한 일이었다. 또 회신도 달라고 하지 않고, 인수증도 써 달라고 하지 않으니 음모임이 더 분명해졌다. 만약 누군가 적의 이 음모 편지를 진짜라고 믿는다면 보상할 수 없는 손실을 입게 될 것이었다. 저우가 탁자 위에 있는 위조 편지를 집어서 보았다. 내가 물었다.

"자네가 보기에 어떤가?"

"어떻게 이런 음모가 있을까요?"

"내일 9시에 긴급 전선위원회를 소집해서 이 일을 토론해야겠네. 전선위원회 동지 외에도 연대장, 정치위원, 주임, 참모장 모두 참가하라 하게."

"벌써 2시입니다. 오늘 9시 말입니까?"

"오늘 9시네."

나는 이어서 즉시 텅다이위안, 위안궈핑, 덩핑 동지를 불러 편지를 보여 주고 음모가 있음을 설명했다. 그들은 모두 내 견해에 동의했다. 텅다이위안이 말했다.

"아주 위험하군. 심각한 음모야."

우리와 총전선위원회는 60~70리가량 떨어져 있어서 요청해도 오지 못할 수 있었다. 뜻밖의 일이 생기는 것이 두려워 나는 즉시 2백 자 조금 안 되는 간단한 선언문을 썼다. 요지는 다음과 같다.

'푸톈사변은 반혁명 사건이다. '마오ㅇㅇ을 타도하자. 주펑황을 지지하자'는 것은 홍군을 분열시키려는 음모다. 백군의 공격을 분쇄하려는 계획을 망치려는 짓이다. 1 · 3군단은 총전선위원회의 지도 아래 일치단결해야 한다. 마오쩌둥 동지를 지지하고 총전선위원회를 지지해야 한다.'

텅다이위안이 식사하라고 불렀지만, 아직 몇 자 더 써야 한다고 하고 선언문을 마무리했다. 그들에게 선언문을 보여 줬더니 모두 내 생각에 동의했다. 잠시 뒤 회의에 참석할 사람들이 모두 도착했다. 나는 위조된 편지와 '당원 및 민중에게 고하는 편지'를 참석자들에게 보여 주고 읽어 주었다. 또 어제 저녁 편지를 받은 정황과 텅다이위안, 위안궈핑, 덩핑과 나눈 대화를 들려주었다. 당시 저우가오차오를 의심하기도 했다. 저우는 대략 10일 전에 행동위원회가 소개하여 온 사람인데, AB단은 아니고 리리싼노선을 따르는 사람이었다. 회의에서는 1개 분대를 파견하여 3군단의 선언과 그 가짜 편지를 황피 총전선위원회로 보내기로 결정했다. 이 일은 덩핑이 처리하기로 했다.

나와 텅다이위안, 위안궈핑이 회의장에 도착하자 모두 의견이 분분했다. 어떤 사람은 흥분하거나 긴장하고, 어떤 사람은 의심하기도 했다. 문에 들어서자마자 '장비張飛'로 불리는 더중메이가 "엄청난 음모다!" 하고 부르짖었다. 나는 "맞아" 하고 대답했다. 저우가오차오가 개회를 선포하고 내가 먼저 이야기했다.

"푸톈사변은 반혁명 폭동이다. 편지를 위조하고 동지를 음해했다. 1·3군단 사이의 분열을 기도하고 총전선위원회의 백군 공격에 대한 분쇄 계획을 망치려는 것이다. 공개적으로 마오○○을 타도하자, 주평황을 지지하자고 하는데 이것은 당내 노선투쟁이 아니다. 반혁명 행위이며 AB단의 악독한 계책이다. 성 행동위원회는 AB단이 지배하고 있다. 그중 리리싼주의자들과 동맹을 맺었다. 이 가짜 편지는 푸톈사변의 우두머리 충융중叢永中이 쓴 것이다. 그는 평소에 마오 주석 글씨체를 흉내 내어 비슷하게 쓸 수 있다. 하지만 이제 마각이 드러났다. 마오쩌둥 동지는 편지를 쓸 때 연, 월, 일도 한자로 쓴다. 로마자나 아라비아 숫자를 쓰지 않는다."

내가 이렇게 말하고 있을 때 황궁뤠 동지가 왔다. 그는 10분 정도 대강 이야기를 듣더니 바로 갔다. 회의가 끝난 뒤에 내가 덩핑 동지에게 "궁뤠는 말 좀 했나?" 물었더니 "별다른 이야기를 하지 않던데요. 단지, '핑 형은 역시 마오 주석 편이야' 하고 갔어요"라고 했다.

나는 또한 회의에서 이렇게 말했다.

"전략 방침 면에서 나는 3군단을 1방면군으로 건제하는 것과 지휘를 통일하는 것을 찬성한다. 이것은 혁명이 필요로 하는 것이다. 창사에서 퇴각한 뒤 나는 샹장강, 간장강 사이에서 기동하는 것을 찬성한 바 있다. 그러나 지금은 군벌전쟁이 끝나고 장제스, 루디핑이 10만 대군으로 공격해 오고 있다. 그것을 분쇄하려면 신중해야 하고 적의 공격을 물리쳐야 한다. 적을 유인하여 깊이 들어오게 하는 것은 산의 지형을 이용하는 것이다. 군중에 의지하여 우리가 적에게 이길 수 있는 유리한 조건을 더하는 것이다. 이것은 완전하고 정확한 방침이고 나는 이것을 지지한다. 만약 이런 방침에 거역하고 자기의 잘못된 방침을 견지하면 총전선위원회는 우리 공작을 취소할 수밖에 없다. 어째서 꼭 음모적인 방법을 써야 하는가? 우리는 덩첸위안의 직무를 취소시킨 적이 있지 않은가?"

나는 또 마오쩌둥 동지가 '6대 결의'를 전달할 때 보인 진지한 태도, 루이진과 후두에서 군중 두 명을 죽인 사람의 잘못을 엄숙히 비판했던 일도 말했다. 그런 이야기를 한 뒤 회의에 참석한 동지들의 정서가 바뀌기 시작했다. 푸톈사변에 대해 분노하며 선언문을 통과시켰다. 선언의 내용은 반혁명적 푸톈사변에 반대하고, AB단을 타도하며, 총전선위원회를 지지하고, 마오쩌둥 정치위원을 지지한다는 것이었다. 또 1·3군단의 일치단결과 국민당 공격을 분쇄하자는 내용도 포함되었다. 이번 일이 통과된 뒤 부대의 사상적 각오가 고양되었다.

둘째 날, 우리는 바로 3군단을 샤오부로 이동시켰다. 황피 총전선 위원회와 15리 거리였다. 나는 직접 마오 정치위원에게 3군단 간부 회의에서 이야기해 줄 것을 청했다. 3군단 간부들은 처음으로 마오 정치위원을 보게 되었다. 이것은 모두 푸톈사변에 반대하고 총전선 위원회의 영도를 튼튼히 하기 위함이었다.

3군단 전선위원회가 선언문을 발표하고 며칠 뒤, 반동적 성 행동위 원회는 간장강을 건너 융신으로 갔다. 음모와 도발이 실패로 돌아갔 기 때문이다. 그들은 같은 가짜 편지를 주더 동지에게도 보냈는데, 그 또한 가짜 편지를 가지고 왔다. 이때 백군 전선 지휘관 장후이짠은 착 각을 일으켜 홍군 내부가 분열된 줄 알고 룽강龍岡을 급히 공격했다가 전 사단이 섬멸당하고 그도 포로가 되었다. 선두에서 장후이짠을 잡 았다. 그날 호쾌한 시를 한 수 지었다. 장후이짠 사단은 주력이었는 데 그가 포로가 된 뒤 적은 전군이 동요하였다. 우리는 순차적으로 적을 각개 격파할 수 있는 좋은 기회를 얻었다. 1차 반反포위토벌 투 쟁은 승리로 끝났다. 기만당했던 군중들은 각성하고 즉시 집으로 돌 아와 홍군에게 길을 안내하고 부상병을 호송했다. 마오 주석의 전략 방침은 승리했다. 홍군에 대한 인민 군중의 믿음을 굳게 세웠다.

2차 포위토벌을 분쇄하다

1931년 1월 1차 포위토벌을 분쇄한 뒤, 장제스는 3월에 2차 포위토 벌을 시작했다. 이번에 총사령은 허잉친何應欽이었다. 그의 전술은 '머리를 맞대고 나란히 전진한다. 걸음마다 병영을 짓고 차근차근 공격한다'는 보루주의였다. 동원한 병력은 1차 때보다 배가 많았다. 서쪽인 간장강에서 시작하여 동쪽인 푸젠성 젠닝^{建寧}까지 병영이 이어져 7백 리에 이르렀다. 4월 하순이 되자 적은 한 걸음씩 밀고 들어와 푸톈, 광창^{廣昌}, 젠닝 선에 도달했다. 당시 싱궈는 적에게 또 점령당했다. 홍군 주력인 1·3군단은 룽강에서 둥구^{東固}로 이동했다. 싱궈에서 60리 떨어진 곳이었다. 누군가 이것은 '쇠뿔에 구멍 뚫기^{鑽牛角}'(해결할 수 없는 일에 고집스럽게 매달리는 일)라고 말했다.

마오 주석은 3군단 주둔지인 둥구에 도착하면 둥구와 푸톈 사이에 있는 산에 올라 지형을 보자고 했다. 우리는 찔레순을 실컷 먹고 나서 이번 싸움에서 어떻게 할지 의논했다. 사실 이는 룽강에서 토론할 때 이미 결정한 바 있었다. 푸톈에서 둥구로 가는 길을 정해 적을 섬멸하자는 것이었다. 이번 적의 군대는 북방 쪽 병력으로 남방에는 처음 와서 익숙하지 않았으며, 홍군과 싸워 본 경험이 없었다. 상관이 윈샹^{雲相}인지 아니면 뤄린인지는 기억나지 않는다. 당시 푸톈 지구 적군 중 북방 대오는 왕진위^{王金鈺} 군이었다.

그런데 우리가 어느 지방으로 가야 적을 섬멸하는 데 가장 유리할지에 대한 전술 문제는 아직 확정하지 않았다. 둥구에 도착한 뒤에도 이 문제를 토론했으나 확신하기 어려웠다. 마침내 1군단의 3·4 양 군이 둥구에서 약 15리 되는 곳에 저격 복병 진지를 배치하고, 3군단은 적의 우측 뒤로 우회하기로 했다. 간장강을 뒤로한 배수진이었다. 마오 주석이 물었다.

"위험하지 않소?"

"위험하지 않습니다. 적은 우리가 감히 옆에는 적을, 뒤에는 물을 두고 공격하리라고 생각하지 못할 겁니다."

적과 부딪친 지 두세 시간도 안 되어 아군 1군단이 적을 격멸했다. 그러나 3군단이 예정 지점에 도착하지 못해 적 일부가 달아났다. 이 전역에서 우리는 서쪽에서 동쪽까지 파죽지세로 적을 격파했다. 마지막 전투는 젠닝에서 류허딩劉和鼎 사단을 섬멸한 것이었다. 15일 동안 7백 리를 쓸어 버리고, 홍군 3만 5천 명이 백군 20만 명을 격파했다. 약으로 강을 이긴 것이며, 적을 각개 격파한 전범이라고 할 만하다. 내선과 외선이 서로 결합한 것도 하나의 전범이었으며, 홍군 전쟁의 군사적 변증법을 창조한 것이기도 했다.

나는 이번 전역에서 중요한 것을 배웠다. 마오 주석은 전역 부서를 배치할 때 세심하게 반복하여 생각하며 결함이 없도록 강구했다. 전술 문제도 특별히 세심하게 반복 추구하였는데, 특히 아랫사람에게 묻는 것을 부끄러워하지 않았다. 마음을 비우고 다른 사람의 의견을 들었다. 이 전역은 병력을 집중하여 우세를 차지했다. '적의 열 손가락을 상하게 하는 것은 한 손가락을 자르는 것만 못하다.' 그는 이 경구를 운용하는 데 가장 능숙했다. 젠닝전투는 3군단이 공격한 것이었다. 성을 함락한 뒤 3군단이 리촨黎川을 공격 점령하기로 결정했다.

황메이쫭을 죽이다

1·3군단은 마오쩌둥 동지의 정확한 지도에 힘입어 장제스의 2차 공격을 분쇄했다. 3군단은 2차 포위토벌을 깨뜨릴 때 푸젠성 젠닝에서 류허딩 사단을 소멸시킨 뒤, 장시성 리촨현으로 이동하여 군중공

작을 진행하고 자금을 조달하는 등 장제스의 3차 공격에 대비했다. 그때 신문에서 장제스가 황궁뤠의 당숙인 황한샹黃漢湘을 선무사宣撫使로 위임하여 난창에 진주했다는 소식을 보았다. 이 '선무'란 무엇을 말하는가? 장제스가 두 차례에 걸친 대규모 공격이 실패한 뒤 홍군을 분열시킬 음모를 꾀한 것이다. 당연히 황궁뤠를 회유하려는 수단이었다.

이틀이 지난 뒤 황메이좡黃梅莊, 이 건달이 과연 리촨으로 왔다. 학생으로 위장한 청년 특무 한 명과 함께였다. 아군 방어선으로 들어온 그가 자칭 황궁뤠의 친형이라고 하여 경계 부대가 그를 3군단 지휘부로 보냈다. 나는 그가 묵을 숙소를 안배하고 텅다이위안, 위안귀핑, 덩핑과 이야기하기로 했다.

황메이좡이 어떤 사람인가. 황메이좡은 대학생 출신이었다. 황궁뤠의 큰형으로 본처 소생이었는데, 황궁뤠보다 스무 살 더 많아 겉보기에는 황궁뤠의 부친 같았다. 그는 궁뤠를 학대하였으며 대학에 갈 비용을 주지 않았고, 궁뤠의 모친을 극심하게 천시했다. 장제스가 황한샹을 선무사로 위임한 것은 황궁뤠를 꾀어 배반하게 만들 수 있을 거라 생각했기 때문이고, 황메이좡이 바로 그 일을 주선하기 위해 온 것이었다. 황한샹은 정객政客이고, 황메이좡은 건달이었다. 궁뤠의 어머니는 당시 50세로, 일찍이 하녀였다가 첩이 되었는데 평장기의 뒤 황씨 가문에서 쫓겨났다. 품행이 좋았으며 궁뤠를 원망하는 말도 하지 않았다.

내가 먼저 말을 꺼냈다.

"황메이좡에게 기만적인 수단을 쓰지 않으면 실제 증거를 잡을 수 없다. 증거를 잡은 뒤 바로 황메이좡을 처단하자. 그런 다음 궁뤠에게 말해서 장제스의 꿍꿍이를 깨뜨려 버리자."

모두 내 말에 동의했다.

나는 과거에 황메이좡과 만난 적이 있어서 각별히 친숙한 체하며 풍성하게 점심을 대접하고 특별히 죽엽청竹葉靑을 준비했다. 그에게 술을 권하며 말했다.

"나는 겨우 반 잔 마셨는데 당신 주량은 바다네요. 한 잔 마시지요."

그는 한입에 술을 털어 넣었다. 내가 이어서 말하기를, "당신 주량이 정말 굉장하군요. 나는 많이 못 마십니다" 했더니, "나는 두 잔씩 마실 테니 당신은 한 잔씩 마십시다" 하는 것이었다. 나를 취하게 해서 정보를 캘 셈이었다. 그는 내가 정말 술을 못 마시는 줄 알았다. 내가 두세 잔 마시고 조금 토했더니, 그는 신이 나서 대여섯 잔을 마시고 말했다.

"당신들 계속 이기는데 세력이 정말 빨리도 커지는군요."

"별거 아니에요. 궁뤠 부대가 겨우 3만이고 나도 5만에 지나지 않아요."

내가 병력까지 말하자, 그는 더 신이 나서 나에게 술을 권했다.

"한 잔 더 마셔요."

나는 반 잔을 마시고 그에게 말했다.

"좋아요. 한샹 선생이 높이 승진했으니 궁뤠와 내가 같이 축하합니다. 형이 이렇게 더위를 무릅쓰고 오셨으니 틀림없이 용무가 있을 것입니다. 일이 성사되길 빕니다. 나하고 궁뤠는 서로 깊이 알고 있지요. 정이 골육과 같고 환난을 같이합니다. 막역한 걸 다 압니다. 좋은 일이 있으면 감추지 마십시오."

"천만에요. 그럴 리가요."

그는 주량이 정말 대단했지만 반은 취했다. 내가 넌지시 물었다.

"우리는 다 합쳐서 몇 만 명입니다. 무엇을 속일 수 있겠습니까?"

"총사령, 총사령, 궁뤠가 가면 군단장이 될 겁니다."

"그거 당신이 상상한 것 아니오? 어떻게 보증합니까?"

"아닙니다. 위원장(장제스)과 한샹 삼촌이 모두 궁뤠에게 편지를 보냈어요."

그는 이미 술이 8~9할쯤 올라 만취 상태였다. 말하는 것이 뒤죽박죽인데 계속 "좋다. 좋아. 한 잔 더" 하는 것이었다. 내가 "잘 모시겠습니다" 했더니, 그가 가죽 손가방 아래쪽을 열어 편지를 꺼냈다. 바로 장제스와 황한샹이 궁뤠에게 보내는 편지였다. 장제스의 편지는 대략 '교장이 재주가 없어 너를 샛길로 가게 했다'〔교장은 황푸군관학교 교장을 뜻한다. 장제스는 졸업생들에게 스스로를 이렇게 칭했다〕는 내용이었고, 황의 편지는 '장공〔장제스〕은 덕이 있다. 삼촌도 너를 위해 두둔하려 한다' 등 허튼소리뿐이었다. 그를 보니 술이 올라 버티기 어려운 지경이었다. 나는 "메이쫑 선생 주무세요. 나도 가서 자겠습니다. 저녁 먹을 때 다시 이야기하지요" 했다.

텅다이위안, 위안궈핑, 덩핑 동지가 아직 나를 기다리고 있었다. 내가 바로 사실을 알렸더니 위안이 말했다.

"바로 황메이쫑의 머리를 잘라 버립시다. 잘 싸서 가죽 가방에 넣어 이 도적을 따라온 특무에게 주어 밤 사이 난창으로 보내지요. 그리고 황메이쫑이 몰래 황궁뤠에게 갔다 며칠 뒤 돌아와서 이곳에서 우리를 만난 걸로 하죠."

이 일은 정치부 보위부장 두리칭杜理卿(즉 쉬젠거許建國)이 맡아 처리했다. 덩핑은 궁뤠 명의로 답장을 썼다. 내용은 대략 다음과 같았다.

'장제스 이 도적은 매국을 했다. 노동자 농민을 도살했다. 죗값으로 사지를 토막내야 한다. 한샹은 그에게 부역했다. 목을 길게 내밀어 죽음을 받아라. 메이좡은 스스로 끄나풀이 되었다. 이 개머리를 일벌백계하노라.'

황의 머리를 밀봉하고 편지를 그 사이에 붙인 다음, 황메이좡을 따라온 자를 불러 장제스에게 서둘러 가져가게 했다. 황메이좡과 관련된 증거와 처리 경과는 바로 궁뤼 동지에게 말해 주었다. 그는 흔쾌히 회신을 보내 우리의 처리에 동의했다. 오래지 않아 장제스는 황한샹을 선무사로 임명한 것을 취소했으며, 그 뒤로 홍군을 상대로 허튼 꿍꿍이를 품지 않았다.

3차 포위토벌을 분쇄하다

2차 포위토벌 뒤 두 달도 지나지 않아 장제스 군은 3차 포위토벌을 진행했다. 장제스가 직접 지휘했는데 병력을 몇 길로 나누었는지는 기억이 분명하지 않다. 천청陳誠, 웨이리황衛立煌, 뤄줘잉羅桌英, 장딩원將鼎文, 자오관주趙觀洙, 슝스후이雄試輝 등이 각각 여러 길로 30만 대군을 지휘하여 거침없이 쳐들어왔다. 장제스 군은 한꺼번에 밀고 들어와 우리 소비에트구 현성부터 점령했다.

우리 쪽 병력은 겨우 3만 2~3천 명이었다. 아군은 어쩔 수 없이 푸젠 서쪽의 장러將樂, 롄청連城을 우회하여 루이진瑞金에 도착했다. 싱궈와 라오잉판老營盤을 지나 간장강 가의 푸톈에서 적의 약한 부분을 돌파하려 했으나 적에게 발각되었다. 아군은 다시 충량춘從良村을 돌파하여 황포를 공격했다. 두 번의 전역에서 적 3개 사단을 소멸하고 장 제스 군이 황포로 돌아와 공격하도록 유인했다. 아군은 적 사이의 틈 속에서 싱궈 경내로 부대를 되돌렸다. 기다리던 적에게 발각되어 다시 싱궈로 향할 때, 아군은 보름 정도 쉬면서 정비할 시간을 얻었 다. 적은 살찐 사람은 마르고 마른 사람은 죽을 지경으로, 정신은 피 로하고 힘이 다하였다. 병력도 3분의 2로 줄어 퇴각하지 않을 수 없 었다. 후퇴할 때를 노려 장딩원의 1개 여단을 소멸하고 둥구, 바이수 이 지구에서 어느 사단―한더건韓德根 사단일 것이다―을 소멸시킴으 로써 3차 반포위토벌 전투를 마쳤다.

이번 전역의 특징은 마오 주석의 유연한 기동전 전술 방침이 충분 히 발휘된 것이다. 3개월간 힘겨운 전투에서 열 배 이상의 적에게 승 리를 거두었다. 장비와 병력이 절대 열세인 조건에서, 후방도 없고 보급조차 어려운 가운데 얻은 위대한 승리였다. 적의 포위토벌을 분 쇄하고 고금에 없는 참신한 전략 전술을 창조했으니, 이는 마르크 스―레닌주의 무기의 새로운 발전이며 마오쩌둥의 군사변증법이라 할 것이다. 또한 이는 우리 인민해방군에서 항상 말하는 마오 주석 군사사상의 기본 내용이다. 만약 제국주의가 감히 새로운 세계대전 을 일으킨다면, 마오쩌둥의 군사변증법은 여전히 전쟁을 지도하고 승리할 수 있는 중요한 무기가 될 것이다.

새로운 소비에트구를 만들고 군중공작을 배우다

3차 포위토벌을 분쇄한 뒤 1931년 11월 하순, 3군단은 총전선위원회의 지시를 받아 후이창, 안위안, 쉰우, 신평과 후두 남쪽 지구에 나누어 배치했다. 중심은 후이창과 안위안에 두었다. 1931년 11월부터 다음 해 1월까지 1차 소비에트 대표대회가 열렸다. 두 달 넘는 기간 동안 적지 않은 성과가 있었다. 지주 무장대를 소멸하고 민단을 숙청했으며 군중공작을 진행했다. 토지를 분배하고 새로운 소비에트 구를 만들었다. 강서남江西南 독립사단을 설립했는데 병력은 1,500명, 사단장은 황원차오가 맡았다.

새로 설립한 연대들은 3군단에서 1개 대대를 가려 뽑고, 이것을 뼈대로 하여 확대한 것이었다. 새 부대들은 매우 빠르게 전투력을 갖추었다. 이런 경험은 훗날 항일전쟁에서도 운용할 수 있었다. 3군단은 1만 5천 명이 간장강 동쪽으로 건너왔는데 세 차례 '반포위토벌' 전역을 치르면서 겨우 1만여 명이 남게 되었다. 여기에 4천여 명을 보충하여 안위안, 후이창, 쉰우, 신평 등 4개 현에 정권을 세웠다. 그리고 일부 현, 구에 지방 무장대를 설립했으며 반이 넘는 지구에서 토지를 분배했다.

나는 홍군이 된 지 3년이 넘어서야 비로소 토지 분배를 배웠다. 마오 주석이 말한 3대 임무, 즉 전투, 군중공작, 급양給養〔먹을 것과 입을 것〕 조달을 비로소 체험한 것이다. 군중공작을 해야 군중을 일으키고 정권을 세우고 토지 분배를 할 수 있다. 군중이 홍군을 자기 군대로 여기게 되는 것이다. 또 군대 안에서 계급적 각성을 빠르게 하고 군중 기율을 자각하여 지킬 수 있게 된다. 자금 조달, 급양 조달에서도 현지 부농을 지주라고 공격하지 않게 된다. 홍군의 3대 임무는 3위 일체의 임무임을 체험한 것이다.

간저우를 치다

1932년 1월 중순, 토지개혁 투쟁을 깊이 있게 펼치고 있을 때 3군단은 지방공작을 중지하라는 방면군 총사령부의 명령을 받았다. 소수 간부만 남아 공작을 지속하고 3군단은 간저우를 빼앗으라는 것이었다. 나는 이 명령을 기쁘게 집행했다. 1차 소비에트 대표대회 때 중앙국의 어느 책임자 동지가 나에게 간저우를 함락할 수 있느냐고 물었다. 나는 이렇게 대답했다.

"간저우를 지키는 병력은 아마 6천여 명일 겁니다. 지방 정위단이 2천 명이니 모두 8천 명인데, 시간이 충분하니 장제스가 증원을 하지 않으면 함락할 수 있소."

간저우는 인구가 3~4만 명 정도였다. 당시 나는 장시 남쪽의 상업 중심 도시인 간저우가 반동 세력의 중심일 거라고 생각했다. 간저우를 함락하면 장시 남쪽 12개 현, 즉 간현贛縣, 난캉, 다위, 상유, 충이, 신펑, 룽난龍南, 딩난定南, 취안난全南, 쉰우, 안위안, 후이창 등의 발전과 토대 구축에 유리했다. 또 후난·장시 소비에트구를 한 덩어리로 만들 수 있고, 후방을 튼튼히 할 수 있으며 중앙소비에트 세력을 더 키울 수 있었다. 당 중앙과 중앙소비에트 정부는 루이진에서 비교적 안전할 수 있고 홍군을 북쪽으로 발전시킬 수 있었다. 뒤쪽의 걱정거리를 없애고 새로운 태세를 갖출 수 있어 기동 작전에도 더 유리해진다. 이렇게 하면 우리는 장시성의 반 이상을 차지하게 되는 것이다. 남쪽에는 중앙소비에트구, 서북쪽에는 후난·후베이·장시 변구, 동북에는 푸젠·저장·장시 변구가 있으며, 왼쪽에는 후난·장시 변구가 의지할 수 있게 된다.

간저우성은 장수이강, 궁수이강贡水 두 강의 합류 지점에 위치하여 물로 둘러싸여 있었다. 남쪽만 육지였고 적이 장기간에 걸쳐 방어 설비를 갖추고 있었다. 우리는 한 달 가까이 포위공격하며 몇 차례 폭파했지만 모두 성공하지 못했다.

간저우 공격에서 우리는 다음과 같은 잘못을 하였다. 우선 정치 정세를 볼 때 당시 '1·28사변'*의 형세에 놓여 있었다. 마땅히 항일 민족혁명전쟁의 기치를 높이 세우고 내전을 정지해야 했다. 항일전쟁 전선으로 떠나자고 호소하고 정책을 구체적으로 바꿔야 했다. 또 항일 민족통일전선공작을 펼치는 데 적응해야 했다.

홍군 1방면군 주력은 푸젠·저장·장시 변구로 출동하여 상하이 항전을 지원하고 항일 역량을 조직하며, 또한 정치 공세를 펼쳐 장제스의 매국 음모를 폭로해야 했다. 이러한 방침에 따라 중앙소비에트 구와 소통하고 푸젠·저장·장시 변구와 연계하여 소비에트구를 확대하고 무장 역량을 키워야 했다. 이후 반포위토벌을 준비할 조건을 만들어야 했던 것이다.

간저우 공격은 1·28사변을 이용하지 못했을 뿐 아니라 항일 기치를 높이 들지 못했으며 장제스에게 정치적인 타격을 입히지도 못했다. 오히려 장제스가 '외적을 물리치는 것보다 내부를 안정시켜야 한다'는 반동적 정책을 펼칠 수 있는 핑계를 제공했다. 아울러 나는 아군이 간저우를 공격할 때 장제스가 다위에서 중석 광산을 호북군에

---

* 1932년 1월 28일 밤, 일본 해군 육전대가 상하이를 공격했다. 당시 상하이에 주둔하던 19로군은 전국 인민의 항일 분위기가 고조된 가운데 1개월이 넘는 기간 동안 영웅적인 항전을 하여 일본 제국주의에 심각한 타격을 주었다.

게 줄 거라고 예측하지 못했다. 그것으로 호북군을 꾀어 포위토벌에 나서게 함으로써 장제스와 호북군의 모순이 어느 정도 완화되었다.

나는 당시에 그런 생각을 하지 못했다. 방면군 총사령부에서 간저우를 공격하라는 잘못된 명령을 내릴 때, 어떤 저항도 하지 못했을 뿐 아니라 견결하게 집행했다. 오직 간저우를 함락하여 장시 남쪽을 해방시키고, 후난·장시 변구를 연계시켜 후방을 튼튼히 하고 싶었다. 그래서 중앙 소재지인 루이진의 안전을 지키고 다시 북쪽으로 갈 생각이었다. 이런 단편적인 생각은 당시의 객관적 정치 정세에서 확연히 벗어난 것이었다.

군사적으로 보면, 당시 뤄줘잉이 인솔하는 적의 2개 사단이 지안에서 간장강 서안을 따라 남쪽을 지원하고, 광둥의 2개 사단 6개 연대가 난슝에서 후베이-장시 공로의 북쪽을 지원하고 있었다. 우리는 마땅히 방면군 주력인 1·3 군단을 기동할 위치인 난캉에 집결시켜야 했다. 남은 다른 부대는 간성贛城〔간저우성〕을 겹겹이 포위하여 거짓 공격을 펼쳐야 했다. 그때 두 갈래 길의 적 지원군 중 어떤 부대를 공격해도 소멸시킬 수 있는 좋은 기회였는데, 나는 적극적으로 지원 부대 공격을 건의하지 못했다.

오래 공격했으나 이기지 못하고, 지원군이 이미 도착했는데도 신속하게 퇴각하지 못했다. 성 아래 주둔하여 서로 대치하는 날짜가 길어지자 병력은 피로해지고 적의 습격을 초래했다. 그때 적에 대한 정보는 명확하지 않았다. 성을 지키는 적병은 우리 예측보다 배 이상 많았다. 이때 상황은 1965년 정치협상회의에서 출판한 역사 자료에서 확인할 수 있었다. 당시 간저우를 지키던 여단장 마쿤馬崐이 쓴 한 편의 기록이 등재되어 있었는데, 그가 쓴 '간저우를 지킨 경과'를 보고 비로소 당시 마쿤의 여단이 8천 명이라는 것을 알았다. 개편한 지방 연대가 1만 명이니, 모두 1만 8천 명이었다. 우리 3군단 병력은 1만 4천 명이었다. 적은 병력도 우세한 데다 성에 의지하여 튼튼히 지키고 있었다. 당연히 공격하여 점령하기 쉽지 않았다. 만약 당시 적이 8천 명에 지나지 않았다면 공격해서 점령했을 것이다. 적에 대한 정보가 확실하지 않은 상태에서 경솔하게 견고한 성을 공격한 것은 엄중한 과오였다.

4차 포위토벌을 분쇄하다

간저우에서 포위를 풀고 장커우江口 지구에 집결했다. 중앙국中央局이 전방으로 급히 와서 회의를 열었는데 마오 주석도 왔다. 당시 회의에서는 두 가지 의견이 있었다. 중앙국의 주장은 3군단이 간장강 서쪽으로 나가 상유, 충이를 점령하여 소비에트구를 발전시키라는 것이었다. 또 쑤이촨 및 타이허, 완안, 허시河西 쪽 지구와 후난 · 장시 소비에트구를 하나로 연결시키라고 했다.

마오 주석의 의견은 3군단이 북쪽으로 발전하여 쯔시資溪, 광쩌光澤, 사오우邵武 지구를 점령하여 장시 동북쪽과 하나로 연결하라는 것이었다. 마오 주석의 의견이 정확했는데, 나는 그 의견을 지지하지 않고 오히려 중앙국 다수의 의견에 동의했다. 만약 그때 내가 마오 주석의 의견을 지지했다면 중앙국은 다시 고려했을 것이다.

나는 왜 중앙국의 의견에 동의하고 마오 주석의 의견에 동의하지 않았던가. 앞에서 말한 대로 간저우를 공격하여 점령하려는 생각 때문이었다. 그 외에도 나는 당시 4차 중국공산당 중앙위원회 전체회의(4중전회)가 리리싼노선을 잇는 왕밍노선이라는 인식을 전혀 하지 못했다. 당시 4중전회에서 중앙은 그들이 '국제노선'이라 일컫는 볼셰비키노선을 견지했다. 이는 곧 마오쩌둥의 인민전쟁 사상에 반대하는 것이었다. 농촌이 도시를 포위한다는 전략 방침에 반대하는 것이자, 홍군이 천하를 공격한다는 식의 단순한 군사노선에 의지하는 것이기도 했다. 나는 당시 이런 생각을 전혀 하지 못했다. 공산당원은 모든 일에 '왜?'라고 물어야 함에도, 나는 중앙의 결정에 절대 복종하는 맹목성을 가지고 있었다.

장커우 회의 뒤 3군단은 상유, 충이, 구이둥, 잉첸寧前 지구로 나아갔다. 마오 주석은 1군단을 인솔하여 장저우漳洲를 점령한 뒤, 광둥으로 나와 난슝 동쪽에서 호북군 및 다른 지역 부대 10개 연대와 대치하여 싸웠다. 3군단이 급히 달려갔을 때 적과 아군이 모두 전투에서 물러선 뒤였다. 손발과 같은 2개 군단이 나누어져 잘 싸운 적이 없었다. 만약 1·3군단이 나뉘지 않았다면 전투에서 적을 섬멸할 수 있었을 것이다. 이 일은 1·3군단을 나누어 작전하면 불리하다는 것을 증명하였다.

3군단이 광둥 난슝 지구에 도착해 1군단과 만났을 때, 마오 주석은 여전히 1군단을 지휘하고 있었다. 6월 중하순 1·3군단은 만나자마자 북진했다. 3군단은 후두와 싱궈를 지나 이황宜黃으로, 또 동쪽으로 돌아 광창에서 난펑南豐으로 전진했다. 이때 전방 총사령부는 이미 개편되어 주더가 여전히 총사령을 맡고 저우언라이周恩來가 총정치위원, 류보청劉伯承이 총참모장이 되었다. 마오 주석은 부대를 떠났다.

1932년 8월 하순 혹은 9월 초순에 3군단은 난펑을 빼앗으라는 명령을 받았다〔홍군이 난평을 빼앗은 것은 1933년 2월이다〕. 이 도시는 장제스가 공격 기지로 준비한 곳이었다. 2차 포위토벌이 끝난 뒤 적군은 바로 방어 설비를 시작하여 튼튼하게 공사하였다. 장제스는 난평을 장시 동쪽 소비에트구를 공격할 군사 거점으로 여기고 있었다. 전략 지탱점이라 부르며 마오빙원毛炳文의 6개 연대를 주둔시켜 수비하고 있었다.

우리는 이틀 동안 강공했으나 점령하지 못했다. 전상자가 1천 명이나 발생했으며 3사단장 펑아오彭遨가 전사했다. 이때 주더 총사령, 저우언라이 총정치위원, 류보청 총참모장이 방면군을 이끌고 왔는데 마오 주석만 보이지 않았다. 저우언라이는 원래 중앙국 서기였는데 당시에는 겸하지 않은 것 같다. 나는 류에게 물었다.

"마오 주석은 오지 않았나?"

"정부 일이 바쁘다."

이때 군단 내 행정관리, 상임위원회 지도, 정치공작과 제도 등에서 왕밍노선이 아직 완전히 관철되지 못해 대체로 예전처럼 하고 있었다〔마오쩌둥이 준이회의에서 지도력을 장악하기 전까지 중국공산당은 코민테른의 영향 아래 있었다. 왕밍은 코민테른 지도노선의 집행자였다〕. 우리는 계속 난평성을 포위했으나 아직 맹렬히 공격하지는 않았다. 성을 지키던 마오빙원이 급히 구원을 요청하자 장제스는 지안에 주둔하던 2개 사단을 교체하여 융평, 이황을 따라 우리 소비에트구 가장자리로 동진하여 난평을 증원했다. 3군단은 강공을 하는 것처럼 거짓 공격을 하다가 1군단과 함께 이황, 러안樂安 선 남쪽으로 이동하여 동진하는 적의 옆을 강타하여 구원하러 가는 2개 사단을 소멸시켰다. 또한 이황에서 남쪽으로 출격하는 1개 사단을 공격하여 사단장 천스지陳時驥를 포로로 잡고 적 2만 8천 명을 섬멸했다. 적의 4차 포위토벌은 이렇게 손쉽게 분쇄했다.

제10장

5차 반포위토벌 전후 점차 왕밍노선을 인식하다

1931년 11월~1934년 9월

1931년 11월~1934년 9월 소련 유학파 왕밍이 공산당 지도자로 취임한다. 왕밍을 중심으로 한 지도부는 국민혁명군 19로군 차이팅카이와 제휴하자는 펑더화이의 요청을 묵살한다. 뿐만 아니라 40만 명을 동원한 5차 반포위토벌전에서 마오쩌둥과 펑더화이가 주력 전술로 삼았던 기동전을 외면한 채 진지전으로 일관한다. 펑더화이는 광창전투 등에서 군사책임자 리더와 전술 문제를 놓고 격렬한 논쟁을 벌인다. 왕밍 지도부는 비현실적인 근거지 사수 전술을 펼치다 밀려 중앙소비에트 수도인 루이진을 포기하고 2만 5천 리 대장정에 오르게 된다.

1931년 11월경 열린 1차 소비에트 대표대회 때 전달받은 '4중전회'
〔중국공산당 4차 중앙위원회 전체회의〕 내용에 따르면, "4중전회 결과는
위대하고 정확하며 완전히 볼셰비키 국제노선에 따른 것"이라고 했
다. 이와 함께 4중전회 전에 어떻게 당내 비밀 활동을 펼쳤는지에 대
한 설명도 이루어졌다. 모스크바에서 상하이로 돌아온 동지〔왕밍을
지칭함〕가 '3중전회를 예리한 눈으로 인식하고 리리싼노선 시기의 조
화주의에 반대'했으며, 3중전회의 중앙 결정에 따라 4중전회가 열린
것이 아니라 모스크바에서 귀국한 동지가 당내에서 비밀 활동을 진
행한 결과라는 것이었다.

이는 3중전회 중앙을 갑자기 습격, 압박하여 회의를 열게 했다는
뜻이었다. 우리는 4중전회의 합법성에 약간 의심을 품게 되었다. 조
화주의의 죄악이 얼마나 큰지 말할 때도 그랬다. 나는 그때 이렇게
생각했다. '이미 리리싼의 영도가 철회되었고, 본인도 잘못을 인정했
지 않은가? 그리고 모스크바에 가서 공부하고 있지 않은가? 3중전회
는 또 보충 지시를 내려 리리싼이 책략을 잘못 세웠을 뿐 아니라 노
선상 오류도 있었다고 통지했다. 이 문제는 정치적으로, 조직적으로
모두 해결되었는데 어째서 또 4중전회를 열어야 한다는 말인가?

나는 4중전회가 종파주의 경향이 있는 게 아닌가 의심했다. 나는
당시 3군단 전선위원회 서기였다. 마땅히 4중전회 결과를 열심히 전

달하고 리리싼노선과 연계하여 토론해야 했다. 하지만 나는 이번 회의 결과를 전달하지 않았다. 정치부 쪽에서 전달했는데 당시 총정치부 주임은 왕자샹王稼祥, 3군단 정치부 주임은 위안궈핑이었다. 나는 이 일에 대해 묻지 않았다.

나는 당시 중앙의 결정에 대해 대부분 알지 못했지만, 몇몇 구체적인 문제들에 대해서는 동의하지 않았다. 4차 반포위토벌 전투에서 승리한 뒤 중앙은 1군단 정치위원 뤄룽환羅榮桓을 해임했고, 또 얼마 되지 않아 3군단 정치위원 텅다이위안의 직무도 해임했다. 나는 보구博古〔당시 중국공산당 중앙정치국 서기〕에게 이의를 제기했다.

"지금 전쟁 환경에서 군 내 고급 간부를 가볍게 교체하는 것은 옳지 않소. 텅다이위안은 3군단 대중들과 긴밀하게 결합되어 있으니 텅다이위안은 교체하지 말아 주시오."

하지만 보구는 답변 전보를 보내지 않았다. 나는 울화가 치밀었다. 결국 텅다이위안은 명령에 따라 떠났다. 또한 중앙은 군대에 당위원회 제도를 취소하고 단일 지휘관제를 실행했으며, 최종 결정 단위인 정치위원회의 고참 정치위원을 신참으로 바꿨다. 대중들이 단위 지도부를 숙청할 수 없게 되자 군 내 인사들이 모두 당 중앙을 두려워하게 되었다. 결국 군대 내 민주주의가 커다란 제약을 받게 되었다. 특히 정치부에 속해 있던 간부들을 빼내 버리고, 보위국으로 바꿔 정치부와 같은 급의 기관으로 두었다. 군이 정치기관의 지도를 받지 않고 특수화, 신비화를 추구하여 대중으로부터 벗어나게 되었다. 그 결과, 서로 불신만 쌓이는 결과를 가져왔다. 군대도 더 이상 지방 군중공작을 하지 않게 되었다. 이런 해로운 흐름은 오랜 시간이 흐른 뒤에야 비로소 청소할 수 있었다. 중앙은 이어서 이른바 뤄밍羅明노선[*]에 반대한다며 뤄밍의 편지를 들어 그 죄상을 비판했다. 뤄밍은 편지에서 "소비에트 주변 지구와 중심 지구의 구체 정책은 마땅히 다른 점이 있다"고 했다. 이것은 완전히 옳은 말이다. 이것이 무슨 퇴각이고 도망이란 말인가? 어떻게 이것이 우경 기회주의 노선이란 말인가?

4차 포위토벌 분쇄 이후 5차 포위토벌이 시작될 때까지 소비에트구는 털끝만큼도 확대되지 못했다. 중앙에서 후난·후베이·장시 지구와 후베이 동남 지구에 파견한 흠차대신〔중앙에서 파견한 간부를 비꼬는 말〕들은 그곳의 수많은 당과 정부, 군대 지도자들을 '개조파'로 몰아붙였다. 그러다 죽을 수도 있었으나, 중앙이 보낸 흠차대신을 놓아 두고 자기들 입맛대로 사람들을 바꿔 버렸다. 이런 사실들을 나는 뒤늦게 알아차렸다. 4중전회는 소자산계급 종파가 당 중앙의 영도권을 찬탈한 것이었다.

이 일에 대해 나는 1944년 1, 2월 사이 자오위안〔棗園〕에 있는 마오 주석 거처에서 말한 일이 있다. 내가 "4중전회는 합법이 아니지 않습니까?" 물었더니, 마오 주석은 "4중전회는 합법적이오. 국제인터내셔널^{**}의 비준을 받았기 때문이오"라고 말했다. 나도 의심을 거두게 되었다.

---

* 뤄밍(1901~1987)은 중국공산당 주요 인사 중 한 명으로, 1933년 '지역 근거지는 특수한 조건에 따라 활동해야 한다'는 내용의 〈공작에 대한 몇 가지 의견〉을 발표했다가 왕밍 등으로부터 혹독한 비판을 받았다. 신중국 건립 후 주로 광둥성에서 교육 사업에 종사했다.

** 공산주의 인터내셔널, 즉 제3인터내셔널이다. 1919년 3월에 설립된 각국 공산당의 연합조직이다. 1922년 중국공산당은 공산주의 인터내셔널에 참가하여 지부가 되었다. 1943년 6월 공산주의 인터내셔널 집행위원회 주석단에서 해산 결의를 선포했다.

렌청전투

4차 포위토벌 분쇄는 왕밍노선을 군대 안에 관철시키는 기회를 제공했다. 왕밍노선은 4중전회의 정당성을 멋대로 과장하여 떠들었다. 이런 행동과 구호가 계속 이어지자 홍군은 휴식과 보충, 훈련을 할 수 없었다. 왕밍노선은 '일당십 십당백'의 개념을 기계적으로만 이해한 채, 전술적으로 적은 수로 다수를 이기라고 요구했다. 마오 주석의 전술, 즉 병력을 집중하여 우세한 숫자로 적을 섬멸하는 방침에 반대한 것이다.

1933년 여름, 3군단은 푸젠 서쪽으로 돌아 들어가 작전을 펼쳐 칭류淸流, 구이화歸化, 장러, 순창順昌 등 4성과 드넓은 토지를 얻었다. 그런데 이어서 군중공작을 하라는 명령도 없이 바로 렌청으로 가 공격하라고 했다. 시간을 정해 맞춰서 도착할 것을 요구하고 공격 지점까지 지정해 주었다. 북쪽에서 남쪽으로 공격하라는 것이었다. '잘못된 배치를 바꿔라. 하급은 상급의 의도를 바꿔라. 반드시 전적으로 책임을 져야 한다'는 식이었다.

여기서 연합병단의 작전과 독립병단의 작전은 마땅히 구별해야 했다. 전자는 엄격하게 운용하고, 후자는 최대한 기동할 수 있는 권한을 주어야 민활하게 임무를 완성할 수 있다. 그러나 교조주의는 이를 늘 구별할 수 없게 하며 하나의 공식처럼 생각한다.

당시 렌청은 백군 19로군의 어우서우녠區壽年 여단 3개 연대가 지키고 있었다. 그들은 야전공사를 튼튼히 하고 있었으며 장비도 당시 백군 가운데 으뜸이어서 상당한 전투력을 갖추고 있었다. 우리는 북쪽에서 남쪽으로 완전히 올려다보며 싸워야 했는데 접근하기가 어려웠다.

5, 6월의 푸젠 서쪽 날씨(양력으로 7, 8월)는 뜨겁기가 불타는 듯했다. 정찰소대를 인솔하여 하루 동안 정찰을 했는데 공격점을 찾을 수 없었다. 그 지시에 따르면 임무를 다할 수 없었다. 임무를 완수하려면 기동하는 수밖에 없어 계획을 바꿨다. 바로 상황을 사령부에 전보하고 승인을 받았다. 공격 방향을〔북에서 남이 아니라〕남에서 북으로 바꾸지 않으면 여전히 임무를 완수하기 어려웠다. 계획을 근본적으로 뒤집어야 했다.

렌청 남쪽 30리 붕커우堋口에 어우서우녠 여단의 1개 대대가 빠진 1개 연대가 머무르며 지키고 있었다. 공사는 튼튼했으며 지세가 험준했다. 하지만 지키는 병력이 적으니 포위하고 있다가 구원하러 오는 지원군을 쳐서 임무를 완성하기로 했다. 하루 동안 격전을 벌여 1개 대대를 소멸하고 1개 연대 직할대와 남은 1개 대대를 포위했다. 어우서우녠은 과연 쓰러지는 성을 구하려고 왔다. 구원하러 온 적의 일부를 소멸시키고, 그 나머지는 렌청 동쪽 사닝沙寧 방향으로 달아났다. 이 전역에서 만약 1·3 군단이 같이 작전했다면 어우서우녠 여단을 섬멸할 수 있었을 것이다.

렌청을 얻은 뒤에도 역시 군중공작을 하지 않았다. 3군단은 즉시 양커우洋口와 옌핑延平을 공격하라는 명령이 내려왔다. 이에 따라 민단과 상단을 소멸시켰는데, 그곳에 주둔하던 19로군은 벌써 화륜선을 타고 도망쳤다. 푸젠 서쪽에서 우리가 점령한 지역은 18개 현으로 확실히 작지 않았다. 그러나 원숭이가 옥수수를 벗기듯 하나를 얻으면 하나를 잃었다. 한 곳도 튼튼하게 다지지 못했다.

군중들의 태도도 그렇게 열렬하지 않았다. 군중대회를 소집하면 아주 적은 사람만 참가했다. 이로 인해 우리는 근거지 내 토지정책에 문제가 있다고 느끼게 되었다. 지주는 토지를 나누지 않고 백구로 달아나 버렸다. 부농은 나쁜 토지를 나누어 주었으며 적지 않은 수가 밖으로 달아났다. '부농에 반대하자'는 구호를 다그치면서 소수의 부유한 중농을 타격하자 그들도 밖으로 달아났다. 그들은 모두 한패가 되어 각종 나쁜 영향을 퍼뜨렸다. 그래서 변구 공작이 잘 이루어지지 않았다. 적백 대립과 경제 봉쇄가 점점 더 심각해졌다. 이런 생각을 간단하게 적어 보구에게 전보를 쳤으나 회신도 없고 반영하여 개선한 점도 전혀 없었다. 나는 점점 마오 주석의 토지정책이 필요하며 정확하다고 생각하게 되었다.

19로군과 담판하다

8월, 홍군은 민허우閩侯에서 2백 리 안쪽으로 나아갔다. 19로군의 장광나이將光鼐와 차이팅카이蔡廷鍇*가 천 아무개(이름은 기억나지 않는다)〔19로군에서 홍3군으로 보낸 대표는 천궁페이陳公培다〕를 대표로 보내 탐색하려 했다. 우리는 푸젠 서쪽에서 행동할 때 그들에 대해 이렇게 말한 적이 있다.

"그들의 항일은 옳다. 푸젠까지 와 초공剿共〔공산당 토벌〕하는 것은 잘못되었다. 이는 장제스의 음모다. 즉, 초공하는 것과 장광나이, 차

---

* 장광나이는 당시 국민당 19로군 총지휘관이었고, 차이팅카이는 부총지휘관이었다.

이팅카이를 없애는 것은 모두 장제스에게 유리한 것이다."

이런 생각을 바탕으로 '8·1선언'●의 세 가지 조건을 가지고 천과 담판하였다. 천이 말했다.

"그들은 장제스에 반대하고 항일을 하려고 하는 거요. 장제스를 반대하지 않고는 항일을 할 수 없소."

"옳소. 항일하려면 반드시 장에 반대해야 하오. 장제스는 외적을 몰아내기 전에 내부를 안정시켜야 한다며 매국 정책을 집행하고 있소."

항일을 하려면 내전을 중지해야 했다. 우리는 그에게 함께 밥을 먹자고 청하고, 커다란 대야에 돼지고기와 닭고기를 담아 내 왔다. 모두 토호를 쳐서 얻은 것이었다. 그리고 하룻밤을 재웠다. 나는 장광나이와 차이팅카이에게 편지를 썼다.

'장제스를 반대하고 항일을 위한 대계를 세우자. 대표를 루이진으로 보내 줄 것을 요청한다. 우리 중앙과 담판을 진행하자.'

나는 이러한 정황을 중앙에 보고했다. 중앙에서 즉시 회신 전보가 왔는데, '그 일은 아직 중요하지 않다. 초대할 준비도 덜 되었다'고 했다. 나는 지금도 그 일이 중요한 일이었다고 생각한다. 초대할 준비라면, 우리가 쓰는 대야에 채소와 밥을 푸짐하게 담으면 그만이다. 대야에 발을 씻고 얼굴을 씻게 하면 된다. 나는 쭉 그렇게 살았고, 항미원조〔한국전쟁〕 이후 귀국한 뒤에야 이런 전통 습관을 바꿨다.

얼마 되지 않아 천 아무개가 루이진에 와서 담판을 했다. 중앙은

●● 1933년 1월 17일 중화소비에트 임시정부 공농홍군 혁명군사위원회가 발표한 선언. 일본제국주의의 화베이 침략에 반대하기 위해 전국 각 군대가 세 가지 조건 아래 함께 항일하겠다는 내용이다.

또 '3당'은 국민당보다 더 나쁘다. 민중에게 더 기만적'이라고 비판했다. 나는 그들의 관문주의적 사고에 동의하지 않았지만 반론을 제기하려고 하지도 않았다. 그것은 내가 갖고 있던 일종의 자기비하 때문이었다. 지식분자들은 자기의 왜곡된 논리를 가지고 있다. 지난 번 전보에서는 초대하는 데 준비가 부족한 것을 탓하며 중요한 일이 아니라고 하더니, 이번에는 '제3당은 국민당보다 더 나쁘다'고 말한다. 이게 아직 중요하지 않다는 것과 같은 말인가? 그들이 장제스에 반대하고 항일을 하겠다는데 우리에게 무엇이 나쁘다는 것인가? 당시 내가 〈중국사회 각 계급의 분석中國社會各階級的分析〉**을 읽었다면 그들을 비판했을 것이다. 하지만 그때 나는 마르크스주의에 입각한 비판 능력이 없었다. 나는 입당 전에 겨우 《공산주의 ABC》와 《통속 자본론》을 읽었을 뿐이었다. 나는 6년된 당원으로 마르크스-레닌주의를 아직 알지 못할 때였다. 혁명이론의 무기가 얼마나 중요하고 또 필요한가. 나는 지금도 나에게 혁명적 열정이 있는지 계속 자문하고 있다.

그 일이 있고 한 달쯤 뒤 마오 주석이 〔레닌의 책〕 《민주주의 혁명에 있어서의 사회민주당의 두 개의 전술》을 보내왔다. 책 윗면에 연필

---

* 1927년 왕징웨이 등이 우한에서 '7·15 반혁명정변'을 일으킨 뒤 덩옌다鄧演達 등 국민당 좌파들이 상하이에서 중국 국민당 임시행동위원회를 조직했다. 이것을 제3당이라 한다. 1935년 '중화민족해방행동위원회'로 개칭했다. 중국공산당이 각 당파에 보낸 '항일과 국난 극복을 위해 함께 가자. 항일 활동에 적극 참가하자'는 호소에 응한 것이었다. 1941년 중국민주정치단체 동맹에 참가하여 발기하고, 1947년 중국 인민 정치협상회의 제1기 전체회의에도 참가했다. 중화인민공화국 설립 후 공농 민주당으로 중국공산당의 지도를 옹호하며 사회주의 혁명과 사회주의 건설에 참가한 민주당파 중 하나다.
** 마오쩌둥이 1925년 12월 저술한 논문. 천두슈 등의 우경기회주의와 장궈타오의 좌경기회주의를 분석하고 노동자·농민을 주력으로, 지식인·소자산가 등을 우군으로 만들기 위해 쓴 글이다.

로 '대의大意'라고 써 있었고, 다음의 내용이 적혀 있었다.

"이 책은 대혁명 시기에 읽어야 한다. 그러면 오류를 범하지 않게 될 것이다."

그리고 또 오래지 않아 〔레닌의 책〕《공산주의에서의 좌익소아병》을 보내왔다. 그 책에도 "이 책 두 권은 모두 장저우중학교에서 얻은 것이오"라는 메모와 다음의 내용이 적혀 있었다.

"당신은 전에 보내 준 그 책을 읽었을 것이오. 아는 것이 첫 번째, 모르면 두 번째가 된다 하였소. 당신이 《공산주의에서의 좌익소아병》을 읽으면 좌와 우가 똑같이 해롭다는 것을 알게 될 것이오."

첫 번째 책은 이해하기가 쉽지 않았지만, 두 번째 책은 비교적 이해하기 쉬웠다. 나는 이 두 권을 줄곧 가지고 다녔는데, 섬서성陝西省 북방 우치진吳起鎭에 주석을 따라 간취안甘泉 15군단에 갔을 때 어느 동지가 청소하다가 그만 태워 버렸다. 나는 그저 안타까워할 뿐이었다.

푸젠사변˙과 5차 반포위토벌의 시작

푸젠사변〔1933〕은 국민당 내부 모순이 표면으로 드러난 것이었다.

••• 1932년 '1·28사변' 뒤 장제스는 19로군을 푸젠으로 이동 배치하여 홍군을 상대로 작전을 하게 했다. 19로군을 이끄는 인물은 차이팅카이, 천밍추陳銘樞, 장광나이 등이었다. 장제스를 따르면 출로가 없다는 것을 인식한 그들은 1933년 10월 홍군과 항일반장抗日反蔣 협정에 서명하고, 11월에 국민당 내 리지선李濟深 등 일부 반장제스 세력과 연합하여 장제스와의 결별을 공개적으로 선포했다. 그리고 푸젠성에서 '중화공화국 인민혁명정부'를 설립했다. 통칭 '푸젠인민정부'라 칭한다. 그러나 1934년 1월 장제스의 군사 압력으로 실패하였다.

1·28사변 뒤 국민당 내에서 항일파와 친일파의 투쟁이 계속 발전해 왔는데, 이는 소자산계급과 민족자산계급이 매판지주계급의 대표인 장제스에 반대하는 투쟁이었다. 우리는 이 새로운 형세를 이용해 장제스가 준비하고 있는 5차 포위토벌을 깨뜨려야 했다. 이런 간단한 인식을 바탕으로 전보를 써서 총정치위원회를 통해 보구에게 전하게 했다. 그 문건의 내용은 다음과 같다.

'5군단을 남겨 중앙소비에트구를 보위해야 한다. 1·3군단과 7·9군단을 집중시켜 푸젠·저장·장시 변구로 진군해야 한다. 팡즈민_{方志敏}, 사오스핑_{邵式平}의 근거지에 의지하여 난징·상하이·항저우를 위협하고 19로군의 푸젠사변을 지원함으로써 항일운동을 이끌어 내고 장제스의 5차 포위토벌 계획을 깨뜨려야 한다.'

그러나 보구는 이 건의를 비판했다. 중앙소비에트 근거지를 이탈하는 것은 모험주의라는 것이었다. 이 의견은 젠닝 총정치위원회를 거쳐 나에게 전달되었다.

3군단은 중앙의 명령에 따라 푸젠에서 장시로 이동하였는데, 그때 총정치위원회의 지시를 요청하면서 중앙이 장시 동북 지구의 홍10군 3천 명을 남쪽으로 이동시킨 사실을 알게 되었다. 중앙소비에트로 병력을 집중시킨 것이다. 홍군 주력은 푸젠·저장·장시 지구에서 나오지 않았다. 난징과 항저우를 위협하러 가지도 않았고 19로군의 옹호자가 되지도 않았다. 푸젠사변은 물거품이 될 뿐 튼튼히 굳힐 수 없었다. 장제스는 돈으로 매수하며 군사 압력을 강화했다. 이제 19로군은 조만간 결딴날 판이었다. 돈으로 매수하고 군사 압력을 가중시키는 것, 이것은 장제스가 상투적으로 쓰는 수법이었는데 홍군에 대해서만 효력이 없었다.

우리는 19로군을 지지하지 않았다. 이로써 중앙소비에트는 의지할 곳 한 군데를 잃었으며, 정치적으로는 항일 민족통일전선의 교량을 부숴 버렸다. 푸젠사변이 빠르게 실패하자 장제스는 1년 동안 진행될 5차 포위토벌을 준비하기 시작했다. 하늘만큼 크고 중요한 이 일에 대해 중앙은 토론을 하지 않았다. 전방사령부도 토론하지 않았다. 1·2·3차 포위토벌을 분쇄한 경험을 털끝만치도 중시하지 않았다. 전장 지휘자의 경험을 더 중요하게 여기지 않았다. 이런 주관주의는 사람들을 매우 초조하게 만들었다.

5차 포위토벌이 시작된 뒤 그들이 범한 군사노선의 잘못을 한층 더 깊이 체험하게 되었다. 특히 1·3군단을 나누어 작전한 것은, 운동전을 펼치며 적을 대거 소멸시키는 것을 불가능하게 했다. 예를 들어, 독립연대 5~6백 명이 지키고 있던 리촨에 장제스가 3개 사단을 보내 공격 점령한 일이 있다. 리촨을 잃은 것은 필연이었다. 포기하지 않았으면 전멸당했을 것이다. 그런데 독립연대를 지휘한 사람은 직을 박탈당했으며, 당적에서 제명당하고, 공개 심판에서 우경 기회주의자라고 비판을 받았다. 나는 그런 종류의 징벌주의에 분개했다.

"왜 그를 심판해야 하는가? 심판해야 할 사람이 그렇게 많은가?"

리촨이 함락되고 얼마 되지 않아 3군단은 푸젠 타이닝泰寧에서 리촨 동북쪽인 쉰커우㽋口로 전진하라는 명령을 받았다. 이동하다가 한커우에서 적 1개 사단을 만나 소멸시켰다. 3개 연대 중 1개 대대가 빠진 규모였다. 그 1개 대대는 산 위 흙보루에 의지하여 지키고 있었는데 경사가 가팔라 기어오르기가 쉽지 않았다. 위에는 물이 없어 반나절이나 한나절만 있으면 소멸시킬 수 있었다. 5차 반포위토벌 중 뜻하

지 않게 서전 승리를 얻었다. 전투를 지휘한 사람은 리더李德*였는데,
그는 포위되어 죽기를 원하지 않는 그 대대를 소멸시켜 버렸다.

　이어서 3군단에게 바로 샤오스哨石를 공격하라는 명령이 내려왔다.
리촨과 난청 사이에 있는 그곳 사지로 뚫고 들어가라는 것이었다.
당시 적의 군대는 리촨에 3~4개 사단, 난청과 난펑에 각각 3개 사단
정도가 있었다. 그리고 이 세 점 사이에 샤오스가 있었다. 세 점이 각
각 30~40리 거리였으니, 샤오스로 가면 우리는 적군 보루들 중심에
놓이게 될 것이었다. 적의 보루들의 종심縱深〔보루는 군사용어로 진지를
뜻함. 종심은 방어 지역의 전방에서 후방까지의 거리〕을 치고 들어가야 하는
데, 기동할 여지를 완전히 잃어 결국 적에게 섬멸당할 게 뻔했다. 타
이닝 북쪽의 적은 우리 주력이 리촨 방면에서 타이닝을 공격할 것을
알고 있었으며, 리촨·난펑·난청의 적이 샤오스를 공격한다는 소
식도 있었다. 나는 급히 전보를 쳐 이 명령에 반대했고, 마침내 3군
단의 쉰커우 철수를 허락한다는 회신 전보를 받았다. 다행히 섬멸을
피하게 된 것이다.

탄춘전투

　그로부터 얼마 되지 않은 1933년 9,10월경 적은 1개 사단을 리촨에

---

*　1900~1974. 또 다른 이름은 화푸華夫이며 독일인이다. 본명은 오토 브라운Otto Braun이다. 1932
　년 공산주의 인터내셔널이 중국에 파견하였다. 1933년 9월 중앙소비에트에 도착하여 중화소비
　에트정부 혁명군사위원회 고문을 맡았다.

두어 수비하고, 3개 사단을 보내 푸젠과 장시 경계에 있는 더성관德勝關으로 밀고 들어왔다. 탄춘團村은 리찬성과 더성관 사이, 리찬성 동쪽으로 30여 리 떨어진 소분지였다. 때는 대략 10월 초여서〔탄춘전투는 1933년 12월에 벌어졌다〕날씨는 상쾌하고 나뭇잎에 단풍이 들기 시작했다.

어느 날 붉은 해가 동쪽에 떠오르고 아침 노을이 더성관을 비추며 가을 경치가 사람 마음에 스며들던 때였다. 그때, 적 2개 사단 12개 연대〔1제대〕가 탄춘 10여 리 거리에 들어왔다. 더성관에서도 10여 리 떨어진 곳이었다. 그리고 남은 3개 연대로 편성된 1개 사단이 탄춘 동쪽 3리에서 5리 거리로 들어왔다. 이들이 2제대가 되었다. 정오가 가까워 오자 적의 3개 사단이 뒤집힌 품 자〔品〕형으로 대열을 지었다. 적은 도착한 뒤 각각 배치된 곳에서 공사를 진행하고 보루를 쌓았다.

아군은 먼저 1사단을 적 정면에 배치하여 견제하도록 하고, 많은 조로 나누어 적을 향해 거짓 공격을 하여 주의를 끌었다. 2, 3, 4사단 등 남은 3개 사단은 적 2제대 왼쪽 뒤 5~6리 되는 곳에 숨었다. 적은 발견하지 못하고 주의하여 수색하지도 않았다. 적 1제대 2개 사단의 12개 연대는 각각 반 정도의 병력을 전개하였으며, 2제대 1개 사단의 3개 연대는 계획된 보루공사를 하고 있었다.

신호로 한 발을 쏘고, 정면의 적 사단에게 거짓 공격을 가하면서 매복한 우리 주력 3개 사단이 적 2제대에 맹렬하게 돌입했다. 수류탄 소리, 기관총, 보병총 소리, 죽이라는 소리가 섞여 매우 혼란스러웠다. 적 2제대는 큰 혼란에 빠졌고, 1제대 2개 사단에 파급되어 역시 어지러워졌다. 정면에서 거짓 공격하던 우리 사단이 기회를 틈타 출격했다. 적은 전군이 점점 대혼란에 빠져 리촨성 거북이 등갑 속으로 도망쳐 숨었다. 적 3개 사단 15개 연대 4만여 명과 우리 4개 사단 1만여 명이 서로 엉켜 혼란스러웠다.

먼지가 하늘에 가득 차고 적은 이리처럼 내달리는데, 그 사이 아군의 혼잡은 볼 수 없었다. 마치 맹호가 양 무리 속에 뛰어들었는데 양이 많아서 잡기 어려운 형국이었다. 우리는 1만 2천 명으로 3만여 명의 적을 격멸하였다. 싸움에서 이겼지만 포로는 1천 명도 되지 않았다. 격멸전을 치른 것인데 마침내 싸워 이겼다. 그러나 보충할 후방이 없는 아군에게는 이런 격멸전이 큰 의미가 없었다. 적을 타격하는 의미도 그렇게 크지 않았다. '열 손가락을 상하게 해도 한 손가락을 자르는 것만 못하다'고 하지 않았던가. 당시 우리 1군단과 3군단이 간격을 좁혀 작전했더라면 적 3개 사단 15개 연대를 전부 섬멸할 수 있었을 것이다. 거기에 쉰커우에서 섬멸한 적 3개 연대를 더하면 18개 연대가 되는 셈이다. 다시 기회를 노려 적 20개 연대 정도를 섬멸하면 적의 5차 포위토벌을 분쇄할 수 있었을 것이고, 그럼 2만 5천 리 대장정도 역사에 없었을 것이다.

이 전투는 실제로 의미가 그다지 크지 않았다. 당시 사람과 말이 하늘을 뒤집을 것 같았던 광경이 자주 기억에 떠오른다. 훗날 지휘소에서 학질을 앓을 때 냉기가 골수에 사무치는 가운데 당시 정경이 떠올랐다. 그러자 냉기가 가셨는데 유감스럽기 그지없어 묵념을 하였다.

"맹호가 양 무리를 덮치는데 초연이 자욱하고, 사람의 바다는 출렁이는데 죽이라는 소리는 하늘을 찌르네. 땅이 움직이고 산이 흔들리니 하늘 역시 놀라고 학질은 바로 사라졌네. 이리처럼 내달리니 먼지가 충천하는구나. 큰형이 아직 오지 않았으니 너는 빨리 살 길을 찾아가라."

장제스는 아군의 주력이 탄춘 방면에 있는 것을 발견하고 즉시 타이닝 방면의 적에게 남쪽으로 진격하라고 명령했다. 우리 방면군 총사령부는 1군단을 지원군으로 보내 사람들을 기쁘게 했다. 그러나 한 치의 땅도 허락하지 않는다는 방침과 이 방침의 기계적 집행 아래 여전히 깊이 들어오는 것을 허용하지 않았다.

1군단이 정면에서 적군을 돌파하였으나 3군단은 측면에서 뚫고 나가지 못했다. 오직 한 갈래 험로가 있었지만 골짜기는 깊고 벼랑은 가팔랐다. 적은 아군이 측면에서 공격하는 것을 방어하면서 되는대로 나무를 베어 쓰러뜨려 가로막았다. 서너 시간은 족히 지난 것 같았다. 겨우 장애물을 치웠으나 적은 이미 도망쳐 거북이 등껍질 속으로 숨었다. 만약 적을 40~50리만 전진시켰더라면 한바탕 쳐부쉈을 것이다. 적의 조공助攻 방면은 푸젠이었는데 이를 바로 무력화시키고, 그래서 장시 쪽 북에서 남으로 향하는 적의 주공主攻 방면에도 영향을 주었을 것이다.

아군 주력이 타이닝 방면에 이르는 것을 적이 발견했을 때, 리촨 방면의 적이 다시 더성관으로 밀고 들어왔다. 이때 이후 적은 '차근차근 밀고 들어오는 전술(搨鑽戰術)'을 선택했다. 중앙소비에트 동·서·북쪽 3면에서 중심으로 밀고 들어왔다. 남쪽에서는 후베이군이 가로막아 우리 중앙소비에트는 점점 축소되었다. 이른바 '물을 퍼내고 고기를 잡는 식'으로, 우리 쪽은 완전히 수세로 몰리고 피동적 지위에 놓이게 되었다. 동쪽에서 서쪽으로 들어오는 적을 3군단 또는 1군단이 번갈아 가서 막았다. 그 뒤 3군단은 광창, 바이수이, 스청石城

선에 위치하여 적 7개 사단과 정면에서 "소가 뿔을 떠받는 형국으로" 맞섰다. 줄곧 대치한 채 5~6개월이 지났다.

적은 보병과 포병의 효과적인 화력 엄호 속에서 1차로 4~5리를 밀고 들어왔다. 보루를 쌓은 뒤에 다시 밀고 들어오니 우리는 총알만 소모할 뿐이었다. 탄약을 보충할 수도 없었다. 홍군 병력은 5만 명인데 적은 50만 명이었다. 적은 전국의 인력, 물력을 동원하는데 우리 소비에트 쪽 인구는 250만 명에 지나지 않았다. 이렇게 물적 역량이 부족한 상황에서 적과 필사적으로 소모전을 하면 어떻게 실패하지 않을 수 있다는 말인가?

이후 우리가 두 번째로 난펑성을 공격할 때 1·3군단과 9군단은 모두 합쳐 3만 명을 넘지 않았다. 9군단은 겨우 3천 명이었다. 적의 5개 사단이 난펑성에 집결하여 공사를 튼튼히 하고 있는데 "적을 성 밖으로 밀어내서 공격하자" 운운하는 말이 나왔다. 5차 포위토벌에서 장제스 군의 기술과 장비는 이전 몇 차례보다 더 강화되었다. 이런 식으로 난펑성을 공격하는 것은 승리할 가능성이 없었다.

이 전역의 지휘권은 우리에게 속했지만, 중앙에서 모든 부서와 각 군단에 명령을 내린 상황이었으며 심지어 박격포 방렬 위치조차 모두 지정하였다. 1·3군단이 하나의 선에서 동쪽에서 서쪽으로 나란히 공격할 때 9군단은 남쪽에서 북쪽으로 공격했다. 하루 동안 전투했지만 조금도 진전이 없었다. 이렇게 병력을 나누는 전투 배치는 적이 그 한 점씩을 반격하여 모두 돌파당할 위험이 있었다. 배치를 다시 바꿀 방법도 없었다.

저녁 무렵, 적은 우리 9군단을 향해 출격했다. 홍군의 뤄빙후이羅炳輝 부대는 퇴각했으며 대략 적 2개 사단이 3군단 지휘부 측후방으로 우회하는 것을 허용했다. 다행히 국민당군이 아직 새 병단兵團을 쓰지 않고 통제하고 있어서 즉시 내보내 요격했다. 만약 적이 더 밀어붙여서 1군단을 험로 안에서 나오지 못하게 차단했다면 전멸당할 위험이 있었다. 이번에는 병력을 집중했으나 운동전을 펼치지 않고 견고한 진지를 공격한 셈이 되었다.

광창전투

1934년 1~2월 사이, 타이닝 지구 어메이봉娥媚峰에서 나는 중앙에 편지를 한 통 써 보냈다. 대략의 내용은 다음과 같다.

'장기적 준비를 해야 한다. 그렇지 않으면 네 방면의 군이 악예환鄂豫皖(후베이성·허난성·안후이성) 소비에트 지구를 지키지 못했던 실패를 겪게 될 것이다.'

이 편지는 답을 받지 못했다. 3, 4월 사이 적은 병력을 대거 집중해 광창을 공격했다. 방면군 전방사령부는 루이진에서 철수하여 임시사령부를 따로 구성했다. 보구가 정치위원이 되었는데 실제로는 리더가 총사령이었다. 리더는 직접 전선에서 광창 사수를 지휘했다. 내가 광창은 지킬 수 없으며 적의 기술 장비를 고려하자고 재삼 말했지만 그들은 믿지 않았으며, 오히려 자신들이 구축한 방어 공사를 믿었다. 내가 그들에게 말했다.

"적이 우리에게 없는 비행기와 대포로 포격하는 상황입니다. 비교적 튼튼한 야전공사를 하더라도 적의 장비를 볼 때 별로 효과가 없소. 광창을 사수해도 짧으면 이틀, 길어야 3일 정도 버틸 것이고, 3군단 1만 2천 명이 전멸하고 광창도 잃게 될 것이오."

광창은 성곽도 없었다. 그런데 그들은 1개 연대를 보내 반영구적인 공사를 벌였다. 나는 다시 말했다.

"기동 방어를 선택해야 합니다. 1개 중대 병력을 증파해서 공사를 하고 적을 끌어들여 공격합시다. 아군 주력을 성 서남쪽 10리 되는 산에 은밀히 집결시키고, 적이 우리 수비 진지를 공격하기를 기다리면서 기회를 엿보다 바깥쪽 한 점을 돌격한다면 적 일부를 소멸시킬 수 있을 거요."

배치도를 그리고, 작전 계획을 만들어 간신히 그 외국 고문님[리더]의 동의를 받았다. 광창을 공격하는 적은 7개 사단이었다. 그들은 1개 포병여단이 포격을 하는 가운데, 매일 약 30~40회나 비행기로 폭격을 가하고 보루를 쌓으며 한 걸음 한 걸음 전진해 왔다. 한 번 전진할 때마다 겨우 1~2천 미터 정도 이동했는데 화력이 뒤를 받쳤다. 기반을 착실히 굳히고 먼저 야전공사를 한 다음 우수한 화력을 배치하며 다시 두 발자욱 내딛었다. 매일 오전 8, 9시에 시작하여 오후 4시까지 매번 6~7회씩 비행기가 교대로 폭격하여 우리가 구축한 이른바 '영구 공사'는 폐허가 되었다.

격전 하루 동안 아군은 여러 번 돌격했으나 모두 성공하지 못했으며, 사상자가 1천여 명에 이르렀다. 리더가 소위 영구 공사라고 했던 보루에서 수비하던 대대는 모두 장렬하게 희생되어 한 명도 나오지 못했다. 그들은 눈으로 이를 직접 보고서야 해가 진 뒤 철수를 허락했다. 광창을 사수하려던 계획도 포기했다. 3군단은 상당히 큰 손실을 입고 후퇴하여 더우피頭陂의 둑에 집결했다.

그들은 홍군의 영용하고 완강한 모습과 숙련된 전투 동작, 전술 지휘에 대하여 비판하지 않았다. 당시 우리는 포병도 없었을 뿐 아니라 소총, 기관총탄도 아주 부족했다. 아마 지금 우리가 한 번 사격 연습을 할 때 사용하는 것보다 적은 양이었을 것이다. 과거 우리 작전은 갑자기 습격하는 것이었다. 용감하게 버티면서 민활하게 기동했다. 이러한 장점을 내던져 버리고 필사적으로 억지를 쓰니 당연히 불리할 수밖에 없었다.

그날 대략 8시 이후 전투가 끝났을 때 보구가 전화를 걸어 왔다. 나와 양상쿤楊尚昆을 오라면서 리더와 함께 이야기를 하자는 것이었다. 그들은 내일 루이진으로 돌아간다고 했다. 만났을 때 리더는 역시 그 낡은 수법을 떠들었다. 어떻게 재빨리 돌격할 것인지, 어떻게 화력을 배치할 것인지 하는 것들이었다.

"어떻게 가서 화력점을 배치할 수 있소? 총알이 아예 없는데. 적이 토치카〔두꺼운 철근콘크리트 같은 것으로 공고하게 지은 구축물. 그 안에 기관총·대포 등의 화기를 비치한다〕를 잔뜩 배치했는데 급히 돌격(단촉돌격知促突擊)●할 수 있는가? 열 번 해도 열 번 다 실패할 거요. 한 번도 성공한 일이 없소."

나는 마음껏 의견을 이야기했다. 대담하게 준비한 그에게는 불행한 일이었다.

"당신들의 작전 지휘는 시작부터 잘못되었소. 우리는 4차 포위토벌을 분쇄한 뒤 한 번도 제대로 싸운 적이 없소. 주요하게는 방면군

● 리더가 5차 반포위토벌 기간 중에 제출한 전술 원칙. 이른바 '빠른 돌격'으로 적이 보루를 쌓고 한 걸음 한 걸음 진을 치며 앞으로 다가오는 상황에서 아군은 보루 방어진지를 쌓고 적이 보루 밖으로 나와 전진할 때 단거리 안에서 적에게 돌격한다는 것이다.

지휘도 잘못되었고 주력을 집중하지도 않았어요."

나는 그들을 비판하고 앞서 이루어진 몇 차례 전투를 거론했다.

"탄춘에서 진행한 매복 전투는 만약 1·3군단을 나누지 않고 집중해서 작전했다면 적 3개 사단 15개 연대를 소멸할 수 있었을 거요. 그랬다면 탄약을 노획하고 적을 포로로 잡아 소모된 전력을 보충할 수 있었소. 지금 모든 전투에서 적과 함께 우리 군도 소모되고 있는 상황이오. 적은 전국의 정권과 제국주의의 도움을 받고 있고, 우리는 적에게서 얻어야 하는데, 당신은 이런 도리를 전혀 이해하지 못하고 있소. 쉰커우에서 만난 적과 벌인 전투에서 적 1개 사단을 소멸했을 때, 포위된 적의 마지막 대대를 공격하는 것을 막고 싶었지만 모두 허락하지 않았소. 전방 지휘자에게 이처럼 기동권이 전혀 없었던 거요. 또 샤오스로 뚫고 들어가라고 강경하게 요구했는데, 그랬으면 3군단이 적에게 거의 섬멸당했을 겁니다.

당신들은 루이진에 앉아 2차 난펑 공격 전투를 지휘했는데, 1군단 전군이 거의 전멸당할 뻔했소. 박격포 방렬放列〔포병 진지에서 화포를 사격 대형으로 정렬하는 일〕조차 지도 위 곡선 상에 모두 규정하지 않았소? 그 10만분지 1 중국 지도는 실측한 적 없는, 단지 물어서 측정한 것일 뿐이어서 어떤 때는 방향이 전부 맞지 않는데도 말이오. 만약 홍군이 고도高度를 자각하지 않았더라면 당신은 1·3군단을 일찌감치 사지로 보내 버렸을 거요.

이번 광창전투를 당신들도 보지 않았소. 이런 주관주의는 도상圖上 작업을 하는 전술가의 것이오. 중앙소비에트는 1927년 창건 때부터 지금까지 8년이 되어 가고 1·3군단의 활동도 지금까지 6년이 되었소. 창건 근거지를 바꾸는 게 쉽지 않다는 것을 알 수 있을 텐데, 못난 자식은 아버지의 땅을 팔아도 아까워하지 않는다 하듯 아예 내다 버릴 셈인 거요?"

이 대화는 우슈촨伍修權 동지의 통역으로 이루어졌다. 리더는 화를 내지 않았다. 나는 전체를 뒤져 보지 않았다. 만약 모두 찾아보았다면 화를 내지 않을 도리가 있는가? 나는 양상쿤 동지에게 다시 찾아보라고 요청했다. 이때 리더가 소리를 지르기 시작했다.

"이건 봉건이야. 봉건!"

그는 펄쩍 뛰었지만 나는 흥이 났다. 그는 계속 나를 욕하면서, 내가 혁명군사위원회 부주석 직에서 해임되어 불만을 가졌기 때문이라고 했다. 물론 해임된 것은 사실이고, 왜 그랬는지 나는 알 수 없다. 나는 이렇게 말했다.

"그 일은 아예 생각도 안 납니다. 나에게는 지금 도대체 어떻게 하면 적에게 승리할 수 있는가 하는 것만 중요할 뿐."

나는 비열하고 부끄러운 줄 모른다며 그를 꾸짖고 무시했다. 그때 나는 구 군복을 보따리에 넣어 지고 있었다. 그를 따라 루이진으로 가 공개 심문을 받을 준비를 한 것이다. 당적을 삭제당하고 사형당할 준비도 했다. 조금의 주저함도 걱정도 없었다. 그러나 이때 정치노선과 군사노선의 잘못은 말하지 않고 다만 지휘상의 잘못만 지적했다. 어쨌든 예상과 달리 나는 해임되지 않았고 처벌도 받지 않았다. 다만 그가 루이진에 도착한 뒤 펑더화이가 우경이라고 소문을 냈다. 나는 그가 실제 잘못한 것을 조목조목 짚어 말했을 뿐인데 말이다.

군사노선은 정치노선에 복종한다. 정치적으로 제출된 '두 갈래 길에서 결전한다' '소비에트의 땅을 한 치도 포기하지 않는다'는 노선이 필연적으로 '짧은 거리를 급히 돌격하는 전술', 병력을 나누어 골목에 두는 단순한 군사 방어노선을 낳았다.

광창에서 전투한 뒤 우리는 스청에서 적과 계속 대치했다. 대치한 지 네 달이 넘게 지났다. 그 사이 가오후나오高虎堖에서 작은 승리를 거뒀는데, 이는 특수한 지형을 이용한 덕분이었다. 산기슭 반대 경사면을 선택해 갑자기 공격하는, '적이 뜻밖에 나타나는' 상황을 이용해 크게 선전한 것이다. 그런데 그들은 이른바 '짧은 거리를 급히 돌격하는 전술'이 어떻다는 등 설명하면서, 이 기회에 나를 지정해 '단촉돌격 전술'을 증명하는 한 편의 정확한 문장을 쓰라고 요구했다. 그러더니 내가 쓴 글을 자기들 입맛에 맞는 부분만 남겨 두고 마음에 들지 않는 부분은 삭제해 버렸다. 특히 "이것은 특수한 상황에서 얻은 승리다. 단촉돌격이 옳다는 것을 증명할 수는 없다"고 쓴 문장을, 정반대의 뜻으로, 즉 "단촉돌격이 정확하다는 것을 증명한다"로 고치고 경과도 고친 뒤에 내 동의도 얻지 않고 발표했다.

이러한 상황을 겪으면서 나는 천천히 이해하기 시작했다. 군사 지휘에서 보인 오류 외에도 그들이 시행한 도를 넘는 투쟁, 다른 사람에 대한 공격, 스스로를 높이는 것, 국제노선의 깃발을 흔드는 것, 볼셰비키라고 사칭하는 것 등은 모두 4중전회에서 관철된, 완전히 잘못된 노선이었다.

제11장
장정長征부터 3대 주력이 합류하기까지
1934년 10월~1936년 12월

1934년 10월~1936년 12월 왕밍노선의 실패로 장정에 오르게 된 중국공산당 지도부는 구이저우성 쭌이에서 회의를 열고 논쟁 끝에 마오쩌둥에게 군사지휘권을 맡긴다. 하지만 병력 면에서 압도적인 4방면군 지도자 장궈타오가 마오쩌둥의 지위와 지도력을 빼앗고자 음모를 꾸민다. 항일북상론을 주장하는 마오에 맞서, 쓰촨 지역에 근거지를 건설해야 한다며 당 방침을 거부한 것이다. 이 과정에서 펑더화이는 견결하게 마오쩌둥을 지지하고 군사적으로 뒷받침한다. 그는 장정과 북상 과정에서 수많은 전투를 치르며 장정 대오를 엄호하고, 산베이에 도착한 뒤에는 추격하는 국민당군 부대를 섬멸시켜 근거지의 안정을 뒷받침한다. 옌안을 중심으로 한 산베이 근거지에서도 근거지 안정을 위해 동서로 출병하는 등 국민당 부대와 계속 전투를 치른다.

왕밍 좌경 기회주의 노선의 결과

1934년 10월, 홍군은 겹겹의 포위망을 벗어나 11월에 이장과 천저우郴洲 사이에 이르렀다. 나는 3군단을 신속하게 샹탄, 닝샹, 이양팅益陽廷으로 진격시키자고 건의했다. 그래서 창사를 위협하고 민활하게 기동하여 전기를 잡아 적의 소부대를 소멸시키자고 했다. 그러면 장제스 군이 부대 배치를 바꾸도록 압박하여 적을 요격, 견제할 수도 있다. 또한 중앙이 인솔하는 다른 병단은 쉬푸, 천시, 위안링沅陵 일대를 공격 점령하자고 했다. 빠르게 군중을 일으켜 싸움을 만들고 근거지를 만들며 적의 공격을 분쇄하자는 것이었다.

장제스에게 압박을 당해 후난, 광시 경계의 시옌산맥西延山脈을 지나 광서군과 작전을 하게 되면 불리할 것이었다. 그러나 중앙은 회신을 보내지도 않고 나의 건의를 채택하지도 않았다. 가장 이상한 것은 중앙소비에트에서 물러나는 그 커다란 사건에 대해 어떤 토론도 하지 않았다는 점이다. 나는 1932년 3월 장커우에서 열린 중앙국 회의 뒤 어떤 회의에도 참가한 일이 없었다. 당시 나는 중앙위원이나 중앙국 위원이 아니었다. 다른 중앙위원들에게도 그렇게 들었다.*

---

* 펑더화이는 1934년 1월 루이진에서 소집된 중국공산당 6기 5중전회에서 중앙위원에 당선되었다. 전쟁이 급하여 본인에게 통지하지 못한 것이다.

어쨌든, 그 결과 홍군은 후난성과 광시성 경계에 있는 큰 산, 시옌산맥 안으로 깊이 들어가 7일 동안 걸어야 했다. 광서군은 사람도 땅도 익숙한 지역이어서 유격전을 선택했다. 3군단에게 커다란 곤란이 닥쳤다. 아군은 간난신고의 투쟁을 거쳐 겨우 구이저우성 경계 리핑黎平에 들어갔다. 1군단이 후미에서 이동했는데 후난의 경내 상황이 비교적 좋았고, 중앙 종대는 1·3군단 중간에서 갔는데 매우 곤란하다고 했다. 1·3군단은 두 가마꾼처럼 중앙 종대 가마를 메고 이동하여 마침내 12월에 구이저우의 쭌이성遵義城에 도착했다. 이로써 4년간의 오랜 왕밍노선 통치를 끝냈다.

중국 혁명운동 중의 몇 차례 좌경 노선 중 왕밍노선 시기가 가장 길었다. 그것은 국제주의의 휘장을 치고, 마르크스주의의 옷을 입고 있어서 사람들이 그 진면목을 알기가 더 어려웠다. 나는 여러 차례 머리가 깨져 피가 흐른 뒤에야 비로소 왕밍노선을 알게 되었다. 왕밍노선을 줄곧 경험했지만, 푸젠사변에서 보인 태도로 비로소 인식하기 시작한 것이다. 마오쩌둥 동지의 영도 덕분이었다.

1·2·3차 반포위토벌, 특히 3차 반포위토벌 때 장제스는 50만 대군을 세 갈래로 나누어 거침없이 쳐들어왔다. 우리 홍군은 겨우 3만 명 조금 넘는 하나의 점이었다. 조금도 흐트러지지 않고 장제스의 부대를 하나씩 분쇄하는 것은 쉽지 않은 일이었다. 5차 포위토벌에 맞서 투쟁할 때 객관 형세와 주관 역량이 전에 비해 어느 때보다 좋은 조건이었으나 결과는 좋지 않았다.

나는 리리싼노선은 비교적 일찍 인식했다. 이유는 여러 가지인데, 가장 직접적인 계기는 우창 공격이었다. 당시 우창 공격 지시를 그대로 집행했다면 3군단은 전부 소멸될 위험이 있었다. 그것은 생사에 대한 위협이었다. 구체적인 행동을 통해 리리싼노선의 모험성을 알게 된 것인데, 이런 인식은 부박한 것이고 깊지 못하였다.

마오 주석을 머리로 한 당 중앙이 '쭌이회의遵義會議'에서 성립된 뒤 1943년까지 당내에서 두 개 노선을 학습하였다. 나는 당내 마르크스-레닌주의와 반마르크스-레닌주의 두 개 노선의 장기투쟁에 대해 비로소 진일보한 인식을 갖게 되었다.

쭌이회의에서 후아리회의까지

1935년 1월 나는 처음으로 중앙회의, 즉 쭌이회의에 참가했다. 마오 주석 주재로 진행된 이 회의에서 5차 반포위토벌 이래로 잘못된 군사노선을 청산했다. 나는 이 회의에 끝까지 참석하지 못하고 반 정도 지났을 때 자리를 떴다. 3군단 6사단이 장제스 부대의 공격을 받았기 때문이다. 6사단은 쭌이 남쪽 다오바수이刀靶水에 배치되어 우장강烏江을 경계하다가 우치웨이吳奇偉(국민당 6로군 부총지휘관) 군과 조우했다. 나는 즉시 자리에서 일어나 전투를 지휘하러 전선으로 향했다. 회의가 끝난 뒤 전달받은 내용은 대략 다음과 같다.

'군위원회 지도를 개편한다. 중앙혁명군사위원회를 마오 주석이 맡아 지도하고, 중앙 총서기 보구를 뤄푸洛甫(장원톈張聞天)로 교체한다. 간고하게 투쟁하여 후난, 구이저우, 쓰촨에 근거지 설립을 준비하고 2방면군과 연계한다.'〔쭌이회의에서는 윈난, 구이저우, 쓰촨 경계에 근거지를 세우기로 결정했다〕 이 모든 결정을 다 같이 기뻐하며 전폭적으로 지지했으며, 모두 마오 주석이 총서기를 겸하는 것을 희망했다고 하였다.

장제스 군이 추격하여 쭌이를 압박하자, 홍군은 쭌이를 포기하고 서쪽으로 계속 이동했다. 적은 여러 갈래로 나누어 우리를 추격했다. 적이 윈난, 구이저우, 쓰촨 등 세 성의 경계에 도착하기를 기다려 홍군은 사잇길을 통해 퉁쯔桐梓로 돌아왔다. 3군단은 남쪽으로 우회하여 루산관婁山關에서 왕자례王家烈* 부대 4, 5개 연대와 만났다. 아군은 왕자례 부대를 격멸하고 맹렬하게 추격해 쭌이에 도착했다. 그날 저녁 강공하자 적은 성을 버리고 남쪽으로 달아났다. 이것이 2차 쭌이 공격과 점령이다.

둘째 날 오전, 장제스 부대의 우치웨이 군이 쭌이를 다시 공격했다. 장제스는 구이양성貴陽城에 도착해 몸소 지휘했다. 3군단은 성 남문 밖에서 서문 밖 고지까지 저항하며 반격했다. 아군 1·3군단이 함께 적 1개 사단을 섬멸하자 남은 적은 도망쳤다. 중앙소비에트에서 물러난 뒤 처음으로 두 번 연이어 승리를 거두었다. 적의 추격 부대 배치를 교란시키고 어느 정도 주동적 지위를 회복했다. 지도부가 새롭게 교체된 뒤 얻은 승리여서 의미가 더 컸다.

우치웨이 부대를 물리치고 난 다음 날, 당 중앙이 쭌이성에 도착했다. 3군단은 성 밖 서남쪽 10여 리 되는 곳에 집결했다. 4, 5일 휴식하며 쭌이회의 결의를 전달하고 깊이 있게 토론할 예정이었다. 당시 장제스 군은 구이양에 집결하고 있었고, 윈난군은 윈난과 구이저우의 경계인 비제畢節와 쉬안웨이宣威 일대에 집결했으며, 쓰촨군 여러 부대도 쓰촨 남쪽에 집결했다.

---

* 귀주군벌. 당시 국민당 구이저우성 주석에 임명되었으며 2로군 4종대 사령관이었다.

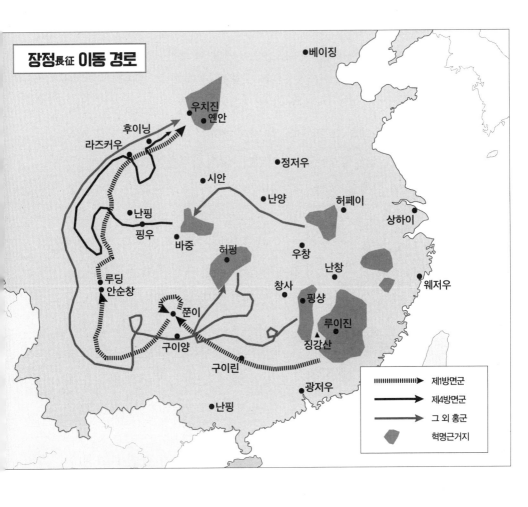

장정長征 이동 경로

베이징

우치진
옌안

후이닝

라즈커우

정저우

시안

난양

허페이

상하이

난핑

핑우

바중

허펑

우창

난창

웨저우

루딩

안순창

쭌이

창사

구이양

핑샹

루이진

징강산

구이린

광저우

난핑

ⅢⅢⅢⅢⅢⅢ▶	제1방면군
→	제4방면군
→	그 외 홍군
▨	혁명근거지

나는 당시 윈난군을 떨쳐 버리고 장제스 부대에 맞서 작전해야 한다고 생각했다. 우리가 기회를 노려 장제스 군 3~4개 사단을 섬멸한다면 발붙일 자리를 찾을 것이었다. 그러나 쭌이회의 결정 사항은 달랐다. 우리는 후난, 구이저우, 쓰촨과 후베이 경계 즉, 시난思男·슈산秀山·퉁런銅仁·쉬푸·천시·위안링 지구에서 거듭 작전을 해야 했다. 적의 공격을 분쇄하고 2방면군과 가까이하여 새로운 근거지를 세우고 전략적 퇴각을 멈추라는 것이었다. 군사위원회는 3군단에게 1군단에 속하여 린뱌오林彪와 녜룽전聶榮臻의 지휘를 받으라고 명령하고, 루반창魯班場에 주둔하여 수비하는 적 1개 군을 공격하라고 지시했다. 그러나 적은 루반창에 도착한 지 이미 4일이 지나 야전공사를 완성한 상태였다. 첫날 공격했으나 효과가 별로 없어 해질 무렵 후퇴했다.

아군은 계속 서진하여 시수이赤水에서 멀지 않은 어느 진鎭에 도착했다. 군사위원회는 다시 추격해 오는 적의 판원화藩文華 사단을 공격하라고 결정했다. 그 사단은 9개 연대로 구성된 쓰촨군 류상劉湘의 주력 부대였다. 전투 첫날 역시 승리를 얻지 못했다. 아군은 밤중을 이용해 후퇴하여 시수이강泗水을 건너 서쪽으로 계속 갔다. 적은 계속 요격하거나 옆에서 공격했는데 비교적 치열했다.

군사위원회는 류샤오치劉小奇를 3군단 정치부 주임으로 파견했다. 원래 주임이었던 위안궈핑은 교체되어 군사위원회에서 보급공작을 맡게 되었다. 쭌이에서 회의를 마친 뒤 마오 주석이 나에게 류샤오치를 소개했다.

"이 사람이 류샤오치요. 일찍 당 중앙위원이 되었소. 전에 나도 류샤오치를 몰랐는데 3군단 공작을 맡게 되었소."

나는 환영하는 뜻을 표하고 그와 대화를 나눴다. 그 내용을 정리하면 다음과 같다.

'지금 부대는 전투에서 전사하는 것보다 부상당하는 것을 더 두려워한다. 또한 급한 행군이나 야간 행군을 하는 것보다 병으로 낙오하는 것을 더 두려워한다. 이는 근거지 없이 작전하기 때문이다. 쭌이회의에서 후난·후베이·쓰촨·구이저우 지구에 근거지를 설립한다고 하니 모두 기뻐하고 있다. 하지만 토론 내용을 깊이 있게 전달하지 못했다. 우치웨이 부대를 물리친 뒤 비로소 4,5일 휴식을 취할 때, 쭌이회의 결정을 토론하고 적에 대한 작전을 망설이는 것을 극복하고 싶었다.

지금 우리 병사들은 피로하다. 루산관을 공격하던 날은 더더욱 피로했다. 왕자례가 인솔하는 부대는 오전 8,9시에 쭌이에서 출발했다. 루산관을 먼저 점령하고 싶었던 것이다. 루산관은 퉁쯔와 쭌이에서 각각 40~50리 떨어져 있었다. 우리는 11시쯤에야 비로소 군사위원회로부터 이러한 상황을 전달받고 기회를 보아 쭌이를 습격하여 점령하라는 명령을 받았다. 우리는 즉시 달려 나갔다. 무장한 채로 장거리를 뛰어 체력 소모가 매우 컸다. 며칠 동안 회복되지 않을 정도였다. 우리 선두 부대가 루산관을 감제瞰制할 수 있는 고지에 도착했을 때 왕자례 부대와 겨우 2~3백 미터 떨어져 있었다. 만약 그들이 먼저 점령한다면 우리는 올려다보며 공격해야 했다. 그러면 전상자가 늘고 곤란해질 것이었다. 그날은 아군이 높은 곳에서 내려다볼 수 있었다. 왕자례 부대의 전투력도 강하지 않아 우리 전상자는 1백여 명에 불과했다. 우리는 적 5개 연대를 격퇴했으나 정면돌파를 하고 적의 퇴로를 차단하지 못하여 노획물도 그다지 많지 않았다.

후난의 적도 전투력이 이전만 못하다. 장제스와 광서군벌이 전쟁할 때 후난 우창武昌의 8군 일부가 광서군에 투항하고 일부는 패하여 흩어졌으며, 홍군이 창사의 허젠 부대를 두 차례 공격했을 때 입은 손실도 적지 않다. 일찍이〔1934년 10월〕 홍군이 천저우와 이장 사이에 도착했을 때, 나는 중앙에 이렇게 건의했었다.

"3군단은 샹탄·닝샹으로 힘 있게 전진해 창사를 위협하고, 중앙은 주력을 인솔하여 신속하게 쉬푸를 점령하여 중심 지구로 삼아야 합니다. 군중을 일으켜 전장을 준비하고 3군단은 가능한 닝샹, 샹탄, 샹샹, 이양 지구에서 적과 한동안 교전하도록 합시다."

보구 등은 채택하지 않았지만 이 의견은 충분히 고려해 볼 만한 것이었다. 장제스 부대도 피로한 상태였고 지금의 윈난군과 쓰촨군도 그때는 신참 부대였기 때문이다.

아군은 포위에서 벗어나야 한다. 사악한 적이 4면에서 압박하는 형세에서, 유리한 전기를 택해 한두 번은 승리해야 한다. 피동에서 주동으로 바꾸고 쭌이회의 결의를 실현해야 한다. 2방면군과 접근하여 새로운 근거지를 창건하면 일이 쉬워질 것이다.'

이것이 나와 류샤오치가 대화한 내용이다. 이틀 뒤 류샤오치는 자기 의견에 다른 사람의 의견을 더해 작성한 전보를 중앙군사위원회에 보냈다. 나와 양상쿤에게도 가져와 보여 주며 서명하게 했는데, 나는 생각이 같지 않아 서명하지 않았다. 그래서 전보는 류와 양의 명의로 보냈다.

중앙군사위원회는 3군단에서 3~4백 명을 뽑아 이들을 인솔할 유능한 간부와 함께 파견하여 쓰촨, 윈난, 구이저우 지구에 새로운 근거지를 창건하라고 명령했다. 우리는 지시대로 처리했다. 4백여 명을 선발하고 사단 정치위원 쉬처徐策 동지의 인솔 아래 이들을 파견했다. 그들은 중앙군사위원회가 지정한 지구에서 유격전을 진행하며 새로운 근거지를 창건했다. 쉬처는 후베이 동남지구 특위 조직부장이었다가 1930년 3군단에 파견되어 정치공작을 수행해 온 사람이었다. 훗날 1966년 3월, 궁현供縣을 시찰하며 탄광공작을 하는 김에 쉬처 동지 부대의 행방을 조사하여 비로소 알게 된 바에 따르면, 그들은 그해 5~6개월간 전전하며 싸웠고 마지막에 수십 명이 남아 적에게 포위되어 전부 장렬하게 희생되었다. 한 사람도 투항한 사람이 없었다.

류샤오치가 3군단에 와서 정치부 주임으로 있을 때는 바로 장제스가 구이양성에서 수십만 대군을 지휘하며 아군을 소멸하려 했던 시기였다. 마오 주석의 영명한 지도 아래 아군은 적 부대의 간격이나 취약점을 뚫는 전술을 채택했다. 아군은 구이양성 서쪽 베이라오北繞에서 성 동쪽에 이르렀고, 그 후 다시 남쪽에서 서쪽으로 진군했다. 적의 사면 포위를 벗어나는 형세가 되어 모든 적을 아군 뒤쪽으로 뿌리치게 되었다. 아군은 성공적으로 진사강金沙江을 건너 후이리會理 지구에 들어갔다. 이것은 커다란 승리였다. 간격과 틈을 뚫고 들어가는 전술로 강을 건넌 것은 탄복하고 기뻐할 만한 일이었다. 결코 어떤 우경적 동요도 없었다.

5월 중순 무렵, 중앙은 후이리에서 1차 회의를 열었다. 이를 '후이리회의'라고 부른다. 류샤오치와 양상쿤이 중앙군사위원회에 전보*

---

* 홍3군단 4사단 정치위원 황커청이 투청土城전투의 지휘가 잘못되었음을 말한 것을 반영한 전보. 즉, 마오쩌둥과 주더의 지휘상 문제를 지적한 것이다.

를 보낸 것이 바로 이때다. 당시 린뱌오도 중앙군사위원회에 편지*를 보냈는데, 그 내용은 마오쩌둥·주더·저우언라이가 주관하여 계획대로 펑더화이에게 전선 지휘를 맡기고 신속하게 북진하여 4방면군과 만나게 하자는 것이었다. 회의에서 나는 그 편지를 보았지만 개의치 않았다. 그가 나에게 맡기라고 한 것은 전장에서의 지휘일 뿐이었다. 일찍이 1·3군단이 전투 중에 맺은 관계는, 어떤 때는 3군단이 1군단을 지휘하고 어떤 때는 1군단이 3군단을 지휘하고, 또 어떤 때는 자발적으로 서로 협력하는 식이었다. 2차 쭌이 점령 다음 날 우치웨이의 반격에 맞서 싸울 때도 1·3군단은 협력하여 적을 격퇴했다. 마오 주석은 후이리회의에서 이렇게 지적했다.

"린뱌오의 편지는 펑더화이 동지를 충동하는 것이다. 또 류샤오치와 양상쿤의 전보는 모두 중앙소비에트를 잃은 데 대해 불만을 나타내는 것이자 우경적인 정서의 반영이다."

당시 그 말을 들을 때는 좀 괴로웠다. 하지만 큰 적을 앞에 두고 있었고 추격하는 적이 진사강에 접근하고 있는 상황이었다. 오해는 언제든 있을 수 있는 일이라고 여겼다. 린뱌오의 편지도 호의에서 비롯된 것이고 일이 잘되게 하려는 마음이었을 것이다. 나는 린뱌오와 이야기를 나누어 본 적이 없으며, 류샤오치와 대화했던 내용도 완전히 정확한 것은 아니었다. 나는 그에 대해 해명하지 않고 그들이 스

---

* 1935년 5월 린뱌오가 군사지휘권 문제 제기를 정리한 것으로, 마오쩌둥·주더의 지휘권을 펑더화이에게 넘기라는 내용이었다. 린뱌오는 펑더화이에게 전화를 걸어 지휘권을 가지라고 선동했다. 그러나 펑더화이가 거절하고 네룽전 등의 비판 등으로 회의는 마오쩌둥의 지휘권을 공고히 하는 것으로 정리된다.

스로 해명하기를 기다려 왔다. 모든 일은 시간이 오래 지나면 자연히 밝혀질 거라고 생각했다. 그러나 훗날 자아비판을 할 때 이렇게 말했다.

"루반창과 시수이의 두 차례 전투에서 잘 싸우지 못했다. 그래서 고민이 좀 있었고 어떻게 다시 잘 싸울 수 있을지, 피동 국면에서 벗어날 수 있을지 생각했다. 그런 번민은 우경적인 것이었다. 나도 린뱌오의 편지를 비판했다. 쭌이회의에서 비로소 지도부를 바꿨는데 전선 지휘관을 바꾸자고 제기한 것은 옳지 않다. 특히 나를 제기한 것은 더 적절하지 않았다. 린뱌오는 당시 그 편지가 나와 관계가 없다는 것을 말하지도 않았다."

훗날 1959년 루산회의 때 마오 주석이 다시 이때 일을 제기했고, 린뱌오 동지는 엄숙하게 해명했다. 그는 자신의 편지가 펑더화이 동지와 관계가 없으며, 자신이 편지를 쓴 사실을 펑은 모른다고 했다.

당시 류샤오치는 후이리회의에 참가하지 않았던 것으로 기억한다. 회의에서는 즉시 북진하여 4방면군과 만날 것을 결의했다. 4방면군과 함께 쓰촨성, 섬서성, 간쑤성 지구에 소비에트를 세우라는 것이었다. 그때 나는 전보와 편지가 나와 완전히 관계가 없는데 뜻밖에 내 머리에 떨어지자 앞으로 주의해야겠다고 생각했다. 하지만 일이 눈앞에 닥치자 곧 잊어버렸다.

24년 뒤 주석은 이 일을 네 번 정도 말했다. 나는 주석에게 가서 해명하지 않았고, 어떤 동지와도 그 일을 이야기하지 않았다. 그러나 지금까지의 경험에서 얻은 교훈으로 보아 역시 분명히 말하는 것이 좋았다. 누적된 것을 한꺼번에 풀려고 해서는 안 되며, 분쟁을 일으키는 자에게 이용당하지 않도록 해야 했다. 그 뒤 장궈타오[중앙소비에트공화국 중앙집행위원회 부주석)가 후이리회의를 이용해 분쟁을 일으 켰다. 내가 작은 일일 뿐이라고 여긴 것은 잘못이었다. 후이리회의 에서처럼 주동적으로 주석에게 분명하게 말하지 않은 것이 불찰이 었다. 후이리회의 뒤 장궈타오는 분열을 시도했고, 분열에 반대하는 사람들과 투쟁을 다시 시작했다. 나는 내가 서 있는 위치에서 어떤 망설임도 용납하지 않았다.

4방면군을 만나 장궈타오에 대하여 투쟁하다

후이리회의 뒤 전군은 북진을 시작했다. 홍군은 영용하였다. 1군 단 주력은 순조롭게 안순창安順場에서 다두허大渡河를 건넜다. 그 과정 에서 방어하던 류원후이劉文輝 부대를 공격하여 패주시켰고, 다른 부 대는 루딩차오爐定橋를 빼앗아 전군이 신속하게 북진할 수 있도록 했 다. 3군단은 톈취안天全과 루산蘆山을 점령하고 바오싱寶興을 지나 북 진했다. 대설산인 자진산夾金山을 넘어 량허커우兩河口에서 장궈타오와 만났다.

헤이수이쓰黑水寺에 들어갔을 때 중앙군사위원회는 우리 3군단에 게 부대를 인솔하여 헤이수이허黑水河 오른쪽 언덕을 따라 동진하라 고 명령했다. 스댜오러우石雕樓에 도착해 4방면군 주력을 영접하여 헤 이수이허를 건너라는 것이었다. 3군단 주력과 군단사령부는 루화蘆 花에 남고, 내가 11연대를 인솔하여 이녠亦念으로 가 앞뒤로 왕훙쿤王宏 坤, 위톈윈餘天雲 군과 쉬샹첸徐向前 동지를 맞이했다.

장궈타오는 비서인 황차오黃超를 이녠으로 보냈다. 황차오는 내가 있는 곳에 묵었는데, 그가 "이곳은 보급이 매우 어려워 특별히 와서 위로한다"며 쇠고기 육포 몇 근과 쌀 몇 되, 은화 2~3백 원을 건넸다. 나는 이게 뭐하는 짓인가 생각했다. 황차오가 후이리회의 상황을 알고 싶어 하기에 내가 말했다.

"싸움을 잘하지 못했소. 정서도 좀 우경화되었고. 그런데 이게 다 뭐요? 그 사람들 왜 후이리회의를 궁금해하는 거요? 중앙이 그 사람들하고 말 안 했소? 만일 중앙이 이야기했으면 나한테 물어볼 게 뭐 있소?"

"장 주석은 당신을 잘 압니다."

장 주석이라 함은 장궈타오를 말하는 것이었다.

"그래요? 나는 본 적도 없는데."

내 말에 황차오는 다시 당면한 전략 방침을 이야기하며 북벌하기에 앞서 남정을 해야 한다고 했다. 내가 물었다.

"공명이 촉나라 후방을 튼튼히 하는 그런 거요?"

그가 다시 물었다.

"서북 마가馬家 기병*은 어떤가요? 대단합니까?"

여러 상황을 종합해 본 결과, 그가 이곳에 온 뜻이 그다지 좋지 않다는 것을 알게 되었다. 황은 나에게 유세객으로 온 것이었다. 중앙의 북상 전략 방침에 동의하지 않고 1방면군 내부를 이간질하여 당의 단결을 파괴하려는 음모였다. 전국의 형세를 칠흑처럼 어둡게 보

---

* 마가군은 닝샤 칭하이성青海城의 마부팡馬步芳을 중심으로 마훙쿠이, 마훙빈이 거느린 회족回族(이슬람계 소수민족) 중심의 군대다. 기병이 주력이었으며 1949년 국공내전 때까지 활약했다.

는 것을 보니 분명했다. 그는 왕밍노선이 가져온 나쁜 결과를 객관적 정세의 새로운 발전이라고 뒤섞어 말했으며, 쭌이회의를 부정하고 왕밍노선의 위대한 승리라고 고쳤다. 먹을 것을 조금 보내온 것은 그다지 이상한 일이 아니었으나, 은화 2,3백 원을 보낸 것이 나의 경계심을 자극했다. 구 군벌들이 쓰던 비열한 수법이었다.

나는 임무를 다한 뒤 루화의 군단사령부로 돌아갔다. 그때 군사위원회 참모부 장교들이 각 군단들이 서로 정보를 교환하는 비밀 전보를 거둬들이면서, 1·3군단과 군사위원회 마오 주석이 통보하는 비밀 전보까지 거둬들였다. 그때 이후 3군단은 전선위원회 총지휘부와만 통보할 수 있었다. 중앙과 단절되었으며 1군단과도 단절되었다.

당시 북진할 때 3군단은 우익 종대 가장 뒤쪽에서 가고, 1군단은 맨 앞에 섰다. 중간에는 4방면군의 4군, 30군, 9군과 전선위원회 총지휘부가 위치했다. 나는 장궈타오가 야심을 품고 있다고 생각했는데, 중앙은 아직 잘 모르는 것 같았다. 마오 주석과 장원톈은 전선위원회 총지휘부를 따라 지휘부 한 곳에서 묵었는데 하루 이틀 먼저 상_上·하_下바오쭤_{包坐}에 도착했다. 바오쭤는 숭판_{松藩} 서북쪽 1백여 리에 있었다. 3군단은 하루 이틀 늦게 아시_{阿西}, 바시_{巴西}에 도착했다. 전선위원회 총지휘부에서 약 15리에서 20리쯤 떨어진 곳이었다.

숙영지에 도착했을 때 나는 즉시 전선위원회 총지휘부와 마오 주석이 머무르고 있는 곳에 갔다. 사실 마오 주석이 있는 곳에만 갈 생각이었으나 전선 총지휘부에도 들렀다. 이때 저우언라이와 왕자샹은 모두 병에 걸려 3군단 사령부에 묵고 있었다. 바시에서 4,5일 묵는 동안 나는 매일 전선위원회 총지휘부에 갔으며, 비밀리에 11연대를 파견하여 마오 주석 거처를 경호하도록 하여 만일의 사태에 대비했다. 주석의 거처는 지휘부와 멀지 않은 곳이었다.

전선위원회 총지휘부 참모장 예젠잉葉劍英 거처에 들렀다가 1군단이 소련 경내에 있다는 사실을 알게 되었다. 그들은 길잡이를 찾을수 없고 길을 물을 수도 없었다. 지도도 없는데 망망한 초원이었다. 도대체 소련 경내 어디에 있단 말인가? 그때 양상쿤은 이미 전출하여 다른 일을 하고 있었고, 3군단 정치위원은 리푸춘李富春이었다. 3군단은 무전기를 준비하여 따로 비밀 전보를 만들었다. 1군단과 연락하기 위한 것이라고만 하고 돌발사태에 대비하기 위한 것이라고는 말하지 않았다. 또한 조선인 동지 무정에게 나침반을 주고 1군단의행적을 찾아 비밀 전보를 린뱌오와 녜룽전에게 반드시 전달하라고보냈다. 때맞춰 린뱌오가 있는 곳에 전달했는데, 이날 사건이 발생했다.

오전에 전선 총지휘부에 가 보니 북진에 대해 이야기하고 있었는데, 점심을 먹고 다시 가니 천창하오陳昌浩가 어조를 완전히 바꿔 말하기를 아파阿壩가 퉁장通江·난장南江·바중巴中보다 더 좋다는 것이었다. 이것을 누가 믿겠는가? 전국의 정치 정세는 홍군이 북상하여 항일에 나설 것을 요구하고 있었다. 그는 이에 대해서는 한마디도 하지 않았다. 나는 입을 열지 않고 듣고만 있을 뿐이었다. 의심할 것 없이 장궈타오가 전보를 쳐 행동방침이 바뀐 것이었다. 나는 바로 마오 주석에게 가서 이 일을 알리고 물었다.

"우리는 반드시 북쪽으로 가야 합니까? 아니면 중앙을 지지해야합니까? 그들은 장궈타오의 남진 방침을 지지합니다. 1군단은 떠난지 이틀 되었습니다. 4방면군이 3군단을 해산시키면 어떻게 합니까? 이렇게 압박받는 상황에서 홍군이 홍군을 치는 불상사를 피해야 합니다. 인질을 잡아 둘까요?"

주석은 잠시 동안 생각하더니 대답했다.

"안 되오."

나는 괴로웠다. 만약 강제로 3군단을 남진시킨다면 1군단 혼자 북쪽으로 가기는 어려웠다. 중앙도 갈 수 없게 되고 1군단이 단독으로 북진하는 것도 소용 없게 된다. 같이 남진하게 되면 장궈타오는 아마 우세한 군세를 믿고 음모를 써서 중앙을 해치우려 할 것이었다. 여기 이넌에 있을 때 황차오가 말하기를 "실제로 일을 주관하는 사람은 마오지 장원톈이 아니다"라고 한 적이 있다. 당시 장원톈이 총서기였지만 그들은 그를 눈에 두지 않았다. 이 말은 나이 서른에 불과한 황차오의 생각이 아니었다. 노회한 장궈타오의 입에서 나온 것이었다. 인질을 억류하자는 의견은 물론 옳지 않다. 제3자에게 말한 적은 없지만 위급한 시각에 처하면 마오 주석에게 고려하도록 해서 몸을 빼낼 계책으로 삼으려 했던 것이다. 마오 주석에게 보고한 뒤 2시간도 되지 않아 예젠잉이 비밀리에 알려왔다.

"장궈타오가 남진하라고 전보를 보냈다."

마오 주석은 몸소 쉬샹첸과 전창하오가 있는 곳에 가서 행동방침을 상의했다. 전창하오가 장궈타오 총정치위원이 전보를 보내 남쪽으로 가라고 했다고 하자, 마오 주석이 말했다.

"기왕 이렇게 된 바에야 남진을 해야 하지 않겠소? 중앙 서기처 회의를 열어야 하겠소. 저우언라이, 왕자샹 동지가 병이 나서 3군단 사령부에 있으니 나와 장원톈, 보구가 3군단 사령부에 가서 저우언라이, 왕자샹과 회의를 하겠소."

전창하오는 동의했다. 그는 피신하려는 계책임을 눈치 채지 못했을 것이다. 나와 예젠잉은 어떻게 지도와 중앙군사위원회 2국을 빼낼 것인지 상의했다. 다음 날 새벽 해 뜨기 전에 3군단 사령부에 도착하여 북진하기로 하고 예젠잉이 방법을 생각해 냈다. 마오 주석은 몸을 빼내어 3군단 사령부로 왔다. 린뱌오, 네룽전에게도 전보를 보내 행동방침이 바뀌었음을 알리고 1군단은 원래 지역에서 기다리라고 일렀다. 동이 트기 전에 예젠잉이 도착하지 않아 문제가 생긴 줄 알고 걱정하고 있는데, 예젠잉이 2국장 청시성曾希聖과 2국을 인솔하고 지도까지 가지고 왔다. 전창하오가 감시를 배치했는데도 예젠잉이 모두 빼내 왔다. 천만다행이었다. 3군단은 북진을 시작했다. 마오 주석과 나는 후미의 10연대, 즉 양융楊勇 연대와 함께 이동했다. 길을 걸으며 내가 마오 주석에게 물었다.

"만약 그들이 우리를 억류하면 어떻게 해야 합니까?"

"그럼 부득이 그들과 함께 남쪽으로 가야 하오. 그들은 모든 것을 각오하고 있소."

4방면군의 리터李特〔유학생이다. 4방면군 참모장〕는 홍군 1방면군 간부들이 1방면군으로 돌아오는 것을 허락하지 않았다. 리터는 야만적인 억압을 선택했다. 반면 리더는 중앙소비에트에서는 잘못을 저질렀지만 이번에는 태도가 좋았다. 올바른 입장에 서서 1방면군 간부들을 놓아주었다. 마오 주석은 리터를 감동적인 말로 설득하고 우리에게도 그와 다투지 말라고 권했다. 전창하오는 나에게 편지를 보내 북진하지 말라고 요구했다. 마오 주석이 말했다.

"인수증을 써서 보내 주세요. 후일을 기약합시다."

전창하오가 병력을 보내 우리를 추격하려 했는데, 쉬상첸이 "이런 경우가 어디에 있는가? 홍군이 어떻게 홍군을 칠 수 있단 말이오!" 하며 말렸다고 한다. 이 말 때문에 전창하오도 추격해 오지는 않았다.

둘째 날 소련 국경에 도착했다. 1군단과 만나니 가족보다 더 반가웠다. 나는 이곳에서 계급적 우애가 어떤 우정보다 더 깊다는 것을 체험했다. 마오 주석은 장궈타오와 투쟁 중에 높은 원칙성과 민활성을 드러냈다. 앞서 헤이수이쓰에서 열린 중앙회의에 나는 참석하지 못했는데, 그 자리에서 장궈타오는 총정치위원이 되려고 했다. 뤄푸〔장원톈〕가 총서기를 장궈타오에게 넘겨주려고 제의했지만 마오 주석이 동의하지 않았다. 차라리 총정치위원을 내놓더라도 총서기를 줄 수는 없었다. 장궈타오는 당시 총서기가 될 마음이 없었다. 그는 "총서기는 당신들이 해라. 지금은 싸워야 한다"고 말했다.

만일 그때 총서기 자리를 그에게 넘겨주었다면 장궈타오는 총서기 명의로 회의를 소집하고, 그 뒤 가짜 중앙을 설립하여 합법적인 것으로 만들었을 것이다. 이것은 원칙의 문제였다.

1·4방면군이 분열한 뒤 1·3군단은 소련 경계에서 만났다. 그날 저녁 중앙은 회의를 소집했다. 누군가 장궈타오를 당적에서 제명하자고 주장했지만 마오 주석은 동의하지 않았다.

"이것은 개인의 문제가 아니다. 4방면군도 지휘관과 병력을 확대해야 한다. 당신들이 그의 당적을 박탈해도 그는 여전히 수만 명 군대를 통솔하고 있을 것이다. 수만 군대를 기만한다면 나중에 좋지 않게 만나야 한다."

장궈타오가 가짜 중앙을 설립했을 때〔1935년 10월 선포했다가 1936년 6월 취소했다〕, 그의 당적을 박탈하자는 주장이 다시 나왔지만 마오 주석은 역시 동의하지 않았다. 만일 그때 장궈타오의 당적을 제명했다면 4방면군은 초지를 지나지 못했을 것이며, 수많은 곤란을 만들었을 것이다. 그 뒤 2·4방면군이 간쯔^{甘孜}에서 만나고, 또 1·2·4방면군이 산베이^{陝北}에서 위대한 회합을 한다. 이러한 것들이 당내 노선투쟁 중에 원칙성과 민활성을 잘 결합한 모범적 방법이었다.

홍군, 장정에서 초지를 벗어나다

소련 경계에서 서북쪽으로 계속 전진할 때 마오 주석은 매일 1군단을 따라 앞에서 갔다. 나와 예젠잉은 중앙 직할대를 인솔했고, 3군단은 뒤쪽에서 갔다. 바이룽장강^{白龍江} 양안은 모두 깎아지른 절벽이었다. 특히 라쯔커우^{臘子口}는 본래 참으로 험한 곳이었는데, 국민당의 류덩바오^{劉鄧寶} 1개 연대가 주둔하여 수비하고 있었다.〔당시 라쯔커우를 지키던 것은 국민당의 루다창^{魯大昌} 부대였다.〕

이곳을 지날 때 우리는 전날 아군 1군단이 깎아지른 절벽을 영웅적으로 기어올라 수류탄을 던진 것도 모르고 있었다. 폭사한 적의 시체와 혈육이 모호하게 땅에 흩어져 있고 아군의 전상자도 어느 정도인지 알지 못했다. 소련 경계에서 험한 라쯔커우를 지나 허다푸^{哈達鋪}까지 약 7~8천 명이 이동했다. 이 길은 초지라고는 할 수 없지만 그래도 반목축지였다. 장족^{藏族}〔티베트족〕 지구였는데 사람이 거의 없어 보급이 곤란했다. 뒤쪽에서 걸어온 부대는 더욱 곤란했다. 허다푸는 민현^{岷縣} 남쪽 30~40리에 있는 장족과 한족의 경계 지역이었는데, 한인 거주 지역은 낙후한 농업 지역이었다. 이때 5·9군단이 대략 6,7천 명이었고, 4방면군을 따라 아파 지구에 있다가 허다푸에 도착한 1·3군단이 6천 명, 그리고 중앙 직할대가 약 2천 명으로 모두 합하면 총 1만 4천 명이었다. 체력이 매우 약해져 행군할 때 길가에 쓰러져 죽은 동지들을 무수히 보았다.

허다푸에서 4,5일간 휴식을 취하면서, 신문을 통해 산베이에 류즈단劉志丹의 소비에트 근거지가 있는 것을 알았다. 매우 기뻤다. 그러나 허다푸에서 바오안현保安縣〔산베이 소비에트 근거지〕까지 다시 1천여 리 거리였으며, 거기에 류판산맥六盤山脈을 또 지나야 했다. 그때 간부와 전사들은 장작개비처럼 비쩍 말라 있었다. 매일 180리를 행군해야 했으며, 이동하면서 적의 요격을 물리치고 적 기병대의 습격에 대비해야 했다. 전투 단위를 충실히 하고 계속 전투를 치르려면 부대를 축소 개편해야 했다. 간부를 보존하고 새로운 근거지를 발전시키기 위해서도 개편이 필요했다. 3군단을 1군단에 편입시키기로 했다. 내가 군사위원회에 제의하여 마오 주석의 동의를 얻었다. 3군단 연대급 이상 간부회의를 소집해 부대 축소와 3군단 번호를 취소하는 이유를 설명했다. 시간이 촉박해서 토론을 충분히 하지는 못했다.

1959년 루산회의 뒤 이에 대해서도 '펑 모의 음모'라고 하여 사람을 울지도 웃지도 못하게 만들었다. 난창기의의 의미를 기리기 위해서도 추수기의의 역사를 반드시 1군단에 보존해야 했다.*나는 부대 축소 개편과 3군단을 취소하고 1군단을 충실히 할 것을 제의했다. 중앙은 이 건의에 동의했다. 나는 견결하게 축소 개편 계획을 집행했는데 이것까지 사실이 아니라고 하다니! 설마 이런 사실까지 개인의

---

* 1군단이 추수기의 부대이므로 유지해야 한다는 뜻인데, 이는 펑더화이가 크게 양보한 것이다. 난창기의는 중국의 건군절이다.

이익을 위해 당의 대국적 상황을 버린 것이라고 할 것인가? 이것까지 '위장' 또는 '음모'라고 해석할 수 있단 말인가?

개편 뒤 1방면군의 명칭은 항일선발대, 즉 '섬감지대陝甘支隊'(이것은 대외적인 이름이다)로 바뀌었다. 나는 지대 사령이 되었으며 마오 주석이 정치위원을 겸했다. 허다푸에서 동진할 때 마부팡馬步芳 · 마훙쿠이馬鴻逵 · 마훙빈馬鴻賓의 기병과 싸워 이겼고, 또 덩바오산鄧寶珊 부대와 마오빙원毛炳文 부대, 동북군 어느 부대와도 싸워서 이겼다. 류판산 높은 봉우리에서 덩바오산의 1개 연대를 소멸시키기도 했다. 20여 일의 힘겨운 전투 끝에 비로소 허다푸에서 우치진까지 도달했다. 산베이 소비에트 근거지 변경에 도착한 것이다.

발을 멈춘 첫날, 적 기병 5개 연대가 또 추격해 왔다. 마오 주석은 "싸워서 추격하는 적을 물리쳐라. 적을 근거지로 들어서는 안 된다"고 했다. 이 전역에서 승리함으로써 홍군의 영용하고 위대한 2만 5천 리 장정이 끝났다. 허다푸에서 부대를 정비할 당시 1만 4천여 명이 우치진에 도착했을 때는 7,200명만 남았다. 누군가 말했다.

"1935년 당의 쭌이회의에서 마오쩌둥 동지가 전 당과 전군에 대한 지도 지위를 확립했다. 그 뒤 펑더화이는 여전히 마오쩌둥 동지의 지도를 반대했다. 또 당과 군대에서 분열 활동을 진행했다."

이는 "아마 있을 것이라는 식"의 날조한 죄명이다. 도대체 어떤 사실을 근거로 한 것인가? 사실도 아니고 근거도 없이 지어낸 것이다. 사실은 그 반대다. 홍군이 산베이 우치진에 도착했을 때 추격해 오는 적 기병을 격퇴한 뒤 마오쩌둥 동지는 이렇게 나를 칭찬했다.

산은 높고 길은 먼데 구렁까지 깊네 山高路遠坑深

대군이 종횡으로 내달리는데 大軍縱橫馳奔

누가 감히 칼 비껴 차고 말에 오르나? 誰敢橫刀立馬

오직 나의 펑 대장군뿐일세 惟我彭大將軍

나는 마지막 구를 "오직 우리 영용한 홍군뿐일세"로 바꿨으나, 여기서는 마오 주석의 것으로 되돌렸다. 이 시에서도 알 수 있듯, 마오 주석은 나와 어떤 거리도 없을 뿐 아니라 서로 굳은 믿음이 있음을 표현했다.

산베이에 대한 3차 포위토벌을 분쇄하다

홍군 1방면군 주력이 산베이 우치진에 도착했을 때, 장제스는 동북군 장쉐량張學良 군 10여 개 사단에 명령하여 산베이 소비에트 홍군에 대하여 3차 포위토벌을 진행하고 있었다. 적의 제1선인 둥잉빈董英斌 군 4개 사단이 칭양慶陽에 집결했다. 그들은 칭양과 허수이合水 사이 후루허葫蘆河 동쪽으로 나아갈 준비를 하고 있었다. 왕이저王以哲 군 3개 사단이 뤄촨洛川에 집결하여 북진을 준비하고 있었으며 간취안과 옌안延安에 각 1개 사단이 주둔하여 수비하고 있었다. 제2선에는 서북군 양후청楊虎城 부대 2개 군과 동북군 여러 사단이 있었는데, 당시 위치는 알 수 없다.

산베이 홍군은 류즈단의 26군이 3천 명 가까이 되고, 악예환(후베이성·허난성·안후이성) 지구 홍군인 쉬하이둥徐海東 부대 25군도 3천 명 가까이 되었다. 이 2개 부대가 합쳐서 15군단이 되었다. 15군단은 간취안과 푸현富縣 사이 다오쥐푸道佐鋪(지금 다오진道鎮의 옛 지명)에 주둔했다. 나는 마오 주석을 따라 우치진에서 먼저 출발하여 바오안(지금의 즈단현志丹縣)과 샤쓰완下寺灣을 지나 사오산梢山을 넘어 다오쥐푸의 15군 사령부로 바로 들어갔다. 거기서 쉬하이둥과 청쯔화程子華 동지를 만나 적의 3차 포위토벌을 분쇄할 계획을 의논했다. 부대는 우치진에서 3일간 쉰 다음 우리가 온 길을 따라 전진했다. 나와 쉬하이둥 및 다른 연대급 간부들이 먼저 즈뤄진直羅鎮 일대에 도착해 지형을 정찰했다. 아군은 흙울타리를 허물고 타오퉁套同 울타리 안의 민단을 소멸했다.

전투에 필요한 준비를 마친 뒤, 아군 1군단 7천여 명이 타오퉁 일대에 도착해 집결했다. 1군단과 15군단은 미리 즈뤄진 남쪽과 북쪽의 산에 매복했다. 둥잉빈 군 4개 사단이 4개 제대로 나누어 허수이와 헤이수이사를 지나 즈뤄진으로 밀고 들어왔다. 적은 매일 약 30리를 전진했다. 적의 109사단은 즈뤄진의 아군 양면 매복 지역으로 들어왔다가 아군의 협격을 받아 2시간여 만에 전 사단이 섬멸당하고 사단장 뉴위안펑牛元峰도 총에 맞아 죽었다. 적의 106사단은 2제대로 왔는데 아군이 1개 연대를 소멸시켰고, 나머지는 헤이수이사 흙울타리 안으로 퇴각했다. 이로써 3차 포위토벌을 깨뜨렸다. 1935년 12월 초순의 일이다. 처음 산베이 근거지에 도착했을 때 싸움에서 승리하는 것이 매우 절실했는데, 장정 이후 첫 싸움에서 이긴 것이다. 이후 아군의 양더즈楊德志와 허푸녠賀晋年이 이끄는 2개 소사단이 간취안의 적 110사단을 한 달가량 포위공격했다. 아군 2개 소사단은 각각 2천여 명 정도였다. 적도 역시 증원하지 않아 아군 1군단 주력과 15군단이 이촨宜川, 추린秋林 선과 그 남북 지구로 진격하여 점령했다. 아군은 그곳에서 보급을 해결하고 군중공작을 하였다.

즈뤄진전투가 끝난 뒤 12월 하순경 마오 주석이 와야오부瓦窯堡에서 중앙회의를 열었다. 마오 주석은 그 회의 뒤 유명한 소책자 〈일본제국주의 책략 반대를 논함論反對日本帝國主義策略〉을 지어 보고했다〔1935년 12월 27일의 일이다〕. 나는 간취안 지구에 남아 전방 각 부대의 간취안 포위공격을 지휘했다. 1개월 넘는 기간 중 동북군과 서북군을 상대로 항일 민족통일전선공작을 진행했고, 그 결과 포로가 된 장교 가오푸위안高福原을 얻었다.

가오푸위안은 우리가 산베이에 도착하기 전 라오산勞山전투에서 15군단이 포로로 잡은 사람으로, 원래 베이징의 대학생이었다. 동북 강무당을 졸업했고, 장쉐량과 관계가 좋았으며 항일의식이 상당히 강렬했다. 우리는 그를 손님처럼 대하며 여러 차례 항일구국의 도리에 대해 대화를 나누었다. 장제스의 무저항주의를 이야기하고, 초공剿共〔공산당 토벌〕을 이용하여 동북군을 쇠약하게 한 다음 소멸시킬 것이라고 했다. 또한 우리 홍군을 참관하게 하고 병사들이 연출한 연극과 항일 가곡을 관람시켰다. 그는 우리의 항일이 참된 것이라고 인식하게 되었지만, 공산당의 항일에 많은 의문점을 가지고 있었다. 가장 주요한 것은 '국제주의와 애국주의가 어떻게 결합할 수 있는가?' 하는 것이었다. 우리는 마오 주석이 와야오부 회의에서 연설했던 정신을 근거로 그와 이틀 또 하루 저녁 동안 이야기했다. 우리는 민주적인 토론 방식을 택했으며, 그가 포위당한 간취안의 110사단에 가겠다고 요구하여 동의했다. 며칠 뒤 간취안성에서 돌아온 그는 나에게 이렇게 말했다.

"항일구국의 큰일은 공산당과 홍군에 의지해야 합니다. 홍군과 인민의 관계는 공산당이 진정 애국애민하고 있음을 잘 보여 줍니다."

그날 저녁, 그는 다시 내가 있는 곳에 와서 또 말했다.

"장쉐량과 왕이저 모두 항일을 요구하고 있고, 동북군도 동북으로 돌아가기를 원하고 있어요. 관건은 장쉐량에게 있습니다. 만약 장쉐량이 홍군의 진실한 상황을 알게 된다면 항일 문제도 합작이 가능할 겁니다."

"그렇다면 바로 시안으로 돌아가 그 일을 공작해 보시오."

그는 매우 기뻐했다.

"당신들 정말 나를 놓아주는 겁니까?"

"당신은 언제든 돌아가도 좋소."

"내일 아침에 가도 됩니까?"

"좋소, 환송해 주겠소."

그에게 2백 원을 주고, 기병을 보내 왕이저 군 방어선 밖으로 배웅했다. 가오푸위안은 1주일 뒤 보급품 운송 비행기를 타고 간취안에 도착했고, 우리 사령부 부근에 커다란 신문 간행물 뭉치를 던져 놓았다. 그때부터 홍군은 동북군과 항일 민족통일전선의 다리를 놓게 되었다. 겉으로 보기에 항일 정세 발전이 매우 빨랐다. 가오푸위안은 그 뒤에도 태도가 매우 좋았으며 공산당에 가입했다. 그 후 그는 장쉐량 곁에 있다가 장제스를 난징에 돌려보낸 뒤 피살당했다.

장쉐량은 반공에서 연공항일連共抗日〔공산당과 연합하여 일본에 맞서다〕로 돌아섰다. 이 일은 완전히 마오 주석의 〈일본제국주의 책략 반대를 논함〉의 정확성을 증명한다. 또한 당시의 관문주의자〔부당한 조건을 내세워 사람들을 제한하는 사람〕를 반대하는 것이기도 하다. 동북군과 서북군이 항일 민족통일전선공작을 펼침으로써 홍군의 동쪽 정벌이 유리하게 되었다. 여기서 두 갈래 노선의 대비를 볼 수 있다.

우리는 장시에 있을 때 강대한 홍군과 상당히 넓은 소비에트구를 확보하고 있었다. 하지만 왕밍노선이 관철되고 19로군에 대하여 잘못된 정책을 채택한 결과, 소비에트구와 홍군은 100분의 90을 잃고 백구에서는 거의 100분의 100을 잃어 쇠약해졌다. 우리는 우치진에 도착할 때 겨우 7,200명이 남았다. 15군단을 더해도 1만 3천 명에 지나지 않았다. 마오 주석이 정확한 노선으로 영도하여 산베이에 기반을 확고히 다졌으며, 3차 포위토벌을 분쇄하고 항일 민족통일전선을 전개하여 국민당을 상대로 전략적 공격을 펼쳐 장제스를 압박함으로써 국민당을 피동적 위치로 몰아넣었다. 또한 우리 당과 아군을 이끌어 소비에트구와 백구 공작을 주동적으로 펼쳤다. 나는 정확한 정치노선의 강대한 위력을 체험했다. 각 방면의 혁명 역량을 북돋우고 스스로 커다란 용기를 낼 수 있음을 체득한 것이다.

황허를 동쪽으로 건너 산시로 진군하다

산베이에서 국민당의 3차 포위토벌을 분쇄한 뒤에도 부대의 급양 등 물자 문제는 여전히 곤란했다. 이것은 현실적인 문제였으며 언제나 홍군의 행동 방향을 결정하는 데 영향을 미치는 중요한 요소였다. 산베이는 규모가 작은 홍군에게는 좋은 근거지였으며, 규모가 큰 홍군에게 발판이 되었다. 하지만 경제가 낙후되어 있고 교통이 불편했다. 동쪽은 황허, 북쪽은 사막이었다. 서쪽은 황량하고 인적이 드물었다. 백군이 사면에서 포위토벌 국면을 만들기도 어려웠지만, 홍군 스스로 발전하기도 곤란했다. 남쪽으로 발전하려면 동북군 및 서북군과 충돌해야 했다. 거기에 천청陳誠이 뤄양洛陽과 그 서쪽에 있는 3개 군을 지휘하여 기동할 태세에 있었다. 아군을 전담시킨 것이다. 남쪽으로 나아가면 장제스 군의 직계를 끌어들여 서북에 대한 통제를 강화할 것이었다.

이렇듯 발전 가능성이나 전반적인 국면이 모두 우리에게 불리했다. 동쪽으로 황허를 건너 루량산呂梁山 근거지를 펼치고 다시 산시 중부와 산시 동남쪽으로 발전하는 것이 비교적 이상적인 방향이었다. 동쪽으로 출병하면 항일 기치를 화베이華北까지 확산시키고 보급 문제와 병력 보충은 물론, 자금 조달과 다른 물자 문제도 해결할 수 있을 것이었다. 그러나 동쪽 출병은 반드시 산베이 근거지와 부대의 연계를 확보해야만 했다.

1936년 1월 중순경, 마오 주석의 전보를 받았다. 동쪽으로 황허를 건너기로 결정했다는 내용이었다. 그 다음 루량산맥呂梁山脈을 빼앗아 새로운 근거지를 열라고 했다. 나는 군사위원회의 지시를 받은 뒤 마오 주석의 결정을 지지했다. 하지만 내심 두 가지 문제를 고려하지 않을 수 없었다. 하나는 황허를 건너지 못할까 하는 두려움이었다. 홍군은 매우 피로한 상태를 벗어나지 못했다. 체력이 매우 허약했고 병력도 적었다. 류즈단 군을 포함하여 쉬하이둥의 두 부대는 겨우 1만 3천여 명에 지나지 않았다. 만약 도하를 강행하다가 좌절되면 아주 좋지 않았다.

두 번째는 동쪽으로 황허를 건넌 뒤의 문제였다. 장제스 군이 대거 증원되는 상황에서 산베이 근거지에서 병력을 이동시킬 수 있을지 염려스러웠다. 이는 결코 소홀히 할 수 없는 문제였다. 나는 답전으로 동의의 뜻을 표하면서 이러한 염려를 제기했다.

"동쪽으로 황허를 건너는 것은 동의하지만, 반드시 산베이 근거지와 연계를 확보해야 합니다."

나의 이런 생각은 당시 홍군의 체력이 약한 상황과 장정 중에 근거지가 없는 데서 겪은 쓰라린 교훈을 반영한 것이었다. 하지만 마오 주석은 문제 제기를 불쾌하게 생각했다. 주석은 이렇게 말했다.

"당신이 가는 것은 절대 보증할 수 있지만, 다른 문제는 절대 보증하기 힘들다."

나는 마오 주석을 따라 우딩허無定河 북쪽 다샹춘大相村으로 갔다. 그후 무전병을 데리고 우딩허 하구로 가서 아래위로 수십 리를 돌아다니며 도하점을 자세하게 정찰하고 적정도 정찰했다. 적의 표면적인 공사 설비, 병력이나 화력 배치뿐 아니라 적의 종심縱深〔전방에서 후방까지의 거리〕 배치도 실제로 파악할 수 있었다. 동쪽으로 도하를 완수하고, 만약 형세가 변하더라도 안전하게 산베이에서 병력을 철수할 수 있기를 간절히 희망했다.

아군이 예정 도하 지점에 도착했을 때 겨우 15척의 배가 마련되었다. 배마다 서른 명씩 타고 한 번 왕복하는 데 1시간 20분이 걸렸다. 전 군이 1만 4천 명에 짐도 있고 식량, 말도 있었다. 이렇게 적은 배로 도하 완수를 담보하기 어려웠다. 만약 상황이 변하면 다음 번 건널 사단의 안전도 보장하기 어려웠다. 즉시 지방당, 지방정부, 민간을 조직하여 전력을 다할 것을 결심했다. 한 번 도하하는 데 필요한 시간을 계산하여 1백여 척의 배를 밤새워 만들었다. 배마다 서너 명의 뱃사공을 배치하고 사공을 상대로 정치 선전과 조직적 훈련을 강화했다. 이제 비로소 동쪽 도하를 보장하고, 필요할 때 서쪽으로 돌아오는 안전까지 보장하게 되었다. 그렇지 않으면 산베이 근거지와의 연계를 절대 보장한다는 것은 빈말이 될 뿐이었다.

1군단과 15군단의 도하점 정면을 지키는 적은 각각 1개 대대가 되지 않았다. 그 종심에도 위진譽鎭과 스러우石樓에 각 1개 대대가 남아있을 뿐이었다. 두 곳 모두 강기슭에서 30~40리쯤 떨어져 있었다. 적의 종심 부대가 하안에 도착할 때쯤이면 아군 전투부대는 전부 도하를 완료할 수 있을 것이었다.

나는 황허 가에서 한 달 넘게 이런 준비를 했다. 자세하게 정찰하고 맞은편 옌안의 토치카에 있는 적병, 화력 배치, 예비대 위치를 모두 분명하게 파악해 두었다. 적당한 도하점을 선택하고 도하의 확실성을 대략 확보했다. 이렇게 자세하게 조직하고 정찰하여 도하를 보장할 수 있도록 준비한 것은 헛된 노력이 아니었다. 아군의 화력은 약하고, 특히 포병의 엄호도 없는 상태였다. 고급 지휘관으로서 군사위원회의 지시를 집행하면서 직접 자세히 정찰하고 각종 준비를 진행하는 것은 매우 중요한 일이었다.

나는 다샹춘으로 돌아와 주석에게 각종 준비 상황, 도하 지점, 시간 등을 종합적으로 보고하고 승인을 얻었다. 강행 도하는 순조로워서 양쪽 도하점에서 이미 강기슭에 올랐다. 전상자도 거의 발생하지 않았다. 주석은 15군단을 따라 스러우에 도착했고, 나는 1군단과 함께 위전에 남았다.

동쪽으로 황허를 건넌 뒤 아군은 루량산의 시현隰縣·스러우·지현吉縣을 점령했으며, 또한 쑤이더綏德와 미즈米脂의 적 2개 사단을 패퇴시키고 점령했다. 이로써 산베이 근거지에 대한 위협을 줄이고, 산베이 근거지의 발전도 유리하게 되었다. 옌시산이 수십만 원을 써서 수리하고 쌓은 황허의 보루들은 홍군의 도하를 막는 데 어떤 역할도 하지 못했다.

적은 12개 연대가 두이주구兒九谷에 신속하게 집결해 다마이자오大麥郊로 밀고 나가려 했다. 만약 적이 전진할 때를 이용하면 선두에 있는 적 1개 여단 2개 연대를 소멸할 수 있었다. 그러나 당시에는 이렇게 공격하지 않고 두이주구를 3면 포위공격하는 것을 선택했다. 이 전투는 입구가 매우 넓어 하루 동안 대치했다. 마오 주석은 즉시 계획을 바꿨다. 산시성山西省 군 후방이 빈 것을 틈타 15군단을 북쪽인 원수이文水 자오청交城으로 전진하게 하여 타이위안太原을 위협하고, 또 징러현靜樂縣, 쉬안촨宣傳으로 전진시켜 북상 항일하게 했다. 1군단은 샤오이孝義를 점령하고 링스靈石·제슈介休 북쪽으로 확장하여 핑야오平遙·위츠楡次·타이구太谷·타이위안을 위협했다.

그러자 두이주구의 진군晉軍〔산시성 군, 곧 옌시산 군〕은 물러나 타이위안을 수비하고, 옌시산은 산베이의 쑤이더와 미즈에 들어와 있던 2개 사단을 밤 사이 동쪽으로 이동시켜 산시성으로 돌아갔다. 이로써 우딩허 양안의 소비에트구가 하나로 이어지게 되었다. 천청이 이끄는 3개 군은 퉁관潼關에서 황허를 북으로 건너 산시성으로 들어올 수 없게 되자, 정저우鄭洲와 스자좡石家莊을 우회하여 열차를 타고 위츠·타이구 지구에 집결하고, 그 뒤 차츰 남쪽으로 압력을 가하였다. 천청은 옌시산을 기다리며 주력을 집결하여 아군을 공격하려 했다. 그때 아군은 1개월 넘는 시간을 얻어 휴식과 정비를 하며 군중공작을 진행했다.

1군단은 링스, 제슈, 린펀臨汾 선에서 군중을 일으켜 토호를 치고 현금 수십만 원을 조달했다. 또 병력 수천 명을 확보했는데 허난, 산둥 사람이 많았다. 민단의 무기와 장비를 몰수하여 적지 않은 탄약을 얻었다. 15군단은 움직이는 시간이 많아 병력 보충과 자금 조달 성적이 시원찮았다. 하지만 회군할 때 징란현經嵐縣, 류린柳林을 지나면서 류린 남쪽에서 온전한 규모의 적 1개 연대를 섬멸했다. 적과 대치하며 강기슭에 접근할 때 아군은 이미 대량의 선박을 준비해 안전하게 산베이로 회군했다.

아군이 옌시산, 천청 군에 맞서 병력을 집중하여 루량산으로 공격할 때였다. 우리는 홍군 항일 선봉군 명의로 선언을 발표했다. 국민당 정부에 공개 전보를 치고 전국의 해군, 육군, 공군과 공법 단체, 학교에도 공개 전보를 보냈다. 그리고 특별 서한을 써서 옌시산에게 주어 항일 주장을 설명했다. 우리는 "집안 사람끼리 창을 휘두르는 것을 원치 않는다"고 말했다. 이때부터 장제스, 옌시산을 모두 '장씨', '옌씨'로 부르기 시작했다. 또 우리들의 북진항일을 설명하고 "당신들이 용납하기 어렵다면 중국 홍군 혁명군사위원회 명령에 따라 홍군 항일선봉군이 잠시 산베이로 철군하겠다. 당신들은 대표를 보내 구국대계를 같이 상의하자"고 제안했다.

동쪽 출병의 의미는 실로 컸다. 적군 약 3개 연대를 섬멸하고 몇 십만 발의 총알을 노획했다. 군중을 동원하여 홍군에 참여한 수가 뜻밖에 5천 명이나 되었다. 포로가 되었다가 홍군에 참가한 사람도 있어 모두 7천 명에 이르렀다. 40만 원 안팎의 현금을 조달했으며, 산베이 소비에트구를 확대했다. 이번 행동에서 중국공산당 중앙이 1935년 12월 회의에서 정한 항일 주장을 선전했다. 이것은 핑진平津〔베이징北平과 톈진天津〕, 타이위안의 학생 구국운동을 적극 지원하는 작용을 했다.

전군의 지휘관들 모두 마오 주석과 당 중앙의 정치노선이 정확하다는 것을 알게 되었다. 정치, 군사가 피동적 국면에서 주동적 국면으로 변하였으며 적에 대해 전략적 공세를 펴게 되었다. 마오 주석의 정확한 영도 아래 산베이 근거지에 대한 국민당의 3차 포위토벌을 분쇄했으며, 산시로 출병하여 항일 주장 선전을 확대하고 그때부터 공산당이 항일 투쟁의 영도권을 빼앗아 왔다. 이는 홍군이 산베이에 도착한 뒤 거둔 두 가지 위대한 승리였다. 그때 마오 주석은 군사위원회 주석 겸 항일선봉군 정치위원으로 직접 출정했다. 모든 조치가 그의 결정에서 나온 것이다. 민첩하게 기동하고 소모를 최소화했으며 수확이 매우 컸다. 나는 그의 지도 아래 항일선봉대 사령원으로 보잘것없는 구체적인 일들을 하였다〔실제로는 군사적인 모든 일들을 지휘하였다〕.

6월에 서쪽으로 출병하다

동쪽 출병이 승리로 끝난 뒤 홍군은 산베이로 회군했다. 1936년 5월 하순 또는 6월 상순, 당 중앙은 와야오부에 체류했다. 와야오부 동쪽 지구에서 전군 간부회의를 열어 마오 주석의 연설을 들었다. 마오 주석은 동쪽 출병의 위대한 승리를 언급하고 부서 이기주의에 반대했다. 즉, 1군단이 15군단에 신병을 전출하여 병력을 보충하는 것을 원치 않은 것에 대해 비판했다.

회의에서는 서쪽 출정군〔서정군西征軍〕을 편성하고 지휘부를 조직했다. 서정군의 임무는 항일 근거지를 확대하고 2・4방면군의 초원 탈출을 지원하는 것이었다. 나는 사령원이 되었는데 정치위원은 지정하지 않았다. 류샤오劉曉가 정치부 주임이 되었다. 부대에서 간부들을 대거 차출하여 홍군학교를 설립하고 린뱌오가 교장을 맡았다.

나는 1군단과 15군단을 인솔하여 좌우 두 갈래로 나누어 서쪽으로 진군했다. 1군단은 왼쪽 길로 나아가 취쯔曲子, 화이셴坏縣, 위왕豫王을 공격했다. 취쯔에서 한 번 전투하고 닝샤寧夏 마훙쿠이 군의 예葉여단을 섬멸했다. 이때 예 여단장의 부녀자를 포로로 잡았는데 후대하다가 풀어 주어 무사히 돌아가게 하자 반응이 매우 좋았다. 우리는 회족回族● 군대 안에서 항일 통일전선공작을 전개하여 반응을 불러일으켰다. 한편 15군단은 오른쪽 길로 나아가 징볜靖邊, 딩볜定邊, 안볜安邊, 옌츠鹽池 등 네 성을 차례로 해방시키고, 군중을 일으켜 정권을 세웠다. 전방 지휘부도 15군단을 따라 오른쪽으로 움직였다.

8월 초, 계속 서쪽으로 나아갔다. 오른쪽의 15군단은 후이안바오惠安堡, 퉁신성同心城을 공격 점령하고 닝샤로 공작을 전개했고, 1군단은 가오위안高原·하이위안海原 및 퉁신성 사이에 도달했다. 가오위안성에는 동북군의 허주궈何柱國가 인솔하는 1개 사단과 직할대가 주둔하고 있었다. 또한 1개 사단이 하이위안에, 또 다른 1개 사단이 퉁신성과 가오위안성에 주둔하고 있었다. 아군은 그 사이를 치고 들어가주둔하여 서로 격리시켰다. 나는 허주궈 군단장에게 편지를 썼다.

● 중국 내에서 이슬람교를 믿는 소수민족 중 하나. 겨울이 되면 중동으로 갔다가 따뜻해지면 다시 중국으로 돌아온다고 하여 '돌아올 회回' 자를 써서 회족이라고 부른다. 중화인민공화국 성립 후 중국정부는 중국 소수민족의 하나로서 지위를 인정하고, 이들에게 회족이라는 민족명을 부여했다. 중국 내 55개 소수민족 가운데 인구 규모가 장족壯族, 만주족에 이어 세 번째로 큰 민족이다(2000년 중국 인구조사통계).

항일 구국의 커다란 도리를 설명하고, 그에게 하이위안·퉁신성에서 나와 가오위안성 및 그 남쪽으로 철수할 것을 요청했다. 아군이 2, 4방면군의 북상 항일을 지원하는 것을 교란하지 말라고 요구하고, 그의 군대가 이동할 때 아군이 편의를 제공하고 절대 공격하지 않을 것도 보증했다. 허는 처음에는 믿지 않다가 나중에는 믿게 되었다. 아군은 주루이朱瑞를 파견하여 그와 담판하게 하였다. 서로 협정을 준수하기로 하자 그는 실행하였다.

8월 중순, 1군단은 핑량平涼과 란저우蘭洲 사이의 룽더隆德와 후이닝會寧 등 몇 개 성을 공격 점령하고, 일부가 웨이위안渭源으로 나와 2·4방면군이 퉁웨이通渭 일대에서 만나는 것을 지원했다. 나는 전방사령부를 인솔하여 하이위안 서북쪽 다라지打拉池로 가서 주둔했다. 장궈타오 사령부가 후이닝에 도착했다. 나는 그에게 직접 통신 전보를 보내 '후이닝에 가서 당신과 회견하겠다'고 전하고 동북군 4개 군의 위치를 통보해 줬다.

"왕이저王以哲 군은 뤄촨에 있고 둥잉빈董英斌 군은 칭양에 주둔하고 있다. 허주궈 군은 가오위안에 있으며 마○○ 군(동북군) 4개 군은 란저우성에 주둔하고 있다.〔왕이저 군, 둥잉빈 군, 허주궈 군, 위쉐중于學忠 군이다. 란저우성에 주둔한 것은 위쉐중 군이었다〕이 부대들은 모두 당신들이 동진하는 것을 막지 않을 것이다. 그러나 장제스의 명령으로 왕쥔王均 군이 핑량에 와 있다. 룽더에서 저격할 모양이다. 또, 후쭝난胡宗南 군이 장제스의 명령을 받아 서북으로 출동했다. 그러니 당신들은 전부 하이위안, 다라지 지구에 집결하여 왕쥔 부대를 소멸할 준비를 해야 한다."

장궈타오는 바로 회신 전보를 보내 나에게 후이닝으로 올 필요가 없다고 했다. 그는 그날 주더 총사령 등과 다라지에서 면담했다면서 쉬샹첸, 천시롄陳錫聯 역시 부대를 이끌고 앞에 왔다고 했다. 이튿날 장궈타오가 다라지에 도착했는데 쉬와 천은 3일째에도 볼 수 없었다. 나는 새벽에 장궈타오가 있는 곳에 가서 물었다.

"쉬와 천은 왜 아직 보이지 않습니까?"

"쉬와 천에게 4방면군 주력과 1방면군 5군단을 인솔하여 가라고 했소. 란저우 부근에서 황허 북안을 건너 우웨이武威(양주)로 전진하라고 명령했소."

그는 나에게 회신 전보를 보낼 때 이미 이 명령을 하달한 것이었다. 나는 마오 주석이 1935년 12월에 쓴 글 〈일본제국주의 책략 반대를 논함〉이 일으킨 작용과 당시 동북군 및 서북군과 우리의 통일전선 관계를 이야기했느냐, 그는 전혀 귀담아 들으려 하지 않았다. 왕홍쿤王宏坤이 이끄는 4방면군의 천시롄, 셰푸즈謝富治 사단과 장궈타오 사령부는 서북 마가군馬家軍과 왕쥔 군의 교란 때문에 제때 강을 건널 수 없었다. 장궈타오가 다라지에 도착한 뒤, 왕쥔의 2개 사단이 4방면군을 바짝 추격하여 부대 일부가 차단된 채 전진했다. 나는 장궈타오와 직접 만나서 의논했다.

"차단된 부대가 정면에서 적을 요격하며 전진하면 1군단이 바로 적 측후방을 공격할 수 있고 다라지에서 매복을 배치하여 진지를 공격할 수 있습니다. 이렇게 하면 왕쥔 부대를 섬멸할 수 있고, 그러면 4방면군 북쪽의 주력과도 연계될 수 있을 겁니다."

장궈타오는 입으로는 동의한다고 했으나, 비밀리에 왕홍쿤 부대에 명령하여 퉁신성 방향으로 후퇴하게 했다. 당시의 작전 배치를 깨뜨린 것이다. 나는 또 장궈타오와 만나 하이위안과 퉁신성 사이에 복병을 배치하여 진지를 습격할 것을 상의했다. 그러면 왕쥔 부대를 섬멸할 수 있을 것이었다. 그는 입으로는 또 동의한다고 했지만, 실제로는 4방면군에 명령하여 동쪽으로 철수하게 했다. 매복 공격 계획을 또 파괴한 것이다.

장궈타오는 여러 차례 작전 배치를 깨뜨렸다. 결국 우리는 위왕^{像旺} 서쪽의 넓은 토지를 포기하지 않으면 안 되었다. 당시 아군이 왕쥔 부대를 소멸시켰다면 시안사변^{西安事變}*을 앞당길 수 있었을 것이며, 또한 아군이 란저우와 서란공로^{西蘭公路}〔시안^{西安}—란저우^{蘭州} 사이 도로〕, 간쑤^{甘肅} 전 성을 장악했을 것이다.

이때가 구시월 사이였다. 10월 초순, 왕쥔 군과 마오빙원 군 양 군이 1군단 후미를 바짝 추격했고, 후쭝난이 5개 여단을 편성하여 1군단 측면을 공격했다. 장제스가 압박하는 가운데 허주궈와 둥잉빈의 양 군이 남쪽에서 북쪽으로 접근했다. 상황이 매우 급해져 나는 적의 추격을 격퇴해야 한다고 생각했다. 산베이 근거지는 식량도 없었다. 바오안현에 다해 봐야 1만 명 남짓한 인구가 있었다. 발붙일 곳을 얻지 못하면 장차 산베이를 포기해야 하고, 그러면 동쪽으로 황허를 건너야 하는데 매우 불리한 형세가 될 것이었다. 어떻게 해서든 이런 국면을 막아야 했다.

우리는 1군단을 신속하게 산청바오^{山城堡} 남쪽에 집결시키기로 결정했다. 15군단은 산청바오 북쪽에 집결시켰다. 후쭝난의 선두 여단

---

* 1936년 12월, 중국 시안에서 동북군(만주군)의 지휘관인 장쉐량이 공산군 토벌을 격려하러 온 장제스를 감금하고, 내전 정지와 항일 투쟁을 호소한 사건.

이 산청바오에 깊이 들어왔을 때 남북에서 협공했다. 산청바오는 훙더성洪德城 서쪽 15리에 위치한 곳으로, 몇 호의 인가人家와 한 줄기 붓구멍만 한 샘물밖에 없었다. 후쭝난 부대는 그날 산청바오 서쪽 60리 떨어진 톈수이바오甜水堡를 떠난 뒤 마실 물을 찾지 못해 산청바오까지 오지 않으면 안 되었다. 딩더룽丁德隆 부대를 선두에 세운 적이 해가 질 무렵 겨우 산청바오에 이르렀다. 1군단은 남쪽과 서쪽에서 딩더룽 부대를 공격하여 태반을 섬멸했다.

이 전역은 비록 작은 것이었지만 시안사변을 촉발시킨 원인이 되었다. 후쭝난은 결코 단념하지 않고 4개 여단을 인솔하여 왼쪽 길로 옌츠, 딩볜으로 향했다. 왕쥔과 마오빙원의 양 군은 가운데 길로 우치·즈단(바오안)으로 전진하고, 동북군은 오른쪽 길로 화츠華池 방향으로 전진했다. 아군은 훙더성과 옌츠 사이로 이동하여 사막 가장자리에 매복했다. 후쭝난 부대가 사막을 건너느라 지치고 갈증에 시달릴 때 공격할 계획이었다. 후쭝난 부대는 적의 주력으로서 가장 적극적이었다. 우리가 후쭝난의 2개 사단을 섬멸한다면 적의 이번 공격을 격퇴할 수 있을 것이었다.

12월 12일 심야에 나와 런비스(그때 중앙은 런비스를 전적前敵 정치위원으로 지정했다)는 높이 1미터, 폭 2미터의 토굴에 있었다. 원래 양치기의 것이었던 그 토굴에서 우리는 잠시 모래바람을 피하며 등불을 켜고 지도를 보고 있었다. 밖에는 광풍이 불었고 모래바람이 자욱했다. 암호 해독병이 전보를 가져와 큰 소리로 외쳤다.

"장제스가 장쉐량에게 잡혀 있습니다."

그 뒤 중앙에서 전보를 보내 장제스 처리와 관련하여 의견을 구했다. 나는 런비스와 거듭 논의한 뒤 장제스를 풀어 주기로 한 중앙의 방침에 동의했다.

13일 동틀 무렵, 후쭝난 부대는 밤중을 틈타 퇴각했다. 다른 길로 온 적도 모두 퇴각했다. 장쉐량 군은 시안에 집결한 채 뤄촨, 칭양의 성들을 모두 방치했다. 아군 1군단, 15군단, 2방면군의 일부 및 4군, 31군은 칭양, 시펑진西峰鎮 일대에 출동하여 주둔했다. 장쉐량은 솜옷 과 탄약 일부를 보내왔다.

만약 장궈타오 그 말썽꾸러기 반혁명분자의 훼방이 없었다면 4방면군 주력이 량저우涼洲의 막다른 골목으로 몰리지 않았을 것이다. 또 칭하이青海의 마부팡 군에게 전부 섬멸당하지도 않았을 것이고, 4방면군 주력 2만이 넘는 사람들을 죽음으로 보내지도 않았을 것이다. 1·2·4방면군을 보존하여 6,7만 명이 되었다면 홍군은 서북지구를 완전히 장악하고 항일전쟁에서 더 우월한 영도적 지위를 얻었을 것이며, 동북군·서북군도 장제스에게 유린당하지 않고 항일연군을 만들어 서북을 장악했을 것이다.

왕밍의 좌경 기회주의 노선과 장궈타오의 우경 기회주의 노선은 잇따라 모두 실패했다. 오직 마오 주석의 정확한 노선이 각 방면에서 승리적 발전을 가져왔다. 특히 1방면군은 산베이 우치진에 도착한 뒤 군사적으로 연속하여 적에게 반격과 역습을 가하며 정치적으로 전략적인 공격을 신속하게 펼쳤다. 그 결과, 동북군의 장쉐량이 장제스를 억류하며 내전 중지를 압박하기에 이르렀다. 겨우 11개월에 지나지 않는 기간 동안 광풍이 불고 폭우가 내린 것이다.

장궈타오에 반대하여 투쟁하는 가운데 나는 마오 주석에게 많은 것을 배웠다. 당시 '북상항일'이라는 정치군사 방침을 견지하지 않으면 장궈타오의 기회주의 노선과 뒤섞였을 것이며, 그랬으면 위대한 항일민족 혁명전쟁 중에 무산계급이 영도적 지위를 얻는 것은 불가능했다. 심지어 발언권조차 잃었을 것이다. 초지草地에서 정확한 노선을 견지하지 않았더라면, 견결하게 서로 갈라서지 않았더라면, 마오 주석 노선의 정확함을 증명하지 못했을 것이고 그 뒤 산베이에서 1·2·4방면군이 대회합하는 일도 없었을 것이다.

장궈타오가 홍군을 분열시킨 뒤 만약 장궈타오의 당적을 삭제했더라면 당내에 장기적인 분열이 초래되었을 것이다. 마오 주석은 원칙을 견지하면서 총서기를 양보하지 않았다. 융통성을 발휘하여 장기간의 분열을 피하였다. 완강한 투쟁을 지나며 마지막에는 장궈타오 혼자 이탈하여 4방면군 대부분 간부의 단결을 얻었다. 시비는 분명히 가려지고 동지들은 단결하게 되었다. 이것은 마오 주석 방침의 위대한 승리였다. 단결을 바탕으로 한 일관된 방침이 결국 이긴 것이다.

1935년 9월부터 1936년 9월까지 1년간의 실천을 정리하면 다음과 같다. 제3차 포위토벌을 분쇄하였다. 12월에 회의를 하고, 동쪽 출병에서 승리하였으며 내전을 중지시켰다. 전당, 전군, 전 인민들에게 마오 주석을 영수로 한 당 중앙의 위신을 대대적으로 세울 수 있었다. 생생한 사실 속에서 전체 당 동지들이 두 갈래 노선을 비교함으로써 자기의 영도자가 누구인지 인식하게 되었다. 여러 차례 반복 경험한 끝에 겨우 깨닫게 된 것이다.

1937년 7월~1945년 8월 일본의 중국 침략이 진전되면서 멸공우선정책을 앞세우는 장제스에 반대하는 기운이 높아지는 가운데, 1936년 12월 시안에서 동북군(만주군) 지휘관 장쉐량이 공산군 토벌을 격려하러 온 장제스를 감금하고 내전 정지와 항일투쟁을 호소한다(시안사변). 이에 장제스가 내전 정지, 일치 항일을 수용하여 제2차 국공합작이 성사되고, 이에 따라 홍군은 국민혁명군 8로군으로 재편된다. 펑더화이는 일본군과 싸울 때는 국민당 소속 각 부대와 협력하였으며 산시의 국민당군 옌시산 부대와 함께 핑싱관 전투를 수행한다. 그러면서도 국민당군의 도전에 대해서는 양보 없이 부딪쳐 이른바 '반마찰反摩擦 전역'을 수행하며, 8로군 부총사령으로서 일본 제국주의에 맞서 싸운 가장 유력한 항일전투인 '백단대전'을 지휘한다.

홍군을 8로군으로 개편하다

루거우차오^{蘆溝橋}〔노구교〕사변〔7·7사변〕 [•] 뒤 중국 공농홍군은 '국민혁명군 제8로군^{八路軍}'으로 개편되고 8로군 총사령부가 설립되었다. 주더가 총사령, 내가 부총사령을 맡고 런비스는 정치부 주임, 줘촨^{佐權}은 부참모장이 되었다. 당에 군사위원회 분회^{••}를 조직하고 주더가 서기, 런비스가 비서장을 맡고, 거기에 나를 더해 세 사람으로 상임위원회를 구성했다. 각 사단의 사단장, 정치위원, 그리고 줘촨 등이 군사위원회 분회의 집행위원이 되었을 텐데 기억이 분명하지 않다.

당시 홍군 주력은 3만 2천 명이었다. 4천 명으로 산베이 경비여단과 소규모 연대를 편성하여 섬감녕^{陝甘寧}(섬서성·간쑤성·닝샤성) 지구

---

* 루거우차오(노구교)는 베이징성에서 10킬로미터 거리에 있는 베이징 서남쪽 관문이다. 1937년 7월 7일 일본·중국 양국 군대가 이곳에서 충돌하면서 중일전쟁이 시작된다. 일본이 이 사건을 계기로 톈진과 베이징을 점령하고, 8월 13일에 상하이를 대규모로 공격하여 이른바 '8·13사변'을 일으켰다. 이때 중국공산당이 '항일구국 10대 강령'을 제시하고 장제스도 이를 받아들여 제2차 국공합작이 이루어졌다. 이로써 중화소비에트공화국 임시중앙정부는 국민당 정부의 지방정부로 편입되고 옌안의 홍군은 중앙군으로 재편되어 '8로군'이 되었으며, 장정 이후 안후이·장시 일대에서 유격전을 벌이고 있던 홍군은 '신4군'으로 개편되었다. 8로군 총지휘관은 주더, 부총지휘관은 펑더화이가 임명되었다. 예젠잉은 참모장, 줘촨은 부참모장, 런비스는 정치부 주임, 덩샤오핑^{鄧小平}은 정치부 부주임에 임명되었다. 8로군은 115사단, 120사단, 129사단을 통합하였다.

** 군사위원회 분회는 '중국공산당 중앙군사위원회 화베이 분회'를 말한다. 주더가 서기, 펑더화이가 부서기를 맡고, 위원은 런비스, 장하오^{張浩}, 린뱌오, 녜룽전, 허룽, 류보청, 관샹잉^{關向應} 등이었다. 1937년 8월 29일 중앙의 결정에 근거하여 당의 화베이 최고 군사영도기구로 설립하였다.

변구를 보위하게 하고, 1방면군 1만 4천 명을 115사단으로 편성하여 린뱌오를 사단장으로 임명했다. 2방면군 6천 명은 120사단으로 편성하여 허룽^{賀龍}을 사단장에 임명하고, 4방면군 8천 명은 129사단으로 편성하여 류보청을 사단장에 임명했다.[•]

윈양진^{雲陽鎭} 전방사령부에서 1차로 연대 이상급 간부회의를 소집하여 당 중앙의 뤄촨회의(1937년 8월 당 중앙이 섬서성 뤄촨에서 소집한 정치국 확대회의) 정신, 즉 마오 주석이 말한 정신을 토론했다. 나는 그 회의에서 항일 민족통일전선이 승리할 것이라고 설명했다.

"우리들은 부대 개편 뒤 군벌주의를 조심하며 반대해야 한다. 또한 관료주의와 군중에서 벗어나는 것에 반대해야 한다."

우리는 그 회의에서 다음 4개의 보증을 제출했다.

'공산당이 8로군을 절대적으로 영도하는 것을 보증한다. 노동자 농민의 성분이 절대 우위에 있음을 보증한다. 정치공작이 전통보다 더 나은 것임을 보증한다. 학습제도를 보증하고 견지한다.'

런비스 동지와 각 사단 책임자 동지들도 모두 동의했다. 9월, 저우언라이 동지가 나에게 함께 타이위안으로 옌시산(1937년 8월 제2전구 사령장관으로 임명됨)을 만나러 가자고 했다. 이동하면서 연도에 떠도는 소문을 들으니 홍군이 빨리 참전하기를 희망하지 않는 사람이 없었으며, 특히 타이위안 인민들은 공산당과 홍군의 참전을 더욱 절실히

[•] 1937년 8월 25일 중앙군사위원회 명령에 따라 1군단·15군단 및 74사단을 합편하여 육군 제115 사단으로, 2방면군의 27군·28군과 독립 1·2사단 및 츠수이^{赤水} 경비대대, 전적 총지휘부 직할 대 일부 등을 합편하여 육군 제120사단으로 4방면군의 29군·30군과 섬감녕 독립 1·2·3·4연 대 등을 합편하여 육군 제129사단으로 하였다.

바라고 있었다. 옌시산은 일본군 비행기의 폭격을 피해 타이위안 북쪽의 궈현岵縣 어느 마을에 묵고 있었다. 옌시산과 회담을 마친 뒤 저우는 또 다퉁大同으로 푸줘이傅作義(제7집단군 총사령)를 보러 가자고 했다. 당시 일본군이 마침 장자커우張家口에서 다퉁으로 전진하고 있었는데, 다퉁에 도착해 보니 일본군이 이미 톈진天鎭과 양가오陽高를 점령해 푸줘이 군은 황망히 철수하는 중이었다. 이튿날 다퉁에서 궈현으로 돌아가 옌시산과 다시 회견했다. 옌시산과 산시 지역의 국방 공사, 즉 옌먼관雁門關 · 루웨커우茹越口 · 핑싱관平型關 · 냥쯔관娘子關 등에 이미 설치한 영구적 진지를 수비하는 문제와 핑싱관 · 옌먼관 방어 문제를 의논했다. 이것들은 옌시산이 요구하는 문제이기도 했다.

나는 총사령부를 출발하면서 8로군의 승리에 대해, 어떻게 하면 항일전쟁 첫 전투에서 승리할지에 대해 궁리했다. 이긴다면 공산당과 8로군의 위망位望이 한층 커질 것이었다. 일본군에 대한 공포증을 없애고 항일 사기를 고무 격려하며 군중운동을 전개하는 데도 승리가 필요했다. 궈현에서 옌시산과 다시 만나 부대 배치에 대해 의논했다. 왕징궈王靖國와 천창제陳長捷 군〔국민혁명군 72사단〕으로 핑싱관과 루웨커우를 지키게 하고, 남은 1개 군은 옌먼관을 지키게 하기로 했다. 내가 말했다.

"당신들은 핑싱관 정면을 지키시오. 우리 115사단은 우타이五台 · 링추靈丘 · 위현蔚縣 지구를 나와 적이 진격하는 도로 양쪽에 집결해서 은폐하고 있다가, 적이 핑싱관을 공격할 때를 기다려 적 측후방에서 공격하겠소. 그리고 우리 120사단은 산시성 서북지구에 배치하고 적이 옌먼관을 공격할 때 왼쪽 날개 쪽에서 공격하겠소."

옌은 기꺼이 동의했다. 아군 115사단 1개 여단은 핑싱관에 매복하여 일본군 이타가키板垣 사단의 후미 연대를 공격해 적 대부분을 섬멸하고 첫 번째 싸움을 승리로 이끌었다. '7·7사변' 이래로 일본군이 처음 받은 타격이었다. 핑싱관 승리에 고무되어 웨이리황衛立煌(제2전구 전적 총사령 및 제14집단군 총사령)은 4~5개 군을 인솔하여 신커우忻口에 방어 병력을 배치했다.

일본군은 핑싱관과 옌먼관을 깨뜨린 뒤* 이어서 타이위안으로 진격했으나, 신커우에서 국민당군의 견결한 저항에 직면했다. 아군 129사단 천시롄陳錫聯과 셰푸즈謝富治 연대는 캄캄한 밤을 이용해 양밍바오陽明堡 비행장을 습격하여 일본군 항공기 20여 기를 불태우고 수비하던 1개 대대를 섬멸했다. 이 전역은 신커우에서 싸우던 웨이리황 부대를 크게 고무시켰다.

이 두 전투〔핑싱관전투와 양밍바오 습격〕의 승리는 화베이 인민군중들에게 항일 기운을 불러일으켰다. 군중들 사이에서 8로군의 위망이 날로 높아졌으며 군대에 참가하는 사람이 크게 늘어났다. 저우언라이 동지는 또 나를 데리고 바오딩에 있는 청첸程潛(국민당 군사위원회 참모총장)을 만나러 갔다. 총사령부를 나와 신커우를 지나는데 여전히 신커우전투가 벌어지고 있었다. 그들 웨이리황의 부대는 사수하기만 힘쓸 뿐 병력을 집중하여 적의 취약점으로 출격하지 못하고 있었다. 적의 측후방으로 돌격할 것은 더욱 생각하지 못했다. 천편일률적인 교리로 일관하며 적의 측후방에서 정면 화력 엄호를 벗어나려

---

* 핑싱관전투. 1937년 9월 옌시산의 제2전구 산하에 속해 있던 린뱌오의 8로군 115사단이 일본군 5사단 21여단 보급부대를 기습한 전투이다. 전투 초기에는 8로군이 매복하여 전과를 올렸으나, 9월 30일 일본군이 병력을 집중하여 끝내 핑싱관을 점령했다.

시도하지 못했다.

스자좡을 지나 타이위안에 도착했을 때 저우언라이 동지가 또 냥쯔관에 가서 황사오훙黄紹竑(제2전구 부총사령 장관)을 보러 가자고 했다. 이 기간 동안 나는 마치 8로군 대표처럼 각처에 연락하고 통일전선 공작을 펼치는 것처럼 활동했다.

군사위원회 화베이 분회의 지시에 관하여

1937년 10월 8일, 군사위원회 화베이 분회는 지시를 발령했다. 이 지시는 8로군 115사단이 일본군 이타가키 사단 1개 여단을 격파하여 승리한 영향으로 나온 것으로, 지시 가운데 산시성 타이위안을 '화베이 항일전쟁의 보루'라고 말한 내용이 있다. 하지만 실제 타이위안은 10월 이후 얼마 안 가 빼앗기고 말았다. 군사위원회 화베이 분회의 지시는 분명 맹목적이었다. 일본군이 중국 침략을 여러 방면으로 준비했다는 것을 충분히 고려하지 않은 결과였다. 일본군의 준비라 함은 정치적·경제적, 그리고 무엇보다 군사적 역량을 말한다. 또한 국민당 군대의 역량과 진보성도 간과했다. 이런 생각은 아군을 이완시킬 염려가 있었다. 우리는 자력갱생하고 군중을 조직하여 유격전쟁을 일으켜야 했으며, 장기간 간고한 투쟁을 하는 데 필요한 정신준비공작도 해야 했다.

군사위원회 화베이 분회 동지들은 적 후방 유격전쟁에 대한 전략적 인식이 없었다. 마오쩌둥 동지가 뤄촨회의에서 제출한 "유격전을 위주로 하고 유리한 조건에서 운동전을 늦추지 말라"고 한 방침에 대한 인식도 모호했다. 그것을 장기간 견지해야 할 적 후방 항일전쟁의 정확한 방침으로 확고하게 세우지 못했다. 당시 나는 '운동전'과 '유격전' 두 개념의 주(主)와 부(副)를 헷갈려 때로는 '운동유격전'이라 하고 때로는 '유격운동전'이라 하기도 했다. 군사위원회 화베이 분회 지시는 표면적 현상과 주관적 희망에 따라 내린 것이었다. 그것은 실제에서 벗어났으며, 실천으로 검증된 지시와 비교할 수 없는 잘못된 지시였다.

이 지시를 기초하고 발표할 때 나는 총사령부에 없었다. 저우언라이 동지를 따라 바오딩, 스자좡에 가서 통일전선공작을 하고 있을 때였다. 웨이리황의 거처에서 8로군 총사령부로 돌아와서야 비로소 이 지시를 확인했고, 그래서 누가 그 지시를 썼는지도 모르고 있었다. 그러나 나는 결코 반대하지 않았다. 그 지시의 정신이 모두 나의 것은 아니었지만, 그 견해에 얼마간은 동의했다. 그 지시는 적을 경시하고 빨리 승리하려는 속승의 관점에 바탕한 것이었다. 나는 바오딩에 가기 전 주더, 런비스, 쥐찬 등 여러 동지들과 한담을 나누면서 이렇게 말한 적이 있다.

"일본 황군과 싸워 승리할 수 없다는 것은 신화다. 만약 8로군이 20만 명만 된다면, 장제스 직계가 가진 장비만 있다면, 거기에 포병만 좀 있다면 해볼 만하다. 국민당군은 험준한 곳에 의지하여 지키고, 아군은 기동작전을 하며 민첩하게 적을 타격하면 된다. 또 군중을 일으켜 항일투쟁에 참가하게 한다면 산시에 쳐들어오기 어려울 것이다."

이것이 바로 적을 경시하고 속승하겠다는 사상이다. 다른 사람에게도 아마 영향을 주었을 테니, 군사위원회 상임위원의 한 사람이었던 나에게도 책임이 있다.

2차 왕밍노선에 관하여

　1937년 11월 일본군이 타이위안을 점령한 뒤 8로군 총사령부는 우타이산^{五台山}에서 산시 남쪽 홍둥현^{洪洞縣} 마무춘^{馬牧村}으로 이동했다. 12월 어느 날, 중앙에서 전보를 보내 나에게 옌안회의에 참석하라고 일렀다. 내가 옌안에 도착하고 이튿날, 왕밍과 캉성^{康生}이 비행기로 옌안에 도착했고 그날 저녁 정치국회의가 바로 열렸다. 회의에서 왕밍이 발언하고, 마오 주석도 발언했다. 샹잉^{項英}은 신4군^{新四軍} 개편 경과를 보고했으며, 또 다른 이들도 발언했다.

　나는 마오 주석과 왕밍의 발언을 집중해서 들었다. 항일하자는 것은 같은데 어떻게 할지 방법이 달랐다. 왕밍의 발언은 국제 물을 먹은 티가 났다. 기본 정신은 '항일을 드높이고 모든 것은 통일전선을 통해서, 통일전선에 복종하자'는 것이었는데, 그는 이를 자기 관점으로 해석하여 이렇게 발언했다.

　"국공 양당을 기초로 하여 분명한 관점을 세워야 한다. 공동책임으로 통일정권을 세우고 군대를 통일할 의무가 있다. 국공 양당은 평등하며 누가 누구를 영도하려고 하면 안 된다. 각당 각파는 공동으로 책임지고, 공동으로 영도하며, 공동으로 분투하고, 서로 도와야 하며 공동 발전을 꾀해야 한다."

　왕밍은 국민당 정부와 군대에 비교적 편중하여 항일을 말했으며, 민중을 동원하고 참전시키는 것은 중시하지 않았다. 항일 민족통일전선 문제에서 그는 힘주어 서유럽의 프랑스와 만주의 경험을 소개했다.

"항일 진영에서는 오직 항일파와 비항일파로 나눌 수 있다. 좌우파나 중간파, 우파로 나누어서는 안 된다. CC단과 부흥사復興社*는 파시스트가 아니다. 파시스트는 침략자이고, CC단과 부흥사는 침략자에 저항하기 때문이다."

왕밍의 이런 논점은 마오쩌둥 동지의 정확한 논점과 원칙적으로 분명한 차이가 있었다. 그는 무산계급이 항일민족전쟁 안에서 영도권을 얻는 문제를 소홀히 보았다. 이러한 왕밍의 노선은 필연적으로 항일 민족통일전선에서 공산당의 영도권을 포기하는 쪽으로 작용할 수밖에 없었다. 무산계급의 입장을 잃고 투항주의 노선이 된 것이다. 서유럽이며 프랑스와 만주의 경험이 뭐가 어떻다는 말인가? 그런 경험들은 모두 실패한 교훈이다. 왕밍노선에 따르면 8로군과 신4군에 대한 공산당의 절대적 영도를 보장할 수 없게 된다. 모든 일을 할 때 국민당 반동집단, 이른바 합법정부의 명령을 따라야 한다. 적 후방의 항일 근거지와 민주정권 성립도 불가능할 뿐 아니라, 누가 통일전선의 영도 계급인지 구분할 수 없게 된다. 누가 무산계급의 믿을 만한 동맹군인지, 누가 항일에 소극적인 우파인지도 구별할 수 없게 되며, 누가 양자 사이에서 동요하는 중간파인지는 더더욱 구별할 수 없게 된다. 이런 원칙 문제가 왕밍노선 안에 뒤섞여 있었다.

----

* CC단은 '중앙구락부中央具樂部'의 약칭이다. 국민당 안의 파벌로 장제스의 당 지배를 도왔다. 부흥사는 '중화민족부흥사'의 약칭으로 삼민주의를 표방했으나 장제스의 1인 지배를 강화한다는 비판을 받았다. 일명 '남의사藍衣社'라고도 한다.

당시 나는 마오쩌둥 동지 노선의 정확성을 제대로 인식하지 못했다. 그래서 왕밍노선의 영향을 받았으며 이런 원칙에 대해 분명하지 못한 모호한 입장을 취했다. 나는 지금도 1937년 12월 중앙정치국 회의에서 내가 했던 발언을 기억한다. 그때 나는 화베이의 항전 상황과 공산당이 8로군을 절대적으로 영도해야 하는 문제만 이야기하고, 회의에서 마오쩌둥 동지의 정확한 노선을 분명하게 지지하지 않았다. 물론 왕밍노선의 오류를 옹호하거나 반대하지도 않았다. 이도 저도 아닌 애매한 태도를 취한 것인데, 이런 태도는 객관적으로 잘못된 노선을 지지한 것이나 마찬가지다. 이런 원칙의 문제에서는 지지 혹은 반대의 태도가 있을 뿐이며, 이도 저도 아닌 태도를 취하면 안 된다.

회의는 길게 이어져 날이 밝을 즈음에야 겨우 끝이 났다. 회의에서 뜻이 일치하지 않아 돌아와서 그 내용을 전달하는 게 별로 좋지 않을 것이라고 생각했다. 왕밍이 말한 내용으로는 구체적인 문제가 해결되지 않았다. 그에 따르면, 장제스가 통일전선을 근본적으로 인정하지 않고 있는데도 공농홍군을 국민혁명군으로 개편해야 하며, 국민당 군대의 모자를 쓰고 국민당군에게 예속된 관계를 강요당해야 했다. 장제스는 8로군의 성격을 변화시켜 자신의 체계로 동화시키려는 것이지 합작을 인정하는 것이 아니었다. '모든 것은 통일전선을 통하자'는 것은 바로 장제스를 통하자는 것이다. 장제스는 8로군이 확대되는 것은 물론이고 우리의 어떠한 독립과 자주도 용납하지 않을 것이며, 평등한 대우도 인정하지 않을 것이다. 그러나 돌아와서 부득이하게 회의 내용을 전달할 수밖에 없었다. 마오 주석이 어떻게 발언했든, 왕밍이 또 어떻게 발언했든 그것은 실천 속에서 증명될 것이

었다. 다음 날, 나는 전달할 요점을 써서 들고 뤄푸[장원톈] 동지에게
물었다. 그는 당시 총서기로서 회의의 주석이기도 했다.

"화베이 회의 내용을 어떻게 전달하지요?"

"서기처에서 통일적 전달 대강大綱[요점을 뽑아 적은 기록]을 하나 쓰
겠소."

또 이틀이 지났다. 뤄푸 동지가 나에게 전달 대강을 주었다. 제목
은 '중앙정치국 12월 회의 총결總結과 정신'이었다. 나는 화베이에서
돌아온 뒤 바로 그 대강에 따라 전달했다. 다만, 대강을 연구하면서
여전히 구체적인 문제가 해결되지 않았고 8로군이 국민당에 동화되
면 안 된다는 생각에서 원양진 홍군 개편 때의 정신을 첨가하기로 하
고 이 대강에 다음의 한 부분을 더했다.

'8로군은 국민혁명군의 한 부분을 구성한다. 마땅히 아래 3조 원칙
하에서 그 영광된 전통을 유지해야 한다. ① 공산당의 절대적 영도
를 보장하고 강화해야 한다. ② 노동자·농민 성분의 절대적 우위를
보장해야 한다. ③ 정치공작의 전통을 고도로 보장하고 학습제도를
유지해야 한다.'

나는 어떤 문제에 대해서는 모호한 입장이었지만, 공산당이 8로
군에 대해 영도를 유지해야 한다는 생각은 분명했다. 이것 외에 대
강에 덧붙인 것은 없다. 대강을 전달하는 것은 중앙의 결정이었으므로
전달하지 않으면 안 되었다. 이를 실제에 잘 부합시켜야 항일민족
전쟁을 유리하게 끌고 갈 수 있었다. 대강을 전달하고 요점 토론이
끝나 갈 때 나는 몇 마디를 더했다. 대략 '항일 원칙에 복종해야 한다
는 원칙대로 실제 상황을 처리해야 한다. 보급 문제, 8로군 확대 문
제도 그렇다'는 내용이었다.

8로군에 대한 공산당의 절대적 영도를 견결히 유지하기 위해 1938년 봄에 정치위원과 정치부 제도를 회복하고, 8로군을 확대 개편하며 네 가지 명칭과 역할을 규정했다. 즉, 교도敎導여단, 신편新編여단, 잠편暫編여단, 보충補充여단'을 4개 전략지구에 따라 나누었다. 각 지구는 우타이산 지구와 115사단·120사단·129사단 등의 관할지구이다. 1여단부터 얼마나 확대 개편할 것인지 옌안의 중앙군사위원회와 8로군 총사령부에 보고할 안을 준비했다. 그것은 지시를 받을 필요가 없었고 국민당 정부에 보고할 필요는 더더욱 없었다. '돈이 있으면 돈을 내고 힘이 있으면 힘을 낸다'는 원칙 아래 보급도 스스로 조달했다.

근거지를 건설하고 정권을 수립한 지구가 있으면 구국 현물세를 거둘 수 있었다. 근거지나 정권을 세우기 전에는 줄이고, 빌리고, 파견하고, 한간漢奸[한족漢族 가운데 부패·타락·변절한 사람. 매국노]의 재물을 몰수했다. 국민당이 주는 급료나 보급에 의존하지 않았다. 1940년과 1941년 근거지에서 차례로 본폐本幣(각 해방구 은행이 지구에서 발행한 화폐)*를 발행하고, 위폐僞幣와 국민당이 발행한 법정지폐法幣**를 금지했다. 근거지 안에서의 물자 유통과 '항일민주 3·3제 연합정부'***

---

* 당시 진기로예晉冀魯豫(산시성·허베이성·산둥성·허난성) 변구에서 발행한 기남폐冀南幣, 중위안中原 해방구에서 발행한 중주폐中洲幣, 기열찰冀热察(허베이성·열하·차하르) 지구에서 발행한 장성폐長城幣 등이 있다.

** 위폐는 일본의 가짜은행이 발행한 화폐다. 예를 들면 화베이의 일본 정권이 연합준비은행을 통해 발행한 것과 난징의 일본 정권이 저비은행儲備銀行을 통해 발행한 화폐 등이다. 법폐는 1935년 11월 국민당 정부가 규정하여 관료와 자본을 통제한 중앙은행, 중국은행, 교통은행(나중에 농민은행이 더해졌다)에서 발행한 지폐를 가리킨다.

*** 항일민주 근거지의 정권. 중국공산당의 항일 민족통일전선 정책에 따라 다음과 같이 인원을 구

를 건설하기 위해서였다. 전투는 유격전을 기본으로 하고 유리한 조건에서는 운동전을 하도록 지도했다. 핑싱관의 매복공격 전투, 극대화한 습격파괴전, 직접 부딪치지 않는 전투들도 유격성을 띤 운동전이었다. 우리는 그것들을 '운동유격전' 혹은 '유격운동전'이라 불렀다. 우리는 어떤 형태의 정규전도 하지 않았다.

이 모두가 군사·정치·경제 등을 아우르는 항일 민족통일전선의 방침이었다. 모두 마오 주석의 자주독립과 자력갱생의 방침을 집행한 것이었다. 홍군 2만 8천 명을 8로군으로 개편하여 8년 항일전쟁을 지나는 동안 백만 대군 가깝게 발전했다. 털끝만큼의 원조도 없이 성장한 것이다. 마오 주석의 마르크스─레닌주의 노선이 아니었다면 생각하기 어려운 일이었다.

나중에 '7대'(중국공산당 제7차 전국대표대회) 기간에 마오 주석이 쓴 〈연합정부를 논한다論聯合政府〉를 보고할 당시, 자오위안에서 나는 마오 주석에게 이렇게 이야기한 적이 있다.

"화베이항전은 기본적으로 중앙의 정확한 노선이 집행된 것입니다."

이에 대해 마오 주석은 "정확한 노선이 집행되었지요. 하지만 기본적이라 할 수는 없소"라고 답했다. 또 내가 "백단대전百團大戰* 후기에 반反소탕전 중 타이항산 지구에서 2개 여단이 비교적 고전하고 전상

성했다. 즉 공산당원이 3분의 1, 비당원 좌파 진보분자가 3분의 1, 중간파가 3분의 1을 차지하여 '3·3제'라 일컬었다.

* 1940년 8월 20일부터 1941년 1월 24일까지 허베이 지역에서 중국공산당의 국민혁명군과 일본제국 육군 사이에 벌어진 전투. 8로군이 일본제국이 점령한 지역의 광산과 수송 통로를 기습 공격하고, 120사단과 129사단이 게릴라전을 펼쳤다. 100개 연대가 참여했다고 하여 백단대전이라고 부른다.

자도 비교적 컸습니다" 하자, 주석은 "군대를 단련시켰지요"라고 답했다.

그러나 〈중앙정치국 12월회의 총결 및 정신〉을 전달한 뒤 반년 넘는 기간 동안에 8로군에 대한 공산당의 절대적 영도가 퇴색했다. 당의 정치공작도 쇠약해졌으며, 장교가 도망치고, 국민당과 결탁하여 배반하는 8로군 장교와 사병도 있었다. 또, 국민당이 8로군의 발전과 공산당의 발전에 제약을 가하기도 했다. 국민당의 반동적 얼굴이 드러난 것이다. 이런 사실에서 나는 왕밍노선의 위험성을 점차 체험하게 되었다. 그리고 마오쩌둥 동지가 제출한 자주독립 원칙과 〈항일유격전쟁의 전략 문제抗日遊擊戰爭的戰略禰題〉 〈지구전론論持久戰〉 등 논문의 중요한 의미와 정확성을 인식하게 되었다.

움직일 수 없는 사실이 증명한다. 중국 항일 민족통일전선은 무산계급의 공산당만이 영도할 수 있다. 공동 영도는 절대 아니다. 봉건지주 매판자산계급의 국민당은 항일 민족통일전선을 영도할 수 없다. 국민당은 항일민주 3·3제 연합정부를 실현할 수 없다. 자기 당·정·군의 반동기구를 개조할 수 없으며, 소작료나 이자를 줄이고 민족경제를 발전시키는 것도 불가능하다. 따라서 항일전쟁을 견결하게 영도하고 민족 독립과 해방을 쟁취할 수도 없다.

'모든 것은 통일전선을 통해야 한다.' 이것은 혁명 세력 발전의 손발을 묶는 것과 다르지 않으며, 실제로는 무산계급의 영도권을 포기하고 봉건 매판 세력에 투항하는 것이다. 그래서 나는 1938년 가을에 열린 6중전회(6차 중앙위원회 전체회의) 때 비로소 왕밍노선에 분명한 반대를 표시했다. 사실 그전에도 '모든 것은 통일전선을 통해야 한다'는 조항을 사상적으로 준비해서 실행했던 것은 아니었다. 당시 우리는 이렇게 생각했다. '일본군 점령지구에 장제스는 갈 수도 없고 우리에게 관여할 수도 없다. 모든 것은 마오 주석의 자주독립 방침에 따라 처리한다.'

1938년 가을 6중전회 때 8로군은 이미 25만 명으로 발전해 있었다. 수많은 잠편여단, 신편여단, 교도여단이 설립되었는데, 모두 국민당을 통하지 않았다. 만약 국민당을 통했다면 하나도 허락하지 않았을 것이다. 6중전회 뒤 마오 주석의 항일 민족통일전선 정책을 집행하며 깨닫는 게 많았다. 예컨대 "한편으로는 투쟁을, 한편으로는 연합하자"를 집행할 때, 또 마찰(마찰은 당시 유행한 단어로, 국민당이 공산당과 진보 세력에 반대했던 각종 행위를 가리킨다)에 반대하는 투쟁 중에는 "이치가 있고, 이익이 있고, 절제가 있는" 방침에 비교적 익숙하게 되었다.

왕밍노선은 구체적 실천에서 통하지도 않고 거부당할 수밖에 없으므로 그다지 심각하게 여기지 않았다. 1943년 겨울 옌안에 도착하여 '7대' 출석을 준비할 때 나는 비로소 깨달았다. 두 노선을 공부하고 약간의 역사적 문제를 연구하면서 두 차례 왕밍노선의 착오와 엄중함을 진일보하여 인식하게 된 것이다. 첫 번째는 좌경, 두 번째는 우경적 오류로 모두 실질적으로 민주혁명을 방해했다. 하지만 2차 왕밍노선은 지도 작용을 일으키지 못하고 끝이 났다. 이때도 나는 스스로 사물을 보는 눈이 늦다는 것을 인식했다. 당내에서 두 노선이 투쟁할 때 시작은 늘 애매했다. 그래도 문제가 발전하여 분명해질 때는 확실하게 볼 수 있어야 했다. 사람의 손가락은 팔뚝부터 시작되는데, 나는 다섯 손가락을 꺼내야만 비로소 인식했던 것이다.

1940년 8로군은 화베이에서 2개의 큰 전역을 진행했다. 하나는 '반反마찰 전역'이고, 하나는 24개 연대가 벌인 '습격파괴 전역'이다. 이

2개 전역은 화베이 항일전쟁을 견지하는 데 모두 필요했다. 당시의 상황과 경과를 설명하면 다음과 같다.

반마찰 전역

먼저 '마찰에 반대하는 전역'이다. 일본군이 정면 전투의 전략적 공격을 중지한 뒤인 1939년 여름이었다. 국민당은 '공산당은 말썽만 피운다' '8로군은 놀기만 하고 공격하지 않는다' '지휘에 따르지 않는다' 등의 반공 선전을 시작했다. 또한 1939년 6월에는 국민당이 핑장에서 신4군 통신처 동지를 산 채로 생매장한 사건이 벌어졌다. 산둥의 스유싼石友三(국민당 제39집단군 총사령), 친치룽秦啓榮(국민당 산둥성 유격대 3종대 사령), 허베이의 장인우張蔭梧(국민당 허베이성 민군 총지휘관) 주화이빙朱懷冰(국민당 99군 군단장), 허우루융侯如墉(국민당 군사위원회 별동종대 화베이 유격정진挺進 제4종대 사령) 등이 저지른 일이었다.

그들도 항일 깃발을 들었지만 일본군에게 총 한 발 쏘는 것을 보거나 듣지 못했다. 오히려 전문적으로 8로군 후방을 습격하여 지방 항일 간부를 살해했다. 섬서에서는 옌시산이 추린사변秋林事變*을 일으켜 항일 간부와 공산당원을 도살하고 신군新軍 결사대를 공격했다.

---

* 1939년 3~6월 옌시산은 섬서성 이촨현 추린진에서 산시의 진쑤이군晉綏軍(산시 및 쑤이위안군) 고급간부 회의를 소집했다. 그는 신군(청년 항전결사대) 소멸을 꾀하고 반공에 나서려 했으나 목적을 이루지 못했다. 그러나 옌시산은 계획을 포기하지 않고 같은 해 12월 장제스의 지시 하에 신군을 공격했지만 실패하였다.

또한 허난과 후베이에서 신4군 간부들을 도살한 참혹한 사건이 일어나 상황이 더 엄중해졌다. 섬서성 쑤이더현에서 국민당이 파견한 허사오난何紹南은 전원專員(성과 현 사이의 행정구역 책임자)이 되어 섬감녕(섬서성·간쑤성·닝샤성) 변구를 파괴하려고 했다. 그는 싼위안三原에 검문소를 설치하고 8로군 차량과 왕래하는 사람을 억류했다. 희생자가 수를 헤아릴 수 없었다.

1939년 겨울, 장제스는 1차 반공고조反共高潮(소극적 반공에서 적극적 반공정책으로 선회한 것)를 일으켜 타이항산 장악을 기도했다. 허베이성 주석 루중린鹿鍾麟을 8로군이 있는 곳으로 보내 "잃어버린 땅을 수복하라"고 했으며, 또 장인우張蔭梧를 허베이성 경비사령으로 임명하여 전문적으로 8로군 후방을 습격하여 항일유격대를 타격하게 했다. 6월에 앞서 장인우는 '곡선구국曲綫救國'*론을 발표한 바 있다.

나는 11월에 옌안에서 타이항산으로 돌아왔는데, 시안과 뤄양을 지날 때 반공의 공기가 이미 강화되어 심각한 상태임을 알 수 있었다. 싼위안을 지날 때 나는 검문소에서 두 명의 특무를 체포했다. 그들이 내가 타고 온 대형 트럭을 검문하고 억류하려 했기 때문이다. 나는 억류된 8로군 차량을 놓아 보내고 그들에게 물었다.

"누가 18집단군 부총사령(펑더화이)의 트럭을 검문하고 억류하라고 명령했나? 장 위원장의 명령인가? 아니면 청첸 주임의 명령인가?"

나는 체포한 특무를 청첸에게 보내고 처벌할 것을 요구했다.

---

* 항일전쟁 시기 국민당 왕징웨이 등 일부 친일 인사들은 군대와 관원들을 일제 침략자에게 투항토록 사주했는데 그 논리가 '곡선구국', 곧 '굽은 길로 나라를 구한다'이다.

"'상하이사변', 창사 마일사변이 1차 대혁명을 반공 반인민적 10년 내전으로 변화시켰소. 그렇게 되돌리고 싶은 거요? 그 때문에 동북 지방을 잃고 일본군이 우한武漢을 접수하러 왔소. 이처럼 수구적인 자는 비밀스런 왕징웨이汪靖衛**든 공개적인 왕징웨이든 나쁘기는 매 한가지요."

청첸의 거처에서 나는 허사오난의 코를 가리키며 말했다.

"당신이 바로 왕징웨이 같은 사람이오. 산베이에서 온갖 나쁜 짓을 다 하고 8로군의 항일 후방을 망가뜨리다니."

나는 청첸과 대면하여 다시 말했다.

"지금 누가 반공을 하려는가. 그가 먼저 총을 한 방 쐈으니 우리도 바로 한 방 쐈소. 그것을 일컬어 예의상 오고 간다고 하는 것이오. 이제 또 세 방째 총을 쏘아야겠소?"

청첸이 말했다.

"세 방째를 쏘는 것은 옳지 않소."

"깨끗이 그〔허사오난〕를 없애 버립시다. 다시는 감히 마찰하지 못하 도록."

헤어지려고 나오면서 나는 허사오난에게 말했다.

"다시 쑤이더로 가서 전원이 되시오. 백성들이 당신을 잡아 심판할 거요."

그러나 허사오난은 다시 쑤이더에 가서 전원이 되지 못했다. 쑤이

** 왕징웨이는 국민당의 주요 지도자로 장제스에 맞서 우한의 국민당 정권을 이끌었으나 나중에 일제에 투항하여 1940년 난징에 친일정권을 세워 주석으로 취임하였다.

더 전구專區(성과 현 사이의 행정구역)는 이때부터 섬감녕 변구의 땅이 되었다. 나를 수행하여 함께 청첸을 만난 동지는 시안 8로군 판사처 주임인 린보취林百渠였다. 판사처로 돌아올 때 린 선생이 내게 말했다.

"오늘 왜 그렇게 심하게 화를 내었소?"

"이번에 일부러 화를 낸 겁니다. 화를 내지 않으면 반공고조를 물리칠 수 없고 허사오난이 쑤이더로 다시 오는 것을 막을 수도 없지요."

우윈푸伍雲甫가 옆에서 거들었다.

"한번 시끄럽게 해야 합니다. 그것들 정말로 싫습니다."

이것이 첫 번째 정치정찰이었다. 장제스는 감히 내전을 또 하려는 것인가? 만약 또 내전이 벌어지면 그는 영국과 미국 쪽으로 기울거나 아니면 일본에 투항하게 될 것이다. 그가 이번에 내놓은 한 수는 별로 좋지 않았다.

이 정찰은 꽤 가치가 있었다. 청첸은 국민당의 원로파로 전형적인 중간파였다. 그가 "세 번째 총을 쏘는 것은 옳지 않다"고 말한 것은, 곧 중간파가 반마찰투쟁을 인정한다는 의미였다. 반마찰투쟁도 무장투쟁이었다. 하지만 지나치면 안 될 것이었다.

시안에서 차를 타고 뤄양에 도착해 웨이리황을 회견하고 리시주李錫九 등 일부 민주인사들을 예방했는데, 리시주의 처소에서 뜻밖에 신 5군 단장인 쑨뎬잉孫殿英을 만났다. 이때 반공마찰 상황과 관련하여 흥미로운 정보를 얻었다. 리시주는 무골호인인데 성격이 급했고, 쑨뎬잉은 토비 출신으로 매우 교활한 인물이었다. 쑨뎬잉이 나에게 의미심장하게 말했다.

"당신들 8로군은 대처할 방법이 있을 것이오. 그 의미는 당신 스스로 생각해 보시오."

"당신이 많이 도와주시기 바랍니다."

"당신들 일하는 방침을 보니, 남이 나를 건드리지 않으면 나도 남을 건드리지 않는다는 식인 것 같소."

나는 그 말 뜻을 알아들었다. 우리가 그들을 치면 자기들 신5군은 중립을 지키겠다는 뜻이었다. 그 뒤 우리가 주화이빙 부대를 공격하고 추격하여 잔존 부대를 섬멸할 때 신5군은 훈련을 나갔다. 그는 아예 개입하지 않았다.

웨이리황의 거처에서 꽤 여러 차례 이야기를 나누었다. 그가 몇 번 함께 밥을 먹자고 했는데, 이는 내전을 두려워하고 있음을 보여 주는 것이었다. 웨이리황은 항일전쟁 시기에 중간파였는데 내전 시기에는 견결한 반공분자였다. 중앙소비에트구 3차 포위토벌 때 그는 〔국민당〕 중로군中路軍 사령이었고, 악예환(후베이성·허난성·안후이성) 소비에트구를 공격할 때 반공 공적 표창을 받기도 했다. 진자자이金家寨 마을의 이름을 〔웨이리황의 이름을 붙여〕 리황현立煌縣으로 개칭하기도 했다. 그랬던 그가 내가 국민당의 반공 상황을 이야기해도 가부 의사를 표시하지 않았다. 다만 나라를 위해 서로 참아야 한다고 하기에 내가 말했다.

"우리는 참을 거요. 하지만 완고한 분자가 참지 않으면 어떻게 해야겠소? 우리가 맞받아 공격하면 내전이 벌어질 위험이 있소."

"내전을 해서는 안 되오. 다시 내전을 벌이면 다 끝장나는 거요."

시안사변 뒤 웨이리황은 '반공은 끝났다. 되돌릴 수 없다'는 태도를 취했다. 18집단군이 그의 지휘를 받았는데, 그는 그때까지 지휘를 한 적이 없었다. '다시 내전을 벌이면 끝장난다.' 이것이 당시 국민당 가운데 항전파의 심정이었다. 헤어질 때 그가 나에게 말했다.

"10군〔국민당군〕이 위안취潿曲를 도하한 뒤 도착해 밥을 먹고 있소. 10군 단장 천톄陣鐵가 사람을 보내 나를 기다리고 있어요."

이 사실을 내게 알려 준 것은 그가 내전을 두려워하고 있음을 뜻하는 것이었다. 내가 차에 탈 때 서른 살쯤 된 젊은이가 나에게 말했다.

"그들은 세 갈래 길로 나누어 8로군 총사령부를 공격할 준비를 하고 있습니다."

그 사람은 내가 차에 오른 뒤 배웅하고 바로 갔다. 아마 웨이리황의 부하로 8로군을 동정하는 사람이었을 것이다. 천톄의 부대에 도착해 밥을 먹을 때 나는 생각했다. 천톄가 나를 불러 뭐하려는 거지? 천톄는 리링 사람이고, 그의 처는 샹탄 사람으로 교사였다. 천톄의 처가 내게 말했다.

"지금 공기가 좋지 않아요. 펑 선생 같은 분은 길을 갈 때 조심해야 합니다."

위안취와 양청陽城 사이에 험한 길이 하나 있는데 낭떠러지 절벽이 30리쯤 이어져 있었다. 나는 10여 명의 경호분대 및 암호해독병과 작은 무전기를 가지고 험로로 피했다. 산을 기어올라 나머지 좁은 길을 찾았다. 그날 저녁 노숙하며 전보를 쳤다. 7개 여단을 이동시켜 반마찰전투를 준비했다.

총사령부로 돌아왔을 때 부대는 벌써 준비를 다 해 놓고 있었다. 진찰기晉察冀(산시성 · 차하르 · 허베이성) 변구에서 2개 여단을 이동시켜 녜룽전이 직접 인솔하여 우샹武鄕에 이르렀다. 1940년 1월 말 시작한 반공마찰전투에 대한 반격에서 3일 만에 주화이빙 군 2개 사단, 허우루융侯如墉 여단, 장인우 군 종대 등 모두 10개 연대를 전부 섬멸하고 타이항산 근거지를 튼튼히 했다. 타이항산 근거지와 산둥, 쑤베이蘇

北, 완베이, 허베이河北 평원과의 연계도 확보할 수 있게 되었다. 이것은 위대한 승리였다.

당시 일부러 루중린 및 그 호위대 1천 명을 놓아 보냈다. 중조산中条山에 있는 장제스의 직계 5개 군은 출동하지 않았다. 그 부대는 진청晋城의 운남군으로 청완중曾萬鍾 군이었다. 린현林縣의 신5군도 모두 출동하지 않았으며 양청에 있는 쑨추孫楚 군도 움직이지 않았다. 그 뒤로 타이항산의 무장 마찰투쟁은 끝이 났다. 제1차 '반공고조'를 격퇴한 것이다. 이는 항일 민족통일전선 중에 관철된 마오 주석 혁명노선의 승리였다. 무장하여 마찰에 반격한 "도리가 있고, 이익이 있으며, 절도가 있는" 방침이 거둔 승리다.

그때 처음으로 민족통일전선의 경험을 얻었다. 상대가 무장하여 마찰을 진행하면, 우리도 무장으로 반격할 수밖에 없다. 우리는 투쟁하며 단결을 추구하여 비로소 승리를 얻어 냈다. 만일 1차 반공고조를 격퇴하지 못했다면 타이항산의 항일 민주 근거지를 세울 수 없었을 것이고, 화베이 항일 근거지 전체가 영향을 받았을 것이다. 견결한 태도로 완고한 반공분자들에게 타격을 주지 않았다면 중간 세력을 쟁취하지 못했을 것이다. 곧, 1차 반마찰 전역은 반드시 필요했으며 정확한 방침이었다. 오직 단결하여 투쟁하지 않으면 통일전선도 견지할 수 없는 것이다. 단결은 조건이 있어야 한다. 즉 항일을 위해야 하며, 혁명 세력의 발전을 위해야 한다. 혁명 세력을 쇠약하게 하는 것이 아니다. 이것이 마오쩌둥 사상이고 혁명노선이다. 모든 것이 항일을 위해야 하고 항일에 복종해야 한다. 반마찰 전역은 바로 이런 모순의 통일이었다. 그런데 우리는 승리를 거둔 뒤 토론을 전개하지 않았다. 인식의 제고, 왕밍노선 영향의 일소를 위한 토론이 필요했다는 점에서, 이는 엄중한 결점이었다.

그 전역에서 나는 지시를 달라고 하지 않고 먼저 일을 처리했다. 1 차 반마찰 전역에서 마땅히 먼저 지시를 요청해야 했다. 중앙이 먼저 승인한 뒤 다시 진행하는 게 옳았다. 하지만 당시 상황이 엄중하여 언제 습격당할지 몰랐기 때문에 지시를 기다리지 못했다. 사후에 중앙에 보고하고 인가를 얻을 수 있었다.

백단대전

1940년 2월, 국민당의 1차 반공고조에 맞서 1차 전역을 승리로 마쳤지만, 적은 고집스럽게 화베이 지구에서 유언비어로 군중들을 미혹했다. 8로군과 지방 민중들 사이를 이간질시키는 내용으로 '8로군은 놀기만 하고 싸우지 않는다' '우군만 공격하고 일본군은 공격하지 않는다'는 말을 퍼뜨렸다. 이 올가미에 걸려 8로군을 의심한 이들도 있었다. 국민당은 '곡선구국론'을 근거로 일부 부대를 교사하여 일본에 투항시키거나, 일본의 괴뢰군을 조직하고 비밀리에 괴뢰군을 승인·합법화하기도 했다.

일본군은 정면 공격을 중지하고 병력의 중심을 화베이로 이동하여 후방 근거지에서 끊임없이 소탕을 진행했다. 일본 괴뢰군은 몇 개 교통선에 의지하여 우리 근거지에서 점령지 확장을 시도했다. 계속된 기도에 그들의 거점이 많이 늘어났다. 일본군은 또 다면정책을 채택하여 군사적 공격 외에도 정치적 투항을 권고했으며, 경제봉쇄와 문화적 기만정책을 쓰기도 했다. 일본군이 이른바 '치안 강화' 정책*을 시행한 뒤 괴뢰군과 괴뢰 조직이 확대되었다. 적의 점령지구는 넓어지고 우리 항일 근거지는 점점 축소되었다. 부대에 급양을 제공하는 것도 곤란해졌다.

일본군은 또 아군의 각 항일 근거지 연계를 봉쇄하거나 격리시켰다. 특히 산시 동남쪽에서 '수롱정책囚籠政策**'을 실행하여 형세가 나날이 엄중해졌다. 적과 괴뢰는 거점에 의지하여 곳곳에서 약탈하며 '3광三光정책'(1939년 여름에 제출한 정책으로 죽여 없애고, 태워 없애고, 총을 쏘아 없애는 것)을 실행했다. 인민들은 엄중한 손상을 입었다. 적과 괴뢰에게 무거운 타격을 주기를 바라는 인민들의 절실한 요구가 점점 커졌다. 하지만 소수 지구의 군중들은 엄중한 위협 속에서 동요하거나 적에 투항하는 자도 생겼다.

1940년 3월경부터 7월까지 화베이의 수많은 항일 근거지들이 빠르게 유격구로 변했다. 대습격파괴 전역을 실행하기 전에 겨우 2개 현성, 즉 타이항산의 핑순平順과 산시 북쪽의 펜관偏關만 남게 되었다. 한쪽만 부담하던 군중들은 이제 두 쪽에서 압력을 받게 되었다. 항일정부에 대한 부담과 괴뢰정권에 대한 부담이 그것이다. 국제적으로는 '뮌헨의 압력***'이 동방에 가해지면서 적 점령지구의 인민들,

---

* 1941년 3월부터 화베이의 일본군과 그 내통자들이 추진한 정책으로 해방구 소탕, 유격구 대검거를 실행했다. 점령구에서는 '보갑제도保甲制度'를 실행하여 호구조사를 했다. 이로써 괴뢰군 조직을 확대하고 항일 역량을 진압했다.

** 일본이 후방의 항일 근거지를 파괴하기 위해 기도한 수단으로, 군과 민이 실행한 그물 모양의 압축포위정책을 가리킨다. 철도를 기둥으로, 도로를 쇠사슬로, 토치카(사격 진지)를 자물쇠로, 도랑과 담을 보조 수단으로 삼아 항일 근거지를 봉쇄하려 했다.

*** 1938년 9월 영국·프랑스·독일·이탈리아 4국은 독일 뮌헨에서 회의를 갖고 '뮌헨협정'에 조인했다. 영국·프랑스는 독일이 소련을 공격하는 조건으로 체코슬로바키아를 독일에 팔아넘겼다. 이

특히 지식분자들이 영향을 받았다. 그런데 적과 괴뢰들은 우리 근거지에 깊이 들어오면 보통 토치카를 쌓고 병력을 분산시켰다. 그래서 오히려 적 뒤에 후방이 만들어졌다. 주요하게는 교통선이 공허해지고 수비도 취약해졌다. 이것이 우리에게 유리한 전기를 마련해 주었다. 이것들이 모두 이번 전역을 조직하게 만든 원인이다.

다음으로 적의 동향을 파악하는 데 계산 착오가 있었다. 이것 역시 이번 전역을 일으킨 중요한 원인 중 하나이다. 당시 국제 형세의 변동으로 서남 국제교통선로*(윈난-버마공로)가 차단되어 국민당의 동요가 더할 것으로 생각했다. 일본군은 '8월에 시안을 공격할 것'이라는 소문을 유포했고, 그런 분위기에서 우리는 서북교통선이 차단될 것이라고 예상했다. 이런 긴장된 공기 안에서 국민당은 더욱 동요했고 투항 가능성도 커졌다.

그런 가운데 우리는 1차 대습격파괴 전역을 결정했다. 8로군 총사령부는 7월 상순에 준비를 시작하여 8월 상순에 옥수수밭이 빽빽한 틈을 타 대습격파괴전을 진행하기로 결정했다. 처음에 참여한 병력은 22개 연대로 진찰기晉察冀(허난성·차하르·허베이성) 10개 연대, 129사단 8개 연대, 120사단 4개 연대 등이었다. 정태로正太路〔스자좡-타이위안太原 철로. 기점이 허베이 정딩正定이다〕를 중점적으로 습격하여 파괴하고,

---

와 마찬가지로 1938~1939년 영국과 미국이 일본과의 타협 조건으로 중국을 팔아먹으려 여러 차례 토의한 것을 가리킨다.

* 서남 국제교통선로는 1938년 전 노선 통행이 가능해졌다. 윈난 쿤밍昆明에서 추슝楚雄, 샤관下關, 바오산保山, 루시潞西를 지나 완팅畹町에 도착하여 버마와 서로 통하게 되었다. 중일전쟁 시기에 중국 국내와 국외를 연계하는 중요한 교통선이었다. 1940년 7월 17일, 영국은 일본의 압력에 굴복하여 윈난-버마 교통선 봉쇄를 선포했다.

다음으로 평한로平漢路〔베이징-한커우漢口 철로. 베이징의 옛 명칭이 '北平'이었다〕를 습격 파괴하고, 동포로同蒲路〔다퉁大同-푸저우蒲州 철로〕 북단과 백진로白晋路〔바이구이白圭-진청晋城 철로. 지금은 철거되었다〕를 해치우기로 했다. 그리고 8월 13일 전후로 적의 각 교통선을 공격하기로 했다.

임무 분배는 다음과 같다. 타이항산 지구는 냥쯔관에서 타이구까지, 스자좡에서 신샹新郷까지 맡는다. 우타이산 지구는 스자좡에서 루거우차오까지, 냥쯔관에서 스자좡 및 난커우南口 동서 구간까지 맡는다. 진쑤이晋綏 지구는 타이위안 북쪽에서 옌먼관 북쪽까지 맡는다. 타이웨太岳 지구는 백진로 전 구간을 맡는다. 허베이 남부 지구와 허베이 중부 지구는 스자좡에서 더저우德洲까지 전 구간을 맡는다.

8로군 총사령부는 결정 뒤 7월 22일 각 지구와 중앙군사위원회에 전보를 발송했다. 습격파괴전을 시작할 때, 일본군과 괴뢰군 상당수가 반드시 우리 근거지에서 밖으로 후퇴할 것이라고 예측했다. 따라서 부대를 배치하면서 각 군과 분구는 미리 준비해야 했다. 적이 물러나 토치카 공사를 할 때 되도록 적을 소멸시키고 토치카와 봉쇄용 도랑, 담을 허물기로 했다. 각 지구 부대는 배치 지역이 정해진 뒤 적극 행동하여 준비를 앞당겨 예정 지역에 진입했다. 당시는 옥수수밭이 무성할 때여서 적과 괴뢰가 토치카를 조밀하게 배치해도 발각되지 않을 수 있었다. 우리는 적에게 발각되지 않도록 각지에서 동시에 갑자기 습격하기로 했다. 그러면 더 큰 충격을 줄 수 있었다. 대략 예정 시간보다 10일 정도 앞당겨 7월 하순에 바로 시작했다〔백단대전은 8월 20일에 시작됐다〕. 중앙군사위원회의 승인을 기다리지 않고 전투를 앞당겨 시작한 것인데, 이 점은 잘못한 일이라고 생각한다.

전투를 시작하여 어느 정도 승리를 거둔 뒤, 각 근거지에 있는 적지 않은 무장 역량들은 적이 창황히 후퇴하는 틈을 타 자동적으로 전투에 참가했다. 그들은 자발적으로 분기하여 적과 괴뢰를 추격, 섬멸했다. 처음에 배치했던 22개 연대에 더하여 모두 1백 개 연대가 전투에 참가했고, 그래서 전황 보고를 발표할 때 '백단대전'이라고 이름을 붙였다. 이 전역은 공산당 영도 하에서 군대가 고도의 자각성과 적극성을 발휘한 사례다. 일본군 화베이사령부는 이 전역을 일컬어 '굴심전挖心戰'(적의 심장을 치는 전역)이라 칭하고, 그 뒤 매년 이날을 굴심전 기념일[8월 20일의 아픔을 잊지 말자는 의미]로 삼았다.

이 전역에서 일본군과 괴뢰군 3만여 명을 소멸시켰다. 격퇴한 괴뢰군과 괴뢰 조직은 자동적으로 와해되었는데 그 수가 매우 많았다. 정태로, 평한로는 한 달이 지난 뒤에야 겨우 차량을 통행시킬 수 있었다. 많은 현성을 수복했으며 일부는 다시 잃기도 했다. 대습격파괴 전역으로 한 차례 수복한 곳이 40~50개 현, 마지막까지 튼튼하게 남은 현성이 26개 이상이었다. 타이항산 지구는 위서榆社 · 우샹 · 리청黎城 · 서현涉縣 · 링촨陵川 · 샹위안襄垣 등 6현, 타이웨 지구는 친위안沁源 · 푸산浮山 · 안쩌安澤 등 3현, 우타이 지구는 푸핑阜平 · 링추 · 라이위안淶源 · 훈위안渾源 등 4개 현, 산시 서북 지구는 린현臨縣 · 싱현興縣 · 커란岢嵐 · 커현苛縣 · 우자이五寨 · 핑루平魯 · 쭤윈左雲 · 유위右玉 등 8개 현, 허베이는 허젠河間 수복 외 몇 개 현, 산시 남 지구는 난궁南宮 수복 외 몇 개 현, 기로예冀魯豫(허베이성 · 산둥성 · 허난성) 평원 지구는 난러男樂 · 칭펑清豐 · 네이황內黃 등의 현을 수복했다.

대습격파괴전이 일본군과 괴뢰에게 준 충격은 매우 컸다. 당시 적과 괴뢰군 일부 역량이 우리 근거지 내부로 깊이 들어와 별이나 바둑알처럼 촘촘하게 늘어선 토치카로 수비하러 갔기 때문에 각 철도 연선의 수비병이 줄어들어 전역이 비교적 순조롭게 진행되었다. 이번 습격파괴전은 적의 교통수송선을 크게 파괴하고, 많은 괴뢰군과 괴뢰 조직을 소멸시켰다. 우리 근거지 내에서 적과 괴뢰군의 적지 않은 보루를 파괴하고 많은 현성을 수복했다. 또한 대량의 물자를 노획했는데 그 양이 항일전쟁 전역 중 가장 많았다.

또한 이번 전역은 화베이 인민 군중들에게 항일 승리에 대한 믿음을 크게 높였다. 강도 일본이 진행하던 투항 정책 및 동방의 뮌헨 음모는 큰 타격을 받았다. 또 장제스가 관리하던 지역 인민들에게 커다란 흥분을 안겨 주고, 투항파에게 또 한 번 타격을 주었으며 공산당이 영도하는 항일 군대의 위세를 크게 높였다. 국민당이 만들어 낸 '8로군은 놀기만 하고 싸우지 않는다'는 유언비어도 타격을 받았다. 당시 장제스 군은 후방의 보급과 국제 원조를 받은 반면, 8로군은 적 후방 깊은 곳에서 털끝만큼의 원조도 받지 못했다. 그럼에도 대국을 살펴 백단대전을 진행할 수 있었던 것은 항일구국의 신성한 사업을 자기 임무로 삼았기 때문이다. 이 점을 전국 인민들에게 평가받고, 인민들 스스로도 교육하게 만들었다.

이 대규모 습격파괴전을 진행하면서 아군은 견고한 방어물을 공격하는 경험을 얻었다. 이는 이후 우리가 적 후방에서 무장공병대 활동을 펼치는 데 큰 도움이 되었다. 화베이 괴뢰군 조직 와해 공작도 신속하게 전개되었다. 커다란 해방구를 회복함으로써 양쪽을 부담해야 했던 인민들의 고통도 줄어들었다. 승리 소식이 옌안에 전해지자, 마오 주석은 즉시 나에게 전보를 보냈다. 마오 주석은 전보에서 이렇게 말했다.

"백단대전은 사람을 참으로 흥분하게 한다. 이런 전투를 한두 번

더 조직할 수 없겠는가?"

그만큼 이번 전역은 적지 않은 승리를 거두었던 것이다. 하지만 우리는 몇몇 문제에서 잘못을 저지르기도 했다. 주요하게는 일본군의 공격 방향을 잘못 예측했다. 본래 적은 중위안中原〔황허의 중류·하류에 걸친 땅으로 허난성 대부분과 산둥성 서부 및 허베이성·산시성 남부를 포괄함〕을 공격하여 악한로鄂漢路〔광저우廣州─우창武昌 철로〕와 상계로湘桂路〔헝양衡陽─난닝南寧 철로〕를 소통시킬 준비를 하고 있었으나, 우리는 정보 담당자의 보고에 따라 시안을 공격하는 것으로 알고 적이 시안을 점령한 뒤 중앙과 서남지구의 연락을 차단할 것을 두려워했다. 이런 고려는 불필요한 것이었다.

또 일본 파시즘이 악한로를 소통시켜 태평양전쟁˙ 진행의 편리를 도모할 것이라고 예측하지 못했다. 이런 전략적 기도를 간파했다면 반년 정도 기다렸을 것이다. 또는 적이 창사, 헝양, 구이린을 공격하여 병력이 더 분산되기를 기다렸다가 대규모 습격파괴전을 벌였다면 그 전과나 의미가 훨씬 컸을 것이다. 그러나 일찍 전역을 벌여 승리함으로써 일본군의 악한로와 상계로 소통이 한 달가량 늦어져 장제스에 대한 일본의 압력이 줄어들면서 결과적으로 장제스를 지원하는 결과를 가져왔다.

이번 습격파괴전 이후 일본군은 화둥과 화중에서 1개 사단 병력을 이동시켜 우리 화베이 근거지 공격을 강화했다. 적의 '3광정책'으로

˙ 1941년 12월 7일 새벽, 일본은 선전포고 없이 태평양지구 미국의 주요한 해공군기지인 진주만을 갑자기 습격했다. 미국 태평양함대는 참담한 손실을 입었다. 12월 8일 미국은 일본에, 독일은 미국에 정식으로 선전포고를 하여 태평양전쟁이 시작되었다.

특히 타이항산 지구 인민들이 피할 수도 있었을 손실을 입었다. 3광 정책은 죽여 없애고, 태워 없애고, 총을 쏘아 없애는 것으로 1939년 여름에 제출한 것이다.

또, 습격파괴전 후반에 나도 무리한 지휘를 했다. 타이항산 지구에서 습격 시간이 너무 길어져 연속해서 한 달을 끌게 되었는데, 이 때문에 휴식하며 정돈할 시간을 갖지 못하게 되자 적과 괴뢰군이 우리를 바로 소탕하려 들었다. 일본군은 소탕 작전에 보통 1개 대대를 추가로 투입하는데 괴뢰군에게 한 갈래 길을 맡겼다. 나는 줄곧 기회를 봐 가며 한쪽 길의 적군을 섬멸하려 했다. 그래서 적이 다음 소탕 작전에 감히 1개 대대로 한 갈래 길을 맡지 못하게 하고, 소탕 시간 간격도 더 길어지게 하여 우리 군과 인민이 기동하는 데 유리하게 하려 했다. 그러나 나의 이런 생각은 실제 상황과 잘 맞지 않았다. 부대는 매우 피로했고 전투력도 약해졌다. 129사단 전상자도 많이 늘어났다.

앞에서 말한 좋지 못한 결과의 책임은 내가 져야 한다. 하지만 나는 그 전역을 평가할 때, 당시 우리들이 처한 환경과 부과된 임무에서 벗어날 수 없다고 생각한다. 만약 이것들을 벗어 던진다면 남는 것은 '장제스의 통치를 옹호하는 것'이며 '이것은 자산계급 사상의 전략 방침'이라고 말할 수밖에 없다. 나는 이런 생각으로 1차 전역과 행동을 분석하고 추론했다. 지나친 점도 있으나, 당시 전역의 승리를 실제 손실보다 더 크게 보고한 일이 많았다.

문화대혁명 중 어떤 이들은 악의를 가지고 백단대전을 공격했다.

그들은 환남사변皖南事變●이 백단대전에서 역량을 노출시켰기 때문에 발생했고 장제스의 공격을 야기했다고 말했다. 신4군 8~9천 명이 소멸된 책임을 펑더화이가 져야 한다는 것이었다. 그것 참, 이런 사람들은 도대체 어떤 계급의 입장에 서서 말을 하는 것인지 의심하지 않을 수 없다. 그들은 근본적으로 역사를 모른다. 백단대전은 장제스가 1차 반공고조를 일으킨 뒤의 일이지 그전 일이 아니다. 1차 반공고조 전을 말한다면 그때 8로군과 신4군을 상대로 그렇게 많은 참사를 만든 사람은 누구인가?

심지어 어떤 사람은 일본이 투항한 뒤 장제스가 인민해방구에 일찍이 유례가 없는 공격을 가한 것도 백단대전 때 역량을 노출시켰기 때문이라고 말했다. 장제스가 일찍부터 경각심을 가졌다는 것이다. 그렇게 말하는 자들은 벌써 잊어버렸나? 아니면 일부러 역사적 사실을 외면하는 것인가? 1929년 '상하이사변'과 창사의 '마일사변'은 누가 역량을 노출시킨 것인가? 누가 '상하이사변' 전에 백단대전과 같은 일을 했는가? 장제스가 10년 내전을 일으켰을 때, 그전에 또 누가 백단대전 같은 공격을 했는가?

분명히 답하지만 그때 백단대전 같은 일을 일으킨 사람은 없다. 그러면 장제스 집단은 왜 10년 내전을 일으켰는가? 그것은 그 집단의 본질적 성격이 지주와 매판 자산계급을 대표하기 때문이다. 반공·

● 1941년 1월 안후이성 남쪽의 신4군은 국민당의 동의를 얻어 안후이 남쪽에서 북쪽으로 이동하다가, 안후이성 징현涇縣 마오린진茂林鎭에서 국민당 군대와 만나 갑자기 포위공격을 받았다. 7일 밤낮으로 혈전을 벌인 끝에 군단장 예팅葉挺이 포로가 되었고, 9천 명 넘는 지휘관과 전투병력 중 소수 포위망을 돌파한 사람 외 대부분이 희생되었다.

반인민적 대표 집단이기에 그들은 항일전쟁 기간에도 여전히 3차 반공고조**를 일으켰다. 항일전쟁이 끝난 뒤에도 수백만 군대를 동원하고 제국주의 원조를 받았는데, 그것이 반공·반인민적 길이 아니란 말인가?

백단대전을 악의적으로 공격하는 사람은 일본제국주의와 장제스 집단의 입장에 서 있는 것이다. 마오 주석이 나에게 보낸 전보를 좀 보라. 당신들은 어째서 마오 주석과 그렇게 다른 생각을 하는가? 당신들은 그저 강연대 위에서 펑더화이를 타도하라고 힘차게 외치고 있는 것 아닌가? 여전히 이 사람을 타도하고 저 사람을 타도하라고 외치고 있다. 생각을 좀 해 보라. 당신들 스스로는 어떤가? 서너 명이 방 안에 앉아 한담이나 나누는 게 아니다. 수만 명이 모인 군중대회에서 여러 차례 연설하며 독을 내뿜고 있는 것이다.

나는 백단대전이 군사적으로 잘 싸웠다고 생각한다. 특히 반마찰 전역을 치른 뒤 일본에 반대하는 백단대전은 반드시 필요했다. 우리들이 항일을 위해 반마찰 전역을 했음을 드러내야 했다. 그것으로 비로소 중간 세력 확대를 이룰 수 있었다. 그때 우리는 적 후방의 허

** 1938년 10월 우한을 빼앗긴 뒤 장제스의 국민당은 소극 항전, 적극 반공으로 정책적 변화를 꾀한다. 1939년 겨울부터 1943년 가을까지 장제스의 국민당은 3차례 대규모 반공고조를 일으켰다. 1차는 1939년 겨울~1940년 봄까지로, 이 기간 동안 국민당 군대는 섬감녕 지구 5개 현을 침범하였다. 옌시산이 청년 항전결사대를 공격하고, 쑤유찬·주화이빙 등의 부대가 타이항산의 8로군을 공격했다. 2차는 1941년 1월에 일으켰다. 이 기간 동안 국민당군 8만 명이 안후이 남쪽에서 북쪽으로 이동 중인 신4군 부대를 포위공격하여 '환남사변'을 일으켰다. 3차는 1943년 봄부터 가을까지다. 이 기간 동안 장제스는 공산주의 인터내셔널이 해산한 틈을 타 특무를 민중단체로 위장시켜 '공산당 해산' '섬감녕 변구 해소' 등을 주장하게 하고, 섬감녕 변구에 대한 전격적 공격을 준비했다.

점을 잡고 갑자기 맹렬하게 습격했다. 적의 이동을 이끌어 내 타격을 주고 커다란 항일 근거지를 회복했다. 적 후방 토치카가 밀집한 상황에서 이렇게 통일적이고 계획적인 습격파괴전을 조직하는 것은 쉬운 일이 아니었다. 백단대전의 승리로 일본과 장제스의 기만적 선전을 폭로하는 데 유리한 국면이 만들어졌다. 이제 역량을 축적하는 것이 절실히 필요하게 되었다. 만약 당시에 적과 괴뢰에게 가능한 타격을 반드시 입히지 않았다면 근거지가 유격지구로 바뀌었을 것이다. 우리는 1백만 명 가까운 정규군으로 성장하지 못했을 것이고, 2백만 명의 기간 민병도 없었을 것이다. 광활한 해방구와 해방전쟁의 전장을 만들지도, 침범해 오는 장제스를 적시에 타격하기도 어려웠을 것이다.

항일 시기에 인민전쟁이 발전했다. 홍군 시기에 비해 진일보한 것이다. 대규모 갱도전투, 지뢰전, 유격전 등 각종 다양한 전법과 각양각색의 무기가 이용되었다. 무장 편성도 여러 종류로 다양해졌다. 예를 들면, 보통의 민병과 기간 민병이 있고, 시골 마을에는 작은 조직이, 지구에는 지구 부대가 있었으며 현에는 독립연대나 대대 혹은 지대가 있었는데 백단대전 뒤 무장공작대로 발전했다. 그것은 당·정·군·민을 통일한 조직 형식으로서 일반적 정책 수준도 비교적 높았다. 그때 구체적인 상황을 잘 분석해 보자. 그들은 하나의 투쟁 대상을 상대로 매번 민활하게 기동하고 곳곳에서 인민의 이익을 위해 싸웠다. 합법투쟁과 비합법 투쟁을 결합하는 데 특히 교묘했다. 모두 마오쩌둥 인민전쟁 사상으로 지도하여 점점 성장하기 시작한 것이다. 애석한 점이라면 이것을 체계적으로 정리하지 못한 것이다.

1946년~1947년 10월 일본이 패망하자 국민당과 공산당 사이에 내전이 폭발한다. 1949년까지 이어진 국공내전에서 펑더화이는 주로 서북 지역에서 국민당군 부대와 싸운다. 1947년 정부와 당 요인들의 철수 시간을 벌기 위해, 30만 명의 대군을 이끌고 중국공산당의 수도 옌안으로 밀고 들어오는 후쭝난 군에 맞서 지연전을 펼치고, 이후 3만 명의 병력으로 서북을 전전하면서 국민당군을 유인·매복·기동전술로 괴롭힌다. 그 결과, 잃었던 옌안 수복은 물론 서북 전역과 신장을 평정하는 등 내전에서 혁혁한 공로를 세운다.

옌안에서 철수하다

'7대'〔중국공산당 제7차 전국대표대회. 1945년 옌안에서 열렸다〕가 끝난 뒤, 나는 옌안에 남아 중앙혁명군사위원회 참모장으로 임명되어 일했다. 1946년 장제스가 내전을 일으켜 해방구를 공격했다. 그해 겨울 11월에 장제스 군은 우리 인민해방군에게 35개 여단을 섬멸당해 심각한 타격을 입었다. 장제스가 움직일 수 있는 병력은 일부 고갈되다시피 했다. 그는 가짜 국민대회* 개최와 옌안 공격, 두 방향으로 움직였다. 한편으로는 정치적으로 인민해방전쟁을 타격하고, 다른 한편으로는 압도적으로 우세한 병력을 이용해 섬감녕陝甘寧(섬서성·간쑤성·닝샤성) 변구의 아군을 섬멸하려 한 것이다. 장제스가 아군과 당중앙을 압박하자, 인민해방군 총사령부는 황허 동쪽에 도착해 우딩허를 따라 황허를 봉쇄하려 했다. 장제스는 직계 후쭝난 부대를 주력으로 중위안中原과 화둥華東 지방을 장악하고 기동 병력을 증강하려 했다. 이것이 당시 장제스의 계획이었다.

1947년 봄에 장제스 군은 해방구를 전면적으로 공격했는데, 대상을 산둥과 옌안으로 바꿔 중점적으로 공격했다. 마오 주석은 "견결한 전투정신을 발휘하여 섬감녕 변구와 서북 해방구를 보위, 발전시

---

* 1946년 5월부터 12월 20일까지 국민당 정부가 단독으로 소집한 '국민대회'를 가리킨다.

키자. 이 사항들은 완전히 실현 가능한 것"이라는 영명하고 확고한 방침을 내놓았다. 중앙의 분명한 목적은 비교적 작은 병력으로 대량의 적 주력 부대를 유인하여 섬멸하는 것이었다. 전국 해방전쟁의 승리를 고무하기 위해 중앙과 인민해방군 총사령부는 섬감녕 변구에 남았다. 그곳에서 전국 해방전쟁을 계속 지도하면서 서북 인민해방전쟁을 직접 지휘했다. 그리하여 후쭝난의 부대를 서북에 계속 묶어 두고 장제스의 음모를 분쇄하려 한 것이다.

후쭝난 부대가 옌안을 공격할 때 적과 아군의 병력은 대략 10대 1 정도였다. 적은 24만 명 남짓이었고, 아군은 2만 5천 명이었다. 후쭝난 부대는 장제스의 직계로 장기간 훈련을 거쳤고 병력도 보충했다. 부대는 비교적 충실했으며, 장비도 가장 좋았고 전투력도 상당했다. 1947년 3월 초, 후쭝난은 5개 여단으로 우리 룽둥隴東 지역의 칭양과 허수이를 공격했다. 우리 쪽 병력은 358여단·신4여단·경비 1여단 등 약 1만 2천 명이었는데, 시화츠西華池에서 전개된 첫 전투에서는 잘 싸우지 못했다. 전상자가 1,200명 남짓 되었고 룽둥에서 철수하여 푸현에 집결했다. 그곳에서 옌안 보위〔방어〕에 직접 참여할 준비를 했는데 시화츠전투에 대한 불만이 많았다.

나는 급히 푸현으로 가서 부대 동지들에게 전국의 각 해방구 전쟁 형세가 좋다는 것과, 옌안 보위와 마오 주석 및 당 중앙 보위, 섬감녕 변구 보위의 중요성을 설명했다. 마오 주석을 지키자는 말에 모두 의욕이 솟는 것 같았다. 당시 부대에서 룽둥전투 검토회를 열었는데, 나는 끝까지 참가하지 못했다. 옌안 방위의 주요 진지인 난니완南泥灣에서 교도여단의 방어 시설 설치 상황을 점검해야 했기 때문이다. 뤄위안파羅元发 동지가 말하기를, 총알이 너무 부족해서 총마다 열 발이 채 되지 않는다고 했다. 그들과 부대 배치를 의논하고 며칠 간 방어할 수 있는지 진지하게 연구했다. 5일간 가능하다고 말하는 그들에게 이렇게 말했다.

"될 수 있는 대로 요격하시오. 적에게 살상을 입혀야 하지만 사수하지 않아도 좋소. 1주일만 방어하면 됩니다. 당 중앙이 옌안에서 철수할 수 있는 충분한 시간을 벌어 주시오."

그 뒤 그들은 7일간 버틸 수 있다는 것을 증명했다. 탄약이 충분했다면 수비 기간을 더 늘릴 수 있었을 것이다. 이후 나는 푸현으로 돌아왔다가 3월 12일 옌안으로 가서 마오 주석에게 이러한 상황을 보고했다. 당시 허룽賀龍 동지는 진쑤이에 가서 옌안에 없었다. 나는 마오 주석에게 물었다.

"산베이 몇 개 여단과 후방 근무 인원이 2만 명에 지나지 않습니다. 허룽이 오기 전에 내가 잠시 [서북 야전군의] 지휘를 맡는 것이 어떤지요?"

마오 주석은 내 의견에 동의했다. 그 뒤 중앙에서는 시중쉰習仲勛[시진핑 현 국가주석의 부친] 동지를 서북 야전군 정치위원에 임명했다. 나는 서북 야전군의 사령원이 되었으며, 허룽 동지는 서북군구 사령원 겸 후방 관리를 맡게 되었다[섬감녕 변구와 진쑤이 지구의 연합방위군이 그 뒤 서북군구로 개편되었다].

이때 난징에 있던 우리 당 판사처가 철수하여 저우언라이 동지 등이 난징에서 옌안으로 돌아와 있었다. 당 중앙 비서장은 런비스 동지가 맡았고, 중앙군사위원회 참모장은 저우언라이 동지가 겸했다. 그 뒤 나는 중앙군사위원회를 떠나 서북 야전군을 맡으면서 서북국西北局에서 장원저우張文舟 동지를 전출시켜 참모장으로 임명했다. 서북국 3국에 2개의 수동모터 무전기를 배치하고 참모 몇 명을 데려왔으며, 전보해독원도 두어 소사령부를 두려 했다. 전체 인원은 50~60명 정도였다. 이때 후쭝난은 뤄촨, 이촨에 병력을 집결시키고 북쪽으로 밀고 들어왔다. 서북국은 군중대회를 소집했다. 시중쉰 동지와 내가 "옌안과 변구를 보위해야 하며, 적에 대해 견벽청야堅壁淸野[성안에 들어가 지키며 들판을 비움]하고 소식을 차단해야 한다"고 연설했다[이 대회에서는 주더와 저우언라이가 연설했고, 시중쉰은 1차 군중대회에서 연설했다]. 또 인민해방군을 지지해 달라고 호소하고, 장제스를 타도하고 후쭝난 비적 군대를 소멸시킬 것이라고 연설했다. 이 군중대회는 아주 잘되었다.

적이 난니완을 공격한 지 3,4일째 되는 날, 신4여단에 사람을 보내 칭화볜靑化砭 매복 예정 지구의 지형을 상세히 정찰하라고 일렀다. 옌안에서 철수하기 하루 전 교도여단도 같은 정찰을 하게 했다. 그들은 난니완 방어 전투와 주석의 안전한 과이마오拐峁 통과 등 중요한 임무를 다하였다.

3월 17일, 마오 주석은 옌안 자오위안에서 왕자핑王家坪으로 이주해 묵었다. 마오 주석은 나에게 말했다.

"이번에 옌안을 철수할 때 집 안을 깨끗하게 청소하고 가구를 조금도 상하지 않게 해 주시오."

18일 해질 무렵, 주석이 옌안을 떠날 때 우리는 은밀히 비행장에 전송하러 갔다. 적은 성 7리 부근까지 다가와 있었다. 그곳은 교도여단이 마지막까지 방어하던 엄호 진지였다. 주석은 비행장, 차오얼거우橋儿溝, 과이마오를 지나 칭화볜으로 갔다. 그때 길에서 모두 옌허延河 남안에 있는 적의 총성을 들을 수 있었다. 주석이 왕자핑을 떠난 뒤 나는 즉시 서북국으로 갔다. 연합 방위사령부와 양자링揚家嶺〔옌안의 당 중앙이 있던 곳〕 등을 점검한 뒤 주석의 지시대로 집 안을 깨끗하게 청소하고 가구도 가지런하게 바로잡았다. 그리고 9시쯤 왕자핑으로 돌아와 전방 부대장들과 모두 전화 통화를 하여 후퇴 노선을 정했다. 의견과 후퇴 시간을 전달하고, 특히 358여단은 안싸이安塞 북쪽으로 위풍당당하게 후퇴하라고 지시했다. 나는 소부대 병력으로 적을 유인하여 (옌안 서북) 안싸이를 공격하게 하는 한편, 주력은 옌안 동북 칭화볜 지구에 매복시켰다.

아군은 참으로 질서 있게 옌안에서 철수했다. 이것은 마오쩌둥 사상으로 교육한 인민군대가 얼마나 침착한지, 얼마나 훌륭한지 말해 주는 것이다. 나는 소부대를 인솔하여 왕자핑 동쪽 한 줄기 소로에서 산을 기어올라 전진하여 그날 오후에 칭화볜에 도착했다. 적이 난니완, 간취안에서 옌안에 도달하는 데 대략 7일 정도 걸렸다. 3월 19일 후쭝난 부대가 옌안을 점령했다.

칭화볜·양마허·판룽전투

아군이 미리 매복하고 있던 칭화볜에서 2,3일이 지나도 적을 볼 수 없었다. 어떤 동지들은 조급해져서 "오지 않을 것인가?" 하고 의심했다. 나는 적이 결국 올 것이라고 믿었다. 1947년 3월 25일, 후쭝난이 재편성한 27사단 31여단이 다가왔다. 1개 연대가 과이마오를 장악하고 여단본부가 1개 연대를 인솔하여 아군의 매복권 내로 들어왔다. 전투는 1시간 남짓 걸렸다. 적을 전부 섬멸하고 탄약을 30만

발 가까이 노획했다. 2~3천 명의 포로를 잡았으며 여단장도 생포했다. 이것이 후쭝난 부대가 옌안을 공격하며 우리에게 준 첫 번째 선물이었다. 비록 많은 양은 아니지만, 당시 탄약이 매우 부족하고 병력 보충이 어려웠던 아군에게 큰 도움이 되었다. 이 전역은 작은 것이었지만, 아군에게 준 성과가 컸다. 신4여단과 교도여단이 룽둥과 난니완전투에서 소모한 것을 보충할 수 있었다. 4월 15일, 마오 주석이 서북 야전군에 작전 방침을 내렸다.

"지연전술로 적을 지치게 하라. 적을 점차 쇠약하게 하라. 적을 각개 소멸하라."

우리가 주석의 전략 방침을 제대로 집행하려면 적의 방침을 알아야 했다. 적과 우리 쌍방의 방침을 근거로 현실적이고 가능한 전투 계획을 짜야 했다.

우리는 칭화볜 첫 전투를 승리한 뒤 주력을 칭화볜 서북쪽에 은밀히 집결시키고 적의 공격 동향을 관찰했다. 후쭝난은 우리가 칭화볜 지구에 있는 것을 발견하고, 3개 여단으로 옌안에서 과이마오를 지나 남에서 북쪽으로 공격했다. 한 갈래는 옌창延長·옌뎬延天·칭젠清澗을 공격했으나 헛걸음했고, 다른 한 갈래는 와야오부, 융핑永平, 판룽蟠龍을 공격했으나 또 헛걸음했다. 이때 후쭝난은 우리 군 주력이 칭화볜 서북쪽에 있음을 알고, 칭젠·와야오부·판룽에서 서쪽 갈래길로 공격하고, 또 주력을 판룽·칭화볜에 집결시켜 남쪽에서 북쪽으로 공격했다. 그리고 와야오부와 칭젠에 각각 1개 부대를 남겨 거점을 수비하게 했다.

이런 움직임을 통해 후쭝난의 의도를 확인할 수 있었다. 그는 아군을 황허 동쪽에서 따라잡으려는 것이었다. 하지만 아군을 섬멸할 수 있다는 믿음은 없는 것 같았다. 이 무렵 서북 야전군 작전 방침이 정해졌다. '매 전투마다 반드시 이겨야 하며 양식, 탄약, 피복, 병력을 보충하되 대부분을 적에게 얻으라'는 것이었다.

적을 맞아 행동을 시작하면서 아군은 이미 와야오부 서북부 지구로 이동하여 집결했다. 적은 허탕을 친 뒤 다시 돌아와 135여단으로 와야오부를 장악했다. 이때 아군은 다시 칭화볜 서북, 안싸이 동쪽 지역으로 이동했다. 적은 아군을 방어하려고 서남쪽으로 나아갔다. 후쭝난은 융핑·판룽·와야오부에 있는 각 부대를 옌안 지구 및 그 북쪽에 집결시키고, 와야오부에 있는 135여단이 고립될 것을 우려하여 2개 여단을 칭화볜 북쪽으로 보내 접촉하게 했다.

적의 기도가 드러난 뒤 나는 주력을 와야오부 남쪽 5리 되는 양마허羊馬河 대도大道 양쪽에 매복시켰다. 양마허는 와야오부에서 15리 떨어진 곳이었다. 4월 15일, 남쪽으로 철수하는 135여단이 아군 매복진지에 이르기를 기다려 습격했다. 2시간이 지나지 않아 적을 전부 섬멸하고 연대장을 포로로 잡았다.

후쭝난은 아군 주력을 발견한 뒤 7개 여단을 집결시켜 세 갈래로 남쪽에서 와야오부로 나란히 전진해 왔다. 그는 아군이 쑤이더, 미즈 선으로 후퇴하도록 압력을 가할 참이었다. 나는 소부대로 나누어 하나씩 저항하며 후퇴하게 하고 주력은 야간에 이동하게 했다. 아군은 판룽, 융핑, 와야오부, 칭젠 사이에 은밀히 집결했다. 나는 각 여단에서 1개 중대씩 차출하여 적이 북진하는 길에 배치하여 요격하게 했다. 아군은 북진하는 적을 우딩허, 쑤이더, 미즈 선으로 유인했다. 아군 주력은 4시간의 휴식 시간을 벌었다. 적이 미즈, 쑤이더 선에 막 도착했을 때 아군은 즉시 판룽 공격을 시작했다. 판룽은 적의 중요한 보급 지점으로 비교적 강한 1개 여단이 주둔하고 있었다.

아군은 5월 2일에 공격을 시작해 4일 저녁 판룽을 점령했다. 167여단 6천 명을 소멸시키고 여단장 리쿤강李昆崗 등을 포로로 잡았다. 또한 여름철 군복 4만여 벌, 밀가루 1만여 푸대, 탄약 1백만여 발, 그리고 의약품을 무수히 노획했다. 이 중 탄약이 가장 귀중했다. 이 전투로 아군이 가장 곤란을 겪던 식량, 의복, 의약품 보급 문제를 해결했다. 4일째 후쭝난 부대가 판룽으로 돌아왔으나 병참기지는 알맹이 하나 없이 껍데기만 남았다. 세 번 연달아 이긴 뒤 아군은 안싸이 지구에 집결하여 한 달 가까이 부대를 정돈하며 훈련하고 경축대회를 열었다.

방어에서 공격으로 바꾸다

마오 주석이 1947년 4월 15일 '지연전술'을 지시한 뒤 아군은 이처럼 와야오부, 칭젠, 칭화볜 지구에서 한 달간 돌아가며 싸웠다. 우리는 3월 19일 적이 옌안을 점령한 때부터 한 달 동안 세 번 싸워 5개 연대와 직할대 3개 여단을 소멸시켰다. 주석이 지시한 '지연전술'로 적은 매우 피로했으며 한 달이 지난 뒤에도 여전히 피로했다. 아군이 한 번에 적 2개 여단을 소멸시킨 적도 있으나 과정은 그다지 순조롭지 못했는데, 전투와 지연, 지연과 전투를 민활하게 섞기 시작하면서 후쭝난 군의 자신감은 점점 무너졌다.

우리는 후쭝난 군을 남에서 북쪽으로 공격하도록 유인하는 데 성공했다. 후쭝난은 6~7개 여단을 옌안에서 안싸이 및 그 북쪽으로 대거 공격하도록 준비시켰다. 아군 주력은 그 이틀 전 바로 안싸이 지구를 떠나 샤쓰완과 간취안 사이 환현環縣 · 취쯔 · 웨사오산越梢山으로 나왔다. 우리 왕전王震 부대가 허수이를 공격했다가 마지위안馬繼援 부대를 만나 승리하지 못했는데, 그래도 아군이 환현과 취쯔를 포위공격하여 마홍빈의 2개 연대 이상을 섬멸했다.

후쭝난은 아군이 서란공로西蘭公路로 나올 것을 두려워하여 별이 총총한 밤에 주력을 시펑진과 칭양에 집결시켰다. 그는 남에서 북쪽으로 공격하고자 옌안의 주력을 빼내 남쪽을 지원했다. 후쭝난 부대가 환현을 공격할 때 아군은 휴식을 취한 지 벌써 보름이 되었다. 바로 옌츠, 딩볜, 안볜, 징볜으로 나와 3볜〔딩볜 · 안볜 · 징볜〕을 회복하고 〔후쭝난 부대를 지원하러 온〕 마훙쿠이 부대를 닝샤에서 몰아냈다. 아군은 후쭝난 부대의 개편 7,8개 여단 뒤를 따라 추격하고, 류린을 포위하여 적의 지원군을 공격했지만, 이기지 못하고 즉시 류린성 동남쪽 70리, 미즈 북쪽 60리 지점으로 후퇴했다.

후쭝난 부대가 또 후미를 추격하여 아군은 다시 사자뎬沙家店 북쪽으로 후퇴했다. 아군은 진세를 가다듬어 8월 20일, 적의 개편 36사단을 매복 공격했다. 한 번 전역으로 36사단 2개 여단을 소멸하고 123여단장을 포로로 잡았다. 후쭝난이 공언한 대로 20만 대군을 이끌고 옌안을 점령한 지 반년쯤 되었을 때의 일이다. 그의 부대가 섬멸당하고 피로에 지친 지도 반년 가까이 된 것이다. 적의 29군 군단장 류칸劉戡이 지휘하는 5개 여단은 후퇴하여 쑤이더를 수비하고, 랴오앙廖昻 사단은 칭젠 · 옌창 · 옌톈을 수비했다.

적의 후방을 위협하기 위해 왕전에게 2종대를 인솔하여 난니완, 이촨, 뤄촨, 한청韓城 남쪽으로 출동하라고 명령했다. 이때 후쭝난은 류칸에게 물러나 뤄촨을 수비하라고 명령했다. 적 5병단 페이창후이裵昌會가 2개 여단을 총지휘하여 옌안을 수비하고 개편 76사단의 랴오앙이 칭젠을 수비하며 움직이지 않았다. 아군 주력은 쑤이더에서 우딩허 상류를 건너 칭젠과 쑤이더공로를 장악했다. 쑤이더의 적이 남쪽으로 후퇴할 때 아군은 옌안, 간취안 및 그 남쪽으로 출동하여 쑤이더의 적이 옌안으로 돌아오도록 유인했다.

아군 주력은 때에 맞춰 쑤이더에서 몰래 우딩허 하류를 건너, 칭젠 동쪽에서 황허로 남진하다가 갑작스럽게 옌창과 옌텐을 습격해 점령했다. 또 개편 76사단장 랴오앙이 지휘하는 24여단 2개 연대와 사단 직할대를 칭젠에서 포위하여 곤경에 빠뜨렸다. 1947년 10월 11일 랴오앙은 포로가 되었으며 부대는 우리에게 섬멸되었다.

산베이의 기후는 한랭하다. 그곳에서 반년 넘게 긴장된 전투를 치렀으니 마땅히 칭젠, 옌텐 지구에 집결해 휴식을 취하고 부대를 정돈해야 했다. 류린을 다시 공격하면 안 되는 상황이었지만, 중앙의 안전을 고려하여 두 번째로 류린을 공격했다. 11월 말까지 포위공격을 계속하다가 12월 겨울이 임박하여 공격을 중지했다. 이는 작은 잘못이었다. 한 달 넘게 휴식하며 신식으로 부대를 정돈했다면 성적이 훨씬 더 좋았을 것이다. 12월 중순에야 비로소 신식 부대 정돈을 준비했다. 1947년은 서북 전장과 전국 각 해방구 전장 모든 곳에서 위대한 승리를 거둔 한 해였다. 마오 주석이 직접 지휘하여 방어에서 공격으로 전환한 것이다.

신식으로 군을 정돈하다

우리가 서북 전장에서 얻은 귀중한 경험 중 하나는 바로 군대를 신식으로 재편한 것이다.

1947년 12월 중 류린 포위를 풀고 부대 정돈과 훈련을 진행할 때의 일이다. 1종대 358여단 병사 중에 쓰촨 사람이 한 명 있었다. 그는 원래 포로로 잡혀 온 사람이었는데, 어느 날 깊은 밤 들판에서 어머니의 신위를 써 놓고 울며 하소연했다. 그는 모친이 비참하게 죽은 사연을 이야기하며 국민당과 악질 지주를 증오하는데 어떻게 하면 인민해방군에서 모친의 원수를 갚을 수 있겠냐고 했다. 옆에서 조용히 듣고 있던 지도원이 비슷한 고난을 겪은 바 있어 끌어안고 함께 울었다. 우리는 이 일에 착안하여 '억울한 일을 호소하는 대회'를 열고 그런 운동을 전개하기로 했다.

아군의 신병과 노전사, 간부 다수는 각기 다른 피눈물 나는 역사를 갖고 있었다. 과거에는 그것이 서로 연계되지 않아 한마음으로 적개심을 불태우는 계급 감정을 이룰 수 없었다. 호소대회를 열면 큰 대회든 작은 대회든 서로 긴밀하게 결합되어 한 사람의 고통이 모두의 고통이 되고, 모두의 고통이 곧 각자의 고통이 되었다. 자연스럽게 계급적 각성을 이루고 계급적 원한으로 하나로 뭉쳤다. 비로소 모두 알게 되었다. 국민당 정부를 타도하고 그 군대를 소멸시키면, 인민정부를 세울 수 있고 토지 분배를 할 수 있고, 합작회사를 세울 수 있고 자신을 해방시킬 수 있으며, 착취계급을 없앨 수 있다.

뿐만 아니라 호소대회를 통해 계급이나 인민해방군에 몰래 숨어 있던 국민당 특무를 색출할 수 있었다. 그들은 관대한 정책에 감화

되어 자기 잘못을 솔직히 고백하고 그동안의 죄악과 음모를 털어놓았다. 또한 지휘자와 전투원의 계급적 각오와 혁명적 경각심이 고양되었다. 공작과 투지를 점검하여 모두 "왜?"라는 질문을 하게 되었다. 어떤 사람은 일을 잘하고 어떤 사람은 용감하다. 어떤 사람은 표현이 좋지 않고 용감하지 못한 사람도 있다. 다수는 계급적 각성이 높지 않고 경험이 부족한 사람도 있다. 이러한 상황을 열심히 분석하고 비평을 진행한 뒤 병사 훈련으로 나아갔다. '장교는 병사를 가르치고 병사는 장교를 가르친다. 병사가 병사를 가르친다.' 이렇게 장교와 병사가 서로 배우게 되었다.

간부 임명은 민주적으로 추천하여 선발하고 조직의 승인을 얻는 방법을 채택했다. 곧 이어진 와쯔제瓦子街전투〔1948년〕 전에 제1야전군 간부, 특히 중대장·소대장·분대장 세 직급이 매우 부족했는데, '호소대회'를 거치면서 병사들의 계급적 각성을 높이고 민주적으로 추천 선발하고 조직의 승인을 얻는 방법을 채택하자 간부 부족 문제가 해결되었다. 추천 선발의 기준은 계급적 각성, 장점과 단점, 지휘 능력이었다. 추천 선발된 사람은 지휘관과 전투원이 함께 반복하여 평가를 거듭했다. 이것이 보편적인 정치사상 교육과 업무 교육이었다. 여기에 상하급 장교와 병사 사이의 단결을 더했다. 그 결과를 사실대로 말하자면, 추천 선발된 간부는 절대다수가 양호한 데 반해, 상급기관이 내정한 간부 중에는 좋지 않은 경우도 종종 있었고 심지어 질이 나쁜 사람도 있었다.

이 운동을 거친 뒤 군중들의 기율이 좋아지고, 군대와 인민 사이 관계도 좋아졌다. 군중이 스스로를 교육한 결과였다. 이런 호소대회 방식은 아주 훌륭했다. 홍군 시기와 항일전쟁 시기에는 이런 방식을 도입하지 못했다. 이를 좀 더 일찍 시행했다면 포로를 홍군에 입대시키거나 홍군을 확대하는 데 더 빨리, 더 많이 할 수 있었을 것이다. 마오 주석은 이런 방법을 전군에 확대하게 하고 '신식 정군운동新式整軍運動'이라고 불렀다.

와쯔제 전역에서 란저우를 공격하여 점령하기까지

1948년 1월 중순 서북 야전군 1·3·4종대 3만 2천여 명은 간구이甘谷驛·난니완·린전진臨真鎮에 집결하고, 2종대 1만 1천 명은 한청 동쪽에 집결했다. 총 4만 4~5천 명이었는데 신식 정돈을 거친 뒤라 사기가 아주 왕성했다.

당시 적의 배치는 다음과 같았다. 2개 여단이 옌안에서 외로운 성을 힘겹게 수비하고, 3개 여단이 뤄촨을 수비했으며, 중부中部와 이촨에 각각 1개 여단이 주둔하는 등 모두 7개 여단이었다. 아군의 가장 큰 어려움은 양식이 없는 것이었다. 전진하면 보급해 줄 후방이 없고, 후퇴하면 더 방법이 없었다. 이촨을 공격하는 것 외에 다른 뾰족한 수가 없었다. 이촨을 포위공격하고 지원하는 적을 치면 십중팔구 가능성이 있었다. 만일 적이 지원병을 보내지 않으면 이촨을 열어젖힐 수 있을 것이었다. 우리는 갑작스럽게 이촨을 포위한 뒤 지원해 오는 적을 치기로 결정했다. 후쭝난 부대는 중부와 뤄촨에 있는 4개 여단에 이촨을 지원하러 가라는 명령을 내렸다. 적은 이촨에 있는 1개 연대를 더하면 모두 5개 여단이었는데, 여단 평균 6천 명을 넘지 않았으니 총 3만 명 규모였다.

2월 28일 이미 배치를 마치고 준비를 완료했다. 28일 저녁에는 큰 눈이 내렸다. 내가 전화를 걸어 1종대 상황을 물으니, "눈이 내려 더 잘 되었습니다"라고 답했다. 3월 1일, 와쯔제에서 적의 지원군 4개 여단을 하나도 놓치지 않고 깨끗하게 섬멸하고, 3일 저녁 이촨을 공격하여 1개 여단을 전부 섬멸했다. 이 전역에서 적 5개 여단 모두 3만 명이 소멸되었고, 적의 군단장 류칸과 사단장 옌밍嚴明 등이 총에 맞아 죽었다. 그 1년 전인 1947년 3월 처음으로 적 1개 여단을 겨우 소멸시켰는데, 1년 뒤 5개 여단을 소멸시켰으니 참으로 큰 변화였다.

와쯔제 전역 뒤 식량만 확보했으면 옌안으로 돌아가 포위공격을 하거나, 혹은 구원하는 적을 칠 수도 있었다. 하지만 식량이 없어서 계획하지 못했다. 대신 중위안 지구의 류보청·덩샤오핑 부대와 천시롄·셰푸즈 부대 등 양로兩路 대군을 돕기 위해 마란위馬欄峪를 지나 춘화淳化를 나와 빈저우彬州를 취하고 서란공로를 제어 차단했다. 옌안과 뤄촨에 있는 적에 대해서는 쉬광다許光達에게 2개 여단을 맡겨 지휘하게 하고, 적이 옌안·뤄촨에서 후퇴할 때를 이용해 차단 공격하라고 했으나 효과가 없었다. 병력을 나눈 것이 잘못이었다.

아군이 빈저우를 점령하고 서란공로를 장악한 뒤, 후쭝난은 허난河南에서 4개 여단을 소환했다. 남은 것은 광서군 1개 사단—아마 65사단일 것이다—이었다. 그는 옌안에서 2개 여단을 철수시킨 뒤 시안으로 달아났다. 이로써 아군은 철수한 지 1년 만에 옌안을 수복했다.

아군 1종대가 바오지保鷄에 깊이 들어가 후쭝난의 총병참기지를 깨뜨린 것이 후쭝난 군을 한층 큰 곤란에 빠뜨려 서북전쟁을 단축시켰다. 하지만 마부팡 부대가 후쭝난을 적극 지원할 것이라고 미처 예측하지 못했다. 마부팡은 부대를 미리 차출하여 후쭝난을 지원했는데 속도가 매우 빨랐다. 병력을 나누어 이동했기에 가능한 일이었다. 그때 아군은 바오지에 깊이 들어간 뒤여서 피동적 위치에 처했고 매우 피로하게 되었다. 마오 주석은 1947년 4월에 후쭝난 군을 지연시켜 피로하게 하라고 지시한 바 있다. 이것은 매우 중요한 지시였다. 부대가 심하게 피로해지면 전투력을 잃게 된다. 직접 경험하지 않으면 체험하기 어려운 일이다.

양식 조달과 부대 휴식 및 정돈을 위해 다시 바이수이 지구로 돌아왔다. 푸청현蒲城縣 북쪽에서 한청 남쪽으로 후퇴하는 1개 사단을 섬멸했다. 아군 서북 1야전군은 전부 황룽산구黃龍山區, 한청, 중부, 이쥔宜君, 퉁관同官, 야오현耀縣, 푸핑富平, 바이수이, 푸청 등 광대한 지구에 퍼져 군중공작을 진행했다. 1948년 겨울에도 이 지구에서 설을 쇠었다.

1949년 2월 17일, 나는 서북전선을 떠나라는 중앙의 명령을 받고 '7기 2차 중앙위원회 전체회의'〔2중전회〕에 참가했다. 2중전회가 끝나지 않았는데 마오 주석은 나에게 즉시 가서 타이위안 공격 지휘를 도우라고 명령했다. 순조롭게 목적을 이루니 4월 중순쯤이었다. 중앙은 허베이 야전군 18 · 19 두 병단을 서북1야전군에 귀속시켜 건제했다. 나는 즉시 18 · 19병단을 데리고 서북으로 갔다. 중앙위원회 회의에 참가하고 타이위안 공격에 오가는 데 3개월 정도 걸렸다.

5월 하순, 서북전선으로 다시 돌아갔다. 부대는 처음으로 비교적 긴 휴식과 정돈 시간을 얻었다. 18 · 19병단이 시안평원에 이르러 시안과 셴양咸陽 두 성을 튼튼하게 굳혔다. 1차 푸메이扶眉전역〔1949년 7월 중국 인민해방군 1야전군이 산시, 푸핑, 메이현眉縣의 국민당군을 공격한 전역〕을 거쳐 후쭝난 4개 군을 소멸하고 12년에 걸친 후쭝난의 서북 통치를 끝냈다. 바오지도 해방시키고 18병단은 그곳에 남아 수비에 들어

갔다. 후쭝난은 잔존 부대를 한중漢中으로 후퇴시켰다. 19병단은 서북 1야전군을 따라 서쪽으로 출병했다. 그들은 란저우蘭州에서 처음으로 악전고투 끝에 마씨 계열馬系 지원군을 전부 섬멸했다. 8월 25일에는 란저우를 해방시키고 9월 5일에는 시닝西寧을 해방시켰다. 19병단은 단독으로 마홍구이 3개 여단과 마홍빈 5개 연대를 소멸시켰다. 1949년 9월, 서북 인민해방전쟁은 기본적으로 끝이 났다.

10월 초 대략 5,6일경 나는 주취안酒泉에 도착하여 신장新疆에서 파견한 타오스웨陶峙岳〔신장위구르자치주 지도자〕와 신장의 평화적 해방 문제를 담판지었다. 1947년 3월 아군이 옌안을 후퇴할 당시 전략적 방어 상태였던 전국의 해방구가, 1년 만인 1948년 3월 초쯤에는 모두 공격으로 돌아섰다. 이 얼마나 큰 변화인가! 옌안을 포기하고 와쯔제 전역을 승리하기까지 1년 18일이 걸렸다. 그리고 와쯔제 승리에서 란저우 공격까지 1년 반의 시간이 필요했는데, 그 기간 동안 신장을 포함하여 전국 영토의 5분의 2를 해방시켰다. 20회의 여단급 이상 전투가 벌어졌고, 연대 이상의 소전투는 헤아릴 수 없다. 오직 인민의 무장투쟁이 있고서야 비로소 인민 스스로를 해방시킬 수 있었다〔서북 지역의 전투는 모두 펑더화이가 직간접적으로 지휘했다〕.

서북 인민해방전쟁은 2년 반이 걸렸고, 중국 인민해방전쟁은 4년이 채 안 된다. 그동안 전국적으로 네 배 우세한 적에게 승리하고, 전 세계 4분의 1에 이르는 인구를 해방시켰다. 세계 혁명운동의 추진은 새로운 단계로 접어들었다. 이것은 위대한 마오쩌둥 사상의 승리였다.

두 번의 잘못과 귀중한 경험

나는 서북 전장에서 두 번의 잘못을 하고 한 가지 귀중한 경험을 했다. 첫 번째 잘못은 1947년 10월 하순 칭젠을 공격하여 장제스 군 사단장 랴오앙을 생포했을 때였다. 산베이 기후는 한랭한데 부대는 반년 넘게 긴장된 전투를 치렀다. 마땅히 칭젠과 옌창 선에서 부대를 정돈하고 훈련을 진행했어야 했다. 다시 류린을 공격하러 가면 안 되었다. 그러나 월말까지 류린을 포위공격함으로써 부대가 휴식을 취하고 정돈할 수 없게 만들었다. 만일 류린을 다시 공격하지 않고 '신식 정군운동'을 한 달 반 가까이 진행했다면 훨씬 좋은 결과를 얻었을 것이다.

나의 작전 지휘 상 장점이 승리를 급하게 추구하다 결점으로 변했다. 여러 번 경계했는데도 다시 저질러 고치기 어려웠다. 두 번째 류린 공격 때는 미즈와 쑤이더 일대에 있는 당 중앙의 안전만 생각했다. 류린을 함락시키면 안심할 수 있다고 보고 다른 쪽으로는 생각하지 않았다.

두 번째 잘못은 와쯔제 전역에서 대승을 거둔 뒤의 일이다. 룽둥과 빈저우를 점령하고 서란공로를 억제 차단한 뒤 병력을 집결시켜 휴식을 취하고 정돈을 해야 했다. 또 와쯔제전투 중에 잡은 많은 포로를 교육시켜야 했다. 하지만 그때 승리의 기세를 몰아 바오지를 공격하여 후쭝난의 후방을 깨뜨릴 생각을 했다. 서북전쟁을 단축하고 싶었던 것이다. 이것은 조급한 생각에서 벌어진 일이며 적을 경시하는 사상이었다. 그 결과, 후쭝난은 비상하게 신속한 수단을 선택했다. 옌안에서 주요하게는 허난에서 최대 병력을 이동 집중시키고 청해 마씨 계열의 지원 부대와 함께 우리를 공격해 온 것이다. 아군은 바오지에서 철수한 뒤 피로를 다스려야 했다. 너무 피로했기 때문에 섬멸할 수 있는 적을 어떻게 하지 못했다.

이런 오류는 과거 전투에서도 몇 차례 저질렀지만 이번처럼 심각하지는 않았다. 조급하게 이루려는 것은, 사상적 주관주의와 행동의 모험주의에서 비롯된다. 연속해서 대승을 거둔 뒤 이런 잘못을 왕왕 저지르게 되는 것은 교만 때문이다. 하지만 당시에는 어느 정도 군중의 지지를 받기도 했다.

한 가지 귀중한 경험은 '군대의 신식 정돈'인데, 이미 이야기했으니 다시 중복하지 않겠다.

제14장

미국에 맞서 조선을 지원하다

1950년 10월~1953년 7월 1949년 신중국 설립 후 1년도 안 되어 한국전쟁이 발발한다. 개입을 망설이는 주요 지도부 인사들과 달리 펑더화이는 마오쩌둥의 개입 방침을 견결히 지지한다. 중국 인민지원군 총사령직을 수락한 펑더화이는 곧바로 한국전쟁에 참전한다. 5차례 전역을 통해 UN군과 밀고 밀리는 공방전을 치르고 1953년 7월 휴전을 이끌어 낸 뒤, 펑더화이는 중국으로 돌아가 부총리 겸 국방부장으로 군의 현대화에 힘쓴다.

출병하여 조선을 지원하다

1950년 10월 1일 국경절 뒤였다. 4일 오전 베이징에서 갑자기 비행기가 왔다〔당시 펑더화이는 중앙군사위원회 부주석 겸 서북군구 사령원, 서북군정위원회 주석이었다〕. 즉시 비행기를 타고 베이징으로 와 회의에 참석하라는 것이었다. 1분도 지체하지 말라고 했다. 그날 오후 4시경 베이징 중난하이〔베이징 시청취西城區의 호수와 그 주변 지역. 중화인민공화국 성립 후 중국공산당 중앙과 국무원 소재지〕에 도착했다. 당 중앙은 회의를 열어 조선에 출병하여 지원하는 문제를 토론하고 있었다. 다른 동지에게 들으니 모두 마오 주석에게 출병하는 것이 불리하다고 강조한 뒤였다. 마오 주석은 이렇게 말했다.

"당신들 말은 모두 일리가 있다. 하지만 우리가 옆에서 보고 어떻게 말하든 나라가 위급한 사람은 괴로울 것이다."

나는 막 도착해서 발언하지 않았지만 내심으로는 출병해서 조선을 구원해야 한다고 생각했다. 회의를 마친 뒤 중앙 관리과에 있는 동지가 나를 숙소인 북경반점으로 데려다주었다. 그날 저녁 도저히 잠을 이룰 수 없었다. 나는 침대 겸용 소파에서 이런 복을 누릴 수 없다고 생각했다. 담요를 가져오게 했지만 역시 잠을 이루지 못했다. 미국이 조선을 점령하여 강을 사이에 두고 마주보게 되면 우리 동북 지방을 위협할 것이고, 대만을 장악하면 상하이와 화둥華東을 위협할 것이다. 미국이 침략전쟁을 일으키고자 마음을 먹는다면 구실은 언제든 만들면 그만이다. 호랑이가 사람을 먹고자 하면 언제 먹는가? 그것은 호랑이 위장이 결정한다. 양보를 바라면 안 된다. 미국이 이미 침략해 왔으면 우리는 반격해야 한다.

미 제국주의를 보는 시각이 다르면 우리가 사회주의를 건설하는 데 곤란하게 된다. 만약 미국이 우리와 싸우기로 결심한다면 그들은 속결이 유리할 것이고, 우리는 장기전이 유리하다. 미국은 정규전이 유리하고, 우리는 일본에 맞선 것처럼 하는 것이 유리하다. 우리에게는 전국 정권이 있고 소련의 원조가 있다. 항일전쟁 시기보다 유리한 점이 많다. 이 나라 건설의 앞길을 생각한다면 마땅히 출병해야 한다.

늘 말하기를 소련을 머리로 한 사회주의 진영이 자본주의 진영보다 강대한 점이 많다고 했다. 우리가 출병하여 조선을 구원하지 않는다면 무엇으로 강함을 드러낼 것인가? 식민지와 반식민지 인민들이 제국주의에 반대하는 것을 격려하기 위해, 민족민주혁명을 침략하는 것에 반대하기 위해, 사회주의 진영의 위력을 확대하기 위해 우리는 출병해야 한다.

"당신들 말은 모두 일리가 있다. 하지만 우리가 보고 옆에서 어떻게 말하든 나라가 위급한 사람은 괴로울 것이다." 주석의 이 말을 나는 몇 십 번 계속 되뇌었다. 나는 이것이 국제주의와 애국주의가 결합된 지시임을 이해하게 되었다. 생각이 여기에 미치자, 우리가 출병하여 조선을 지원하는 것이 정확하고도 필요한 일임을 알 수 있었다. 그것은 영명한 방침이며 기다릴 수 없는 시급한 것이었다. 나는 주석의 영명한 방침을 지지하기로 했다.

이튿날 오후, 중앙은 이녠탕頤年堂에서 다시 회의를 열었다. 다른 동지가 발언한 뒤 내가 몇 마디 했다.

"출병해서 조선을 지원해야 합니다. 이미 벌어진 일입니다. 해방전쟁 승리를 몇 년 더 기다립시다. 만약 미군이 압록강변과 대만에 배치되면 침략전쟁을 일으킬 겁니다. 구실은 아무 때나 찾으면 그만이니까요."

주석은 나를 조선에 보내기로 결정했다. 나도 책임을 피하지 않았다. 회의 뒤 난하이南海 쪽에서 누군가 말했다.

"보아 하니 아직도 늦지 않았군."

1차 전역

1950년 10월 18일 해질 무렵, 나는 지원군 선두 부대와 함께 압록강을 건넜다. 19일 새벽 납고초拉古哨 발전소〔수풍댐을 말함〕에 도착했고, 20일 새벽에는 〔평안북도〕 북진北鎭 서북쪽 작은 산골짜기에 이르렀다. 적은 자동차와 탱크를 타고 추격하여 선두 부대 일부가 벌써 압록강에 다다랐다. 21일 새벽, 아군 40군 소속의 사단이 북진에서 멀지 않은 곳을 통과하여 이승만의 한국군과 만났다. 1차 전역은 예정되지 않은 조우전이었다. 나는 즉시 선두에서 행군하던 부대 위치를 바꿨다. 아군 특유의 민활한 기동으로 북진, 운산雲山 지구에서 한국군 일부를 소멸시키고 미군의 추격을 격퇴했다. 그리고 바로 자취를 감췄다. 25일 1차 전역은 승리로 끝났다.

미・영국군과 한국군은 기계화 장비를 이용하여 신속하게 물러서 청천강과 〔평안남도〕 덕천 지구에 집결했다. 그들이 야전 공사를 구축하여 우리는 바짝 추격하지 않았다. 한국군 6~7개 대대와 미군 소부대 하나를 소멸시켰으나 주력을 섬멸하지는 못했다. 적의 기계화 부대는 이동이 신속했고 진지 구축 공사 역시 빨랐으며, 주요하게는 탱크 부대가 이미 방어 체계를 짜 두었다. 우리가 보유한 기술 장비로는 적군과 진지전을 벌이기에 불리했다. 심지어 패배할 가능성도 있었다.

2차 전역

우리는 일부러 약하게 보이려 했다. 적을 방치하고 교만하게 하여 깊이 유인하려는 전술이었다. 나는 소부대 병력으로 적과 접촉을 유지하게 했다. 아군 주력은 북진의 동서 지구에 두고, 유리한 지형을 이용하여 적의 공격 출발지에서 30킬로쯤 되는 곳에 은밀하게 반격 기지를 구축했다. 11월 중순 어느 날, 맥아더가 탄 비행기가 정찰을 했다. 그 총사령부는 휘하 부대에 방송하기를 "준비에 박차를 가해 압록강까지 밀어붙이자. 성탄절에는 돌아가자"고 했다. 우리는 적이 즉시 공격해 오리라 판단하고 모든 준비를 마쳤다. 11월 20일 전후 적은 맹렬하게 공격해 왔다. 아군은 앞서 이야기한 대로 부대와 작전을 배치했다. 소부대로 차례차례 반격하여 적의 공격을 유인하며, 아군이 예정한 〔평안북도〕 운산·구성 선의 반격 진지 최전선에 오기를 기다렸다.

때는 해질 무렵이었다. 적이 아직 발을 붙이지 못할 무렵, 하루의 피로가 밀려올 때를 이용해 적군 후방에 소부대를 투입했다. 나는 병력과 화력을 적절히 배치하고 "산을 밀고 바다를 뒤집는 기세"로 적진에 돌입할 것을 지시했다. 수류탄과 총검으로 단병접전을 벌여 적이 우세한 화력을 쓰지 못하게 했다. 아군이 용감하게 싸우고 공격하자, 적은 혼란에 빠져 수습하기 어려운 지경이 되었다. 차량이 아무렇게나 뒤섞여 서로 길을 막았다.

이런 공격 방법은 그들이 지금껏 본 적도 없고 예상하지도 못한 것이었다. 아군이 2차 전역을 승리한 것은 정확한 전술 방침 덕분이었다. 이보다 더 좋은 방법은 없었다. 이 전역의 승리는 컸다. 처치한 적군의 자동차가 6천 대 이상, 탱크와 포차가 1천 수백 량에 이르렀다. 하지만 장비들을 적이 대량의 네이팜탄으로 불태워 노획한 것은 얼마 되지 않았다.

적은 이리처럼 내달리고 멧돼지처럼 달려 평양을 버리고 38도선으로 물러갔다. 이 전역으로 항미원조전쟁 승리의 기초를 놓고, 조선민주주의인민공화국 영토를 전부 회복했다.

3차 전역

2차 전역 승리의 기세를 몰아 추격을 거듭했다. 12월 중순, 아군은 은밀히 38도선에 접근했다. 엄밀한 정찰을 통해 각종 공격 준비를 마치고, 1951년 원단元旦〔설날〕 전날 저녁, 즉 1950년 12월 31일 저녁에 38도선을 단숨에 돌파했다. 서울을 빼앗고 한강을 나는 것처럼 건넜다. 인천항을 수복하고 적을 37도선까지 내쫓았다.

적은 계획을 바꿔 일본과 국내에서 새로운 병력을 빼내어 배치했다. 모두 4개 사단 정도를 미리 설비한 낙동강 방어선에 집결시켰다. 유럽에서 노병을 차출해 보충하고, 동부전선 함경도에서 후퇴한 병력도 낙동강에 집결시켰다. 적의 기계화 부대는 매일 30킬로미터를 후퇴했는데, 바로 아군의 하룻밤 행군 거리였다. 적의 모든 행동은, 우리로 하여금 튼튼한 곳을 공격하도록 유인하는 것이었다. 아군이 피폐하고 소모되기를 기다려 정면 반격하거나, 혹은 옆구리에서 상륙하여 차단 공격함으로써 아군의 퇴로를 자르려 했다.

우리는 조선에 들어온 뒤 연속해서 3차의 대전역을 치렀다. 엄동 속에서 3개월이 지났다. 공군도 없고 고사포 엄호도 없는 아군을 적은 비행기를 이용해 폭격했다. 장사정 대포로 낮밤 없이 아군을 포격하여 대낮에는 아예 통행이 불가능했다. 아군은 하루도 휴식하지 못해 매우 피로한 상태였으며, 수송선이 연장되어 보급도 아주 곤란해졌다. 전투원과 비전투원을 합하여 부대원의 반수 가까이가 줄었다. 시급하게 휴식을 취하고 부대를 정돈, 보충하여 다시 싸울 준비를 해야 했다. 이때 아군은 3개 군이 한강 남쪽에 진입하여 37도선 가까이 있었다. 주력은 한강 북쪽 38도선 및 그 남쪽 지구에서 휴식을 취하고 부대를 정돈하며 적의 반격에 대비해 공사를 하는 등 장기간 작전을 준비했다.

4차 전역

아군은 수원 선에 해당하는 37도선에 도착해 공격을 멈췄다. 우리를 낙동강으로 깊이 유인하려던 적은, 우리 방어 설비가 견고하게 완성되지 않은 것을 알고 1월 하순에 반격을 가했다. 아군은 5개 군을 집결하여 요격했다. 이 전역에서 적 2개 사단을 소멸시키고, 적의 반격을 격퇴했다. 대부분 이승만의 한국군이었고, 그 외 프랑스·필리핀·룩셈부르크 혼합 부대 약 2천 명 남짓과 미군 1개 대대가 조금 넘는 규모였다.

나는 1951년 2~3월 사이 잠깐 베이징에 다녀왔다. 오고가는 데 1주일이 걸렸다. 마오 주석에게 조선 전황을 보고하고 전략 방침에 대한 지시를 청했다. 조선전쟁은 빨리 이기는 것이 불가능하며 2월 15일 이전에 한강 남안에서 물을 등지고 있는 50군을 북안으로 후퇴시켜야 한다고 설명했다. 당시 주석은 항미원조전쟁에 대하여 분명한 지시를 주었다.

"빨리 이길 수 있으면 빨리 이기고, 빨리 이길 수 없으면 천천히 이겨라."

이것은 융통성이 있으며 분명한 방침이었다.

5차 전역

적은 아군을 적극 유인하여 낙동강까지 깊이 끌어들이려 하다가 실패한 뒤, 2월 중순 북쪽으로 대거 공격을 해 왔다. 아군은 연속해서 반격했으나 힘겨운 전투가 이어졌다. 약 40일이 지나 적은 38도선까지 밀고 올라왔다. 아군은 서부전선에서 반격하여 적을 서울 부근까지 밀어냈다. 이것이 5차 전역의 1단계이다.

하지만 적은 서울을 포기하지 않았다. 동부전선에서도 38도선에 이르렀으나 적은 역시 후퇴하지 않았다. 적은 서울을 향해 계단형으로 병력을 배치했다. 우리 군과 조선 인민군 일부가 힘을 합쳐 동부 전선에서 적을 격퇴했다. 이때 1개 군이 너무 멀리 진격하여 37도선에 접근했는데, 그 결과 식량을 공급할 수 없어 매우 곤란해졌다. 후퇴할 때 피로한 데다 60군의 1개 사단이 이동할 때 부대 배치가 주도면밀하지 못했다. 그 부대는 적기와 적 기계화 부대의 포위 습격을 받았고, 그 결과 3천 명을 잃었다. 이것이 5차 전역의 2단계다. 전반부 항미원조전쟁 중 첫 번째 손실이었다.

5차 전역은 규모가 매우 컸다. 적과 아 쌍방 병력이 모두 1백만에 이르렀다. 미군 1개 연대 규모도 소멸시키지 못했으며, 1개 대대 규모를 소멸시킨 것이 6~7차례 정도였다. 한국군 1개 사단을 소멸시켰고, 그 외는 부대 편제 규모에 이르지 못했다. 보통 미군 1개 연대를 포위하여 섬멸하는 데 이틀 정도 시간이 필요하다. 아군의 기술장비가 매우 낙후한 데다 미 공군과 기계화 부대가 필사적으로 구원했기 때문이다. 미군 1개 연대를 섬멸하여 한 사람도 도망치지 못하게 한 것은 2차 전역 중 한 번 있었고, 나머지는 모두 대대 규모 섬멸이었다. 보통 야간에 포위하여 섬멸하지 못하면 다음 날 낮에 그들이 구원해 가는 식이었다. 이때 마오 주석이 전보를 보내 이렇게 지시했다.

"미군을 상대로 한 작전은 입을 너무 크게 벌리면 안 된다. 반드시 캐러멜을 빼앗아 먹듯 하나씩 하나씩 빼앗아야 한다."

좋은 방법이었다. 다만 하나의 조치가 필요했는데, 바로 진지를 튼튼히 만드는 것이었다. 발을 튼튼히 딛고 서지 않으면 상대를 칠 수 없는 법이다.

4차 전역에서 5차 전역이 끝날 때까지 두 달 넘게 격렬한 전투를 치러 적도 상당히 피로해졌다. 아군 진지도 구축되기 시작해 점점 튼튼해졌다. 지면 방어전에서 지하에서 지키는 방어전으로 바뀌었다. 작전 형태에서도 아군은 진일보했다. 갱도를 종횡으로 구축하는 공사를 하여 38도선을 따라 점차 완성해 갔다. 갱도 공사를 강화하여 적이 아군 진지를 깨뜨릴 수 없게 했다. 상감령上甘岭[강원도 철원군 삼각고지와 저격능선 일대를 부르는 중국식 지명] 진지가 그 한 예이다. 적이 차례차례 공격해 왔지만 모두 좌절했다. 아군은 병력 집중을 선택할 수도 있고, 적의 진지 공략을 준비하기도 했다. 아군은 이미 갱도 공사를 이용해 방어전을 엄호할 수 있게 되었고, 또 진지 공격전을 할 수도 있었다.

튼튼하게 구축한 진지에서 싸우는 형태는 1951년 여름과 가을에 시작되었다. 이로써 마오 주석이 지시한 '캐러멜을 빼앗는 전술'을 쓰기 시작했다. 집중할 수 있는 최대 한도의 병력과 화력으로 은밀하게 진지를 공격했다. 매번 적을 섬멸했는데 대다수가 1개 대대 규모였다. 이렇게 적지 않은 섬멸전을 치렀는데 대체로 매월 4,5차례 정도 되었다. 집중 공격과 함께 진지 공격전도 익혔다. 마지막 진지 돌격전은 정전 전날 밤인 1953년 7월 하순에 이루어졌다. 우리 쪽 4개 군이 밤에 적이 25킬로미터를 종횡으로 공사한 갱도 체계를 돌파했다. 한국군 4개 사단 대부분을 소멸시키고 미군 1개 중포단도 섬멸했다. 이처럼 진지를 공격하는 적극적 방어의 신전술로 치고 나감으로써 장비가 열세한 아군이 적 진지를 공격하여 깨뜨리고 방어할 때 지킬 수 있었다. 전장의 주동적 위치를 장악하게 된 것이다. 이는 혁명군대의 장점인 정치적 자질과 군사적 소질이 결합한 결과로서, 지구적 진지전에서 극히 유리한 조건을 만들어 냈다.

이 전역의 승리는 적의 국제연합군 총사령관 클라크Mark Wayne Clark 대장을 압박하여 바로 정전협정서 서명을 요청하게 만들었다. 클라크와 그 참모는 "미국 대장이 승리 없이 정전협정서에 서명하는 것은 미국 역사에서 처음 있는 일"이라고 했다. 나는 정전협정서에 서명할 때 마음속으로 '선례는 이미 시작되었고 앞으로도 기회가 많을 것이다. 이런 말을 인민들에게 하고 싶다. 기쁘다'고 생각했다. 하지만 당시 우리의 전쟁 준비가 부족해 적에게 더 큰 타격을 주기에 충분하지 못했던 점은 애석한 일이다.

항미원조전쟁 경험은 풍부해졌다. 특히 공군의 엄호가 전혀 없는 가운데 후방 근무 공작을 펼친 것은 귀중한 경험이었다. 반세균전을 하면서도 적지 않은 경험을 얻었다. 조선 전장에서 중국의 인민지원군과 조선 인민군이 어깨를 나란히 하고 작전하여 형제와 같이 서로 지지하게 되었다. 3년의 공동투쟁 과정에서 아군과 조선 인민 및 조선 인민군 사이에 피로 맺은 전투 우의는 더 튼튼해졌으며, 국제주의의 감정도 더 깊어졌다.

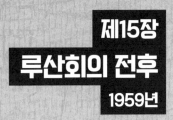

제15장
루산회의 전후
1959년

1959년 장시성 루산에서 열린 중국공산당 정치국 확대 회의에서 펑더화이는 마오쩌둥에게 편지를 쓴다. 마오쩌둥이 야심차게 추진한 대약진운동의 실패를 지적하고 당의 관료주의적 사업 작풍을 비판하며 시정할 것을 요구하는 내용을 담은 편지였다. 이 편지로 펑더화이는 '당에 반대한 죄'와 '자산계급의 군사노선'을 추궁받고 '외국과 내통한 죄'까지 덮어쓴다. 이후 펑더화이는 한직으로 좌천되어 불운한 나날을 보낸다. 이 과정에서 마오쩌둥은 한때 펑더화이를 불러 위로하기도 했다. 펑더화이는 문화대혁명 과정에서 수감되어 끝내 직장암으로 운명을 달리하고, 1978년 4인방이 축출된 뒤 복권되어 역사적으로 자신의 자리를 되찾는다.

루산회의 전후 상황에 관하여

    루산회의 전에 나는 중앙이 소집한 두 번의 정저우회의*와 우창회의, 상하이회의**에 참가했는데 그 상황은 다음과 같다. 두 번의 정저우회의 중 나는 한 번만 참가했는데, 회의 통지를 늦게 받아 마지막 날 하루만 참가했다. 회의는 해가 진 뒤 열차에서 열렸다. 마오 주석이 발언하였는데, 그 요지는 '공산풍共産風'에 반대한다는 것이었다〔공산풍은 1958년 대약진운동 때 인민공사화 등 잘못된 여러 풍조를 가리킨다. 절대적 평균주의를 반대한다는 의미〕. 회의 참석자들 생각이 일치해서 회의 시간이 길어지지 않고 바로 해산했다. 나는 주석의 의견에 동의하여 다른 의견을 제출하지 않았다.

---

* 두 번의 정저우회의 중 첫 번째는 1958년 11월 2일부터 10일까지 마오쩌둥이 정저우에서 소집한 회의다. 이 회의에 중앙 지도자 일부와 지방 지도자 일부가 참가했다. 이 회의에서 인민공사와 관련하여 〈정저우회의, 인민공사에 관한 약간의 문제에 대한 결의〉 등을 토론했다. 두 번째 회의는 1959년 2월 27일부터 3월 5일까지 정저우에서 소집한 중국공산당 중앙정치국 확대회의를 말한다. 이 회의 주제도 인민공사 문제였다. 마오쩌둥의 제의에 근거하여 인민공사의 정돈과 건설 방침을 확정하고 〈인민공사에 관한 관리체제 약간의 규정 초안〉을 기초했다.

** 우창회의는 1958년 11월 21일부터 27일까지 마오쩌둥이 우창에서 소집한 회의다. 중앙 일부 지도자와 중앙 국가기관과 관련한 부서위원회 책임자, 각 성·시·자치구 당위원회 제1서기가 참가했다. 회의에서 〈인민공사에 관한 약간의 문제 결의〉 초안을 토론했다. 또 〈중앙이 동의한 교육부 당 조직의 교육 문제에 관한 몇 가지 건의〉 등 문건을 통과시켰다. 상하이회의는 1959년 3월 25일부터 4월 4일까지 상하이에서 열린 중앙정치국 확대회의다. 회의에서는 인민공사, 국민 경제계획, 공농업 생산 및 8기 7중전회의 회의 규정 등 문제를 토론했다. 인민공사의 정돈 등에 관한 같은 계열의 문건이 형성되었다.

우창회의 때 나는 서북 소조에 참여했다.* 소조에서 1958년 양곡과 면화 생산량을 공표할 때 어떤 동지는 "양곡이 1조 근 이상"이라고 했고, 어떤 동지는 "양곡이 9천억 근, 면화가 6~7천만 담(1담=100근)"이라고 했다. 또 다른 동지는 "양곡은 얼마가 필요한데 얼마가 있고 지금은 공업이 농업에 비해 크게 낙후돼 있다"고 했다. 내가 양곡이 그렇게 많지 않다고 말했더니, 어떤 동지가 나에게 예의를 갖춰 비판을 제기했다.

"총사령, 당신은 이것도 의심스럽고 저것도 의심스럽고, 도대체 어떻게 하시려는 거요?"

"공표된 숫자가 적으면 장차 늘릴 수 있고 비교적 주동적으로 할 수 있소. 하지만 공표된 숫자가 많으면 앞으로 피동적이 될 것이오."

내가 말한 뒤에 주석이 7,500억 근으로 공표하라고 해서 나도 동의했다. 하지만 마음속으로는 그 숫자 역시 의심스러웠다. 회의가 끝난 뒤 나는 샹탄현의 우스烏石[펑더화이의 고향]와 사오산韶山 두 공사에 갔다가 핑장현에 들렀다. 이곳들을 둘러보고 나는 실제 수확한 양곡이 공표한 숫자만큼 많지 않다는 인상을 받았다. 노동력이 부족해 수확이 좋지 않았고, 어떤 지구에서는 일부 양곡을 먹어 버린 일도 있었다. 또한 핑장에서 전시관을 둘러볼 때 2개년도 생산량을 바꿔 공표한 것을 발견했다. 1957년의 높은 숫자를 1958년도 생산량으로 공표하고, 상대적으로 낮은 1958년도의 숫자를 1957년도 생산량으

* 여기서 말하는 우창회의는 1958년 11월 28일부터 12월 10일까지 우창에서 거행한 당의 8기 6중 전회의를 가리킨다. 이 회의에서는 〈인민공사에 관한 약간의 문제 결의〉와 〈1959년 국민 경제계획에 관한 결의〉 등의 문건을 통과시켰다.

로 공표한 것이다. 이렇게 숫자를 조작하다니 참으로 두려운 일이었다. 주저우株洲시로 돌아와 마침 보이보薄一波 동지와 만났다. 그 자리에서 양곡 생산량에 대해 이야기했다.

"실제 양곡 생산량은 생각한 것처럼 그렇게 많지 않아요. 올해 양곡 1,200억 근을 수매하는 것은 무리입니다. 너무 많이 수매하면 되돌려 옮기기도 어렵고 농민들 생산 의욕에도 영향을 줄 거요. 900억 근 정도 수매하는 게 적당한 것 같소."

"그럼 동지가 중앙에 전보를 치세요."

"당신이 써 보시오."

그 뒤 내 이름으로 전보를 보내 1,200억 근 수매는 불가능하고 9백억 근 정도 가능하다고 설명했다. 이 전보가 옳고 그른지는 나 혼자 책임질 일이었다. 그럼에도 내가 회의적 관점을 숨기지 않았음을 알 수 있을 것이다.

1959년 4월 상하이에서 회의할 때는, 마침 티베트에서 반란이 발생해서 나는 온 정력을 티베트 파병과 관련한 사무에 쏟느라 다른 문제에 의견을 내지 않았다. 나는 1959년 5월 동유럽 각국을 방문하고 6월 중순 베이징으로 돌아왔다. 이튿날 국방부 사무동에서 황커청黄克誠에게 설명을 들어 보니, 산둥 허쩌河澤 지구의 식량 기근 상황은 내가 출국할 때보다 조금 완화된 반면, 4월 상하이회의 때 여유가 있었던 간쑤는 심각하게 식량이 부족했다. 수송력도 떨어져 식량을 운반하는 것도 쉽지 않았다. 황에게 물었다.

"군대에서 수송력을 좀 차출하면 되지 않소?"

"할 수 있는 만큼 전부 차출했습니다. 해군 군함 일부도 빼내어 충칭重慶에 보내 식량 수송을 돕고 있습니다. 공군도 일부 차출했고요.

만약 더 빼내면 전투 준비에 영향이 있을 겁니다. 지금 유류 비축도 문제가 있습니다. 티베트 반란은 이미 평정했습니다. 하지만 수송 차량은 줄일 수 없습니다."

황은 난처한 표정을 지었다. 나는 그에게 지시했다.

"그래도 수송력을 좀 차출해서 도울 수 있는 방법이 있는지 생각해 보시오. 동유럽 형제 국가 인민들이 중국에 아주 호의적이오. 각국 지도자들이 티베트 반란에 관심이 많아요. 7월 1일 중앙이 루산에서 업무회의를 소집했소. 나는 좀 피곤해서 쉬고 싶으니 루산회의는 당신이 참가하시오. 당신은 서기처 서기이니 지방과 군대 상황을 비교적 잘 알지 않소."

"루산회의는 그래도 직접 가시는 게 좋지요."

황은 군사위원회에 남아서 관리하기를 원했다. 나는 더 이상 고집을 세울 수 없어 부득이 직접 가게 되었다.

6월 29일 우한에서 기선을 타고 루산으로 갔다. 7월 1일 하루를 쉬고 2일 회의가 시작되었다. 마오 주석이 상황을 보고했는데 대체로 '성적이 위대하다. 문제는 적고 앞날이 환하다. 중앙 행정부서에서 보고한 수치가 적지 않다'는 것이었다. 나는 서북 소조에 편입되었다. 회의마다 대부분 출석했는데 열 번 정도였다. 그 외 국무원 회의에 두 차례 참여해 공작 계획을 토론했고, 중앙상임위원회에 한두 차례 참여하고 다른 곳에는 모두 가지 않았다.

저우샤오단周小丹이 내가 있는 곳에 와서 두 번 대화를 나누었다. 첫 번째는 후난의 공업 상황에 대해 이야기했다. 그가 말했다.

"과거 후난에는 중공업 기초가 없었소. 지금은 강철공장도 있고 전기제조공장, 기계공장도 있고 경공업도 크게 발전했어요. 수리 건설

성적도 아주 좋아서 평균 40일 비가 오지 않아도 충분히 견딜 수 있어요."

몇 십 분 정도 대화를 나누고 점심을 먹은 뒤 돌아갔다. 이틀 뒤 저우샤오단이 다시 와서 말하기를 작년 양식 실적이 꾸며낸 것이라고 했다. 내가 물었다.

"왜 그랬소?"

"압력이 옵니다. 처음에 양곡 실적을 달성하지 못했다고 재촉하고, 두 번째 또 실적을 달성하지 못했다고 채근합니다. 몇 번이나 숫자를 만들었어요. 하급 간부가 원부를 만져서 허위 보고를 하고 실제 보고를 하지 않습니다."

"얼마면 얼마라고 그대로 보고해야지 조금이라도 허위로 보고하면 안 되오."

"지금 공공식당에서 큰 솥으로 밥을 지어 먹는데, 큰 솥에 큰 아궁이를 쓰면 장작을 아낄 수 없어요. 노동력도 많이 들어가고요. 작은 솥, 작은 부뚜막은 부녀자나 노약자도 밥을 끓일 수 있지요. 지금 노동력을 끌어올려야 하는 상황인데, 공공식당을 이용하면 가정용수를 쓰기 불편해서 공공식당에 대해 불만이 있습니다."

"당신, 이런 문제를 주석에게 사실대로 말하고 반영시켜야 하오."

"어제 주석에게 좀 말씀드렸습니다."

그는 내가 기회를 보아 주석에게 말해서 구체적인 상황이 반영되기를 희망했다.

"군대 쪽도 사회 상황을 항상 반영해야 하오. 내가 모두 주석에게 보고하겠소."

"주석을 만날 수 있습니까?"

"만날 수 있소."

저우샤오단 외에 장원톈과도 대화를 나누었다. 그는 나와 담 너머 이웃 집에 살아서 문만 나가면 바로 볼 수 있고, 산보할 때도 만나 수시로 대화를 나누었다. 오래전 일이라 기억이 분명하지는 않지만 여러 번 중요한 일에 관하여 이야기를 나누었다. 나는 그에게 흙으로 만든 작은 용광로로 쇠를 만드는 것이 득보다 실이 많은 문제에 대해 말하기도 했다.

"흙으로 만든 작은 용광로에서 쇠를 만드는 것은 얻는 것도 있지만 잃는 것도 있소."

나중에 내가 주석에게 보낸 편지에서도 이 말을 했는데, 다른 사람이 이를 베껴 쓰면서 "잃는 것도 있고 얻는 것도 있다"라고 잘못 썼다. 장원톈은 나에게 이렇게 말했다.

"역사를 잘 배워야 하는데, 마오 주석은 중국 역사에서 많은 것을 배웠어요."

"당내에서 중국 역사를 진짜로 이해하는 사람은 마오 주석 한 사람뿐이오."

나는 회의〔루산회의〕 뒤 정치경제학을 더 열심히 공부하겠다고 표명했다. 스탈린이 사회주의 경제의 문제를 해결했지만 인민 내부 모순을 정확히 해결하지 못했다고 생각했기 때문이다. 이 문제에서 스탈린은 잘못을 저질렀다. 마오 주석은 이 큰 문제를 해결했다. 성질이 다른 두 종류의 모순을 분명하게 분석하여, 무산계급 독재를 한층 튼튼히 하고 마르크스주의를 창조적으로 발전시켰다. 이상이 루산회의 기간 동안 7월 10일 전후로 저우샤오단, 장원톈과 나눈 대강의 대화 내용이다. 이때 황커청은 아직 루산에 오지 않았다〔황커청은 펑더화이의 측근으로 지목되어 같이 박해를 받았다).

1959년 7월 루산회의 초기에 나는 서북 소조에 참가하여, 7월 2일 개막 뒤 7월 3일부터 10일까지 8일 동안 소조 회의에서 모두 일곱 번 발언하거나 끼어들었다. 그 내용들은 모두 회의 기간 중에 중앙 사무동에서 간략한 보고서로 만들어 인쇄하여 회의 중인 동지들에게 계속 배포했다. 7월 23일 오전, 주석이 나의 '7월 14일 편지'에 대해 비판하자, 그 뒤 서북 소조는 내가 소조 회의에서 했던 발언과 첨언을 몇 번에 걸쳐 다시 대조한 뒤 집중적으로 인쇄하여 회의 중인 동지들에게 배포했다. 이를 통해서 알 수 있었다. 내가 주석에게 편지를 전달하기 전에도 나의 발언을 배포했었는데, 어떤 좌적 현상에 대한 불만이 나의 언사 중에 드러났던 것이다. 이것은 사실이다.

7월 1일부터 회의 참가 외에는 실내에서 중앙 부문 재정과 경제 관련 문건, 군중들이 보낸 편지, 간략한 회의 보고 등을 검토했다. 7월 12일 저녁까지 나는 현재의 국가계획 업무의 비율이 심각하게 맞지 않는다는 생각을 하고 있었다. 마오 주석이 추구하는 방침이 각 방면의 실제 공작에서 관철되지 않았다. 이것은 내가 마오 주석에게 쓴 7월 14일 편지의 주요 내용이기도 하다.

13일 새벽, 주석에게 의견을 표명하기로 결정했으나, 내가 방문했을 때 경호원이 말하기를 주석이 막 잠들었다고 했다. 나는 곧 서북 소조 회의에 참가하러 갔다. 그리고 13일 저녁 식사 뒤 곧바로 그 편지를 쓰기 시작했다. 사실 구상은 7월 12일 저녁에 이미 다 해 놓고 있었다. 7월 14일 새벽, 편지를 완성하여 주석에게 직접 건네 주었다.

16일 중앙 사무동에서 그것을 인쇄해 왔다. 나는 18일 소조 회의에 참가했을 때 "이 편지는 단지 주석 혼자 참고하라고 쓴 것"이라고 설명하고 중앙 사무동에 편지를 거두어들이라고 요청했다. 그런데 20일 전후 장원톈과 저우샤오단 그리고 다른 사람이 "본질적으로 그 편지의 의견에 동의한다"고 발언했다. 황커청은 18일 저녁인가 19일 저녁에 비로소 루산에 왔다. 그가 소조 회의에서 한 발언을 나는 듣지 못했다.

마오 주석은 7월 23일 오전 그 편지를 '반당 성격의 강령'이라고 비판했다. 또 그 편지를 쓰기 전에 발언을 지지한 사람이 있어 "노래 부르는 사람과 화답한 사람"이 만들어졌다며, "이게 반당 집단이 아니면 무엇이냐"고 말했다. 주석이 내 편지를 비판하자, 회의 분위기가 곧바로 바뀌었다. 내 감정도 긴장되었다.

당시에 내가 편지를 쓴 동기와 희망을 고백하고, 여기서 당시 국내 상황과 구체적인 문제에 대해 다시 설명하겠다. 실적은 자세하게 이야기하지 않으려 한다. 당시 국내 상황에 대한 내 견해는 다음과 같다. 나는 아주 좋은 형세라고 생각했다. 1958년 전국 인민은 당의 영도와 총노선이 환히 비추는 가운데 대약진운동을 열렬하게 일으켰다. 인민공사가 각지에서 잇따라 만들어졌다. 대약진운동이 광범위하게 일어나고 인민공사가 조직된 것은 모두 인민의 이익에 부합하는 것이었다. 그것은 '가난하고 낙후한 상태(一窮二白)'에서 빨리 벗어나고자 하는 인민들의 희망과 호응하였다. 이런 좋은 형세에서 우리가 총노선을 집행하고 인민공사를 튼튼히 하고 대약진운동을 계속하여 유리한 조건을 만들었다. 당시에 어떤 문제점은 없었나? 없었다. 그러나 상대적으로 일부 지구에서, 일부 구체적인 정책에서 심각한 결점과 오류가 있었다. 루산회의에서 내가 쓴 편지는 이런 문제에서 출발한 것이다.

우선 나는 당시 업무 계획에 불만이 있었다. 1958년 기본 건설 항목이 너무 많았고 지나치게 조급했다. 적지 않은 공장을 재시공하거나 인력을 낭비하게 되었다. 자금이 분산되는 바람에 꼭 해야 하는 항목이 지연되고 원재료가 부족하게 되었다. 1959년에는 더욱 통제가 안 되어 기본 건설을 맹목적으로 계속 확대했다. 강철공업 발전은 상당히 단편적이었다. 예컨대 가공공업 및 재료공업을 건설하고 발전시키는 데 중점을 두고 원료공업은 상대적으로 소홀했다. 원료공업은 재료공업과 가공공업의 기초다. 기초가 튼튼하지 않으면 가공공업 발전에도 영향을 주게 된다. 이 문제에 대해 나는 7월 14일 주석에게 준 편지에 일련의 예를 들어 썼다.

"강철 생산 발전에 대한 인식도 심각하게 치우쳐 있습니다. 강철 제련, 압연강 및 쇄석 설비, 채탄, 광석, 코크스 설비, 갱목 자원, 수송 능력, 노동력 증가, 구매력 확대, 시장 상품과 안배 방법 등에 대한 진지한 연구가 없습니다."

나는 업무 계획을 수립할 때 실사구시적 태도가 부족하여 일련의 문제가 생긴다고 생각했다.

"1958년과 1959년 상반기 기본 건설 항목 중 사실상 완성할 방법이 없는 것은 반드시 결심하여 최대한 정지시켜야 합니다. 이 방면에서 반드시 포기가 있어야 비로소 얻는 것이 있습니다. 그렇지 않으면 심각한 불균형 현상이 더 연장될 것입니다. (주요하게는 농업이 공업에 비해 한참 뒤떨어져 있습니다.) 일부 방면에서 피동적 국면은 벗어나기 어려울 것이며, 앞으로 4년 안에 영국을 따라잡거나 추월하겠다는 약진 속도에 지장을 줄 것입니다."

이어서 나는 '국가계획위원회가 안배를 해야 하지만 각종 원인 때문에 결단을 하기 어렵다'고 제기했다. '첫째, 지방의 요구가 너무 빠르다. 둘째로 정부 각 부문 요구가 너무 빠르다. 셋째, 중앙이 희망하는 것이 너무 빠르다. 넷째, 우리나라 사회주의 건설 속도는 아직 객관적 규칙을 얻지 못했다'는 것이 그 이유다. 스탈린 동지는 소련 사회주의 건설 속도를 모색한 지 20년 정도 되어 결론을 얻었다. 즉, 사회주의 건설 속도는 매년 평균 13퍼센트에서 14.78퍼센트 신장시킬 수 있다는 것이다.

중국의 상황은 당시 소련과 다른 점이 있다. 우선 인구가 그들보다 많다. 둘째, 국제 환경이 비교적 좋다. 하지만 공업 기초는 비교적 좋지 않다. 구체적 조건을 비교하면 우리 건설 속도가 더 빠를 것이다. 하지만 도대체 얼마나 빠를 것인가? 4년 만에 배가한다면 매년 18.93 퍼센트로 누적 증가해야 할 것이고, 3년 만에 배가한다면 매년 26퍼센트 누적 증가해야 한다.

나는 당시 우리가 4년 만에 배가하고, 3년 반 안에 완성해야 한다고 생각했지만 경험이 없어 제출하지 않았다. 나는 늘 업무 계획을 세울 때 1개년도 표준을 잘 정하지 않으면 무모하게 진행하거나 보수적으로 가기 쉽다고 생각했다. 어쩔 수 없이 검토하고 또 검토해야 한다고 여겼다. 내가 주석에게 준 편지의 반은 업무 계획을 비판한 내용이다. 오직 '국가계획위원회가 안배를 해야 하는데 각종 원인으로 결단하기 어렵다.' 이 구절에 대해 계획위원회의 양해를 바란다.

나는 농업 방면도 표준이 있어야 한다고 생각했다. 해방 뒤부터 지금의 조건 하에서 매년 평균 7퍼센트를 증가시킬 수 있다고 보았다. 장래 농업기계, 수리, 비료 등 조건이 개선되거나 증강되면 더 빨라질 수 있을 것이다. 해방 뒤부터 우리 농업은 매 3년마다 풍년 1년,

평균 1년, 흉년 1년 식이었다. 1952년은 풍년, 1953년은 평균, 1954년은 흉년이었다. 또 1955년은 풍년, 1956년은 평균, 1957년은 흉년이었다. 과거에도 풍작으로 흉작을 보충했다.

1958년은 특히 대풍년이었다. 다만, 꽤 많은 지역에서 수확을 잘 하지 못하고 보관도 좋지 않았다. 또 일부 지구에서 너무 많이 먹고 다른 낭비 현상도 있어 국가 창고에 보존하는 것이 늘지 않고 오히려 줄어들었다. 만약 과거 자연 기후가 규칙성을 지녔다면, 1959년은 평균이고 1960년은 흉년이었을 것이다. 1958년 가을 9천만 명이 제철에 종사하고, 1959년에는 7천만 명이 수리건설사업을 벌였다. 이것은 장기적 이익이라고 말할 수 있고 당연히 좋은 점이 있다. 하지만 그해 농업 생산을 감안하면 일부 적당하지 못한 점이 있다. 거기에 더해 각 방면에서 일제히 몇 개의 대규모 사업을 추진했다. 이것은 필연적으로 농업 분야의 노동력 부족을 야기했다. 농업 증산에 직접 영향을 미쳤으며 나아가 일부 공업, 경공업 원료 생산에 영향을 준 근원이 되었다. 부식품 공급에도 영향을 주었다.

당시 흙용광로에서 제강하는 문제를 논의했는데, 세 가지 의견이 있었다. 하나는 손해만 있고 이익이 없다. 두 번째는 얻는 것보다 잃는 것이 더 많다. 세 번째는 얻는 것도 있고 잃는 것도 있다는 것이었다. 나는 세 번째 견해였으며 나머지 두 견해에는 반대했다.

무역정책 방면에서 나는 '내부는 대외무역에 어느 정도 복종해야 한다'는 것과 다른 견해를 갖고 있었다. 무역이 과다하면 국내시장이 불안해진다. 화폐 회수와 재정수입에 영향을 주고 대약진운동에도 영향을 주기 때문이었다.

나는 이런 것들을 개괄하여 다음과 같이 썼다.

"현 시기 우리가 건설공작을 진행하며 직면한 돌출 모순은 비례불균형으로 인한 각 방면의 불안입니다. 이러한 상황이 발전하여 이미 공업과 농업에 영향을 주고 있습니다. 또한 도시 각 계층 간, 농민 각 계층 간에도 영향을 주고 있으며, 따라서 정치적 성격도 띠고 있는 것입니다. 이는 우리가 앞으로 군중 동원을 확대하는 데도, 대약진 운동을 계속 실현하는 데도 관건적 지점입니다."

그 시기에 많은 지구의 지도자 동지들 사이에서 주관주의가 자라고 있었다. 때로는 사회주의 건설의 장기적이고 전략적 임무를 당면한 행동구호로 잘못 여겼으며, 어떤 일을 할 때 구체적 조건에 대한 진지한 연구가 부족하여 자신의 주관적 희망으로 결정했고, 어느 때는 중앙이 하달한 임무를 갈수록 덧붙였다. 심지어 완전히 주관주의인 구호가 돌아 다니기도 했다. "사람에게는 더 큰 담이 있고 땅에는 더 많은 생산이 있다." "왼쪽은 오른쪽보다 좋다. 왼쪽은 방법의 문제이고 오른쪽은 입장의 문제다." 이것은 잘못된 표현이다. 그들은 주석 등 지도자 동지들이 듣도록 직접 말하려 하지 않았다.

나는 그런 언행이 실제로는 총노선을 방해하는 것이라고 생각했다. 대약진운동과 인민공사를 방해하는 것이기도 했다. 농촌 노동력을 동원하는 데 많은 지구에서 지나치게 '대병단 작전'을 강조했다. 노동력의 강약을 서로 조합하지 않고 오히려 강약을 나누어 조직했다. 이렇게 노동력을 조직하면 현재 중국의 농촌 생산기술 수준에 맞지 않게 된다.

심지어 어떤 지구에서는 몇 개의 검은 바람이 심각하게 불기 시작했다. 공산풍, 과장풍, 명령 강요풍 등이 그것이다. 상당수의 기층 간부와 적지 않은 각급 간부들이 인민공사를 조직할 때 공산주의가 이미 온 것으로 여겼다. 많은 생산자료와 생활자료를 맹목적으로 집중하기 시작하여 이른바 '공산주의'를 실행했다. 새로운 주거지역을 아직 짓지도 않았는데 맹목적으로 집을 부수고 나무와 대숲을 베어 냈다. 적지 않은 농가가 '공산'을 두려워했고 낮은 값에 가산을 팔았다. 일부 간부들은 자기 업무 실적을 드러내려고 상급에 놀랄 만한 숫자를 보고했다. 실제 생산량이 많지 않은데도 보고서에 쓴 숫자는 컸다. 이 숫자들을 한데 모으면 누구나 무서워할 만했다. 이런 현상이 생긴 것은, 일부 지도 부문이 지나치게 무거운 임무를 요구한 것과 관계없다고 말할 수 없다. 많은 기층 간부들이 더 높은 실적을 올리기 위해, 상급이 지시한 점점 더 많은 실적을 완성하기 위해, 편한 대로 명령하는 수단을 선택했다.

어떤 지구에서는 손찌검을 해서 목적을 달성하는 풍조까지 생겼다. 임무를 완성하지 못해도 때리고, 출근이 늦어도 때렸다. 말하는 게 듣기 싫을 때도 매를 때렸다. 또 다른 지구에서는 노동 생산 중 부녀자의 상태를 신경 쓰지 않는 현상이 심각했다. 적지 않은 부녀자들이 자궁하수나 생리불순 등 질병을 앓았다. 1958년 12월, 우스鳥石와 핑장에 갔을 때 이런 풍조가 심각하다는 인상을 받았다. 적지 않은 농민들이 내가 있는 곳에 와서 하소연하고 일러바쳤다.

이런 검은 바람이 불기 시작하면, 군중들 사이에서 해당 지구의 당 기층 조직의 위신이 악영향을 받았다. 중앙 지도자 동지들의 위신도 손상을 입었다. 더 심각한 일은, 농민들의 생산 의욕에 영향을 주는 것이었다. 나는 이런 문제를 개괄하여 '과장풍'이라 하고 소자산계급의 열광이 강령을 강요했다고 했다. 이런 문제를 루산회의 초기에 회의에 참석한 동지들에게 성의껏 이야기했다. 나는 이런 상황들에 대하여 주석에게 편지를 쓰기로 마음먹었다.

7월 23일, 엄중한 시련을 겪다

1959년 7월 14일 내가 주석에게 써서 준 편지의 주요 내용은 내가 서북 소조 회의에서 불편하게 발언했던 문제들이었다. 그것을 요약하는 형식으로 써 주석에게 주었다. 이런 문제는 총노선 집행과 관련이 있었다. 또한 대약진운동, 인민공사의 구체적인 정책 문제 및 몇몇 간부들의 공작 방법 문제와도 관련되어 있었다.

나는 이런 문제에서 '좌'적 현상이 생긴다고 생각했다. 오른쪽의 보수적 사상도 있었으나, 그것은 개별적이고 극히 소수였다. 나는 '좌'적 현상에 대해 아주 우려했다. 그런 문제들을 바로잡지 않으면 업무 계획이 선두를 따라잡지 못할 것이고, 그러면 반드시 국민경제 발전 속도에 영향을 줄 것이었다.

나는 이렇게 생각한다. 내가 회의에서 문제를 제출하여 누군가의 사상에 혼란을 불러일으켰다면, 주석이 같은 목적의 다른 방법을 제기하면 된다. 그러면 그 문제를 수월하게 고칠 수 있을 것이다. 1958년 가을 인민공사를 설립한 지 얼마 되지 않았을 때와 같은 상황이다. 그때 일부 사람들이 인민공사의 소유제 문제와 노동에 따른 분배 원칙 문제를 모호하게 인식했는데, 주석이 지도를 하여 그 문제를 빠르게 바로잡았다. 이미 잘못을 고쳤다면, 또 동지들의 적극성이 상처를 받지 않았다면, 나는 아주 만족할 것이었다.

내가 7월 14일에 주석에게 편지를 써서 준 목적은 되도록 빨리 그런 문제를 바로잡기 위해서였다. 총노선과 대약진을 유지 옹호하고 인민공사를 튼튼히 하기 위해서였다. '당을 빼앗으려는 음모'나 '마오쩌둥 동지에게 반대하려는' 목적이 결코 아니었다. 그 편지는 몇 개의 돌출한 문제를 개괄하여 제출한 것이지 그 문제가 만들어진 원인을 논술한 것이 아니었다. 동시에 나는 많은 원인을 논술하지도 않았다. 어쨌든 참고하라고 준 편지임을 주석은 알았을 것이다.

하지만 일은 그렇게 되지 않았다. 7월 17일 오전에 중앙 사무동이 그 편지를 인쇄 발행한 것을 받았다. 첫머리에 커다란 글씨로 표제를 더해 놓았다. '펑더화이 동지의 의견서'였다. 7월 18일 소조 회의에서 나는 그 편지를 회수할 것을 요구했다. 그 편지는 급한 중에 쓴 것이고 의사를 분명하게 쓴 것이 아니라고 해명했다.

7월 23일 오전, 주석이 대회에서 발언했다. 고도의 원칙 하에 그 편지를 비판하고 우경 기회주의 강령이라고 말했다. 또 계획적이며, 조직적이고, 목적이 있다고 하고, 나아가 나를 가리켜 군벌주의와 대국주의라 하며 몇 차례 실천상 오류를 범했다고 말했다. 주석의 발언을 들으며 나는 말로 표현하기 어려운 침통한 심정이 되었다. 숙소로 돌아온 뒤 주석의 발언을 거듭 생각했다. 나 스스로의 주관적인 소망과 동기를 숙고하고, 어째서 생각이 서로 통하지 않는지 생각했다. 나는 크게 기분이 상했다. 그날 저녁, 침통한 마음으로 한길에서 산책을 하고 있을 때 맞은 편에서 어느 동지와 마주쳤다. 그가 나를 불렀다.

"펑 형, 오늘 오전 주석이 발언한 걸 생각 좀 해 보았소?"

"옳고 그른 걸 사람이 판단할 수 있소? 시간이 지나면 자연히 분명해지겠지."

내 말에 그는 엄숙하게 말했다.

"펑 형, 그렇게 아랑곳하지 않는 태도는 안 됩니다. 주석이 오전에 정치, 조직, 노선상 문제를 발언하고 고도의 원칙을 이미 제기했소. 당신은 어떻게 하는 게 당과 인민에게 유리한지 생각해서 서면으로 발언해야 하오."

"지금은 좀 피곤하오. 금방 쓸 수 없고 써도 분명치 않을 거요."

"그럼 당신 생각을 비서를 불러 기록하게 하면 정리할 수 있지 않소. 그 뒤에 당신이 직접 다시 다듬어요. 그러면 비교적 엄밀하고 깊이 있게 될 거요."

"비서를 데리고 오지 않았소. 군사 전보를 관리하는 대위 참모 한 사람만 데리고 왔는데, 그 사람은 그런 문장을 쓰지 못해요."

나는 그가 호의에서 한 말이라는 걸 알았다. 또 인민의 이익에서 출발한 것임을 알고 바로 헤어져 돌아왔다. 숙소로 돌아온 뒤 참모 동지가 군사위원회에서 보낸 티베트 군구 전보를 가져왔다. 수송차량을 증파해 달라는 요구였다. 전보를 들고 황커청 동지와 상의하려고 했다. 문을 열고 들어가는데 황커청 동지의 말소리가 들렸다.

"동요하지 마시오. 조금 있으면 일이 분명해질 거요. 주석이 잘못 처리하지 않을 겁니다."

황의 사무실에서 저우샤오단, 저우후이周惠, 리루이李锐 세 사람이 앉아 있는 것을 보았다. 저우샤오단 동지가 내게 말했다.

"펑 총사령, 우리들은 우파에서 단지 50보 떨어져 있어요."

"50보라 해도 조급해하지 말게. 관점이 모호할 때는 분명해지는 게 좋은 거야."

간신히 마친 뒤 다른 말은 하지 않았다. 나는 즉시 사무실로 돌아와 전보를 처리했다. 그날 저녁 어떻게 해도 잠을 잘 수 없었다. 밤새 도록 다시 생각해 보았다. 내가 주석에게 편지를 준 것은 참고하라는 뜻이었는데 어째서 의견서가 되었다는 말인가? 어째서 우경 기회주의 강령이 되었다는 것인가? 어째서 계획이 있고, 조직이 있으며, 목적이 있다고 하는 것일까? 조언해 준 동지의 말이 맞다 하더라도 어떻게 해야 당과 인민에게 유리한 것인가? 내 의견을 견지해야 하는 것인가, 아니면 자기비판을 해야 하는 것인가? 일련의 의문이 마음속에 맴돌았다. 심지어 어떤 원망하는 마음도 생겼다.

내가 주석을 알게 된 것이 비교적 늦었지만 벌써 30여 년이 되었다. 내 편지가 그렇게 엄중한 잘못이라 해도 어째서 나를 불러 한 번 이야기를 하지 않았을까? 그와 동시에 생각했다. 우리 당 중앙은 제국주의와 현대 수정주의에 견결히 반대해 왔다. 그리고 국제적으로 민주·민족해방운동을 적극 지원해 왔다. 만약 마오쩌둥 동지를 수반으로 한 중국공산당 중앙의 위신이 손실을 입는다면, 국제 무산계급운동에 더 큰 손실을 가져올 것이다. 생각이 여기에 미치자, 원래 견해를 지키려던 마음에 동요가 왔다.

이튿날, 즉 24일 오전 두 동지가 내 거처로 와서 잘 생각해 보았느냐고 물었다. 나는 내가 주석에게 준 편지는 국내의 구체적인 상황과 루산회의 상황을 쓴 것이지 어떤 준비나 나쁜 음모를 목적으로 쓴 것이 결코 아니라고 했다. 그들이 나에게 편지를 쓰기 전에 다른 동지와 의견을 교환한 일이 있는지 물었다.

"저우샤오단 동지가 두 번 내 거처에 와서 후난성의 구체적인 공작 상황에 대해 이야기했소. 그에게 내가 편지를 써서 주석에게 주겠다고는 했지만 내용은 말하지 않았고, 그 외 다른 동지에게 제기한 일은 없소이다. 또 장원톈 동지가 몇 차례 내 거처에 와서 전국적 경제 건설 공작을 이야기했고 편지에 대해서는 논의한 바 없소."

그들은 단지 편지 일로만 온 게 아니라며 어떻게 해야 국면이 유리한지 생각하라고 하고, 열정을 다해 격한 감정으로 말했다.

"편지를 공개한 건 떨쳐 버리고 전체 국면에 이익이 되도록 자기비판을 하세요."

그들은 2시간 넘게 이야기한 후 뜨거운 눈물이 그렁그렁해져 헤어졌다. 나는 깊이 감동했다. 그들이 나를 도우려는 것에 감격해서 나 스스로를 엄격하게 비판하기로 결심했다. 하지만 회의가 진행되는 과정에서 나는 원하는 것을 다해 준다는 태도, 당과 인민에게 이익이 된다면 상관없다는 식으로 내가 저지르지 않은 사실과 부합되지 않는 과대 비판도 받아들였다. 오직 '군사구락부'* 문제에서만 실사구시의 원칙을 견지했다. 이 문제에 대해 루산회의 기간 동안 핍박 추궁하는 현상이 있었다. 특히 그 뒤 8월 하순에서 9월 상순까지 베이징에서 소집한 군사위원회 확대회의 시기에 이런 현상이 유달리 심각했다.

내가 자백하지도 않은 이른바 '군사구락부'의 조직, 강령, 목적, 명단을 추궁당했다. 거기에 더해 불성실하다, 솔직하지 않다, 교활하다는 등의 죄명이 더해졌다. 처음에 군사위원회 확대회의에서 비판할 때 소수의 동지들이 큰 소리로 고함을 쳤다.

---

* 루산회의에서 펑더화이의 편지가 비판을 받은 뒤, 당 중앙이 루산에서 소집한 8중전회에서 펑더화이 등은 '우경 기회주의 반당 집단'으로 규정되었다. 펑더화이가 당시 맡았던 직무가 국방부장이었기 때문에 이른바 '우경 기회주의 반당 집단'을 '군사구락부'라고 지칭하였다.

"당신 빨리 교대나 해!"

"두 번 다시 우리를 속이려 하지 마!"

나는 머리끝까지 화가 났다.

"내 당적을 삭제해라. 나를 데리고 가 총살해라. 당신들이 그 군사구락부 성원이면 직접 신청해라."

몇몇 동지들은 나에게 고집이 세고 엄숙하지 못하다고 말했다. 루산회의가 끝난 뒤, 나는 차라리 30년 군대 경력의 영향을 일소하고 매장당하면 좋겠다고 생각했다. 그렇게 해서 인민해방군이 당의 지도 하에 진일보하여 공고해지는 것도 좋은 일이었다. 나는 그런 태도로 베이징으로 급히 돌아와 자기비판을 했다. 그렇지만 무슨 '군사구락부'의 조직, 강령, 목적, 명단 등을 아무렇게나 자백할 수는 없었다. 그렇게 하면 엄중한 후과를 만들 것이었다. 나는 비록 나 자신을 파멸시킬지언정 결코 당이 영도하는 인민군대에 손해를 끼칠 수는 없었다.

펑더화이 동지가 1959년 7월 14일 마오 주석에게 보낸 편지

주석, 이번 루산회의는 중요합니다. 나는 서북 소조 회의에서 몇 번 말참견을 했습니다만, 소조 회의에서 다 이야기하지 못한 의견이 있습니다. 특별히 써서 드리니 참고해 주십시오. 다만, 나는 장비처럼 단순한 사람이라 확실히 거칠고 세밀하지 못합니다. 그러니 참고할 가치가 있는지 짐작해 주기 바랍니다. 타당하지 않은 곳은 지적해 주십시오.

1. 1958년 대약진운동의 실적은 분명히 의심할 바 없습니다.

국가계획위원회가 몇몇 실태조사 뒤 내린 지시를 보면 1958년에는 1957년 대비 공업과 농업 총생산치가 48.4퍼센트 증가했습니다. 공업은 16.1퍼센트 증가했으며, 농업과 부업은 25퍼센트 증가했습니다. 양곡과 면화는 30퍼센트 증산이 분명합니다. 국가 재정수입은 43.5퍼센트 증가했습니다. 이런 증가 속도는 세계 각국에서도 일찍이 없던 일로 사회주의 건설 속도의 규칙을 돌파한 것입니다. 또한 우리 중국처럼 경제 기초가 약하고 기술설비가 뒤떨어진 곳에서, 대약진운동을 통해 기본적으로 '숫자는 더 많게, 속도는 더 빠르게, 품질은 좋게, 원가는 절약하는' 총노선이 정확하다는 사실이 실증된 것입니다. 이는 우리 중국의 위대한 성취일 뿐 아니라 사회주의 진영에 장기간 적극적인 영향을 미칠 것입니다.

1958년의 기본 건설사업은 지금 보면 어떤 항목은 지나치게 급하거나 지나치게 많고, 일부 자금은 분산되고, 일부 필수 항목은 미뤄졌습니다. 이런 결점들이 있습니다. 기본적으로 경험이 부족하고 그런 점에 대하여 깊이 체득하지 못했으며 인식이 너무 늦었기 때문입니다.

그래서 1959년에는 대오의 보조가 조금 방만하지 않았나 합니다. 그런 가운데 적당히 통제하는 정도로 대약진운동을 계속 추진했고, 이로 인한 불균형 현상이 제때 조정되지 않아 새로운 일시적 곤란이 증가했습니다. 하지만 이런 건설 사업은 결국 국가 건설에 필요한 일이며, 앞으로 한두 해 또는 조금 더 긴 시간 동안 차츰 성과를 거둘 것입니다.

지금 아직 일부 공백과 취약한 고리가 있어 생산 불능 설비가 생겼습니다. 일부 결핍된 물자는 충분히 비축할 필요가 있습니다. 이것들이 만들어 낸 불균형 현상과 새로 출현한 불평균은 제때 조정하기 어렵습니다. 이것이 현재의 곤란한 지점입니다. 그래서 내년 1960년 계획을 안배할 때 실사구시의 태도와 온당하고 믿을 만한 기초를 바탕으로 진지하게 고려해야 합니다.

1958년과 1959년 상반기 기본 건설 항목 중 사실상 완성할 방법이 없는 것은 반드시 결심하여 최대한 정지시켜야 합니다. 이 방면에서 반드시 포기가 있어야 비로소 얻는 것이 있습니다. 그렇지 않으면 심각한 불균형 현상이 더 연장될 것입니다. 일부 방면에서 피동적 국면은 벗어나기 어려울 것이며, 앞으로 4년 안에 영국을 따라잡거나 추월하겠다는 약진 속도에 지장을 줄 것입니다. 국가계획위원회의 안배가 필요하지만, 각종 이유로 결단하기가 어렵습니다.

1958년 농촌공사화는 위대한 의미를 갖고 있습니다. 우리나라 농민들을 빈곤에서 완전히 벗어나게 할 뿐 아니라, 사회주의 건설에서 공산주의로 가는 정확한 길을 가속시킬 것입니다. 소유제 문제를 둘러싸고 한동안 혼란이 있었고 구체 공작 중에 결점과 오류가 드러났습니다. 이것은 당연히 심각한 현상입니다. 하지만 우창, 정저우, 상하이 등에서 열린 일련의 회의를 통해 기본적으로는 이미 바로잡았습니다. 혼란한 상황은 지나갔으며 점차적으로 노동에 따른 분배의 정상 궤도를 가고 있습니다.

1957년의 대약진운동 중에 실업 문제를 해결했습니다. 중국에는 실업 인구가 아주 많습니다. 경제가 낙후한 나라에서 이 문제를 이렇게 신속하게 해결한 것은 작은 일이 아니라 커다란 일입니다. 다만 전 인민이 작은 흙용광로로 강철을 제련하여 만든 것은 물력과 재력 등 자원과 인력을 일부 낭비하였습니다. 당연히 비교적 큰 손실입니다. 반면 전국 지질조사를 처음으로 일제히 시행한 것은, 기초적이지만 거대한 규모여서 적지 않은 기술 인력을 배양하였습니다. 확대간부가 이 운동 중에 단련되고 제고되었습니다. 비록 보조금 20여 억 위안이라는 적지 않은 비용이 들었으나 이 방면에서 잃은 것도 있고 얻은 것도 있습니다.

대체로 위에 쓴 몇 가지 점에서 보면 성적은 확실히 위대했습니다.

다만 적지 않은 심각한 경험과 교훈도 있습니다. 진지하게 분석을 더 하는 게 필요하고 유익할 것입니다.

2. '공작 중의 경험과 교훈을 어떻게 총괄할 것인가'입니다.

이번 회의에 참석한 동지들이 작년부터 진행한 공작 경험과 교훈을 검토하여 적지 않은 유익한 의견을 제출하고 있습니다. 이번 토론을 통해 우리 당의 공작은 매우 좋은 점을 취할 수 있을 것이며, 몇몇 방면에서 피동적인 국면을 주동적으로 변화시켜 사회주의 경제 법칙을 체득하는 데 진일보할 것입니다. 평소 존재하던 불균형 현상을 제때 조정하여 '적극 균형'의 의의를 정확하게 인식할 것입니다.

그에 따라 1958년 대약진운동 중 나타난 결점과 오류를 볼 때, 어느 정도는 피하기 어려웠다고 생각됩니다. 우리 당이 30년 넘는 동안 영도해 온 혁명운동의 위대한 성적 중에도 늘 결점은 있습니다. 그것은 하나의 문제와 두 개의 방면입니다. 현 시기 우리가 건설공작을 진행하며 직면한 돌출 모순은 비례불균형으로 인한 각 방면의 불안입니다. 이러한 상황이 발전하여 이미 공업과 농업에 영향을 주고 있습니다. 또한 도시 각 계층 간, 농민 각 계층 간에도 영향을 주고 있으며, 따라서 정치적 성격도 띠고 있는 것입니다. 이는 우리가 앞으로 군중 동원을 확대하는 데도, 대약진운동을 계속 실현하는 데도 관건적 지점입니다.

과거 공작 중에 나타난 결점과 오류의 원인은 여러 방면에 있습니다. 그 객관 요소는, 우리들이 사회주의 건설 공작에 익숙하지 않은 것과 완전하지 못한 경험입니다. 사회주의 계획에서 균형발전의 규칙에 따른 체험이 깊지 않고, '두 다리로 가는 방침'에 대하여 각 방면의 실제 공작을 관철해 본 적이 없습니다. 또한 우리는 경제 건설 중 문제를 처리할 때 진먼金門을 포격한 것처럼〔1958년 8월 23일부터 10월 5일까지 진먼섬에 주둔하던 중화민국 국군에 대해 중국 인민해방군이 47만 발의 포격을 가한 것을 뜻함〕처리하지 못했습니다. 티베트 반란 등 정치 문제를 평정한 것처럼 마음먹은 대로 하지 못했습니다. 그 외 객관적 형세를 보자면, 우선 우리 중국은 가난합니다. 물론 일부 사람들은 배부르게 먹지만, 작년 면포 생산량은 평균 한 사람당 열여덟 자에 불과했습니다. 홑옷 한 벌과 잠방이 두 개를 지을 수 있는 양입니다. 문화와 교육이 낙후하여 인민은 절실하게 현실 변화를 요구하고 있습니다.

다음은 국제 형세의 유리한 추세입니다. 이 또한 대약진운동에 중요한 요소입니다. 이 유리한 시기를 이용하여 거대한 인민의 요구에 부응해야 합니다. 건설공작을 가속하여 '일궁이백一穷二白'(경제, 문화, 교육을 가리킴)〔가난한 게 하나고, 빈 곳이 둘이라는 뜻〕의 낙후한 면모를 더 빨리 바꿔야 합니다. 그래서 더 유리한 국제 형세를 만드는 게 완전히 필요하고 정확한 일입니다.

과거 한 시기 우리의 생각하는 방법과 공작 작풍에서 주의할 만한 문제가 노출되었습니다. 이것들은 다음과 같습니다.

가. 과장 풍조가 폭넓게 자라기 시작하고 있습니다. 작년 베이다이허北戴河회의 때 양곡 생산량을 과대하게 예측하여 일종의 허상을 만들었습니다. 모두 식량 문제가 이미 해결되었다고 느끼고 손을 빼내어 공업 분야에서 일을 벌이고 있습니다. 강철 생산 발전에 대한 인

식도 심각하게 치우쳐 있습니다. 강철 제련, 압연강 및 쇄석 설비, 채탄, 광석, 코크스 설비, 갱목 자원, 수송 능력, 노동력 증가, 구매력 확대, 시장 상품과 안배 방법 등에 대한 진지한 연구가 없습니다.

요컨대 균형 잡힌 계획이 없는 것입니다. 이런 부분에 대하여 실사구시하지 않는 잘못을 범하고 있습니다. 이는 아마도 여러 문제들에서 비롯했을 것입니다. 과장 풍조가 각 지구, 각 부문에 불고 있습니다. 믿을 수 없는 기적도 간행물에서 보이고 있습니다. 확실히 당의 위신은 중대한 손실을 입고 있습니다. 각 방면의 보고자료를 보면 공산주의가 빠르게 다가올 태세입니다. 적지 않은 동지들의 머리에 열이 오르기 시작했습니다.

양곡과 면화의 높은 생산량, 강철 증산의 물결에 과장과 낭비가 뒤따라 발전하기 시작했습니다. 가을걷이는 거칠고 원가에도 미치지 못해 가난한 나날이 닥치고 부유한 때는 지나갔습니다. 심각한 것은 상당히 긴 시간 동안 진실한 상황을 접하지 못하는 것입니다. 우창 회의에서 금년 1월까지 줄곧 진행한 성시위원회省市委 서기 회의를 보면 여전히 형세의 진상이 분명치 않습니다. 이런 과장 풍조가 만들어진 데는 사회적 원인이 있습니다. 제대로 연구해 볼 필요가 있습니다. 이 또한 우리 공작에 임무 지시만 있고 구체적인 조치가 부족한 것과 관계가 있습니다.

주석이 작년에 이미 전 당에 기세가 충천해야 하며 과학적 분석으로 종합하고 두 다리로 걸어야 한다는 방침을 제시했습니다. 하지만 다수의 지도자 동지들이 깨닫지 못했고 나도 예외가 아닙니다.

나. 소자산계급의 열광이 우리에게 좌경 오류를 범하게 하고 있습

니다. 나와 다른 많은 동지들도 마찬가지입니다만, 1958년의 대약진 운동 중에 성적과 군중운동의 열정에 현혹되었습니다. 그 후 일부 좌경향이 상당한 정도로 발전했습니다. 항상 공산주의로 크게 한 발 내딛어 남보다 앞서겠다는 사상이 한동안 우위를 점했습니다. 당이 장기간 만들어 온 군중노선과 실사구시 작풍이 기억의 뒷전에 놓이게 되었습니다. 생각하는 방법에서 왕왕 전략적 안배와 구체적 조치가, 장기간의 방침과 당면한 순서가, 전체와 부분이, 대집단과 소집단 등의 관계가 뒤죽박죽되었습니다.

주석이 제출한 "적은 종류, 높은 생산성, 다수확으로 15년 안에 영국을 뛰어넘자"는 구호는 모두 전략적이고 장기적인 방침입니다. 그러나 우리는 당면한 구체적인 상황 연구가 부족하여, 공작 안배를 적극적으로 타당하고 믿을 만한 기초 위에서 추진하도록 주의를 기울이지 못했습니다. 어떤 지표는 단계마다 제고되고 충충이 더해졌습니다. 원래 몇 년 혹은 십 몇 년 동안 비로소 이룰 요구가 1년 또는 몇 개월 만에 완성해야 할 지표가 되었고, 이렇듯 실제에서 벗어나면서 군중의 지지를 얻지 못하게 되었습니다. 예컨대, 너무 빠르게 등가교환법칙을 부정한 일, 너무 이르게 밥 먹고 돈을 내지 않게 한 일, 어떤 지구에서 식량이 풍작을 거둔 것으로 〔잘못〕 인식한 일, 한 번에 일괄 수매를 취소한 일, 배를 늦게 채우자고 제창한 일, 일부 기술을 평가도 없이 널리 보급한 일, 일부 경제법칙과 과학법칙을 쉽게 부정한 일 등, 이것들이 모두 '좌'적 경향입니다.

이런 '좌'적 경향의 동지가 보기에는 단지 정치만 우선으로 내세우면 모든 것을 대신할 수 있습니다. 정치 우선 경향은, 자발적 노동 제고와 생산품의 양과 질 향상을 잊어버립니다. 군중들의 적극성과 창조성을 발휘하게 하여 경제 건설을 가속해야 한다는 것을 간과합니다. 정치 우선으로 경제법칙을 대신할 수 없습니다. 경제공작 중 구체적인 조치를 대신하는 것은 더욱 불가능합니다.

정치 우선, 그리고 경제공작의 적절하고 효과 있는 조치, 이 양자는 똑같이 중요합니다. 한쪽을 무겁게 보거나 소홀히 할 수 없습니다. '좌'적 현상을 바로잡아야 합니다. 보통 우경 보수사상을 되돌리는 것보다 곤란한 점이 또 있습니다. 이는 우리 당의 역사와 경험이 증명하는 것입니다. 작년 하반기, 하나의 분위기가 나타났습니다. 반反우경 보수주의 사상 반대에 주목하게 된 것인데, 주관주의적 좌경 쪽에는 소홀하게 되었습니다. 작년 겨울 정저우회의를 거친 뒤 일련의 조치로 일부 좌적 현상을 기본적으로 바로잡았습니다. 이것은 하나의 위대한 승리입니다. 이 승리를 전 당 동지들에게 교육하여 동지들의 적극성이 또다시 손상되지 않도록 했습니다.

지금 국내 형세는 분명해지고 있습니다. 특히 최근 몇 차례 회의를 통해 당내 대다수 동지들의 생각이 기본적으로 일치하고 있습니다. 눈앞의 임무는 전 당이 일치단결하여 공작에 힘쓰는 것입니다. 나는 작년 하반기 이후 공작 중의 성적과 교훈을 체계적으로 총괄해야 한다고 생각합니다. 나아가 이를 전 당 동지들에게 교육하면 좋은 점이 많을 것입니다. 그 목적은 시비를 분명히 가리고 사상을 제고하는 것이지, 개인에게 책임을 추궁하는 것이 아닙니다. 그러면 오히려 단결을 저해하고 사업에 불리할 것입니다.

사회주의 건설의 규칙 등 익숙하지 않았던 것들이 작년 하반기 이래 실천과 깊은 토론을 지나며 일부 문제가 분명해졌습니다. 어떤 문제는 일정 시간의 학습과 모색을 통해 익혀 할 수 있게 되었습니다. 사상의 방법과 공작 기풍의 문제도 이번에 깊은 교훈을 얻어 우리들이 쉽게 각성하고 체험할 수 있게 되었습니다. 다만, 철저하게 극복해야 하고 한 번의 간고한 노력이 있어야 합니다. 주석이 지난번 회의에서 지시한 것과 똑같습니다. "성적은 위대하게, 문제는 많게, 경험은 풍부하게, 앞날은 밝게" 해야 합니다. 우리가 주동하여 전당이 단결해 갈 수 있도록 간고하게 분투하면 계속 약진할 수 있는 조건이 있습니다. 올해와 다음 해 그리고 앞으로 4년 계획은 반드시 승리적으로 완성할 수 있을 것입니다. 15년 안에 영국을 추월하도록 분투해야 하는 목표는 앞으로 4년 안에 기본적으로 실현될 것입니다. 몇몇 중요한 생산품도 분명히 영국을 초과할 수 있을 것입니다. 이것이 우리의 위대한 성적과 환한 앞날입니다.

순조롭기를 빕니다. 삼가 썼습니다.

1959년 7월 14일

펑더화이

마오쩌둥과 펑더화이의 대화
─ 1965년 9월 23일 펑더화이의 기록

주석이 말했다.

"일찍부터 기다렸소. 아직 잠을 못 잤어요. 어제 오후 당신 편지를 받고 기뻐서 잠을 이루지 못했소. 당신 정말 고집쟁이요. 몇 년 동안 편지도 없었으니, 당신 8만 자 편지를 써야겠소〔1962년 1월 11일부터 2월 7일까지 중국공산당 중앙이 소집한 7천인대회 뒤 펑더화이는 중앙의 조사 요구에 따라 8만 자의 글을 썼다〕. 오늘은 또 류샤오치, 덩샤오핑鄧小平, 펑진彭眞 동지가 좀 있다 와서 참가할 거요. 저우언라이 총리는 시아누크를 접대하느라 올 수 없소. 우리 같이 이야기 좀 합시다.

지금 전략적 후방을 건설해야 하고 전쟁을 준비해야 하오. 지금 서남 투자 비율이 가장 많소. 전략 후방도 특별히 중요한데 당신이 서남 지구에 가는 게 적당해요. 장래 병력을 좀 데리고 가서 싸울 수도 있소. 그래서 명예를 회복하시오."

루산회의 당시 주석이 나에게 결의안이 어떤지 물었을 때〔비판에 대한 평의 결심을 물은 것이다〕 나는 주석에게 3항을 보증하겠다고 했다. 주석이 "3항의 내용이 무엇인가?" 물어 나는 이렇게 답했다.

'어떤 상황에서도 반혁명을 하지 않을 것이다. 어떤 상황에서도 자살하지 않을 것이다. 앞으로 공작이 잘되지 않으면 노동하여 생산하고 그 힘으로 먹고 살겠다.'

주석이 그 이야기를 꺼내며 말을 이었다.

"뒤쪽 2항을 나는 아직 기억하고 있소. 진리가 그쪽에 있을 거요. 전략적 후방 중 가장 중요한 곳이 서남지구요. 그곳에 각종 자원이 있고 지리도 좋고 충분히 일할 만할 거요. 펑더화이 동지가 가면 성과를 낼 수 있을 거요. 당의 통일적 지도로 총지휘부를 건설하시오. 이정천李井泉이 주가 되고, 펑 동지를 부로 하고, 또 청쯔화도 있소. 펑 동지가 서남에 가는 것은 당의 정책이오. 만약 동의하지 않는 사람이 있으면 나에게 와 이야기하라 하시오. 나는 과거 펑 동지에게 적극 반대했지만 지금은 성심성의껏 하기 때문에 지지하려고 하오.

펑 형에 대한 생각은 응당 하나가 나뉘어 둘이 되는 거요. 나도 다를 바 없소. 리리싼노선 시절 3군단 간부들은 간장강을 건너는 데 반대했잖소. 그때 펑 동지가 간장강을 건너야 한다고 해서 뜻이 하나로 정해지고 바로 강을 건넜소. 장제스의 1·2·3차 포위토벌 때도 우리 합작은 매우 좋았소.

푸톈사변 반혁명 때에도, 세 통의 이간질하는 가짜 편지가 주더, 펑더화이, 황궁뤠 등 세 사람에게 전달되었는데 펑 동지가 즉시 사람을 보내 편지를 가져왔소. 3군단 전선위원회는 다시 회의를 열어 선언을 발표하고 푸톈사변에 반대하였소. 이 일처리는 정말 좋았소.

장궈타오의 분열에 반대하는 투쟁 때도 꿋꿋했고, 해방전쟁 때 서북전장 실적도 긍정적이오. 그렇게 적은 군대로 국민당 후쭝난 등의 강대한 군대를 패퇴시켰으니 그때 일은 항상 생각이 납니다. 내 선

집에도 당신 이름이 보존되고 있소. 어째서 한 번 잘못했다 해서 모든 것을 부정할 필요가 있겠소?

당신은 역시 서남으로 가시오. 류샤오치, 덩샤오핑 동지에게 서남 지구 관련 동지들과 회의를 한번 소집하게 하겠소. 문제를 분명히 말하게 하고, 만약 누가 동의하지 않으면 나에게 찾아와서 이야기하라 하겠소."

신실한 혁명가에게 닥친 가혹한 운명

10여 년 전 연변의 조선족 소설가 김학철 선생의 책을 읽다가 "가장 존경하는 사람이 펑더화이"라는 구절을 보았다. 펑더화이라면 6·25 때 북한을 도와 참전했던 중국군 사령관이 아닌가? 그런 단편적인 기억을 가지고 있던 내가 자서전을 번역하게 될 줄은 꿈에도 몰랐다.

펑더화이는 지금 중국에서 한창 선양되고 있다. 전기, 소설, 각종 일화집 등이 우후죽순으로 쏟아지고 있으며, 2년 전에는 중국 중앙 텔레비전(CCTV)에서 그의 일생이 드라마로 제작되기도 하였다. 마오쩌둥도 한때 펑더화이를 일컬어 "누가 감히 칼 비껴 차고 말에 오르나? 오직 나의 펑 대장군뿐일세."라는 헌시를 보냈다.

중국 근현대사에서 펑더화이는 빼놓을 수 없는 인물이다. 유방의 한신이나 유비의 관우, 송나라의 충신 악비에 맞먹거나 능가할 만한 군사가이자 애국자이다. 초강대국인 미국을 비롯한 UN군과 싸워 승전한 인물이니, 세월이 흐를수록 중국 사회에 그의 이름이 깊이 새겨질 것이다.

하지만 펑더화이는 비운의 혁명가이다. 그는 소학교도 마치지 못할 정도로 가난하였고 먹고살기 위해 병사가 되었다. 하지만 타고난 정의감과 용감함, 탁월한 군사능력으로 '신중국 10대 원수' 중 두 번째 반열에 올랐다. 주더가 경력과 상징성으로 첫 번째 자리를 차지했다면, 펑더화이는 오로지 자신의 능력과 실적, 선당후사의 헌신적인 태도를 인정받아 군부의 실력자가 되었다. 하지만 누가 알았으랴. 직설적이고 주위를 가리지 않는 그 성격이 펑더화이를 '항미원조의 영웅'에서 '반당집단의 수괴'로 떨어뜨릴 줄. 마오쩌둥에게 대약진운동 과정에서 드러난 문제를 직언했다가 하루아침에 "당을 공격한 우경기회주의의 수괴"로 찍힌 것이다. 펑더화이는 오해를 소명하고자 8만 자 편지를 마오에게 보냈다가 '외국과 내통한 죄'까지 덮어쓰고 당원 자격까지 박탈되었다.

1966년 문화혁명이 일어나자 펑더화이는 홍위병에게 연행되어 죽을 때까지 연금 생활에서 벗어나지 못했다. 이른바 '4인방'(장칭·랴오원위안·창춘차오·왕훙원)의 사주에 따라 온갖 모욕과 폭행, 그리고 끝없는 조사와 심문이 이어졌다. 암에 걸린 펑더화이는 임종 직전 "아내 푸안슈를 한 번 만나게 해 달라."고 했지만, 결국 아내를 만나지 못한 채 눈을 감았다. 죽을 때 펑더화이 주변에는 그가 알거나 친분이 있던 이가 단 한 사람도 없었다고 한다. 부인 푸안슈는 펑더화이가 실각한 후 압박과 비판을 견디지 못하고 이혼을 요구하여 갈라선 상태였다. 둘이 이혼할 당시 펑더화이가 배를 두 쪽으로 잘라 나눠 먹은 뒤 담담히 보내 준 것은 중국에서 유명한 일화이다.

펑더화이는 어린 시절 함께 구걸하던 두 동생도 혁명에 바쳤다. 그들은 고향인 후난에서 지하당 활동을 하다 국민당 특무에 잡혀가 처참한 고문을 당한 뒤 살해되었다. 펑더화이도 죽은 뒤 '왕촨'이라는, 자신도 모르는 이름으로 화장을 당하였다. 펑더화이가 모든 것을 희생하며 이루려고 했던 사회는 어떤 모습이었을까? 빈부격차와 부패, 특권화된 당과 관료들을 보며 펑더화이가 지하에서 무슨 생각을 하고 있을지 궁금해진다.

■ 펑더화이 연표

1898년		10월 24일(음력 9월 10일) 후난성 샹탄현湘潭縣 스탄진石潭鎮 우스차이 烏石寨 펑씨 집안의 가난한 농가에서 출생.
1904~1907년	6~9세	글방에서 2년간 공부함. 모친 별세. 부친이 병에 걸려 공부를 그만두고 나무를 해다 팔아 가계를 도움.
1908~1912년	10~14세	부농의 소를 돌보고, 석탄갱에서 노동함.
1913년	15세	후난의 농민기의군 이화易華(원나라 말 홍건군 남방쪽 두령)의 "부자를 치고 가난한 이를 구제한다"는 전설과 청나라 태평천국 혁명 이야기에서 영향을 받아 굶주린 민중을 수탈하는 부잣집 털기에 참여하고 집을 떠나 도망침.
1914~1916년	16~18세	둥팅호에서 제방 인부로 일함.
1916~1917년	18~19세	창사에서 입대하여 호남군(샹군湘軍) 병사가 됨.
1918~1919년	20~21세	분대장으로 승진함. 황궁뤠, 리찬 등과 사귐. 연대에 비밀조직인 구빈회 설립.
1920년	22세	북양군벌 구축에 참가하여 후난 독군 장징야오와 전투함. 소대장으로 승진. 호남군 10만 명과 급료 투쟁 참가.
1921년	23세	후베이 자치를 돕는 전쟁에 참가했으나 패배함. 중대장 대리가 됨. 가난한 농민을 돕고자 구빈회원을 보내 악질 지주이자 세무국장인 어우성친을 죽임. 이 일로 체포되어 창사로 압송 중 탈출함. 비밀리에 구빈회원과 만나 회칙을 제정함.
1922년	24세	광둥으로 가 옛 친구인 루광허우를 찾아 중대장이 됨. 3~7월 직을 버리고 귀향하여 농사를 지음. 8월 호남군관 강무당 입학.
1923년	25세	8월 호남군관 강무당 졸업, 6연대 1대대 1중대장에 임명됨.
1924년	26세	4월 6연대 1대대장 대리로 임명됨.

1926년	28세	5월 6연대 1대대장에 임명됨.

호남군이 국민혁명군으로 개편된 독립 1사단에서 대대장이 됨. 우창 공격 때 공산당원 돤더창과 사귀고 공산주의 사상을 받아들임.

1927년	29세	1월 1대대에 사병위원회 설립.

6월 우한의 국민혁명군 예팅 부대를 지원하기 위해 부대를 이끌고 청룽지城陵矶 대안의 사천군벌 량썬의 부대를 습격함.

8월 탕성즈의 4집단군이 장제스 군을 토벌하는 데 참가함.

중국공산당 난화안 특위와 연결되어 공산당 가입을 요청함. 돤더창이 난현에서 요양하는 것을 도움. 1대대를 이끌고 신저우의 위안주밍 부대와 전투함.

1928년	30세	1월 국민혁명군 독립 5사단 1연대장에 취임.

2월 사단장 저우판의 병영학교 설립을 도와 황궁뤠를 교장으로 추천함.

4월 중국공산당 가입. 1연대에 비밀 당위원회를 설립하고 서기에 취임.

7월 텅다이위안 등과 함께 독립 5사단 1연대를 이끌고 핑장기의를 일으킴. 홍군 제5군을 설립하고 군단장 겸 13사단장에 취임.

8~10월 후난 각 지역을 돌며 전투를 벌임.

11월 홍5군 1·3종대를 이끌고 징강산으로 향함.

12월 홍5군 주력을 이끌고 닝강으로 가 홍4군과 회합.

1929년	31세	1월 홍5군과 군사위원회 연석회의를 열어 홍5군이 징강산을 지키고 홍4

군 주력이 장시 남쪽에 진군하기로 결정. 홍5군과 왕줘 부대를 지휘하여 후난·장시 두 성의 징강산 '포위토벌'에 맞서 싸움. 중과부적으로 징강산을 탈출하여 장시 남쪽으로 이동.

2~6월 후난·장시·광둥을 이동하며 국민당군과 전투함.

7월 부대를 이끌고 징강산으로 돌아옴.

9월 상악감(후난성·후베이성·장시성) 변구 확대회의에 출석. 홍군을 5개 종대로 개편하고 이를 총괄하는 홍5군 군단장을 맡음.

1930년	32세	5월 핑장을 두 번째로 점령.

7월 후난의 성도인 창사 점령. 홍3군단 군단장이 됨.

8월 홍1군단과 회합. 중국 공농홍군 1방면군이 설립되어 부총사령에 임명됨. 총사령은 주더.

10월 마오쩌둥의 전략 방침을 지지하여 간장강을 건너 작전함.

12월 마오쩌둥의 '위조 친필서신 사건' 때 견결하게 마오쩌둥을 지지. 국민당의 1차 포위토벌에 맞서 전투를 벌여 국민당 18사단장 장후이짠을 사로잡음.

| 1931년 | 33세 | 5월 국민당의 2차 포위토벌에 맞서 전투하여 승리. |

5월 국민당의 2차 포위토벌에 맞서 전투하여 승리.

8~9월 국민당의 3차 포위토벌에 맞서 전투하여 승리.

11월 25일 중앙혁명군사위원회 부주석에 취임.

1932년　34세

간저우, 루청, 난슝, 수이커우 등 후난의 여러 도시 공격 작전을 지휘.

1933년　35세

2~3월 국민당의 4차 포위토벌에 맞서 전투를 지휘하여 승리.

7월 동방군 사령원에 취임. 푸젠, 민장강 상류를 전전하며 전투.

1934년　36세

2월 동방 원정을 끝내고 돌아옴.

3월부터 국민당의 4차 포위토벌에 맞서 전투를 벌임. 타이닝, 광창에서 혈전을 벌였으나 지키지 못함. 이때 리더李德와 전략 문제에 대하여 격렬한 논쟁을 벌임.

10월 17일 홍3군단을 인솔하여 장정을 시작함. 10월에서 11월 사이 국민당군의 봉쇄선을 잇따라 돌파.

1935년　37세

1월 15~17일 쭌이에서 열린 중국공산당 정치국 확대회의에서 마오쩌뚱의 주장을 지지.

2월 루산관 점령과 2차 쭌이성 점령을 지휘. 귀주군 왕자례의 8개 연대, 우치웨이의 2개 사단을 섬멸하는 등 중요한 승리를 거둠.

3~8월 츠수이허, 진사강을 잇따라 건너 홍4방면군과 회합. 파시로 진군. 4방면군과 회합 및 논쟁에서 일관되게 마오쩌둥의 항일 북상 노선을 지지.

11월 장정을 끝낸 3일 중앙소비에트 정부의 명에 따라 서북 혁명군사위원회 부주석 겸 중국 공농홍군 제1방면군 사령원에 임명됨. 마오쩌둥·저우언라이와 협력하여 즈뤄진 전역을 지휘하여 적 1개 사단을 섬멸하고 섬감(섬서·간쑤) 근거지의 3차 포위토벌을 분쇄.

1936년　38세

1월 중국 인민항일선봉군 총사령에 임명.

2월 황허를 건너 동쪽 정벌을 시작.

5월 산베이로 돌아와 서방 야전군 사령에 임명됨. 마훙빈의 주력과 싸워 취즈진등 여러 곳을 빼앗고 남북대로를 장악함.

11월에 산청부 전역戰役을 지휘하여 후쭝난 부대 2개 연대를 섬멸함으로써 산간 혁명 근거지에 대한 국민당의 공격을 차단함.

1937년	39세	국민당 일부 고급 장교들과 통일전선공작 진행.

8월 2차 국공합작에 따라 홍군이 국민혁명군 8로군으로 개조됨. 8로군 부총지휘에 임명됨.

9월 저우언라이 · 린뱌오 · 쉬샹첸과 함께 타이위안의 제2전구 사령원 옌시산과 만나 홍군 참전 문제를 논의. 8로군이 국민혁명군 제18집단군으로 개편됨. 제18집단군 부총사령에 임명됨. 주더 총사령과 함께 우타이현 남쪽 루춘에서 일본군 115사단의 이타카키板垣 부대 습격에 대비하여 부대 배치 진행.

1938년   40세

1월 8로군 주요 지휘관, 장제스와 함께 쉬저우 회전會戰 문제를 논의.

2월 주더와 함께 8로군 주력으로 정태로正太路, 동포로同蒲路, 평한로平漢路와 한장공로邯長公路를 파괴할 것을 논의하고 부대를 배치함. 쉬저우 회전에 대한 지원책 논의.

4월 주더와 협력하여 동로군의 산시 남쪽 9개 길에 대한 포위공격을 펼쳐 일본군 4천 명을 섬멸하고 18개 현성 수복.

1939년   41세

2~12월 반마찰전역 지휘. 양청 동부에서 옌시산의 12월사변에 반격.

1940년   42세

3월 주더와 8로군 일부를 지휘하여 타이항산 지역에서 국민당 주화이빙 등 3개 사단 섬멸, 1차 반공토벌 분쇄.

4월 8로군 일부를 지휘하여 진푸, 퉁푸, 핑한, 자오지 철도 및 일본군이 새로 닦은 도로 등을 파괴.

6월 황커청 부대를 남하시켜 신4군과 합류하여 룽하이난, 황허 북쪽 근거지 개척.

7월~12월 정태로, 동포로, 평한로 및 주요 도로에 대한 습격전, 이른바 '백단대전'을 지휘함.

1941년   43세

4~12월 각 근거지에 대한 일본군의 소탕전에 대한 반격을 지휘.

1942년   44세

2월 무장공작대를 조직하여 일본군 점령 지역에서 활동케 함.

3월 산시 남쪽의 철로선을 습격하여 우군인 옌시산 군에 대한 일본군의 공격을 견제.

5월 일본군의 8로군 총부 및 북방국 소탕 습격 방어를 지휘.

1943년   45세

1월 〈적 점령지와 유격구 공작〉 문건 발표.

4월 18집단군 총사령부 직속의 각 단위에 좁쌀 등을 절약하여 이재민을 구호하라고 지시.

7월 〈우리는 어떻게 화베이에서 6년간 항전했는가〉 발표.

9월 8로군 총사령부가 타이항산을 떠나 옌안으로 감. 옌안에서 정풍학습에 참가. 마오쩌둥과 주더의 화베이 일본군 근거지 항전 방침에 협력.

1944년	46세	**8월** 미군 시찰조에게 '화베이 지역 8로군 7년 항전의 개황'과 관련하여 세 차례 대화하고 8로군의 투쟁 경과 소개. **9월** 중앙의 결정에 따라 왕전 부대를 상악감(후난성·후베이성·장시성)에 원정케 함.
1945년	47세	**4월** 중국공산당 제7차 전국대표대회에서 군사 문제, 정권 문제, 화베이의 군중운동에 대하여 발언하고 8로군의 7년 항전 성적과 경험을 총괄함. **8월** 중국공산당 중앙군사위원회 부주석 겸 총참모장에 임명됨. **10~12월** 각 전구에 일본군의 해방구 공격에 반격할 것을 지시.
1946년	48세	**1월** 군사위원회를 통해 각 전략 지구에 정전협정 준수, 현지 고수 및 자위를 지시. **8~12월** 내전에 대비하여 회의, 부대 배치 등을 진행.
1947년	49세	**3~4월** 서북야전 병단 사령원 겸 정치위원에 임명되어 서북 전장의 작전을 직접 지휘. 칭화벤 매복전, 양마허 매복전 지휘하여 승리를 거둠. **5월** 이후 서북 지역에서 후쭝난의 국민당군에 맞서 싸움.
1948년	50세	**2~3월** 이찬, 와쯔제 전역을 지휘하여 국민당군 2만 9천 명 섬멸. **4~10월** 룽둥 전역, 징청·허양, 쑤베이 전역을 지휘.
1949년	51세	**4월** 당 중앙과 마오쩌둥의 지시에 따라 타이위안 전역을 지휘. **6월** 중국공산당 중앙 서북국 제1서기에 임명됨. **7월** 푸미 전역, 8월 란저우 전역을 지휘하여 승리. **10월** 신장新疆 경비총사령 타오즈위에陶峙岳와 회담하여 신장 해방에 대한 방침을 논의.
1950년	52세	**10월** 베이징에서 열린 당 중앙정치국 확대회의에 참가. 항미원조(한국전쟁 참전)에 대하여 토론하고 마오쩌둥의 출병 방침을 지지. 8일 중국 인민지원군 사령원 겸 정치위원에 임명됨. 21일 북한에서 김일성과 회견하여 작전 방안 논의. 25일 항미원조 1차 전역 지휘. **11~12월** 항미원조 2차 전역 지휘. 평양 점령. **12월 7일** 중조 연합군 사령원 겸 정치위원에 임명. **12월 31일~1951년 1월 8일** 항미원조 3차 전역 지휘. 서울 점령.

1951년	53세	1~4월 항미원조 4차 전역 지휘.

1951년 53세 1~4월 항미원조 4차 전역 지휘.

4~6월 항미원조 5차 전역 지휘.

7월 조선인민군 총사령 김일성과 함께 UN군 총사령관 리지웨이와 정전 협정 진행

1952년 54세 한국전쟁에서 중조 연합군 지휘.

1953년 55세 7월 28일 중국 인민지원군 사령원으로 정전협정에 서명. 31일 북한 최고 인민회의가 주는 '조선인민공화국 영웅' 칭호 받음.

8월 11일 베이징으로 돌아옴.

1954년 56세 1월 〈아군 현대화와 소련의 선진 경험을 어떻게 학습할 것인가〉 의견 제출.

9월 29일 중화인민공화국 국무원 부총리 겸 국방부장, 국방위원회 부주석에 임명.

1955년 57세 9월 27일 중화인민공화국 원수 계급 및 8·1훈장, 1급 독립자유훈장, 1급 해방훈장 받음.

1956년 58세 9월 18일 중국공산당 8차 전국대표대회에서 〈중국인민해방군의 현대화 투쟁을 위하여〉 보고.

1957년 59세 9~10월 중국공산당 8기 3중전회에 참석하여 〈군대 안 정풍 반우파 투쟁 중 노출된 문제 및 처리 상황〉에 대하여 보고.

1958년 60세 8월 베이다이허에서 열린 정치국 확대회의에 첨가하여 마오쩌둥의 진먼 섬 포격 지시를 받고 부대 배치.

12월 후난, 장시, 안후이 등에서 농촌 대약진운동 상황 시찰.

1959년 61세 4월 제2차 전국 인민대표대회 제1차 회의에서 다시 국무원 부총리 겸 국방부장에 임명.

7월 루산에서 열린 중국공산당 중앙정치국 확대회의 참석. 마오쩌둥 주석에게 편지 제출. 대약진운동의 긍정을 전제로 '국민경제가 비교적 저조하며, 과장풍과 소자산계급의 맹목적 과열' 문제를 제기함.

8월 2일 중국공산당 제8기 8중전회에서 비판을 받음. 16일 중국공산당 8기 8중전회에서 〈펑더화이 동지를 수령으로 한 반당집단에 관한 결의〉를 함. 군사위원회 확대회의에서 '당에 반대한 죄'와 '자산계급의 군사노선' 등 문제에 대하여 비판을 받음.

9월 17일 중화인민공화국 주석 명령으로 국방부장 직에서 면직됨. 26일

중앙군사위원회에서 '군사위 인원 조정에 관한 통지'로 군사위원직에서 면직됨. 30일 중난하이에서 베이징 서북쪽 교외 우자화위안吳家花园으로 이사함.

10월 중앙 당학교에 특별학생으로 입학하여 정치학습을 함. 1950년 2월까지 마르크스, 엥겔스, 레닌의 저작과 마오쩌둥 철학을 학습하며 철학개론에 대하여 6만 자의 글을 씀.

1960년	62세	**4~5월** 정치경제학을 공부하고 〈8기 8중전회에 대한 견해〉를 씀.
1961년	63세	**10~12월** 후난 샹탄현 고향에서 조사를 하고 5개의 조사자료를 중앙에 보냄.
1962년	64세	**1~2월** 중국공산당 중앙확대공작회의에서 '외국과 내통한 조직 내 반당 소집단'으로 규정됨. **6월** 마오쩌둥 주석과 중앙에 '8만 자 편지'를 씀. 잘못에 대하여 "실사구시의 방법으로 검토"하고 "확대된 중앙공작회의 문건 중 사실과 부합하지 않는 것"에 대해 상세하게 설명하고 중앙에 자신의 언행을 철저히 심사하여 명확히 결론 내려 줄 것을 요청. **9월 24일** 중국공산당 8기 10중전회에서 중앙심사위원회가 구성되어 심사를 받음.
1965년	67세	**1월** 제3차 전국인민대표대회 1차회의에서 국무원 부총리 직 해임. **9월 23일** 마오쩌둥이 중난하이로 불러 서남의 후방 건설에 서열 세 번째 지휘를 맡김.
1966년	68세	**4월** 루저우瀘州, 이빈宜賓, 융촨永川현에서 광산과 공장 참관. **6월** 3선 건설위원회 간부들의 '중공 중앙통지' 학습회의에서 비판에 직면함. **12월** 장칭江青, 치번위戚本禹의 지시를 받은 홍위병들에 의해 베이징으로 압송되어 감힘.
1967년	69세	**1월 1일** 마오쩌둥 주석에게 편지를 써 고발 및 압송 경위를 보고. **2월 25일** 저우언라이 총리에게 편지를 써 잡혀 온 경위와 루산회의, 홍위병 운동에 대한 견해를 보고. **7~9월** 군대, 지방기관과 대학 등에서 20여 차례에 걸쳐 만인대회의 비판을 당함. 베이징 항공학원 홍위병에게 맞아 갈비뼈가 부러짐. **8월** 중앙심사위원회 지시에 따라 6만 자가 넘는 이력자료를 써서 제출함.

1968년	**70세**	중앙 특별심문조에게 '돌격심문'을 받고 '죄행'을 인정할 것을 강요받음.
1970년	**72세**	**9월** 10만 자가 넘는 제3차 이력자료 제출.
1973년	**75세**	**4월 18일** 암으로 해방군 총병원에 이송되어 수감됨.
1974년	**76세**	**11월 29일** 사망.
1978년		**12월** 중국공산당 11기 3중전회에서 과거 펑더화이의 과오를 잘못된 결론이라고 바로잡음. 24일 펑더화이의 추도회를 정중하게 거행함.

■ 주요 등장인물

궈빙성郭炳生
1908~1933
후난성 샹탄 출신. 펑더화이를 구한 궈더원郭得雲의 아들로 1922년 14세 때 아버지 궈더원이 병사하여 고아가 되었다. 펑더화이가 이때부터 그를 옆에 두고 키웠다. 1928년 펑더화이 부대에서 중대장으로 핑장기의에 참가했다. 대대장, 종대 사령원을 거쳐 사단장을 지냈다. 펑더화이는 그를 친아들처럼 여겼다. 작전에서는 용감했고 과감한 지휘가 돋보였으나 성격이 단순하고 거칠었다. 혁명의 앞날을 비관하여 1932년 9월 국민당군에 투항했다. 장제스가 그를 국민당군 37사단장으로 임명하여 홍군에 대한 4차 토벌을 진행하던 중, 홍군의 총격에 사망했다.

궈이칭郭一淸
1903~1930
장시성 신펑 출신. 간저우중학교 시절부터 학생운동에 적극 참가했다. 1926년 중국공산당에 가입했으며, 1927년 신펑현 공농운동을 지도했다. 1928년 신펑폭동을 총지휘하며 농민들의 세 차례에 걸친 신펑성 공격을 지휘했다. 1929년부터 홍5군 대대 당대표 및 군인으로 혁명운동에 헌신했다. 1930년 창사성 공격에 나서 국민당군과 싸우다가 희생되었다.

녜룽전聶榮臻
1899~1992
쓰촨성 장진江津 출신. 1931년 장시성 중앙소비에트로 들어간 이래 장정, 항일전쟁, 국공내전에서 공을 세웠다. 신중국 성립 후 원수가 되었다.

더중메이杜中美
1899~1934
섬서성 싱핑興平 출신. 1927년 중국공산당에 가입했다. 국민당 양후청楊虎城 부대 정치지도원으로 참여했고, 1929년 겨울 국민당 독립 15여단 5중대의 대야병변大冶兵變에 참여했으며, 중국 공농홍군에 입대하여 대대 당대표를 지냈다. 1931년 사단 참모장으로 창사전투에 참가하고 중앙소비에트 근거지 포위토벌에 맞서 투쟁했다. 1934년 중앙 홍군의 장정에 참가하여 연대장에 임명되었으나 광시성에서 전투 중 희생되었다.

덩샤오핑鄧小平
1904~1997
쓰촨성 광안廣安 출신. 저우언라이 등과 함께 프랑스에 근공검학 유학을 다녀왔다. 무산계급 혁명가, 정치가, 군사가, 외교가로 중국 사회주의 개혁개방과 현대화 건설의 총설계자였다. 또한 일국양제一國兩制의 정치이념을 실현시킨 탁월한 지도자이기도 하다. 일찍이 프랑스 등 유럽에서 유학하고 귀국한 후에 공산당에 가입하여 민족독립과 인민해방 혁명에 매진했다. 토지혁명에 힘썼으며, 항일전쟁과 해방전쟁에 참가했고, 공산당과 군대에서 중요한 직책을 맡았다. 문화대혁명 때 박해를 받았으나 저우언라이 등의 노력으로 복권되어 마오쩌둥의 뒤를 잇는 중국공산당의 최고지도자가 되었다. 중화인민공화국의 개국 원로로 추앙받고 있다. 관련 저서로 《등소평 문선》이 있다.

덩첸위안鄧乾元
1904~1934

후난성 쉬푸 출신. 1925년 중국공산당에 가입했다. 1925년 후난성과 장시성에서 분산유격 전술을 채택하여 대규모의 국민당군을 견제했다. 1930년에는 홍8군 정치위원으로 창사 공격에 참가했다. 1933년 정풍운동 때 좌경이라고 모함을 당했으며 'AB단 분자'로 몰려 심한 박해를 당했다. 1934년 장정 전에 별세했다. 1945년 당 중앙에 의해 명예가 회복되었으며 혁명열사로 추증되었다.

덩핑鄧萍
1908~1935

쓰촨성 푸순 출신. 1926년 우한군사정치학교에 입학했으며, 1927년 국민당 후난성 독립5사단 펑더화이 연대에 파견되어 병운공작(국민당군 내에 신분을 감추고 침투하여 공작하는 것)을 진행했다. 1928년 핑장기의에 참가하고, 홍5군 군사위원회 서기 등을 역임했다. 이후 펑더화이, 텅다이위안 등과 함께 징강산 보위 투쟁과 장정에 참가했으나 1935년 쭌이전투 중 희생되었다.

돤더창段德昌
1904~1933

후난성 난현 출신. 군사가이며 중국 공농홍군 지휘관이다. 1924년 중국 공산주의청년단에 가입하고 같은 해 중국공산당에도 가입했다. 황푸군관학교 4기를 졸업한 뒤 국민혁명군 정치공작부 신분으로 북벌에 참가했다. 그는 유격투쟁을 지도하고 유격 근거지를 만들었다. 1933년 정풍운동 때 모함으로 체포되어 후베이성에서 피살되었다. 1952년 마오쩌둥이 돤더창을 '중화인민공화국 중앙인민정부 제1호 열사'로 칭하는 증서에 친필 서명하였다.

런비스林弼時
1904~1950

1922년 소련에 유학, 1924년 귀국 후 중국공산주의청년단 활동을 시작했다. 중국공산당의 주요 지도자이다. 1927년 중국공산당 제5차 전국대표대회에서 천두슈 비판의 선두에 섰고 중앙위원으로 선출되었다. 1928년부터 당의 공작에 참여하고, 1931년 장시성의 중앙소비에트구에 들어갔으며, 1933년에는 상감 변구로 옮겼다. 이후 제6군단 정치위원회 주석, 제2방면군 정치위원 등의 요직을 역임했다.

루디핑魯滌平
1887~1935

후난성 닝샹 출신. 중국 국민당 고급 장교이며 후난성 주석에 임명되었다. 광서군벌의 압력으로 후난에서 밀려나 장시성 주석을 지냈다. 중화민국 국민정부 군사참의원 부원장을 지냈다.

류보청劉伯承
1892~1986

충칭시 카이현 출신. 중화인민공화국 원수 중 한 사람이다. 신해혁명기에 종군하고 1926년 중국공산당에 가입했다. 북벌, 난창기의에 참가했으며 장정과 항일전쟁, 국공내전에 참가했다. 인민혁명군 군사위원회 부주석 등을 역임했다.

류샤오치劉小奇
1898~1969

후난성 닝샹 출신. 1921년 소련 공산주의노동대학에서 공부했으며 그해 중국공산당에 가입했다. 1925년 전국 총공회(노동조합총연맹) 부위원장에 선출되었다. 1927년 중국공산당 중앙위원이 되었으며 집행국 위원이기도 했다. 1932년 장시성 중앙소비에트로 들어갔으며 1934년 장정에 참가했다. 1935년 쭌이회의에서 마오쩌둥의 주장을 지지했다. 1941년 환남사변 뒤 신4군 정치위원으로 곤란을 겪으며 화중華中 지역에 항일 유격근거지를 확대했다. 신중국 성립 후 마오쩌둥의 뒤를 이어 국가주석에 올랐으나, 문화대혁명 시기에 비판을 받고 실각했다. 이후 '문혁 4인방'의 공격을 받고 심각한 박해를 입었다. 1969년 병으로 별세했다.

뤄룽환羅榮桓
1902~1963

후난성 헝산 출신. 중화인민공화국 10대 원수 중 한 사람이다. 마오쩌둥의 두터운 신임을 받은 것으로 알려져 있다.

뤄밍羅明
1909~1987

광둥성 다부 출신. 1925년 중국공산당에 가입했다. 푸젠성위원회 서기 등을 역임했으며 마오쩌둥의 "병력을 집중하고 적을 각개격파하는 유격전쟁"을 옹호하고 관철했다. 1933년 왕밍 등에게 '뤄밍노선'으로 지목되어 비판을 받았다. 신중국 건국 후 남방대학교 부교장, 광둥 민족학원 원장 등을 역임했다.

뤄빙후이羅炳輝
1897~1946

윈난성 이량彝良의 가난한 집에서 태어났다. 1929년 장시성 지안에서 정위단 사병기의를 지도했다. 홍군에 참가하여 연대장, 여단장, 군단장 등을 역임했다. 항일전쟁, 국공내전에 모두 참가했으나 1946년 뇌일혈로 불의에 사망했다.

리더李德
1900~1974

독일 뮌헨 출신. 본명 오토 브라운. 1932년 봄 소련 총참모부에서 비용을 부담하여 중국에 오르그로 파견하였다. 공산주의 인터내셔널 주중국 군사대표 겸 중공 중앙 군사고문으로 중국 혁명전쟁의 전략 지도를 맡았다.

리리싼李立三
1899~1967

후난성 리링 출신. 노동운동의 주요 지도자이며 초기 중국공산당 최고지도자 중 한 사람이다. 1919년 근공검학 유학생으로 프랑스에 갔으며, 1921년 중국공산당에 가입했다. 1930년 중국공산당 지도자로서 이른바 모험주의노선('리리싼노선')을 범했으나 오래지 않아 잘못을 인정했다. 신중국 성립 후 중앙노동위 서기, 총공회(노동조합총연맹) 부주석 등을 역임했다. 문화대혁명 시기에 박해를 받았으며 1967년 베이징에서 사망했다. 1980년 복권되었다.

리서우쉬안李壽軒
1906~1984
후난성 바오칭 출신. 1926년 국민혁명군으로 북벌전쟁에 참가하고, 1928년 핑장기의에 참여했으며 같은 해 중국공산당에 가입했다. 중국 공농홍군 중대장, 대대장, 연대장을 역임했으며 홍27군 참모장을 지내고 장정에 참가했다. 중화인민공화국 성립 후 철도병단 사령관을 지냈다.

리찬李燦
1901~1932
후난성 이장 출신. 1922년 호남육군 강무당에 입학하여 공부했다. 그 뒤 국민혁명군 제8군 중대장에 임명되었다. 1928년 중국공산당에 가입했다. 핑장기의에 참가했으며 제5종대 종대장에 임명되었다. 징강산 함락 후 닝강 일대에서 투쟁을 계속했다. 1930년 홍8군 군단장에 임명되었다. 1931년 상하이에서 병을 치료하던 중 1932년 밀정에게 발각되어 희생되었다.

린뱌오林彪
1907~1971
중화인민공화국 원수, 군사가. 1925년 중국공산당에 입당한 이래 최고위급 지휘관으로 장정, 항일전쟁, 국공내전에서 혁혁한 전공을 세웠다. 문화대혁명 시기에 마오쩌둥의 후계자가 되려는 야심을 품고 원로 등을 박해했다. 1971년 쿠데타 음모가 발각되어 소련으로 탈출하던 중 비행기 추락으로 사망했다.

마오쩌둥毛澤東
1893~1976
후난성 샹탄 출신. 자는 '룬즈潤之'. 중국 인민의 영수이자 마르크스주의자이며 무산계급 혁명가이다. 중화인민공화국 성립 후 국가주석을 지냈다.

무정武亭
1905~1952
본명은 김무정이며 조선 사람이다. 1905년 함경북도 경성에서 출생했다. 1925년 중국공산당에 가입하고 장정에 참가했다. 중국 인민해방군 포병을 창설했으며, 북한 정권 수립 초기 조선공산당 북조선 분국의 제2비서가 되었다. 1950년 한국전쟁에 참전했으나 그 후 일체 직무에서 배제되었다. 이때 장정 중 얻은 위궤양이 발병했는데, 펑더화이가 그를 지린성 창춘으로 후송하여 치료를 받게 했다. 그러나 조국으로 돌아가고 싶다고 희망하여 북한으로 가서 사망했다.

보구博古
1907~1946
본명은 친방셴秦邦憲. 장쑤성 우시無錫 출신. 1925년 상하이대학에 입학하여 학생운동에 참여했다. 같은 해 중국공산당에 가입하고 1931년 중국 공산주의청년단 서기가 되었다. 이후 중국공산당 임시중앙국 성원이 되었으며 임시중앙정치국 서기 및 책임자가 되었다. 1934년 장정에 참가했으며, 1935년 쭌이회의에서 중국공산당 최고 영도 지위에서 물러났다. 그 뒤 중앙정치국 상임위원, 홍군 야전부대 정치부 주임을 역임했다. 장시성 중앙소비에트에 대한 5차 포위토벌 때 잘못된 방침과 노선을 세워 비판을 받았다. 신화통신사, 해방일보사 사장 등을 역임하고, 1946년 충칭에 도착하여 국민당과 담판한 뒤 법령기초소조 중공 측 위원을 맡았다. 그해 4월 8일 왕뤄페이王若飛, 예팅 등과 미국 수송기를 타고 옌안으로 돌아오던 중 사고로 사망했다. 4·8열사로 추증되었다.

보이보薄一波
1908~2007

산시성 딩샹定襄 출신. 1925년 중국공산당에 입당했다. 세 차례에 걸쳐 투옥되었으며 1946년부터 군대에서 공작을 지도했다. 건국 후 화북국華北局 제1서기, 군구 정치위원과 재정부장을 역임했다. 국가건설위원회 주임, 국가경제계획위원회 주임을 맡았다.

샹잉項英
1898~1941

후베이성 장샤江夏 출신. 노동운동에서 활약했으며 1922년 중국공산당에 가입했다. 후베이성 및 상하이 등에서 노동운동 및 당 운동에 헌신했다. 1931년 중화소비에트공화국 임시중앙정부 부주석을 역임했다. 홍군 주력이 장정에 나선 뒤 중국공산당 중앙 강서분국 서기 및 군구 사령원 겸 정치위원으로 장시성과 후베이성에서 유격투쟁을 벌였다. 1941년 신4군 부군단장 및 정치위원으로 투쟁하다가 환남사변 때 살해당했다.

쉬샹첸徐向前
1901~1990

산시성 우타이五台현 출신. 중화인민공화국 원수를 지냈다. 장정 때 장궈타이와 함께 4방면군이 되었다. 마오쩌둥 등 1방면군이 항일 북상할 때 천창하오가 추격하려고 하자 쉬샹첸이 "홍군이 홍군을 어찌 공격할 수 있다는 말인가?" 하며 만류했다고 한다. 장정, 항일전쟁, 국공내전 등에서 전공을 세워 신중국 건립 후 1978~1980년 국방부장을 역임했다.

쉬하이둥徐海東
1900~1970

후베이성 다우大悟현 출신. 중국 인민해방군 대장을 역임했다. 1925년 중국공산당에 가입한 뒤 황마기의黃麻起義에 참가했다. 사단장, 군단장 등을 역임한 뒤 산베이 근거지 보위투쟁을 벌였다. 항일전쟁 시기 신4군 강북 지휘부 부지휘관 겸 4지대 사령을 역임했다.

양상쿤楊尚昆
1907~1998

쓰촨성 퉁난潼南 출신. 1926년 중국공산당에 입당했으며 같은 해 상하이대학에서 공부했다. 소련으로 가 모스크바 중산대학中山大學(1927년부터 1930년까지 운영 코민테른 공산당 대학)에서 공부했으며 1931년 귀국 후 중국 총공회(노동조합총연맹) 선전부장, 중국공산당 중앙 선전부 부장을 역임했다. 1935년 쭌이회의에서 마오쩌둥의 항일 북상 주장을 지지했다. 신중국 성립 후 중앙 부비서장 등 요직을 역임했으나 문화대혁명 때 비판을 받았다. 그 후 복권되어 1988년 중화인민공화국 주석에 선출되었다.

예젠잉葉劍英
1897~1986

광둥성 메이현梅县 출신. 중화인민공화국 10대 원수 중 한 사람이다. 문화대혁명 이후 중국을 수습했다. 즉, 저우언라이, 마오쩌둥, 주더가 사망한 뒤 장칭 등 4인방을 체포하여 문화대혁명 시기의 혼란을 마감하였다.

예팅葉挺
1896~1946

광둥성 후이저우 출신. 중국 인민해방군 창설자 중 한 사람으로, 3차 국공합작 때 신4군의 지도자였다. 난창기의에 참가하여 지휘했으며 광저우기의 때 공농홍군 총사령관이었다. 신4군을 지휘하던 중 환남사변 당시 국민당에 억류되었는데 장제스의 회유와 위협을 거절했다. 항전 승리 후 구출되어 중국공산당 당원 신분을 회복했다. 1946년 4월 8일 부인을 비롯한 동지들과 옌안으로 돌아오던 중 비행기 추락으로 사망했다.

옌시산閻錫山
1883~1960

산시성 우타이현 출신. 일본 육군사관학교를 졸업했다. 중화민국 최고지휘관 중 한 사람이다. 청조 말 동맹회同盟會에 가입했으며 신해혁명 타이위안 지도자이다. 산시성 성장, 북방 국민혁명군 총사령, 국민당 군사위원회 부위원장 등 고위직을 역임했다. 국민당 패망 하루 전에 타이완으로 갔으며 1960년 77세로 사망했다.

옌중루閻仲儒
1893~1949

후난성 웨양 출신. 토비 무리를 모아 웨양, 린샹, 핑장 3현 청향위원회 사령관이 되었다. 공산당원 및 공농홍군을 학살하여 '화염왕', '도살자' 등으로 불렸다. 호남군 3사단장, 3여단장을 역임했으나 1949년 6월 죄를 무서워하여 숨었다가 농가 다락에서 굶어 죽었다.

왕밍王明
1904~1974

안후이성 진자이金寨 출신. 본명은 천사오위陳紹禹다. 1925년 중국공산당에 가입하고 중공 중앙정치국 위원을 역임했다. 1930년 소련에서 귀국 후 반反리리싼노선의 기치를 내걸고 1931년 1월 6기 4중전회에서 지도권을 빼앗았다. 1934년까지 당내에서 교조주의 노선을 추구하였으며 친소적인 좌경 맹동주의 노선을 고집하여 혁명운동에 심각한 위험을 초래했다.

왕자샹王稼祥
1906~1974

안후이성 징현涇縣 출신. 중국공산당 및 중국 인민해방군 개척자 중 한 사람이다. 중국공산당 중앙당보위원회 비서장, 중앙혁명군사위원회 부주석, 중앙정치국원 등을 역임했으며 신중국 성립 후 주소련 대사, 외교부 부부장 등을 역임했다. 문화혁명 시기 '적에게 투항하는 외교노선'이라는 누명을 쓰고 엄중한 박해를 당했다. 1974년 베이징에서 갑자기 별세했다.

왕전王震
1908~1993

후난성 류양 출신. 1927년 공산주의청년단과 중국공산당에 가입했다. 1929년 중국 공농홍군에 참가했으며 신중국 건립 후 상장 계급에 올랐다. 중국공산당 중앙정치 국 위원, 중앙당학교 교장, 국무원 부총리, 중화인민공화국 부주석을 역임했다.

왕줘王佐
1898~1930

징강산 아래 쑤이촨 출신. 본명은 왕운후이이다. 재봉사 출신으로 위안원차이와 함 께 산적에서 홍군 지휘관이 되었다. 위안원차이와 함께 모함을 받고 살해당했다. 중화인민공화국 성립 후 혁명열사로 추증되었다.

우페이푸吳佩孚
1874~1939

산둥성 펑라이蓬萊 출신. 중국 국민혁명군 최고위급 지휘관이다. 14개 성 연합군 총사령관을 지냈다.

위안궈핑袁國平
1906~1941

후난성 사오둥邵東 출신. 1925년 10월 황푸군관학교를 졸업한 뒤 북벌전쟁에 참가 했다. 그 후 난창기의, 광저우기의와 국민당의 5차 포위토벌에 맞서 투쟁했으며 장 정에도 참가했다. 1935년 산베이陝北에 도착한 뒤에는 홍군대학 정치위원 등으로 활동하며 간부 양성에 힘썼다. 1941년 신4군 정치부 주임으로 활동하다가 환남사 변 때 국민당군에게 포위당했다. 샹잉과 함께 싸우다가 부상을 당한 뒤 마지막 총 탄으로 자결했다.

위안스카이袁世凱
1859~1916

허난성 샹청 출신. 북양군벌의 영수이자 중국 근대의 저명한 정치가이자 군사가이 다. 일찍이 조선에 파견되었다가 귀국 후 신군을 훈련시켰으며 청조 말 근대화 개 혁을 추진했다. 신해혁명 기간에는 청조를 압박하여 황제를 퇴위시켰다. 1913년 2 차 혁명을 진압하고 같은 해 중화민국 대총통에 당선되었다. 1915년 스스로 황제를 칭하였으나 반대에 부딪쳐 제위를 취소하였다. 1916년 사망했다.

위안원차이袁文才
1898~1930

장시성 닝강 출신. 중국 홍군 고급 지휘관이다. 왕줘와 함께 징강산 산적이었다. 마 오쩌둥의 영향으로 홍군 지휘관이 되어 투쟁하였으나, 1930년 왕줘와 함께 융신현 에서 모함을 받고 살해당했다. 중화인민공화국 성립 후 혁명열사로 추증되었다.

자오헝티趙恒惕
1880~1971

후난성 헝양 출신. 일본 육사를 졸업했으며 동맹회에 참가했다. 신해혁명과 2차 혁 명에 참가했다. 호남군 총사령관과 성장을 역임했으며, 국민당 정부에서 두루 요직 을 맡았다.

장궈타오張國燾
1897~1979

장시성 핑샹 출신. 중국공산당 창설자이자 초기 지도자 중 한 사람이다. 1932년 악 예환(후베이성·허난성·안후이성) 소비에트 근거지가 창설된 뒤 지도자 역할을 했다. 1935년 근거지를 벗어나 장정에 나섰다. 그해 6월 당 중앙의 북상 결정에 반대하여 10월에 부대를 이끌고 남하하여 스스로 '중앙'을 선포했다가, 1936년 6월에 압박을 받아 취소했다. 1937년 정치국 확대회의에서 비판을 받았으며 1938년 4월 초 비행기로 섬간녕(섬서성 · 간쑤성 · 닝샤성) 변구를 벗어나 국민당에 투항했다. 4월 18일 당적을 박탈당하고 반공특무 활동을 진행했다. 1974년 회고록을 펴내고 1979년 캐나다에서 별세했다.

장쉐량張學良
1898~2001

랴오닝성 출신. 근대 중국 군인이자 정치가. 군벌 장쭤린의 장남으로 군부와 은행 등에서 요직을 지냈다. 1928년 장쭤린이 폭사한 뒤 동북의 실권을 계승하고 일본의 압제에 대항하는 한편 난징 국민당 정부에 의한 중국 통일에 힘썼다. 1931년 만주사변 때 항일을 주장했지만 장제스과 의견이 맞지 않아 싸워 보지도 못하고 동북을 떠나야 했으며, 1933년 관직에서 물러나 외유를 떠났다. 귀국 후 국공내전의 일선 지휘를 맡았고, 장정 이후 8로군과 대치하던 중 내전 중지와 항일을 주장했다. 1936년 시안사변을 일으켜 장제스를 감금하고 휴전을 요구했다. 장제스가 풀려난 뒤 관직을 박탈당하고 10년의 금고형에 처해졌다. 그 뒤 공산당과의 내전에서 패배한 국민당 정부가 타이완으로 옮겨 갈 때 같이 끌려가 1990년까지 연금 상태에 놓여 있었다.

장원저우張文舟
1912~1986

산시성 친현沁县 출신. 1932년 중국공산당에 가입하고, 1935년 중국 공농홍군에 참가했다. 국민당과 항전 시기 및 항일전쟁 시기 소대장 · 중대장을 거쳐 참모장을 역임했으며 신중국 건립 후에는 장갑병 부사령원에 임명되었다.

장원톈張聞天
1900~1976

장쑤성 난후이南汇 출신. 중국공산당 초기 지도자 중 한 사람으로, 1925년 공산당에 가입했다. 1933년 장시성 중앙소비에트로 들어가 중앙 정치국원이 되었다. 1934년 장정에 참가하여 쭌이회의 성원이 되었다. 1959년 반당집단 성원이라는 비판을 받았으며 문화대혁명 시기 박해를 받았다. 1976년 병으로 별세했다. 1979년 복권되었다.

장룽성張榮生
미상~1928

재봉사 출신. 1927년 펑더화이의 연대에서 펑더화이보다 일찍 공산당에 가입했다. 남화안 특위 서기 덩핑이 주재하는 가운데 펑더화이의 입단식을 진행했다. 연대 당지부 지도자가 되었으며, 1928년 핑장기의 뒤 장제스 부대의 3성 토벌에 맞서 싸우던 중 희생되었다. 중국 정부에 의해 혁명열사로 추대되었다.

장제스蔣介石
1887~1975

저장성 평화奉化 출신. 근대 중국의 저명한 정치가이자 군사가이다. 황푸군관학교 교장, 국민혁명군 총사령을 역임하였으며 국민정부 주석, 행정원 원장, 군사위원회 위원장, 국민당 총재, 중화민국 총통 등을 역임했다.

장춘칭張純淸
1910~1944

후난성 핑장 출신. 핑장기의에 참가했으며, 중국공산당 남방공작위원회 서기 겸 조직부장으로 활동하다가 1944년 8월 옥중에서 사망했다.

저우가오차오
周高潮
1903~1932

장시성 융신 출신. 중국 공농홍군의 고급 지휘관 중 한 사람이며 혁명열사로 추증되었다. 1930년 펑더화이 등과 함께 '마오쩌둥이 구바이古柏에게 전한 조작된 지시' 사건을 처리했다. 1932년 창피昌陂전투 중 29세의 나이로 사망했다.

저우언라이周恩來
1898~1976

장쑤성 화이안淮安 출신. 중국 무산계급 혁명가이며 정치가 군사가, 외교가이다. 중국공산당과 중화인민공화국 주요 지도자 중 한 사람이다. 마오쩌둥 등과 함께 중국공산당을 이끄는 핵심 지도자였으며 국제적으로도 유명한 외교관이었다. 중화인민공화국 성립 뒤 총리를 지냈다. 고결한 인품으로 중국 인민의 추앙을 받고 있다.

저우판周磐
1896~1952

후난성 바오칭 출신. 바오딩군관학교를 졸업했다. 국민혁명군 연대장으로 북벌에 참가했으며 국민당 사단장 등 요직을 거치며 주로 군사학교에서 활동했다. 1942년 퇴역했다가, 1948년 9월 제14병단 부사령관에 임명되었다. 1950년 중국 인민해방군에게 체포되어 1952년 처형당했다.

주더朱德
1886~1976

쓰촨성 이룽儀隴 출신. 중국 인민해방군의 전신인 공농홍군 창설 때부터 줄곧 사령관을 지냈다. 중화인민공화국 10대 원수 중 첫 번째로 꼽히는 인물이다.

천두슈陳獨秀
1879~1942

안후이성 화이닝懷寧 출신. 중국 근대 저명한 사상가이자 혁명가이며 개혁가이다. 5·4운동을 지도했으며 중국공산당 창시자 중 한 사람이다. 중국공산당의 초대 지도자였으나 나중에 기회주의자라는 비판을 받고 영향력을 잃었다.

천청陳誠
1898~1965

황푸군관학교를 졸업했다. 국민당 군대의 최고위 지휘관 중 한 사람이며 후일 중화민국 부총통을 지냈다.

천창하오陳昌浩
1906~1967

우한시 한양 출신. 1926년 소련 모스크바 중산대학에서 공부했다. 1930년 귀국 후 중국공산당에 가입했다. 1934년 중화소비에트공화국 중앙집행위원이 되었다. 장궈타이, 쉬샹첸과 함께 악예환(후베이성·허난성·안후이성) 소비에트의 세 지도자 중 한 사람이다. 4방면군 총정치위원, 서로군西路軍 군사위원회 주석을 역임했다. 준이회의 뒤 장궈타오와 함께 마오쩌둥의 항일 북상 방침에 반대했다. 1937년 옌안으로 온 뒤 위통이 발작하여 치료차 소련으로 갔다가 10여 년간 귀국하지 못했다. 1951년 귀국한 뒤 1967년 문화대혁명 때 홍위병들의 박해를 받자 다량의 수면제를 복용하고 사망했다.

청쯔화程子華
1905~1991
산시성 윈청運城 출신. 장정에 참가했으며, 1950년 산시성 인민정부 주석을 역임했다. 1950~1954년까지 중화 전국합작사연합 간부학교 교장을 지냈다.

청시성曾希聖
1904~1968
진기로예晋冀魯豫(산시성·허베이성·산둥성·허난성) 야전군 부참모장, 산둥 야전군 7사단 정치위원, 중국공산당 중앙 화동국華東局 정치공작부 부장 등을 역임했다. 중화인민공화국 성립 후 안후이성 서기, 안후이성 인민정부 주석 등을 역임했다.

텅다이위안滕代遠
1904~1974
후난성 화이화懷化 출신. 1924년 중국공산당에 가입했다. 1927년 중앙군사위원회 참모장을 역임했으며 1942년 8로군 참모장으로 북방공작에 참가했다. 국공내전 시에는 진기로예 군구 부사령원을 지냈다. 중화인민공화국 성립 후 초대 철도부장을 역임했다.

판신위안潘心元
1903~1930
후난성 류양 출신. 1920년 사회주의청년단에 가입하고, 1923년 중국공산당에 가입한 후《신민新民》지 등을 창간하며 마르크스주의를 선전했다. 1930년 중국공산당 저장성 서기 등을 지내다 연락원의 밀고로 체포되어 살해당했다.

팡즈민方志敏
1899~1935
장시성 상라오上饒 출신. 푸젠·저장·장시 변구와 홍10군단 창건인이다. 1923년 중국공산당에 가입했으며 1928년 1월 이헝弋橫폭동을 지도하고 장시성 동북 소비에트구를 창건했다. 그 뒤 장시성 동북 소비에트와 푸젠·저장·장시성 소비에트 정부 주석을 역임했으며 홍10군, 홍11군 정치위원을 역임했다. 1935년 국민당에 체포되어 희생되었다.

펑아오彭湃
1903~1933
부셴步仙 출신. 1919년 5·4운동이 폭발하자 여러 곳에서 강연하고 전단을 뿌렸다. 홍군에 참여하여 투쟁하며 '비장군飛將軍'이라는 호칭을 얻었다. 국민당군의 4차 포위토벌에 맞서 싸우던 중 총탄에 맞아 사망했다.

펑위샹馮玉祥
1882~1948
안후이성 출신. 중국 국민혁명군 최고위직 중 한 사람이며 서북군벌이다. 장제스와 결의 형제를 맺었으나, 1930년 3월 군벌 옌시산과 장제스에 반대하는 연합군을 결성하여 육해공군 부총사령관에 임명되기도 했다. 1935년 국민정부 군사위원회 부위원장을 맡았으며, 1948년 7월에는 중국공산당이 주도하는 신치협상회의 주비공작에 참가했다. 1948년 9월 1일 여객선 화재로 조난되었다.

허궈중賀國中
1904~1929
본명은 쭈후이祖徽. 1920년 호남군 자오헝티 부대의 병사가 되어 1915년 국민혁명군 사단사령부 부관으로 북벌에 참가했다. 그 후 중국 홍5군 부연대장, 대대장, 4종대 사령원 등을 역임했다. 1929년 안푸성 공격 때 앞장서 지휘하다가 총탄에 맞아 사망했다.

허룽賀龍
1896~1969
후난성 쌍즈桑植 출신. 중국 인민공화국 10대 원수 중 한 사람이다. 1914년 쑨원이 이끄는 혁명운동에 참가한 것을 시작으로 북벌에도 참가하였다. 1926년 국민혁명군 사단장이 되었으며, 1927년 6월에는 군단장으로 승진하여 난창기의에서 총지휘를 맡았다. 장정 때 홍군 2방면군을 총지휘했다. 신중국 건립 후 서북군구 · 서남군구 사령원을 맡았으며 1965년 국방위원회 부주석에 임명되었다. 문화대혁명 때 박해를 받았으나 1982년 복권되었다.

허잉친何應欽
1890~1987
구이저우성 싱이興義 출신. 중화민국 최고위급 지휘관 중 한 사람이다. 중국군 총사령관을 거쳐 국방부장 등을 역임했다. 1945년 9월 난징에서 일본 정부의 항복을 받기도 했다.

허젠何鍵
1887~1956
후난성 정부 주석을 역임했다. 농민운동을 원수처럼 보고, 장제스가 혁명운동 진압을 명령한 뒤 한커우에서 군사정변을 획책하여 부하 쉬커샹 등으로 하여금 창사에서 마일사변을 일으키게 했다.

허창궁何長工
1900~1987
후난성 화룽 출신. 혁명가이자 군사교육가이다. 1919년 근공검학 유학생으로 프랑스에 갔으며, 1922년 파리에서 중국 소년공산당에 입당했다. 1926년 가을 화룽현 농민자위대 총지휘관을 맡았다. 1933년 홍군대학교 교장 겸 정치위원을 역임했다. 1977년 제8차 공산당 전국대표대회 대표를 맡았다.

황궁뤼黃公略
1898~1931
후난성 상상 출신. 홍군 장교이며 군사가이다. 중국공산당 초기 지도자 중 한 사람이다. 황푸군관학교를 졸업한 뒤 북벌전쟁에 참여하고 1927년 중국공산당에 가입했다. 같은 해 광저우기의, 1928년 핑장기의에도 참가했다. 중국 공농홍군 제3군단장을 역임했으며 장시성 중앙소비에트에 대한 3차 포위토벌 전쟁에서 공을 세웠다. 1931년 9월 전투 중에 부상을 입고 사망했다.

황윈차오黃雲橋
1903~1932
핑장기의에 참가했다. 그 직후 중국공산당에 가입하고 중대장에 임명되었다. 대대장을 거쳐 연대장 · 사단장을 역임했다. 창사 공격 및 세 차례에 걸친 포위토벌에 맞서 투쟁했다. 1932년 4월 쉰우尋烏현 지주들의 보루를 공격하다가 불의의 총격을 당해 사망했다.

황춘이黃純一
1905~1928

후베이성 황강 출신. 1926년 황푸군관학교 고급반에 입학했다. 여기서 황궁뤠를 알게 되어 중국공산당에 가입했다. 장제스가 불러 난징 총참모부에서 참모로 근무했으나 사직했다. 1928년 황궁뤠를 따라 난현에 가 펑더화이와 회견했다. 펑장기의에 참가한 뒤 연대장 겸 당대표에 임명되었으나 국민당군과 작전 중 전사했다.

황커청黃克誠
1902~1986

후난성 융싱 출신. 1925년 중국공산당에 가입했다. 1926년 북벌전쟁에 참가했으며 1928년 후난 남부지방 기의에 참가하여 융싱의 연말 폭동을 지도했다. 부대를 인솔하여 징강산으로 가서 중국 공농홍군 군단장, 사단 정치위원, 홍군 3군단 정치부 대리 주임 등을 역임했다. 건국 후 후난 군정위원회 부주석, 중국 인민해방군 부총참모장 겸 후근부장 등을 역임했으며 국방부 부부장에 임명되었다. 중국 인민해방군 총참모장, 산시성 부성장, 중앙군사위원회 고문을 역임하고 1955년 대장으로 승진했다. 1959년 루산회의에서 펑더화이와 함께 반당집단으로 지목되어 비판을 받았다. 문화대혁명 시기에 잔혹한 박해를 당했으나 1978년 12월 복권되었다.

후쭝난胡宗南
1896~1962

저장성 전하이鎮海 출신. 국민당 군대 최고위 지휘관 중 한 사람이다. 황푸군관학교 1기 졸업생이며 장제스의 총애를 받았다. 평생을 동정東征, 북벌, 내전, 초공, 항일전쟁 등 싸움터에서 보냈다. 1947년 중국공산당의 수도인 옌안을 점령했다. 한때 '서북왕'으로 불렸다. 1950년 패배한 뒤 타이완으로 갔으며 다천섬大陳島에서 옌안 유격부대를 지휘하기도 했다. 저장성 정부 주석, 총통부 전략고문 등을 역임했으며 1962년 병으로 사망했다.

나, 펑더화이에 대하여 쓰다

2018년 10월 10일 초판 1쇄 발행

지은이 ｜ 이영민
펴낸이 ｜ 노경인 · 김주영

펴낸곳 ｜ 도서출판 앨피
출판등록 ｜ 2004년 11월 23일 제2011-000087호
주소 ｜ 우)07275 서울시 영등포구 영등포로 5길 19(37-1 동아프라임밸리) 1202-1호
전화 ｜ 02-336-2776 팩스 ｜ 0505-115-0525
전자우편 ｜ lpbook12@naver.com

ISBN 979-11-87430-33-9